U0128521

安徽师范大学中国诗学研究中心学术专刊

安徽师范大学文学院高峰学科建设经费资助项目

李商隐传论（一）

刘學錯文集

第五卷

安徽师范大学出版社

ANHUI NORMAL UNIVERSITY PRESS

· 芜湖 ·

图书在版编目（CIP）数据

李商隐传论：1—2册 / 刘学锴著 . — 芜湖：安徽师范大学出版社，2020.12
（刘学锴文集；第五卷）
ISBN 978-7-5676-4973-6

Ⅰ.①李… Ⅱ.①刘… Ⅲ.①李商隐（812—约858）—评传 Ⅳ.①K825.6

中国版本图书馆 CIP 数据核字（2020）第 260184 号

李商隐传论：1—2册
LI SHANGYIN ZHUAN LUN

刘学锴◎著

责任编辑：祝凤霞　彭　敏
责任校对：汪碧颖　王　贤
装帧设计：丁奕奕
责任印制：桑国磊
出版发行：安徽师范大学出版社
　　　　　芜湖市北京东路1号安徽师范大学赭山校区　　　邮政编码：241000
网　　址：http://www.ahnupress.com
发 行 部：0553-3883578　5910327　5910310（传真）
印　　刷：安徽新华印刷股份有限公司
版　　次：2020年12月第1版
印　　次：2020年12月第1次印刷
开　　本：700 mm×1000 mm　1/16
印　　张：49.75
字　　数：870千字
书　　号：ISBN 978-7-5676-4973-6
定　　价：260.00元（全2册）

如发现印装质量问题，影响阅读，请与发行部联系调换。

总 目

上 编

1

下　编

附　编

李
商
隐
传
论

目　录

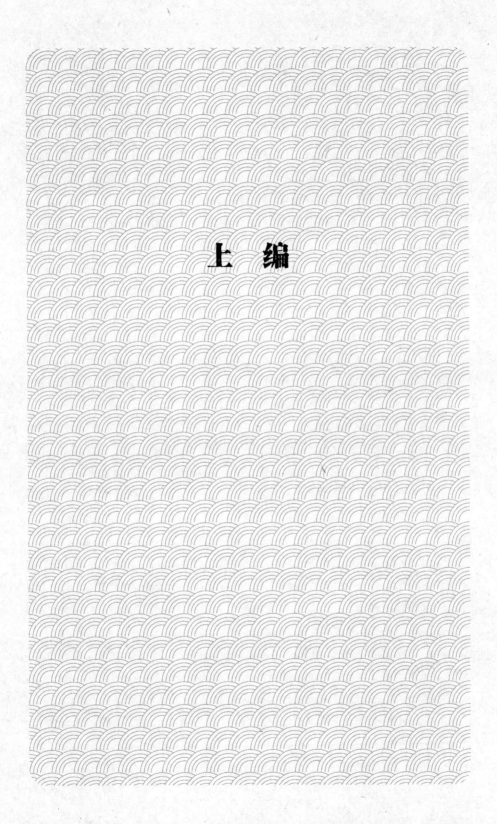

上 编

第一章　李商隐出生的时代和家世

第一节　李商隐出生的元和时代

李商隐出生在唐宪宗元和中期。这是唐王朝在遭受长达八年的安史之乱的大动乱、大破坏，又经历长达数十年的藩镇割据叛乱和吐蕃、回鹘的不时侵掠之后，终于出现某种转机的"元和中兴"时代。李商隐对这个时代的赞美和追怀，集中体现在他的著名七古长篇《韩碑》中：

> 元和天子神武姿，彼何人哉轩与羲。
>
> 誓将上雪列圣耻，坐法宫中朝四夷。
>
> 淮西有贼五十载，封狼生貙貙生罴。
>
> 不据山河据平地，长戈利矛日可麾。
>
> 帝得圣相相曰度，贼斫不死神扶持。
>
> 腰悬相印作都统，阴风惨澹天王旗。
>
> 愬武古通作牙爪，仪曹外郎载笔随。
>
> 行军司马智且勇，十四万众犹虎貔。
>
> 入蔡缚贼献太庙，功无与让恩不訾。

篇末又深情赞叹：

> 呜呼圣皇及圣相，相与烜赫流淳熙。

诗中描叙和赞颂的是元和十二年讨伐淮西藩镇吴元济的战争，也是元和年间一系列平叛战争中关键性的故事。实际上，从宪宗即位改元之日起，唐朝廷就一直在进行讨伐各地叛镇的战争，消灭一个又一个疮痍：

元和元年正月，西川节度副使刘辟叛乱，诏命高崇文进讨。九月，讨平刘辟之乱。

元和元年三月，讨平夏绥节度留后杨惠琳之乱。

元和二年十月，浙西节度使李锜叛。十一月，讨平之。

元和四年至五年，讨伐成德镇王承宗，后罢兵。

元和五年二月，计擒阴与王承宗通谋的昭义节度使卢从史。

元和七年十月，魏博都知兵马使田兴奉贡归命朝廷，诏以田兴为魏博节度使，赐名弘正。

元和八年十二月，振武军乱，诏夏州节度使张煦讨之，九年正月讨平。①

元和九年十月开始的讨伐淮西藩镇吴元济的战争，既是此前一系列平叛讨藩战争的继续，又是历时最长、影响最大、具有决定意义的一场战争。由于两税法实行以来，扩大了纳税面，增加了中央政府的财政收入，特别是江淮和东南经济繁荣地区的财赋成功地转运到北方，增强了唐王朝平定藩镇叛乱的物质力量。而魏博镇的归附中央，更奠定了削平诸藩镇的军事基础。《通鉴·元和七年十月》载李绛之言云："魏博五十余年不沾皇化，一旦举六州之地来归，剜河朔之腹心，倾叛乱之巢穴。"《旧唐书·田弘正传》云："自弘正归国，幽、恒、郓、蔡有齿寒之惧……元和十年，朝廷用兵讨吴元济，弘正遣子布率兵三千进讨，屡战有功。李师道以弘正效忠，又袭其后，不敢显助元济，故绝其掎角之援，王师得致讨焉。"可见魏博效顺对奠定胜局的重要性。再加上君相同心，将帅用命，并且取消了宦官为监军使的弊端，在宰相裴度亲临前线督师的情况下，终于在元和十二年十月，名将李愬雪夜奇袭蔡州，生擒吴元济，取得了这场历时三整年的平叛战争的胜利。

在淮西之战胜利的震慑下，山东、河北的藩镇纷纷割地效顺。元和十三年正月，淄青镇李师道遣使奉表，请遣长子入侍，并献海、沂、密三州；二月，横海镇程权自以世袭沧、景，与河朔三镇无异，内不自安，上表请举族入朝，许之；四月，幽州镇刘总上表请归顺，成德镇王承宗请于田弘正，愿遣二子入侍，献德、棣二州；七月，下制历数李师道罪状，令宣武、魏博、义武、武宁、横海兵共讨之。九月，因吴元济既平，宣武节度使韩弘惧，自将兵击李师道，围曹州。元和十四年二月，淄青镇李师道为其部下刘

① 以上据《旧唐书·宪宗本纪》及《资治通鉴》卷二三七至二三九。

悟所杀，淄青平。至此，绵延六十余年的藩镇割据叛乱局面暂告结束，唐王朝在安史之乱以后终于实现了全国的统一。可以说，平定强藩叛镇，实现全国统一，是整个元和朝贯串始终的头等政治大事。

元和时期，不仅是军事上取得平叛战争的一系列胜利、政治上实现全国统一的"中兴"时期，又是一个人才荟萃的时期。在某种意义上，也可以说正是由于人才荟萃而又使他们的才能在一定程度上得到发挥，才出现了元和中兴的局面。元和时期担任宰相而有政绩的，先后有杜黄裳、李吉甫、武元衡、裴垍、李绛、裴度等人。他们之间在人事关系或某些政见上不见得完全相合，但在主张摧抑藩镇割据、坚持平叛统一这个基本方针上却是完全一致的。元和元年，宪宗想对自立为西川节度留后的刘辟用兵，而又不敢轻试，公卿议者也认为蜀地险固难取，杜黄裳独曰："辟狂戆书生，取之如拾芥耳。臣知神策军使高崇文勇略可用，愿陛下以军事委之，勿置监军，辟必可擒。"（《通鉴·宪宗元和元年》）当时翰林学士李吉甫也劝宪宗讨蜀，宪宗于是决意讨刘辟，并起用高崇文，后崇文果破蜀擒辟，建立奇功。李吉甫在元和朝执政时间最长，旧史对吉甫的为人虽有贬辞，但他在平叛统一事业上所起的作用却绝不能抹杀。元和元年，他为征讨刘辟密献计策，"请广征江淮之师，由三峡路入，以分蜀寇之力，事皆允从"（《旧唐书·李吉甫传》），又阻止已萌异志的李锜领盐铁使，云："李锜不臣有萌，若益以盐铁之饶，采石之险，是趣其反也。"宪宗醒悟，乃以李巽为盐铁使（见《新唐书·李吉甫传》）。元和二年，他与武元衡同时拜相，坚决主张讨伐浙西叛镇李锜，谓"锜庸才，而所蓄乃亡命群盗，非有斗志，讨之必克"（同上）。又建议徙易方镇。德宗以来，姑息藩镇，有终身不易地者。吉甫为相年余，凡易三十六镇。元和六年再度入相，减官省俸，"并省内外官计八百八员，诸司流外一千七百六十九人"（《通鉴·元和六年》），占当时官吏总数约四分之一，并于元和八年进《元和郡县图志》，意在加强中央对全国各地的控制。讨伐淮西镇吴元济的战争，吉甫力主之，并积极进行各方面的准备。《旧唐书·李吉甫传》云："吉甫以为淮西内地，不同河朔，且四境无党援，国家常宿数十万兵以为守御，宜因时而取之。颇叶上旨，始为经度淮西之谋。"吉甫暴卒后，武元衡主持讨伐淮西之事。元衡被刺，又代之以裴度。讨平淮西，裴度的决策统帅之功固然最大，但全国统一局面的出现，却是自杜黄裳以来，历任坚决主张削平藩镇割据的宰相始终奉行一贯的方针政策的结果。这种政策的连续性和一贯性，是实现全国统一最重要的政治保证。当时不仅有以上述贤相为代表的出色政治家，而且出现了一批理财家，先后有李巽、程异、李鄘、卢坦、王播、柳公绰等人，尤以李巽、程异最为杰出。李巽在刘晏转运工作获得很大成功的基础上，将转运之利提高了三倍①。《旧唐书·程异传》载："充盐铁转运副使。时淮西用兵，国用不足。异使江表以调征赋，且讽有土者以饶羡入贡。至则不剥下，不浚财，经费以赢，人颇便之。由是专领盐铁转运使兼御史大夫。"成为刘晏以后唐代最杰出的理财家。军事方面，则出现了高崇文、李光颜、李愬等杰出将帅。这一系列政治、经济、军事方面人才的荟萃聚合，且发挥各自所长，是元和中兴、国家统一局面得以实现的人才保证。

与此密切相关，这一时期还在一定程度上恢复了唐初以唐太宗为代表的皇帝纳谏的传统。这对统治集团内部有限度的民主空气和政治上较为稳定的局面的形成，特别是对决策的正确制定有积极作用。《旧唐书·宪宗本纪》载史臣蒋系曰："宪宗嗣位之初，读列圣实录，见贞观、开元故事，竦慕不能释卷，顾谓丞相曰：'太宗之创业如此，玄宗之致理如此，既览国史，乃知万倍不如先圣。当先圣之代，犹须宰执臣僚同心辅助，岂朕今日独能为理哉！'自是延英议政，昼漏率下五六刻方退。"《通鉴》曾多次记载宪宗向臣下垂询政事并虚心纳谏之事。如永贞元年十二月，以初即位，力未能讨叛，以刘辟为西川节度副使、知节度使事，右谏议大夫韦丹上疏云："今释辟不诛，则朝廷可以指臂而使者，惟两京耳，此外谁不为叛！"宪宗善其言，以韦丹为东川节度使。元和元年正月，宪宗与杜黄裳论及藩镇，黄裳曰："德宗自经忧患，务为姑息，不生除节帅。有物故者，先遣中使察军情所与则授之。中使或私受大将赂，归而誉之，即降旄钺，未尝有出朝廷之意者。陛下必欲振举纲纪，宜稍以法度裁制藩镇，则天下可得而理也。"宪宗深以为然，于是始用兵讨蜀。此后所奉行的对藩镇的强硬方针，实自黄裳启之。元和二年，"盩厔尉、集贤校理白居易作乐府及诗百余篇，规讽时事，流闻禁中，上见而悦之，召入翰林为学士"。三年九月，淮南节度使王锷入朝，厚进奉，赂宦官，求为宰相，白居易谏，事遂寝。四年，山南东道节度使裴均恃有中人之助，于德音后进银器千五百余两，翰林学士李绛、白居易谏："均欲以此尝陛下，愿却之。"从之。五年，宪宗嘉乌重胤之功，欲授昭义节度使，李绛谏止之。宪宗左右受河中节度使王锷厚赂，多称誉之，宪宗命锷兼平章

---

① 详见《唐会要》卷八七《转运盐铁总叙》。

事，李藩、权德舆谏止之。白居易尝论事，面言"陛下错"，宪宗密召承旨学士李绛，谓"白居易小臣不逊，须令出院"。李绛谏曰："陛下容纳直言，故群臣敢竭诚无隐。居易言虽少思，志在纳忠，陛下今日罪之，臣恐天下各思箝口，非所以广聪明、昭圣德也。"宪宗悦，待居易如初。这些记载，反映其时统治者为了振兴唐王朝，在一定程度上纳谏的情况。元和政治（特别是后期）自然也有不少弊端，如信任宦官吐突承璀，朝官中党争初露端倪，晚年崇佛媚道，骄侈日长，对以后的宦官专权、朝官朋党纷争局面的形成有直接影响，统一的局面也缺乏稳固的基础。但从总体看，元和时期仍是安史之乱以来政治上比较好的时期。

　　元和十五年正月宪宗逝世之时，李商隐年方九岁，对元和年间的政治、军事情况自然不可能有太多实际感受与认识。但在他日后成长的过程中，元和中兴日的种种情况自会通过各种渠道获得越来越多的感受与认识。贞观、开元之治，离他已经相当遥远，可望而不可即；而元和中兴的局面，却是伴随着他的降生一起出现的。这对李商隐的潜在影响是不能低估的。它仿佛树立了一个从艰难竭蹶中重新振起的政治"样板"。让他觉得，只要有宪宗、裴度这样的"圣皇及圣相"，在宪宗之后又一次衰落的唐王朝是可以重新中兴的。从而赋予"我系本王孙"的商隐一种"欲回天地"的"匡国"宏愿，一种"以忧济为任"①的政治责任感。正是这种振兴唐室的政治责任感和振兴家族的责任感，使他渴望参与政治、干预政治，促使他思考晚唐政治的许多弊端和矛盾，而且藉诗歌来发表见解，抒写怀抱。他诗中经常表现出对唐室再度中兴的向往，对中兴人才被摧抑的悲愤。会昌五年春，他守母丧闲居永乐，时值武宗专任李德裕，击败回鹘、平定泽潞之后，他写诗慨叹自己"身闲不睹中兴盛"（《正月十五夜闻京有灯恨不得观》）。刘蕡去世，他在《哭刘司户蕡》中说："路有论冤谪，言皆在中兴。"这种中兴情结的形成，与元和时代对他的影响有直接的关联。而中兴梦想的破灭，则又深刻影响到李商隐一系列政治诗、咏史诗乃至咏物诗、无题诗的基调。正像不了解"开元全盛日"对杜甫的深刻影响就不可能真正了解杜甫的思想感情和他的诗风，不了解元和中兴对李商隐的深刻影响也就不可能真正理解李商隐和他的诗歌创作。

---

　　① 刘禹锡《董氏武陵集纪》："兵兴已还，右武尚功，公卿大夫以忧济为任。"这种以忧济为任的元和士风也深刻影响了李商隐。

第二节　带有悲剧色彩的家世

一、阴阴仙李枝

李商隐在《戏题枢言草阁三十二韵》中说："君家在河北，我家在山西。百岁本无业，阴阴仙李枝。"这里说的"山西"，指陇山之西，李唐皇室源出陇西李氏。《史记·李将军列传》说："李将军广者，陇西成纪人也，其先曰李信，秦时为将，逐得燕太子丹者也。故槐里，徙成纪。"《晋书·凉武昭王李玄盛传》："武昭王讳暠，字玄盛，小字长生，陇西成纪人，姓李氏，汉前将军广之十六世孙也。"《旧唐书·高祖本纪》："姓李氏，讳渊，其先陇西狄道人，凉武昭王暠七代孙也。"商隐远祖与李唐皇室同宗（详后），故说"我家在山西"。唐朝皇帝奉老子李耳为祖，《神仙传》上说老子生而能言，商隐既与皇室同宗，自然也攀上老子，说自己是"仙李"之支裔了。他在《哭遂州萧侍郎二十四韵》中也称："公先真帝子（按：萧侍郎名浣，是南朝萧梁皇室后裔），我系本王孙。"看来他对自己与唐皇室同宗别派的出身还颇有几分自豪。不仅他自己这样标榜，就连与他同时的诗人崔珏在哭吊他的诗中也称"成纪星郎字义山"（《哭李商隐》）。

在商隐的文章中，对自己的先世有更明确的记述。《请卢尚书撰李氏仲姊河东裴氏夫人志文状》一开头就说："昔我先君姑臧公以让弟受封，故子孙代继德礼，蝉联之盛，著于史谍（牒）。"《请卢尚书撰故处士姑臧李某志文状》亦明标其处士叔为"姑臧李某"。按《新唐书·宰相世系表》："（李氏）姑臧大房出自兴圣皇帝第八子翻……（翻）三子：宝、怀远、抗……（宝）七子：承、茂、辅、佐、公业、冲、仁宗。承号姑臧房。"兴圣皇帝，即凉武昭王李暠。李暠有十子，次子李歆，即李唐皇室所从出；八子翻，即商隐远祖。《仲姊志文状》中提到的"我先君姑臧公以让弟受封"之事，据《北史·序传》载，凉武昭王子翻，祈连酒泉晋昌郡太守；翻子宝，遇家难，为沮渠蒙逊因于姑臧，魏太武帝时，授沙州牧、敦煌公；宝长子承，魏太武帝赐爵姑臧侯，后遭父丧，居丧以孝闻。承应传先封，以自有爵，乃以本封让弟茂，时论多之。商隐即出自李承一支。商隐与李唐皇室的这种同宗别派关系，实际上是非常疏远的，和李贺之系出唐高祖李渊之从父大郑王李亮相比，关系还要疏远得多。又据李翱《故歙州长史陇西李府君墓志铭》："府君讳则，字某，凉武昭王十三世孙……次女婿桂州观察使杜式方。"（《全唐文》卷六三九）杜式方是会昌时宰相杜悰之父，商隐称杜悰为"外兄"（见《五言述德抒情诗一首四十韵献上杜七兄仆射相公》），李则当是商隐祖父李俌的兄弟辈。算起来，商隐当是凉武昭王李暠的十五代孙。

李承以下的商隐各代远祖，据《新唐书·宰相世系表》所载，为：李承子韶，定州刺史，袭姑臧文恭侯；韶次子瑾，后魏通直散骑侍郎，文恭侯；瑾三子疑之，光州中从事；疑之次子君范；君范子孝深；孝深子阙载，孙询轨；询轨次子涉，美原令，涉即商隐之高祖。李涉以下，《新唐书·宰相世系表》阙载，而《旧唐书·文苑传·李商隐》载之甚详，曰："李商隐，字义山，怀州河内人。曾祖叔恒，年十九登进士第，位终安阳令；祖俌，位终邢州录事参军。父嗣。"按商隐《请卢尚书撰曾祖妣志文状》云："夫人姓卢氏……父讳某，兵部侍郎、东都留守；夫人，兵部第三女，年十七，归于安阳君，讳某，字叔洪，姑臧李成宪、荥阳郑钦说等十人，皆僚婿也。安阳君年十九，一举中进士第，与彭城刘长卿、中山刘脊虚、清河张楚金齐名。始命于安阳，年二十九弃代，祔葬于怀州雍店之东原，先大夫故美原令之左次。美原讳某，字既济，其墓长乐贾至为之铭。一子邢州录事参军，讳某，字叔卿。"又《请卢尚书撰故处士姑臧李某志文状》云："曾祖讳某，皇美原令；祖讳某，皇安阳县尉；父讳某，皇郊社令；处士讳某，字某，郊社令第二子也。"将上述记载对照、综合，可知商隐高祖名涉，字既济，美原令。曾祖名讳任官有小异。《旧唐书》本传谓商隐曾祖叔恒，位终安阳令；二志文状则谓"宇叔洪……始命于安阳""安阳县尉"。钱振常谓"既字叔洪，似无讳叔恒之理。唐人名与字同者甚多，'洪''恒'音近，或文避穆宗（按：即李恒）讳耶"（见《樊南文集补编·曾祖妣志文状》注），所言近是①。其任官，叔恒年十九登第，"始命于安阳"，可能即任安阳县尉。如至二十九岁去世时仍任安阳县尉，似不合情理，故本传"位终安阳令"之记载似可从。叔恒之子，亦即商隐祖父，名俌，字叔卿，邢州录事参军。据《曾祖妣志文状》，李俌系"以经业得禄"，当是以明经登第而得官。《仲姊志文状》谓"王考纠曹君，以隐德不耀，俛仰于州县"。纠曹，指录事参军。《通典》："录事参军，本为公府官，非州郡职也。掌总录众曹文簿，举弹善恶。后代

---

① 张采田谓"叔恒盖以字行之者也"（《玉谿生年谱会笺》），亦可参。

刺史有军而开府者，并置之。"因职司纠弹，故称"纠曹"①。商隐父李嗣，本传阙载其任官，据《仲姊志文状》称："烈考殿中君，以知命不挠，从容于宾介。"又云："时先君子罢宰获嘉，将从他辟。"知李嗣曾任获嘉令，后被辟为幕僚。据商隐《祭裴氏姊文》："时先君子以交辟员来，南辕已辖……浙水东西，半纪漂泊。"冯浩乃谓李嗣为镇浙东、西者所辟（见其所著《玉谿生年谱》），张采田《玉谿生年谱会笺》更具体指出李嗣先为浙东观察使孟简、继为浙西观察使李翛所辟，但也有可能一直在浙东观察使幕待了六年左右（继孟简任浙东观察使者为薛戎），关于这方面的具体情况，将在第三章《幼年与少年》第一节"随父两浙"中详述。谓李嗣为"殿中君"，当指其在幕时所带殿中侍御史的宪衔。

以上所考述，为商隐之远祖李昺至其父李嗣的大致情况。可以看出，所谓"我系本王孙""阴阴仙李枝"，实际上只是与李唐皇室非常疏远的同宗别派关系。这种宗亲关系，自然不可能给他带来任何政治、经济上的实际利益。从影响比较直接的高、曾、祖、父四代近世宗亲来看，虽然都有官职，但大都为州郡僚佐、县令县尉一类州县官吏。到李嗣去世以后，更是"宗绪衰微，簪缨殆歇……泽底名家，翻同单系；山东旧族，不及寒门"（《祭处士房叔父文》）。这样一种现实地位相当寒微而又"系本王孙"的家世，一方面使他具有对唐王朝命运的深切关注和政治责任感，怀抱"欲回天地"、复兴李唐王朝的宏愿；另一方面，又使他具有强烈的家族责任感，时刻想着振兴家道，冀立门构，"以显之义，虽不敢望；无忝之训，庶几或存"（《祭徐氏姊文》）。当然，这种"宗绪衰微，簪缨殆歇"的地位处境也使他具有一种浓厚的家族没落感，赋予他伤感的气质。这一切，对他的生活与创作都产生了深刻而持久的影响。

二、三代寡孤的家世

商隐《请卢尚书撰曾祖妣志文状》中提到他的曾祖父李叔恒弱冠登进士第，与刘长卿、刘睿虚、张楚金齐名，可以推想他在诗歌创作方面有相当成就，可惜他的作品竟没有一首流传下来，但商隐应当是读过并熟悉曾祖的诗作的。从他在志文状中叙及曾祖诗名时的语气上看，虽不像杜甫提到其祖父杜审言时声称"诗是吾家事"那样自负，但可以揣知这位曾祖的才气名声

10

---

① 唐刘宽夫《汴州纠曹厅壁记》："郡府之有录事参军，犹……南台之有大夫中丞也。纠正邪慝，提条举目，俾六联承式，属邑知方。"

对他的激励与影响。可惜曾祖叔恒竟未届而立之年就溘然长逝，"（安阳君）年二十九弃代……始夫人既孀，教邢州君（按：即商隐祖父李俌）以经业得禄，寓居于荥阳。不幸邢州君亦以疾早世。夫人忍昼夜之哭，抚视孤孙，家惟屡空，不克以邢州归祔。"曾祖的英年早逝，对曾祖母和整个家庭已是极沉重的打击。但卢氏夫人却坚强地担负起教育儿子李俌的责任，使李俌以明经及第，并做了邢州录事参军的官职。但不幸再次降临到这位孀母头上，李俌又因病早早去世。她又含悲忍痛，担负起抚育孤孙李嗣的重担。"后十年，夫人始以寿殁，诸孤且幼"，等到李嗣长大做了县令和方镇幕僚、得殿中侍御史衔后，又撇下商隐兄弟和妻子，死于江南作幕之地。商隐母亲只得千里迢迢，带着商隐兄弟，将李嗣的灵柩运回荥阳。从曾祖、祖父到父亲，一连三代，都是以疾早逝，由曾祖母一人担当起教养两代儿孙的重任，商隐母亲也同样是孤儿寡母，苦熬度日。郑州荥阳距原籍怀州，不过二百里，却因"家惟屡空"，竟无力将李俌和曾祖母的灵柩运回原籍安葬，只好葬在寓居的荥阳坛山。这种接连三代寡孤的家世，由于很早就失去家庭中的主要支柱，孤儿寡母肩上所承受的负担、压力，包括经济上的、心理上的，都远比一般家庭更为沉重而持久。长期积淀起来的沉重压抑感、孤独无依感、对前途命运的渺茫无着落感，乃至自卑屈辱感等，都比一般人更为强烈。而这一切，又往往转化为对知遇之恩、亲情、友谊、爱情等人生中温暖情谊的格外珍重与热切向往。"古人常叹知己少，况我沦贱艰虞多"（《安平公诗》），正道出"沦贱艰虞"的家世身世与重视知己情谊之间的密切关联。同时这种"沦贱艰虞"的境遇又往往反激起自尊、自负、自强等诸种反向情感。他那种多情、缠绵、内向、敏感、伤感的个性气质与这种三代寡孤的悲剧性家世也都有深刻的联系。

三、裴徐二姊的悲剧遭遇

直系亲属三代寡孤的境遇已如上述，旁系亲属中两位姊姊的命运也很不幸。

商隐共有三位姊姊。大姊可能未婚早逝，故死后葬在荥阳坛山李家祖坟，《祭小侄女寄寄文》所称"伯姑"，指的就是这位早逝的大姊。另两位即嫁给裴允元的裴氏姊和嫁给徐某的徐氏姊。这两位姊姊，在商隐的文章中都称为"仲姊"①，从文中叙述她们逝世的时间看，裴氏姊当年长于徐氏姊。

《请卢尚书撰李氏仲姊河东裴氏夫人志文状》云："仲姊生禀至性，幼挺柔范，潜心经史，尽妙织纴。钟、曹礼法，刘、谢文采。顾此兼美，自乎生知。"是一位知书达理、温柔贤慧的女子。《祭裴氏姊文》中也提到裴氏姊身后遗留下来的"组绣余工，翰墨遗迹"，可见她确有妇功、有文采。但她的遭遇却非常悲惨。《仲姊志文状》说："年十有八，归于河东裴允元，故侍中耀卿之孙也。既归逢病，未克入庙，实历周岁，奄归下泉。"裴耀卿开元二十一年拜黄门侍郎，同中书门下平章事，二十二年迁侍中。裴氏本为河东望族，允元祖父又官至宰相，应该说这门亲事对于比较寒微的李家来说，是一种可以因依的力量。但实际的结果却只给这位仲姊带来了不幸。《仲姊志文状》因为是写给卢尚书撰墓志用的行状，对仲姊之死不能不含糊其词，用"既归逢病，未克入庙，实历周岁，奄归下泉"等语掩盖过去。但在《祭裴氏姊文》中对仲姊的死因却有比较明确的叙述："爱女二九，思托贤豪。谁为行媒，来荐之子？虽琴瑟而著咏，终天壤以兴悲。谓之何哉？继以沉恙，祷祠无冀，奄忽凋违。"根据祭文中的用典，可以揣知仲姊的真实死因。"琴瑟著咏"用《诗·周南·关雎》"窈窕淑女，琴瑟友之"，指已偕琴瑟之好，正式结为夫妇；"天壤兴悲"用《世说新语·贤媛》所载才女谢道韫嫁王凝之事：

> 王凝之谢夫人（按：即道韫）既往王氏，大薄凝之。既还谢家，意大不说。太傅（按：即谢安）慰释之曰："王郎（按：指凝之），逸少（按：即羲之）之子，人身亦不恶，汝何以恨乃尔！"答曰："一门叔父，则有阿大、中郎（按：指道韫的叔伯父辈谢尚、谢据）；群从兄弟，则有封、胡、遏、末（按：指道韫兄弟辈中的谢韶、谢朗、谢玄、谢渊），不意天壤之中乃有王郎！"

谢道韫认为丈夫王凝之和娘家的叔伯或兄弟辈根本不能相提并论，因而"大薄凝之"，发出"不意天壤之中乃有王郎"的悲恨。王、谢高门世族之间结为婚姻，政治联姻的性质相当突出，对当事人的才能人品及双方的感情往往很少考虑。谢道韫虽是一位有才能、有个性的女子，但婚前同样没有亲自选

---

① 《祭徐姊夫文》："始者仲姊有行，获托贵族。"此"仲姊"指徐氏姊；《请卢尚书撰李氏仲姊河东裴氏夫人志文状》题内之"仲姊"指裴氏姊。

李商隐传论（一）

择婚姻对象的权利，等到嫁过去以后，方发现对方的才能品性与自己所希望的相去悬殊，但木已成舟，只能维持这不美满的婚姻。商隐用谢道韫"天壤兴悲"的典故，显然是暗示仲姊对裴允元的才情人品深为不满，与谢一样产生了"不意天壤之中乃有裴郎"的悲怨。《志文状》中突出仲姊"生禀至性，幼挺柔范，潜心经史，尽妙织纴。钟、曹礼法，刘、谢文采。顾此兼美，自乎生知"的淑女才媛品性，正是为了强调其所适非人的悲剧。但裴氏姊却因为"天壤兴悲"，不满裴允元而遭到遣回娘家的悲剧。行状和祭文都分别提到仲姊"既归逢病，未克入庙"，"得不以既笄阙庙见之仪，故卜吉举归宗之礼"，并明白提到仲姊死在父亲李嗣任获嘉令的家中，说明仲姊是刚嫁过去不久就被夫家遣回娘家。仲姊刚嫁到裴家，就流露出对丈夫的不满，兴"天壤之悲"，这在裴家这种高门显宦看来，是大不敬的表现，但又不符合"七出"之条，于是便不许其"庙见"而将其遣回娘家。这实际上是一种离异，只不过没有正式的离异手续。婚姻的悲剧加上被遣回娘家的遭遇使她羞愤交并，终于在不到二十岁的韶华之年就郁郁成疾去世。裴氏姊的悲剧在某种意义上不妨说是一出寒门在婚姻上依托高门、所适非人酿成的悲剧。

商隐的另一位徐氏姊在婚姻上虽未遭遇裴氏姊那样的悲剧，但生前既含辛茹苦，身后又十分凄凉。《祭徐氏姊文》说："始某兄弟（按：指自己和仲弟羲叟），初遭家难（按：指父亲李嗣在浙西幕府病故），内无强近，外乏因依。祇奉慈颜（按：指徐氏姊），被蒙训勉。及除常制，方志人曹。"祭文写于会昌三年（843），而言"追诀慈念，一十八年"，徐氏姊当卒于宝历二年（826）。商隐父卒于长庆元年（821年，详第四章），在长庆元年到宝历二年（821—826）这六年时间内，正是商隐一家最艰难的时期，也是商隐兄弟年方就傅需要接受教育的关键时刻，徐氏姊担负起了抚养教导商隐兄弟的任务。但不幸的是，徐氏姊同样在韶年出嫁后不久即去世。祭文中又说："然有以没齿怀恨，粉身难忘者，以灵之懿茂，而不登遐寿，不生贤人，使别女致哀（按：徐氏姊无亲生子女。此女非其所出，故曰'别女'），犹子为后。哀哀天地，云胡不仁！默默神祇，其何可诉！"天道不仁，善人不佑，对徐氏姊生前辛苦、身后凄凉的悲剧命运，商隐感到无诉的怨愤。

裴氏姊去世时，商隐"初解扶床"，尚在乳抱。对她的婚姻悲剧，当是长大后听母亲所述。《祭裴氏姊文》中提到自己长大后打算将裴氏姊的灵柩从寓殡之地获嘉迁回荥阳坛山时说："顷者以先姊年高，兼之多恙，每欲诹画，即动悲感（按：原作'作咸'，当为'悲感'之缺讹）。"可见商隐母亲对这位女儿的婚姻悲剧是终身抱痛的。因此裴氏姊的悲剧遭遇给他留下了极深刻痛切的感受，使他对女子不能自主婚姻造成的悲剧有一种切肤之痛。《别令狐拾遗书》中有这样一段充满愤激情绪的文字：

> 后日生女子，贮之幽房密寝，四邻不得识，兄弟以时见。欲其好，不顾性命。即一日可嫁去，是宜择何如男子者属之耶？今山东大姓家，非能违摘天性而不如此。至其羔鹜在门，有不问贤不肖健病，而但论财货、恣求取为事。当其为女子时，谁不恨？及为母妇，则亦然。

这里指斥的，是山东大姓家的父母"但论财货、恣求取"，而"不问贤不肖健病"的包办买卖婚姻，婚姻的缔结完全出于经济利益的考虑。实际上，倚托甚至攀附高门，不问子婿贤否也是一种变相的包办买卖婚姻，婚姻的缔结完全出于政治和家族利益的考虑，同样会造成当事人特别是女子的婚姻悲剧。李商隐对于女子不能自主婚姻和前途命运的深切同情，与他对裴氏姊婚姻悲剧的痛切感受不能说没有关系。《无题》（八岁偷照镜）中所抒写的少女伤春的苦闷和不能掌握自己命运的心理，也融合了他来自家庭生活的切身体验。而裴氏姊、徐氏姊的悲剧命运又给三代寡孤的家庭增添了又一层浓厚的悲剧氛围，从而使商隐的感伤情绪和气质在早岁就已形成。

第二章 籍贯与出生年

第一节 李商隐的籍贯

商隐的籍贯，两《唐书》本传都说是"怀州河内"。唐代怀州辖河内、武德、武陟、获嘉、修武五县，河内为怀州州治所在附郭县。唐河内县辖境包括今河南省沁阳市及博爱县境。商隐的高祖美原令李涉、曾祖安阳令李叔恒的坟茔都在怀州雍店之东原（会昌四年八月刘稹之乱平定后，商隐当将其曾祖母卢氏的坟由荥阳坛山迁到这里）。因此，怀州河内是商隐的祖籍或原籍。他自己在《剑州重阳亭铭并序》末署"太学博士河内李商隐撰"①，即自称为河内人。商隐的出生地虽在怀州获嘉县，但那是因为当时他父亲李嗣正在获嘉县做县令，携眷同往，故商隐出生于此。实际上，从他祖父李俌起，就已徙居郑州。《请卢尚书撰曾祖妣志文状》云：

> 安阳君（按：指商隐曾祖李叔恒）……年二十九弃代，祔葬于怀州雍店之东原、先大夫故美原令之左次……始夫人既孀，教邢州君（按：指商隐祖父李俌）以经业得禄，寓居于荥阳。不幸邢州君亦以疾早世。夫人忍昼夜之哭，抚视孤孙，家惟屡空，不克以邢州归祔。故卜葬于荥阳坛山之原上。俾自我为祖，百世不迁。

李俌葬荥阳坛山，当是其时李家已经迁居郑州（荥阳为郑州属县）。继李俌之后，商隐父亲李嗣、处士叔李某的坟墓也都在坛山。《祭裴氏姊文》云：

> 某年方就傅，家难旋臻（按：指父亲病故于浙西幕府）。躬奉板舆

---

① "内"，《全唐文》作"南"。但商隐非河南府人，而且习惯上籍贯如为河南府某属县，当同时标明属县之名。此"南"字当为"内"字之讹。

（按：指母），以引丹旐。四海无可归之地、九族无可倚之亲。既祔故
丘，便同遗骸。

这里所说的"故丘"，即指其祖父李俌在荥阳坛山的坟茔。李嗣祔葬故丘之
后，大和三年，会昌三年、四年，大中五年，又先后将处士叔、母亲、裴氏
姊、小侄女寄寄、妻子王氏①的坟葬在荥阳坛山。从商隐文章中可以看出，
他从穆宗长庆元年奉父丧归郑州，到敬宗宝历二年，一直居住在郑州（详第
三章），此后虽学仙玉阳、屡居幕府、应举求官，但郑州始终有他的家居。
因此，郑州是他的第二故乡和现籍。怀州河内，虽是祖籍，但到商隐时，除
了高、曾祖的坟墓外，旧居早已不存。《上河阳李大夫状一》说：

> 伏以仍世羁宦，厥家屡迁。占数为民，莫寻乔木；画官受吊，曾乏
> 弊庐。

可见其时河内已无祖居。而郑州，一直到他病废之时，仍有居处，而且最终
即卒于郑州。《上郑州李舍人状一》说：

> 某庆耀之辰，早蒙抽擢；孤残之后，仍被庇庥……恩同上客，礼异
> 编氓。桑梓有光，里闾加敬。

从"桑梓""里闾""编氓"这些词语中，可以明显看出，商隐在郑州不但有
居处和邻里街坊，而且是把郑州看作自己的家乡，把自己视为郑州的正式居
民的。《哭遂州萧侍郎二十四韵》也说："早岁思东阁，为邦属故园。"自注：
"余初谒于郑舍。"大和七年三月，萧浣由给事中出为郑州刺史，商隐初谒萧
浣，即在萧任郑州刺史期间。这里更把郑州直接称为"故园"。揆之情理，
从祖父李俌起，三代居于郑州，且有"故丘"在荥阳坛山，自己又一直在郑
州有居处，当然可以称为"故园"了。不过，对近在二百里左右的祖籍怀
州，商隐仍有一份固结不解的故乡情结。这不仅表现在上引《剑州重阳亭铭
并序》篇末"河内李商隐"的署名上，而且表现在其一系列诗文中称怀州附
近的山为"故山""家山"上。其《奠相国令狐公文》云："故山巍巍，玉谿
在中。"《偶成转韵七十二句赠四同舍》云："旧山万仞青霞外，望见扶桑出

16

---

① 大中五年商隐妻王氏卒后，当亦按礼将王氏葬于坛山，但商隐现存诗文中对王氏葬
事未曾涉及。

东海。"这里的"故山""旧山",即指怀州附近的王屋山分支玉阳山,商隐早年曾在此学道。《大卤平后移家到永乐县居书怀十韵》甚至把连接王屋山的中条山也称为"家山",而有"驱马绕河干,家山照露寒"之句。这一切,说明商隐对怀州祖籍,心中殊为恋恋。

第二节 李商隐的生年

商隐生年,旧有三种主要考证结论[①]:一为冯浩的元和八年生说,见其所著《玉谿生年谱》;一为钱振伦的元和六年生说,见其所辑注《樊南文集补编》卷末所附《玉谿生年谱订误》;一为张采田的元和七年生说,见其所著《玉谿生年谱会笺》卷一。三说中,冯、钱二说各有其主要依据,张说则调和折衷冯、钱二说。

冯浩的主要依据是商隐的《上崔华州书》。此书上于开成二年正月十一日至二十四日之间。信中提到"今崔宣州",指开成二年正月十日新被任命为宣歙观察使的崔郸(事见《旧唐书·文宗纪》)。是年正月二十五日进士试放榜,商隐登第(详第六章"登进士第"一节),而此信为向华州防御使崔龟从行卷之作,时尚未登第可知,当上于二十五日放榜之前。而篇首称"愚生二十五年矣",自开成二年逆数二十五年,商隐当生于元和八年。岑仲勉《玉谿生年谱会笺平质》即力主应从冯说。

钱振伦的主要依据是冯氏未曾见到的,由他从《全唐文》中辑出,收入《樊南文集补编》的《请卢尚书撰李氏仲姊河东裴氏夫人志文状》中的一段文字:

> 至会昌三年,商隐受选天官,正书秘阁,将谋龟兆,用释永恨。会允元同谒,又出宰获嘉,距仲姊之殂,已三十一年矣。神符凤志,卜有远期,而罪衅贯盈,再丁艰故,且兼疾瘵,遂改日时。明年冬,以潞寇凭陵,扰我河内,惧罹焚发,载胗肝心。遂泣血告灵,摄缘襄事,卜以

---

① 朱鹤龄、徐树谷、程梦星诸家对商隐的生年均有考证,因其据商隐本传之误载推断商隐生年,故结论离其实际生年甚远。如朱氏《李义山诗谱》据本传"令狐楚镇河阳,以所业文干之,年才及弱冠"之误载,认为商隐生于贞元十一二年间即是。徐氏说稍异,认为商隐生于贞元十九年,亦误。程梦星谓生于贞元十五年,亦非。

明年正月日归我祖考之次，荥阳之坛山。

钱氏认为这段文字一开头的"至会昌三年"当作"至会昌二年"。根据是"刘稹作乱，在会昌三年四月，是年冬，命将进讨，四年八月平，见《旧唐书·武宗纪》。此文下云'明年冬，以潞寇凭陵，扰我河内'，自当指会昌三年而言。此处'三'字，疑当作'二'。又前《曾祖妣状》云：'会昌二年，由进士第判入等，授秘书省正字'，与此状为同时所作，亦不应互异其词也。"校正极有据，当据改。由此推出："自会昌二年壬戌，上溯至元和七年壬辰，凡三十一年。"也就是说，裴氏姊当卒于元和七年。再据《祭裴氏姊文》"灵沈绵之际，俎背之时，某初解扶床，犹能记面"之语，谓冯谱商隐生于元和八年之说"殊不可通"，"似宜酌移为元和六年，于理方顺"。

张采田不同意钱氏将《仲姊志文状》"至会昌三年"校改为"至会昌二年"，云："不知古人文简，往往有倒插追叙之法。此文'会昌三年'至'距仲姊之殂已三十一年矣'为一段；'罪衅贯盈'至'卜以明年正月'为一段。'三十一年'句直承'会昌三年'，中间'商隐受选天官，正书秘阁'等语，乃追叙之词。'罪衅贯盈'，谓丁母艰。义山丁母艰在会昌二年，所谓'明年冬'者，承上文，仍指三年而言。至'卜以明年正月'云云，始实指会昌四年也。三十一年，若由会昌三年数之，则仲姊之殁，实为元和八年……则义山之生，必在元和七年壬辰无疑矣。"但张氏对这段文字的解说实在过于支离割裂，自相矛盾，岑仲勉《玉谿生年谱会笺平质》已加辩驳，但岑氏仍主张裴氏姊卒于元和八年，谓"原文之意，三十一年系从最初卜改葬期时上数之，此改葬之期当在会昌三年……状文'会昌三（按：岑氏同意钱说，谓当改为"二"）年'至'已三十一年'一段，系指会昌二年而暗递到三年。惟'明年冬'字仍指二年之明年"，其解说之支离牵强与张氏类似。董乃斌《李商隐生年为元和六年说》（载《文学遗产增刊》第十四辑）对岑说也作了有力的辨正。

在冯、钱二说各有有力证据，又没有别的证据或理由可以证明其所据文字有误的情况下，无论是从冯说或从钱说都必然会遇到与另一说所持证据相矛盾的问题。因而简单地是冯而非钱或是钱而非冯，都不可取。在这种情况下，惟一的出路，是在承认《上崔华州书》"愚生二十五年矣"与《仲姊志文状》"至会昌二年……距仲姊之殂已三十一年矣"这两处文字都正确的前提下，参酌其他有关证据，对商隐生年作出比较合理的推断，并对某些文字作出比较合理的解释。

比较合理的推断是：商隐生于元和七年初，而裴氏姊殁于元和七年末。

裴氏姊卒于元和七年末，则与《仲姊志文状》"至会昌二年……距仲姊之殂已三十一年"的叙述正合。"商隐受选天官，正书秘阁，将谋龟兆，用释永恨。会允元同谒（按：指与商隐一起参加吏部的选官考试），又出宰获嘉（按：指选为获嘉令）"等事都发生在会昌二年。而商隐生于元和七年初的推断，则与《祭裴氏姊文》"灵沈绵之际，殂背之时，某初解扶床，犹能记面"亦可相合。小孩学会独自走路一般在出生后一周岁到一岁半之间，一周岁时"能独自站立，牵着一只手可走"（据《乳幼儿和学龄前儿童智力和动作行为发育表》），也就是"初解扶床"。从年初至年末，已近一周岁，正是"初解扶床"之时。至于"犹能记面"，是指婴儿时对大人的识面分辨能力，即其时已分得清对方是母亲或姊姊，而绝不可能是许多年后仍能记忆起姊姊的面容，因为长大后对幼时所历情景的记忆，一般要到六七岁后，此不详辨。

但这样推断，仍会出现与《上崔华州书》中"愚生二十五年矣"的叙述相矛盾的问题。因为如商隐生于元和七年初，至开成二年正月已是二十六岁。不过，这一矛盾似可得到较为合理的解释。第一，《上崔华州书》上于开成二年正月十一日至二十四日之间，其时商隐虽已跨入二十六岁，但乍入新年不过旬余，在潜意识中或习惯上仍会感到自己还在二十五岁。古人虽无实足年龄的算法，但在计算时间时却有"周岁"之称，这里"生二十五年矣"也可能是指生满二十五年的意思。第二，《上崔华州书》为一高自标置的书信，行文较为洒脱自由，如一开头就谨言"生二十六年"，不免过于郑重拘泥，与全篇文风不协，故径称"生二十五年"。盖除十年、二十年等常用的成数外，五年、十五年、二十五年等亦为较为活泛带有一定伸缩性的数字。用"生二十五年矣"来约言乍入新年不过旬余之"年二十六"，似无不可。反之，如从钱氏元和六年生之说，时商隐已二十七岁，再说"愚生二十五年矣"，相差两岁，其矛盾殆无弥合的可能。

紧接着产生的另一个问题是对下面两段文字的解释。《祭裴氏姊文》云：

> 良时不来，百里为政（按：指商隐父李嗣任获嘉令）。爱女二九，思托贤豪。谁为行媒，来荐之子？虽琴瑟而著咏，终天壤以兴悲。谓之

何哉？继以沉恙，祷祠无冀，奄忽凋违。时先君子以交辟员来，南辕已辖，接旧阴于桃李，寄暂殡之松楸。此际兄弟，尚皆乳抱，空惊啼于不见，未识会于沉冤。

《请卢尚书撰李氏仲姊河东裴氏夫人志文状》云：

> 既归逢病，未克入庙。实历周岁，奄归下泉。时先君子罢宰获嘉，将从他辟，遂寓殡于获嘉之东。

这两段文字中的"时先君子以交辟员来，南辕已辖""时先君子罢宰获嘉，将从他辟"分别紧接在"奄忽凋违""奄归下泉"之后，很容易造成一种错觉：裴氏姊的去世与李嗣罢宰获嘉赴浙东辟是同时或时间上紧相衔接的事。但实际情况根本不是这样。因为李嗣赴浙东辟的时间，据张采田《会笺》考证，事在元和九年。是年九月戊戌，以给事中孟简为越州刺史、浙东观察使。李嗣当为孟简所辟。孟简九月任命，则李嗣之赴浙东幕必在是年冬。前已据《仲姊志文状》"至会昌二年……距仲姊之殂已三十一年矣"之文考知裴氏姊卒于元和七年末，则姊卒与父罢宰赴浙辟之间相隔了整整两年。实际上，无论是张氏《会笺》将姊卒定在元和八年、父罢宰赴辟定在九年，或是冯谱将姊卒定在元和九年、父罢宰赴辟定在十年，中间也都隔了一年，并没有将两件事放在同时。道理很简单，因为如果仲姊死时正当其父罢宰赴辟之时，则元和九年下距会昌二年仅二十九年，绝不符合"至会昌二年……距仲姊之殂已三十一年矣"之文（即使如张氏所主张的"至会昌三年"不误，也不得不把姊卒的时间提到父罢宰赴辟的前一年，即元和八年，以就"三十一年"之数）。实则姊之"凋违""归下泉"与父之罢宰赴辟是不同时间发生的两件事，中间隔了两整年。按照常规，李嗣当是担任获嘉令已满任期时才会从浙东之辟，一般不可能在任期未满时弃官赴辟，这从"罢宰"二字亦可看出。县令任期一般为三年。据上引《祭裴氏姊文》的这段文字，可以推知李嗣当是元和六年莅获嘉令之任，裴氏姊即于当年行媒出嫁，并随即被裴家遣回娘家，"实历周岁，奄归下泉"，于元和七年末去世。因为当时李嗣正在获嘉为令，故遂即暂时寓殡于获嘉县的东郊。本待任满时迁回荥阳坛山正式安葬，但到元和九年三年任期已满罢任时，正值孟简辟署其为浙东幕府从事，行期迫促，"南辕已辖"，来不及将裴氏姊迁祔故丘，故不得已仍寓殡于获嘉。《祭裴氏姊文》中"接旧阴于桃李，寄暂殡之松楸"二句，冯浩引《韩诗外传》"春树桃李，夏得阴其下，秋食其实"以注"旧阴之桃李"，实为误注。此句盖用潘岳事。《白氏六帖·县令》："潘岳为河阳令，树桃李花，人号河阳一县花。"此典正切李嗣为县令。"接旧阴于桃李"，是说李嗣担任获嘉令已有数年，所树桃李已成旧阴。两句连文意即在做了几年县令的获嘉，将裴氏姊的坟墓（松楸借代坟墓）仍然寄寓在那里。总之，上引两段文字的"奄忽凋违""奄归下泉"前后，分叙二事，两件事在时间上并不紧相连接。

接下来还有一个问题需要作出正确解释，即《祭裴氏姊文》中所说的"此际兄弟，尚皆乳抱，空惊啼于不见，未识会于沉冤"。如果"此际"是紧承上文指"先君子以交辟员来，南辕已辖"之时，则商隐其时已三岁，其下又有一个尚在乳抱的弟弟（当是羲叟），是完全合乎情理的。但这种理解似与"空惊啼于不见"不大切合。因为裴氏姊元和七年末（李嗣罢宰赴浙辟的两年前）即已去世，要说"惊啼于不见"，当时即已"不见"，并非迟至元和九年冬父赴浙辟方"惊啼于不见"。如果"此际"是上承"奄忽凋违"即裴氏姊刚殁之时，那就意味着，元和七年末裴氏姊卒时，商隐下面又有一位刚出生的弟弟羲叟。假定商隐生于正月初，羲叟生于十二月末，其间相隔不过十一个月多一点。同母所生的兄弟，一个生于年初，一个生于年末，这种概率虽不多，但也不是没有可能。当然，如果是同父异母弟，自然不存在问题。但李嗣是否有侧室，从商隐现存诗文中还看不出来，至少是难以推断其有或无。从商隐称羲叟为"仲弟"看①，似在羲叟之上，尚有一弟，则"此际兄弟"之"弟"又非羲叟，当为侧室所出。由于缺乏其他有关材料作佐证，目前只能根据商隐现存的文章作出上述各种可能的假设。

第三节　生年的其他佐证

为了进一步检验元和七年生说的相对合理性，不妨将商隐诗文中所提供的其他有关年龄的记述作一些比较分析和印证。

其一，《上令狐相公状一》云："某才乏出群，类非拔俗。攻文当就傅之岁，识谢奇童；献赋近加冠之年，号非才子。徒以四丈东平，方将尊隗，是许依刘。"商隐初谒令狐楚，两《唐书》本传皆云在楚镇河阳时，显误。据此状，实在令狐楚镇天平（治郓州，隋东平郡，故云"四丈东平"）之

---

① 商隐《樊南甲集序》："仲弟圣仆（原注：羲叟），特善古文。"

前。考大和三年三月，令狐楚检校兵部尚书、东都留守、东畿汝都防御使（见《旧唐书·文宗纪》）。郑州属东畿汝都防御使管辖，时居郑州的李商隐初谒令狐"以所业文干之"。以元和七年生顺数之，至大和三年商隐十八岁，正所谓"献赋近加冠之年"。

其二，《骄儿诗》云："爷昔好读书，恳苦自著述。憔悴欲四十，无肉畏蚤虱。"此诗作于大中三年春，时商隐在长安，与妻王氏及儿女团聚。以元和七年生，下推之大中三年，商隐三十八岁，正合"欲四十"之数。

其三，《梓州道兴观碑铭并序》云："予也五郡知名，三河负气……属以鱼车受宠，璧马从知……谢文学之官之日，歧路东西；陆平原壮室之年，交亲零落。""鱼车"二句，指应柳仲郢之辟聘，为东川节度使幕府从事。"谢文学之官之日"，用《南齐书·谢朓传》：朓历随王文学。子隆好辞赋，朓以文才，尤被赏爱。世祖敕朓还朝，迁新安王中军记室，朓笺辞子隆曰："皋壤摇落，对之惆怅；歧路东西，或以鸣邑。"借指自己被辟为东川记室后，赴梓州就幕职。"陆平原壮室之年，交亲零落"，用陆机《叹逝赋序》："余年方四十，而懿亲戚属，亡多存寡；昵交密友，亦不半在。""壮室"显系"强仕"之误记。《礼记·曲礼上》："三十曰壮，有室；四十曰强，而仕。"商隐赴东川辟，在大中五年。"陆平原"句与"谢文学"句对文，所指为同一年之情事。大中五年春夏之交，商隐妻王氏去世，在此之前，亲交如王茂元、郑亚、卢弘止亦相继谢世，故有"交亲零落"之叹。同年初秋所作《崇让宅东亭醉后沔然有作》亦有"摇落真何遽，交亲或未亡"之慨。"交亲或未亡"即"交亲零落"的另一种表述，同用陆机《叹逝赋序》"余年方四十，而懿亲戚属，亡多存寡；昵交密友，亦不半在"数句意。因而《梓州道兴观碑铭并序》"谢文学之官之日，歧路东西；陆平原壮室（按：当作'强仕'）之年①，交亲零落"数句，意谓自己在强仕之年（四十岁），交亲零落亡故甚多，又远赴东蜀之辟，颇有歧路东西的感慨。值得注意的是，"陆平原强仕之年，交亲零落"，所指岁数确定（即陆赋序所谓"余年方四十"），与上文所引"近加冠之年""欲四十"之较活泛者不同，定指四十岁。从大中五年逆溯四十年，正元和七年。故《梓州道兴观碑铭并序》这几

---

①商隐将"强仕"误记为"壮室"，非止此一例。其《为濮阳公与刘稹书》在讲到刘从谏之卒时说："才加壮室之年，奄有坏梁之叹。"按《新唐书·藩镇·刘从谏传》谓从谏"卒，年四十一"。四十一正是"才加强仕之年"而非"才加壮室之年"，可证商隐误记"强仕"为"壮室"是一贯的。

句殆为商隐生于元和七年的又一确证。岑仲勉《玉谿生年谱会笺平质》谓："张意盖以（此数句）影响其元和七年之说，顾编年文又编大中七年（四十二岁）下。按商隐在梓，后先五岁。大中五年赴梓幕有《散关遇雪》诗，则抵梓在秋末冬初，岁底复上西川。若拟为五年作，其可能性殊甚少也。"这是岑氏误将"谢文学之官之日，歧路东西；陆平原强仕之年，交亲零落"数句所指为大中五年之情事，与这篇碑铭的系年（写作时间）混同起来了。其实张氏并没有说这篇碑铭是大中五年所作，而是与《四证堂碑铭》《新井碣铭》同系于大中七年。作《道兴观碑铭》之年与文中所述"谢文学之官之日""陆平原强仕之年"，所指之年自是二事。

附带要说明一个问题。商隐在《祭徐氏姊文》中曾说："今者苴麻假息，粪土偷存，不即殒伤，盖亦有以。伏以奉承大族，载属衰门。三弟未婚，一妹处室。息胤犹阙，家徒索然。"《祭裴氏姊文》亦云："荣养之志才通，启动之期有渐。而天神降罚，艰棘再丁。弱弟幼妹，未笄未冠。胤绪犹阙，家徒屡空。"都讲到会昌二年冬母亲亡故后，还有三位弟弟未成婚，一位妹妹未出嫁。前文作于会昌三年，后文作于会昌四年。按古代男子二十而冠，女子十五而笄。据此推算，三个弟弟中年龄最大的一个，此时最多十九岁，则当生于宝历元年或二年，其妹按年十四计，当生于大和四年或五年。而商隐父卒于长庆元年，其时商隐"年方就傅"，即十岁。很显然，这"三弟一妹"绝非商隐的亲弟妹，而是他的堂弟妹，其中可能包括处士叔的二男瓛、顼及其侄思晦。

上面所举出的三个佐证，《上令狐相公状一》《骄儿诗》对元和六年生说、元和七年生说都适用。因为按六年生说，大和三年商隐十九岁，亦可称"近加冠之年"；大中三年商隐三十九岁，亦可称"憔悴欲四十"。但这两证对元和八年生说却不适用，因为按八年生之说，大和三年商隐年方十七，说"近加冠之年"就比较勉强；大中三年商隐年三十七，说"欲四十"，也不大合适。而《梓州道兴观碑铭并序》因"陆平原强仕之年"确指四十岁，无论六年生说、八年生说都不符合，只能用来证明元和七年生说。因而综合以上三证，仍以元和七年生说较无窒碍。

第三章 幼年与少年

这一章叙述李商隐自元和七年出生到十八岁初谒令狐楚，正式踏入社会之前这一时期的生活。时间跨度很大，但能确切考述的具体生活情事却比较少，只能根据现有材料勾画出一个大体的轮廓。

第一节 获嘉三年与随父两浙

元和七年年初，李商隐在获嘉县廨出生，当时他父亲李嗣正在获嘉县当县令。在他之前，已有三位姊姊，他出生时裴氏仲姊已经十九岁。结婚以后二十来年未曾得子的李嗣对这个迟迟到来的宁馨儿自然分外珍爱，而且对这个孩子寄予厚望，给他取名商隐，字义山。商隐之名，当是取义于秦末汉初隐于商山的四位高士，即后世所谓"商山四皓"。古人名与字义每相关，商隐的一位堂兄字让山，李嗣于是给商隐取字为"义山"，也是取义于四皓之高义如山之意。商山四皓后来因张良之荐，出来辅佐汉高祖的太子，安定储位。李嗣给这个孩子取名商隐，自然不是希望孩子隐居不仕，而是企盼他如四皓之待时而出，成为帝王之佐。对父亲在取名字上所寄托的这种厚望，商隐似有深刻领会。他后来写过两首《四皓庙》诗，一首借慨李德裕能任用石雄，破回鹘、平泽潞，却不能如张良之荐四皓、安储位；另一首则借四皓之建立羽翼殊勋而见弃于时，以托讽时君之斥弃功臣，两诗都赞扬了四皓的"羽翼殊勋"，可见商隐对他们的钦仰。在《骄儿诗》中甚至希望自己的儿子衮师将来能为"帝王师"，将父亲曾寄予的厚望转寄予下一代。

裴氏仲姊在商隐出生的前一年出嫁给裴允元，但未曾庙见便被遣回娘家居住。徐氏姊当时尚未出嫁，陪侍父母。元和七年末，商隐的弟弟降生，而裴氏姊却在卧病一年之后奄然去世。这位知书达礼、富于才情的爱女在花季之年的谢世，给商隐父母带来的悲痛是可想而知的。特别是因为她是由于

24

所适非人、不满丈夫的才学品行而被遣回娘家的，实际上等于被休弃，这对于像李家这样的"泽底名家"①，更是一种极大的难堪与羞辱，而且使商隐父母感到择婿非人的悔疚。以致裴氏姊死后二三十年，一提起为她迁葬的事，商隐母亲都抑制不住悲从中来，可见裴氏姊的婚姻悲剧和她的死给商隐父母造成的精神创伤之大。但这一切，对于其时"初解扶床"的商隐来说，都不可能留下丝毫印象，最多只是"空惊啼于不见"，发现突然不见了这位姊姊而已。至于裴氏姊所遭的不幸，他是长大以后才从家人那里得知的。

元和九年秋，李嗣的获嘉县令三年任期已满，正等着调任。就在这年九月戊戌，给事中孟简外任浙东观察使。幕府初开，需要辟署幕僚，李嗣就是在这时接到孟简辟请自己为浙东幕府从事的聘书的。唐代的浙东观察使幕（特别是在安史之乱以后），是文人荟萃之地。除西川、淮南两个大镇雄藩以外，浙东、浙西、宣歙、荆南、江西等土地肥沃、物产丰饶的江南一带方镇对文人有很大的吸引力。李嗣赴浙东辟，或与浙东优越的条件有关。孟简，《旧唐书》卷一六五、《新唐书》卷一七〇有传。他在担任浙东观察使之前，曾做过仓部、吏部员外郎，司封郎中，谏议大夫，常州刺史等内外官职。在任常州刺史期间，开古孟渎，灌溉沃壤四千余顷，又疏浚无锡孟渎，以劳赐金紫。孟简精佛典，工诗文。据戴伟华《唐方镇文职僚佐考》，元和九年至十二年孟简任浙东观察使期间，幕僚有王敬仲、李蟾、陈构、张良祐、孟存、郑逈、刘茂孙、谢楚行等人。李嗣在浙东幕府究竟担任什么职务，现不可考。据《仲姊志文状》"烈考殿中君，知命不挠，从容于宾介"之语，此时李嗣已带殿中侍御史（从七品下）的宪衔，如果这里的"知命"指"五十而知天命"，则其时李嗣的年龄约五十岁，这与裴氏仲姊两年前去世时年十九的情况也大体相合（裴氏仲姊之上还有一位伯姊，早已去世，葬于荥阳坛山故丘，见《祭小侄女寄寄文》）。

孟简元和九年九月接到外调浙东观察使的任命，约十月动身赴任，李嗣当亦率妻儿同行。浙东观察使府在越州（今浙江绍兴市），距京师长安二千七百二十里，到越州当已在同年仲冬。浙东是著名的山水佳胜之区，人文荟萃之地，商隐日后在《为荥阳公与浙东杨大夫启》中形容越中胜迹，有"冰消雪薄，江丽山春，访古迹于暨罗，探异书于禹穴"之语。府主孟简又

---

① 商隐《祭处士房叔父文》："将使泽底名家，翻同单系；山东旧族，不及寒门。"李肇《唐国史补》：四姓，荥阳郑、冈头卢、泽底李、土门崔，皆为鼎甲。

工诗文，可以想见，其时幕主幕僚之间，在公事余暇少不了流连风景、诗文唱酬的活动。现存孟简文四篇，其中《建南镇碣记》一文即作于元和十年任浙东观察使期间。《嘉泰会稽志》卷十六禹庙题名存孟简、张良祐等十一人，可见其时这类游赏唱酬活动当经常举行，可惜文献阙载，无从考知李嗣在浙东幕期间参加过一些什么活动。

孟简在浙东观察使任首尾四年（实际在任时间不过两年多一点），元和十二年正月追赴阙，入为户部侍郎（据《旧唐书·宪宗纪》），接任浙东观察使的是薛戎。《会稽掇英总录·唐太守题名》："薛戎，元和十二年正月自常州刺史授。"与孟简去职同时。《祭裴氏姊文》说："浙水东西，半纪漂泊。"冯浩《玉谿生年谱》谓"义山父为镇浙东、西者所辟"，张采田《玉谿生年谱会笺》则具体指明李嗣元和九年为孟简所辟，元和十二年又为浙西观察使李翛所辟。但对"浙水东西"也可以有另外一种理解，即泛称浙东观察使所辖地区，即越、睦、衢、婺、台、明、处、温八州，其中婺、睦、衢三州均地跨浙水东西。如果这样理解，则李嗣是先在孟简、后在薛戎任上担任了两任浙东观察使府的幕僚。这种在一地连任幕僚的情况并不少见。薛戎长庆元年九月因病去官，十月卒。李嗣如连任浙东幕僚，其卒当在此前。不过，"浙水东西，半纪漂泊"，其中"漂泊"一词，例有行踪不定、居无定所，或职业、生活不固定，东奔西走之义，故仍以作先在浙东、继又在浙西作幕的解释比较符合"漂泊"一词的原意。按《旧唐书·宪宗纪》，元和十一年十月庚午，以京兆尹李翛为润州刺史、浙西观察使，其到任当已在年底。而元和十二年正月孟简罢浙东观察使、李嗣罢浙东幕，继为刚到任的浙西观察使李翛辟为幕僚，在时间上正相承接。李翛，《旧唐书》卷一六二、《新唐书》卷二〇六有传。这是一个"专聚敛以固恩宠"的邪佞之臣，当时淮西用兵，"帝以浙西富饶，欲掊拮遗利，以翛为观察使"（见《新唐书》本传）。李翛任浙西观察使期间，幕僚除李嗣外，其他均缺考。浙西方镇辖润、常、苏、湖、杭等州，均为江南殷实富庶之乡，苏、杭二州，尤为风景佳胜之地。元和十四年三月，李翛卒于任，继任者为窦易直，元和十四年五月任命。李嗣当在窦易直幕又担任了两年幕僚。根据《祭裴氏姊文》"浙水东西，半纪漂泊。某年方就傅①，家难旋臻"之文，李嗣当于穆宗长庆元年商隐十岁时卒于浙西幕。

---

① 《礼记·内则》："十年，出就外傅。"年方就傅，指正值就傅之年，即十岁。

从元和九年冬到长庆元年，商隐跟随父母在风景秀丽、物产丰饶的浙东、浙西地区整整生活了六年，到他父亲去世时，已是"年方就傅"的少年。他的启蒙教育就是在这段时间开始的。《上崔华州书》说："五年读经书，七年弄笔砚。"从他日后所作的诗文，特别是骈文、律诗所用的经书、史书中大量典故词语看，在接受启蒙教育期间当已读了不少这方面的典籍，为他日后进一步研习传统文化打下了良好基础。在五六岁开始记事以后，他所面对并浸淫其中的自然、人文环境，又是草长莺飞、有着秀丽山川和丰富人文景观的江南，这对商隐的影响是潜在而深刻的。一个在人生起始阶段生活于这种环境中的文人，他的个性气质和审美情趣势必受到潜移默化的影响，积淀了许多柔美、绮丽的成分。商隐日后个性、诗风的形成与发展，这"浙水东西，半纪漂泊"的生活的滋养熏陶是起了相当重要的作用的。《出关宿盘豆馆对丛芦有感》说："芦叶梢梢夏景深，邮亭暂欲洒尘襟。昔年曾是江南客，此日初为关外心。"这里说的"曾是江南客"，很可能就是指童幼时期"浙水东西，半纪漂泊"的客居生活。商隐后来写的不少描绘江南风物的诗篇和文章，都可以看出这段客居江南的生活给他留下的美好记忆，如《汴上送李郢之苏州》《和人题真娘墓》《河清与赵氏昆季宴集得拟杜工部》①《访隐者不遇成二绝》和《为荥阳公与浙东杨大夫启》等都是典型的例证。如果没有幼年这段六七年的江南客居经历，是写不出诸如"沧江白石樵渔路，日暮归来雨满衣""虹收青嶂雨，鸟没夕阳天""冰消雪薄，江丽山春"这种充满江南情调的句子的。

第二节　父丧回郑与占数东甸

商隐《祭裴氏姊文》说："浙水东西，半纪漂泊。某年方就傅，家难旋臻。躬奉板舆，以引丹旐。四海无可归之地，九族无可倚之亲。既祔故丘，便同逋骇。生人穷困，闻见所无。"张采田《会笺》据此谓义山丧父在穆宗长庆元年，其时正十岁，即所谓就傅之年。

父亲李嗣在浙西观察使幕去世，是商隐在人生道路上经历的第一次沉重打击。唐代方镇幕僚，待遇比较丰厚。大中五年李商隐被柳仲郢辟聘为东

---

① 此诗虽写河南府河清县景物，但开篇即云"胜概殊江右，佳名逼渭川"。可见其构思时即以江右景物作参照。

川节度书记时，"赐钱三十五万以备行李"（《上河东公谢辟启》），而据《新唐书·食货志》，唐时节度使的俸钱三十万、观察使十万。现在李嗣一死，一个家庭，顿时失去了生活来源。年方十岁的商隐，和母亲、徐氏姊、羲叟一起护送父亲的灵柩，千里迢迢，挣扎着回到郑州，一路上的艰难困苦情况可想而知。等到勉力将父亲安葬在荥阳坛山祖茔后，家境的贫困几乎到了极点。"四海无可归之地，九族无可倚之亲"，李家从李俌起才迁寓郑州，在当地没有其他亲族，势孤力单，无依无靠。从商隐《戏题枢言草阁三十二韵》"百岁本无业，阴阴仙李枝"之句，以及《上尚书范阳公启一》"无文通半顷之田"的话来看，李家在郑州未必有多少田产。因此商隐自述当时的情况是"既祔故丘，便同逋骇"，长途运送父亲灵柩，再加上丧葬的费用，把家庭的积蓄几乎花光，因此这时商隐一家生计维艰，简直跟逃亡流浪之家的情况类似。可以说，已经跌入了社会下层穷困者的行列。也只有在这种境况下，才有可能真正看到并体验到下层百姓的穷困。"生人穷困，闻见所无"，说明在此之前，商隐并没有真正看到生人的穷困情况。正是自身的沦贱艰困使他睁开了眼睛，得以直面苦难的现实。这种生活体验，对他以后（特别是前期）的思想与创作有深刻影响。像他后来在《行次西郊作一百韵》中所描绘的农村在天灾人祸袭击下荒凉残破的景象和流露出来的对穷民生活境遇的深切同情，跟他这一段"既祔故丘，便同逋骇。生人穷困，闻见所无"的生活经历与体验，应该说有着深刻的联系。如果没有这一段穷困生活的体验，就不会有诗中所表现的那种强烈的痛切感。

《祭裴氏姊文》在叙述安葬父亲后接着写道："及衣裳外除，旨甘是急，乃占数东甸，佣书贩舂。"父丧除后，首先面临的问题便是一家老小的生计如何维持。其时商隐不过十二三岁，但在家中他是长子。因此支撑门户的重担就这样过早地但又是责无旁贷地落到了商隐肩上。

这里首先涉及"占数东甸"所指的问题。占数，指占户籍之数。《汉书·叙传》："昌陵后罢，大臣名家皆占数于长安。"颜师古注："占，度也。自隐度家之口数而著名籍也。"即申报户口，落籍定居。东甸，冯谱谓指永乐，云："蒲州在西京东北三百里外，贞观中升为四辅，故曰东甸。"又云："怀州近在东都之东，似亦可谓郑州无可归，始著籍为怀州人也。"（按：冯浩未见《樊南文集补编》，误以为"义山必旧居郑州，迁居怀州"，故有此说。钱振伦《玉谿生年谱订误》已正之）钱振伦《玉谿生年谱订误》则谓东甸指洛阳，张采田《会笺》及今人多从钱说。

实际上，"东甸"既非永乐，亦非洛阳、怀州，而是指作为东都畿甸之地的郑州。《新唐书·方镇表》："至德元载，置东畿观察使，领怀、郑、汝、陕四州。寻以郑州隶淮西。""建中二年，置河阳三城节度使，以东都畿观察使兼之，领怀、郑、汝、陕四州……四年，罢观察，置东畿汝州节度。""贞元元年，废东都畿汝州节度，置都防御使，以东都留守兼之。"此后东都畿防御使，虽时罢领汝州，旋又复领，而郑州则从来未提及罢领之事。因此郑州之属东畿，其来已久。《祭裴氏姊文》叙述父丧后奉母归郑州，将父亲安葬在坛山故丘，"及衣裳外除，旨甘是急，乃占数东甸，佣书贩舂"，其间并未阑入曾移居他地的情事，则所谓"东甸"，实即上文所云"既祔故丘"之地。此时商隐一家，都居住在久属东都畿甸的郑州。"东甸"之"东"，即东都的省称，犹"东畿"即"东都畿"之省。东甸、东畿、东都畿，异称而同指。郑州距东都二百八十里，固东都之近甸（凤翔距西京三百一十五里，商隐诗称"西郊"；华州距西京一百八十里，商隐文称"近甸"）。商隐一家虽自祖父李俌起即寄籍郑州，但李俌、李嗣都在外为官，"仍世羁宦，厥家屡迁，占数为民，莫寻乔木"（《上河阳李大夫状一》），并无固定的住所。商隐奉母归郑之初，"九族无可倚之亲""便同逋骇"，又无产业，迹近流亡之游民，故虽居郑而仍同寄籍，心理上并不以己为郑州之民。及父丧既除，为维持生计，始于郑州正式占籍，落户为民，此即所谓"占数东甸"。

"东甸"之为郑州，尚更有证。商隐《请卢尚书撰故处士姑臧李某志文状》云："年十八，能通五经，始就乡里赋。会郊社（按：指处士之父，义山叔祖父，曾为郊社令）违差，出太学，还荥山，就养二十余岁，乃丁家祸，庐于圹侧……遂誓终身不从禄仕……长庆中，来由淮海，途出徐州……复归荥上，讲道如初。享年四十有三，以大和三年三月二十六日弃代，以其年十月卜葬于荥阳坛山原。"又云："商隐与仲弟羲叟、再从弟宣岳等，亲授经典，教为文章。生徒之中，叨称达者，引进之德，胡宁忘诸？"据此，处士叔李某自出太学后二十余年，除长庆中曾短期至淮海外，一直居住在郑州。商隐兄弟等受业于处士叔自当在居住郑州时。《祭徐氏姊文》云："始某兄弟，初遭家难，内无强近，外乏因依……及除常制，方志人曹，以顽陋之姿，辱师友之义。"明言从师而学在父丧既除之后。按商隐除父丧在长庆三年，正当处士叔自淮海复归荥上讲道之时。这时"占数东甸（按：即郑州）"，从处士叔受业，最为近便。如果家在怀州、永乐或洛阳，必须携弟赴郑州从处士叔求学，这种可能性几乎不存在。

这里还须进一步辨正一个问题，即钱振伦在《玉谿生年谱订误》中提出的商隐于父丧除后"定居东都"的论断，兹引其说于下：

> 窃谓义山之移家，当以父丧除服为始，桂管就辟为终。《祭姊文》云"占数东甸，佣书贩舂"，《偶成转韵》诗云"明年赴辟下昭桂，东郊恸哭辞兄弟"，东甸、东郊，皆洛下也。《补编·上李舍人状》云"方还洛下"，又云"自还京洛"，《上韦舍人状》云"淹滞洛下"，是义山之定居东都确无疑义。惟其定居以后，迁济上，迁关中，迁永乐，转徙不常，猝难考其踪迹。今于此处（按：指父丧除服）定为迁洛，则此后较有端绪可寻矣。

钱氏所举《祭裴氏姊文》之"占数东甸"，指占户籍之数于东都之畿甸郑州，已如上述；所举《偶成转韵》诗之"东郊"，系长安之东郊，岑仲勉《玉谿生年谱会笺平质》戊错会"东郊非洛阳"条已正之。今就"定居东都"之说加以辨正。钱氏所举"方还洛下""自还京洛"之"还"，非还乡之"还"，而是自别处返抵洛阳之"还"。会昌五年春，商隐赴郑州刺史李褒之招，自永乐经洛阳至郑州，同年夏自郑返抵洛，因病淹留，故曰"方还洛下""自还京洛""淹滞洛下"，而以"淹滞"言居洛，言外更有羁留他乡之慨。实际上，商隐自开成三年与王茂元女结婚后，多次往返经过或居留洛阳，都是住在崇让坊王茂元家。大中五年秋，商隐居洛期间，写了《崇让宅东亭醉后沔然有作》《七月二十九日崇让宅宴作》《昨夜》《夜冷》《西亭》《临发崇让宅紫薇》等诗，说明他就住在岳父王茂元崇让坊旧宅，而没有一首诗透露他在洛阳另有自己的住所。此时茂元已经去世八九年，王氏亦已去世，如商隐在洛阳有居处，不会老住在岳家。因此，会昌五年商隐自郑还洛，当是居住在他岳父王茂元的崇让坊旧宅。

商隐登第前所作的《柳枝五首序》云："柳枝，洛中里娘也……余从昆让山，比柳枝居为近。他日春曾阴，让山下马柳枝南柳下，咏余《燕台诗》，柳枝惊问：'谁人有此？谁人为是？'让山谓曰：'此吾里中少年叔耳。'"根据这段文字，只能得出商隐堂兄让山的家在洛阳，与柳枝家为近邻的结论，而不能证明商隐也居住洛阳。如果商隐亦居洛，无论与让山是否同里，让山的回答应是"此洛中某里少年叔"（不同里）或"此同里少年叔"，而不应是"此吾里中少年叔"。实际上，当时商隐可能客居让山家，故让山答曰"此吾里中少年叔"。

商隐一生中，除移家济源、永乐、关中（长安樊南）外，真正的定居之地仍是郑州。自从长庆元年奉父丧回郑州，直至大和三年初谒令狐楚于洛阳，这八九年中除最后几年曾在玉阳山学道外（详第四节），其他时间均居于郑州。大和七年三月，给事中萧浣出为郑州刺史，商隐受到其延纳，《上郑州萧给事状》云："给事又曲赐褒称，便垂延纳。朱门才入，欢席几陪。"《哭遂州萧侍郎二十四韵》更谓："早岁思东阁，为邦属故园。"自注："余初谒于郑舍。"说明商隐是在郑州故园受到地方长官萧浣接待的。大和九年冬甘露之变后，商隐有《为郑州天水公言甘露事表》，郑州天水公，指代理郑州刺史权璩，说明其时商隐仍居郑州。会昌五年春，应郑州刺史李褒之邀回郑州，其《上郑州李舍人状一》有"累受珍精之赐，恩同上客，礼异编氓，桑梓有光，里闾加敬"等语，明言郑州是他的桑梓之地，他自己是郑州的"编氓"，即有正式户口的郑州居民，在郑州有居处和邻里街坊。如果长庆三年父丧除后就定居洛阳，而且申报了户口，占籍为民，怎么可能说自己是郑州的"编氓"呢？直到大中十二年商隐病废，仍然回到郑州，而且死于郑州。这一切，都准确无误地说明，郑州始终是商隐的常住之地，是他的"故园""桑梓"，钱氏所谓父丧除后定居洛阳的说法是不能成立的。

第三节　佣书贩舂与从叔求学

父丧三年期满后，还是少年的李商隐开始担负起维持家庭生计的重担——"佣书贩舂"。佣书，指给官府抄写文书，换取报酬。《后汉书·班超传》："家贫，常为官佣书以供养。"这是穷苦读书人维持生计的一种传统手段。贩舂，指买进谷物舂米出售。司空图《白菊杂书》诗之三："狂才不足自英雄，仆妾驱令学贩舂。"这两种维持生计的手段所能获取的报酬或差价，都是很微薄的，可以想见当时他一家生计之艰难。

作为"泽底名家"，无论眼前的处境和生计何等艰难，通过求学以图仕进始终是必须遵守的素业和人生道路。也可以说，正是由于家境贫寒，生计维艰，才更进一步激起求学仕进的强烈愿望，以达到渐立门构的目的。

商隐"五年读经书，七年弄笔砚"，在随父寓居两浙期间开始接受启蒙教育，和李白的"五岁诵六甲，十岁观百家"相比，商隐一开始所受的教育比较正规、传统，不像李白那样杂学旁收，广涉百家。父丧期满后，商隐一方面要"佣书贩舂"，维持生计；另一方面，又要悬头苦学，以求仕进。这时，从淮海回到荥阳的处士叔便成为他和弟弟羲叟、再从弟宣岳的老师。

商隐《请卢尚书撰故处士姑臧李某志文状》对这位堂叔的生平与个性作了相当具体的叙述。他的父亲曾做过从七品下的郊社令（唐太常寺下设两京郊社署，令掌五郊、社稷、明堂之位），处士叔是郊社令的第二个儿子。十八岁通五经，开始参加乡邑推举的考试（即乡贡），当是明经科的考试。正好这时他父亲患病，于是他"出太学，还荥山"，奉养父亲二十余年。父亲死后，"庐于圹侧"，除服后，"遂誓终身不从禄仕"。当时一些亲戚如重表兄崔戎等劝他参加考试举选，都被他坚决拒绝。在家治学，"益通五经，咸著别疏，遗略章句，总会指归"。这种治经的路数与唐初孔颖达撰《五经正义》，采录诸家旧说，编缀成书不同，比较接近中唐以来啖助、赵匡、陆淳等人的《春秋》学独立发抒见解的做法，为宋学开风气之先。可惜这些五经的别疏没有流传下来，而且处士叔也似乎无意将它们公诸世间，"既成莫出，粗以训诸子弟，不令传于族姻，故人莫得而知也"。著书之暇，"联为赋论歌诗，合数百首，莫不鼓吹经实，根本化源，味醇道正，词古义奥。自弱冠至于梦奠，未尝一为今体诗"。看来，从叔所写的诗文均为阐扬儒家之道的古文和古体诗。他还通石鼓篆与钟、蔡八分书，"正楷散隶，咸造其妙"，但却不愿自己的书法流传于世，连跟人书信往来，都不亲自下笔，而是口占令人书写。一次为其父追冥福，手写佛经一通刻石，后来摹写的人一多，便把它运到香谷佛寺，藏在古篆众经之中。这种潜光掩耀、晦迹隐德的行为个性，表现得非常突出。行状中还记述了一件很能见其操守个性的事：

> 长庆中，来由淮海，途出徐州。时有人谓徐帅王侍中曰："李某，真处士也。"遂以宾礼延于逆旅，愿枉上介，与为是邦。处士谓徐帅曰："从公非难，但事人匪易。"长揖不拜，拂衣而归，其词盖讥其崔相国事也。

徐帅王侍中，指王智兴，长庆二年至大和六年一直任武宁军节度使。据《旧唐书·王智兴传》：智兴少为徐州衙卒，历滕、丰、沛、狄四镇将，自是二十余年为徐将。长庆初，河朔复乱，征兵进讨，召智兴以徐军三千渡河，徐之劲卒皆在部下。节度使崔群虑其旋军难制，追赴阙，授以他官。会赦王廷（新、旧《唐书》作"廷"，《通鉴》作"庭"）凑，诸道班师，智兴先期入境，群颇忧疑，令以十骑入城。智兴闻之心动，率归师斩关而入，杀军中异己者十余人，然后诣衙谢群曰："此军情也。"朝廷以罢兵，力不能加讨，遂授智兴徐州刺史、充武宁军节度使。大和中，进位侍中。这是一起典型的骄兵悍将跋扈、驱逐节度使的事件。《旧唐书·穆宗纪》：长庆二年三月，"己未，以武宁军节度副使王智兴检校工部尚书、兼徐州刺史、充武宁军节度使"。处士李某由淮海归途经徐州之时为"长庆中"，正好是王智兴驱逐崔群后不久。尽管王智兴为了巩固自己的地位，买取重士的美名，请李某担任高级幕僚，但李某却讥嘲他"事人"不忠，犯上作乱。可见处士叔不仅有节概，而且有胆量。《太平广记》卷二百引康骈《剧谈录》："唐侍中王智兴初为徐州节度使，武略英特，有命世之誉。幕府既开，所辟皆是名士。一旦从事于使院会饮，与宾朋赋诗……王曰：'某韬钤发迹，未尝留心章句，今日陪奉英髦，不免亦陈愚悃。'于是引纸援毫，顷刻而就，云：'三十年来老健儿，刚被郎官遣作诗。江南花柳从君咏，塞北烟尘我自知。'四座览之，惊叹无已。时文人张祜亦预此筵。"可见王智兴不仅罗致名士，而且附庸风雅。处士叔拒不就聘，确实显示出与一般名士不同的节概。

这位长辈兼老师的堂叔对商隐的影响是多方面的。一是给了商隐兄弟以儒家经典的传统教育，并传授对儒家经典的独特理解。这对商隐后来在《上崔华州书》中所宣称的"夫所谓道，岂古所谓周公、孔子者独能邪？盖愚与周、孔俱身之耳"的独立思考精神不无启发。二是其耿直狷介的节概个性对商隐的影响。商隐在任弘农尉时因活狱而触忤观察使孙简，愤而辞职，发出"却羡卞和双刖足，一生无复没阶趋"的激愤之音，以及宣称"千百年下，生人之权，不在富贵，而在直笔者"（《别令狐拾遗书》），笃信"是非系于褒贬，不系于赏罚；礼乐系于有道，不系于有司"（《与陶进士书》），都显然可见处士叔耿直狷介性格的影响。三是在诗文创作方面专工古体对商隐的影响。商隐一开始写文章，即从古文入手，在从叔的指教下，他"十六能著《才论》《圣论》，以古文出诸公间"（《樊南甲集序》），其弟羲叟也"特善古文"。尽管日后在诗文创作方面均以近体为主，但小时候在古体诗文方面受到的训练对他的诗文创作在具有厚重的内蕴与坚挺的风骨方面仍有不可忽视的潜在影响。当然，处士叔"韬光不耀"的思想行为，由于商隐的实际处境迫使他必须悬头苦学，振兴门构，以求改变"宗绪衰微，簪缨殆歇"（《祭处士房叔父文》）的局面，对商隐的实际影响不大。但在"韬光不耀"的思想行为背后隐藏的蔑弃庸俗、孤介自守的思想，在商隐身上仍然可见其影响，所谓"不伎不求，道诚有在；自媒自炫，病或未能"（《重祭外舅司徒公文》），"未尝辄慕权豪，切求绍介，用胁肩谄笑，以竞媚取容"
（《上李尚书状》），正是这种孤介自守思想的表现。至于从叔的孝道对商
隐的影响，不仅直接体现在对父母的孝敬上，而且已扩展为对家人骨肉的深
挚感情，扩展为一种家族责任感。

　　商隐在从处士叔求学期间，阅读的范围除了儒家的典籍以外，还相当
广泛地涉猎了史部、子部和集部的重要著作。从他日后诗文创作中用典的情
况看，对《左传》①《史记》《汉书》《三国志》《晋书》他都相当熟悉，《左
传》和《史》《汉》的典用得尤多，可以看出商隐对这些书是下过很大功夫
的。对《老子》《庄子》《列子》《文子》等道家典籍，也非常熟悉，这当与
唐朝崇道、置生徒、准明经例开科考试有关。他在《上崔华州书》中说：
"百经万书，异品殊流，又岂能意分出其下哉！"可见他对诸子百家的著作都
广有涉猎。从日后对文学创作的深刻影响看，这段时间他除了阅读《诗》
《骚》和汉魏六朝等前代文学作品及唐代士人普遍精熟的《文选》外，对杜
诗、韩文和李贺的歌诗尤其喜爱和熟悉。他在《樊南甲集序》中自称"杜
诗、韩文、彭阳章檄，樊南穷冻人或知之"。对彭阳章檄的学习是在大和三
年受知于令狐楚之后，但杜诗、韩文、李贺歌诗，当是这一时期商隐学习模
仿的主要对象。韩文是学习古文的当代范本，从商隐早期的古文《上崔华州
书》中也隐然可见韩文的影子。在学韩文的同时自然兼读韩诗，韩诗的影响
在早期诗歌创作如《安平公诗》《李肱所遗画松诗书两纸得四十韵》均有所
体现。而杜诗忧国伤时的精神和沉郁顿挫的诗风对他尤具巨大的吸引力，十
八岁时写的《隋师东》便鲜明地体现出杜诗对商隐诗歌创作的影响。登第之
前写的《燕台诗四首》更显示出李贺惊采绝艳、瑰迈奇崛的诗歌对少年李商
隐曾经产生过多么巨大的心灵震撼。如果不是在少年时期浸淫于昌谷诗的艺
术境界之中，并对其感伤的内蕴和遣词造境的手段深有所悟，很难设想商隐
在早期就能创作出如此成功的"长吉体"诗。

第四节　学仙玉阳

　　商隐《李肱所遗画松诗书两纸得四十韵》云："忆昔谢驷骑，学仙玉阳

---

　　①《开成石经》收十二种儒家经典，其中有《春秋左氏传》，这里将它与《史》《汉》等并列，
仅从其本身性质着眼。

东。千株尽若此，路入琼瑶宫。口咏《玄云歌》，手把金芙蓉。浓霭深霓袖，色映琅玕中。悲哉堕世网，去之若遗弓。形魄天坛上，海日高瞳瞳。终期紫鸾归，持寄扶桑翁。"《偶成转韵七十二句赠四同舍》云："旧山万仞青霞外，望见扶桑出东海。爱君忧国去未能，白道青松了然在。"二诗都提到早年在玉阳山学道的事。冯谱于敬宗宝历元年下云："父丧除后，似怀州无可居，始居蒲之永乐……时虽居家于此，又近游以资养母。而凡所云'学仙玉阳东''形魄天坛上''旧山万仞青霞外，望见扶桑出东海'，仍属怀州之境，怀、郑固宜频往来也……怀州近在东都之东北，'占数东甸'，似亦可谓郑州无可归，始著籍为怀州人也。是与玉阳、王屋之迹更合。"按：冯氏商隐自郑迁怀之说，以及以怀州为东甸之说，皆误，已见本章第二节。但此处表明冯氏以为商隐学道于玉阳山在宝历元年父丧既除之后。钱振伦则云："义山既除父丧，即定居洛下，而踪迹时来往于玉阳、王屋之间，故《画松》诗有'学仙玉阳东''形魄天坛上'之语。《补编·上令狐相公第六状》为义山登第东归后作，中云'济上汉中，风烟特异；恩门故国，道里斯同。北堂之恋方深，东阁之知未谢'，似其时有奉母居济源之事。济水出王屋，境相接也。"虽未明言学仙玉阳的具体年份，但以为当在父丧既除之后。而张氏《会笺》则于大和九年下云："义山应举，往来京、郑，《赠赵协律晳》《安平公诗》所叙是也。《邵氏闻见后录》载义山《为郑州天水公言甘露事表》，是本年年终，尚在故乡。学仙玉阳，当亦在此数年。集中有《道士参寥》《寄永道士》《玄微先生》《赠白道者》诸诗，皆当时往返道侣也。"开成元年下又云："义山奉母济源，必在此数年中……玉阳、王屋与济上邻，凡学仙诸诗，皆可寻其脉络矣……济源移家，疑在兖海府罢之后，但不能定指何年耳。"亦将移家济源与学仙玉阳联系。按商隐兖海幕罢在大和八年六月，则张氏认为商隐学仙玉阳当在大和八年夏至开成元年此数年间，然此说实不能成立。

按《李肱所遗画松诗书两纸得四十韵》云："忆昔谢驷骑，学仙玉阳东……悲哉堕世网，去之若遗弓。"诗作于开成元年秋（诗中叙及大和九年十一月甘露之变中王涯被杀，书画散落事；李肱开成二年登第为状元，此在肱登第前作），而提及学仙之事，曰"忆昔……学仙……"，则学仙玉阳必不在近数年内（即张氏所谓大和八年六月至开成元年）可知。再核之《东还》诗："自有仙才自不知，十年长梦采华芝。秋风动地黄云暮，归去嵩阳寻旧师。"诗作于大和九年秋（张氏《会笺》编开成元年，然商隐是年无应举之迹。大和九年则应举，为知举崔郸所不取。此落第后东还诗），而曰"十年长梦采华芝"，则此时离开求仙学道生活及所谓"旧师"已有将近十年时间。如大和八年六月以后始学仙玉阳，则作诗时正在学仙，又何必发"十年长梦采华芝"之慨（采华芝，喻求仙学道生活）？此诗所谓"十年"，自当指告别玉阳，踏入社会生活，即《画松》诗所谓"堕世网"之十年。约言之，当为大和初至大和九年。《送从翁从东川弘农尚书幕》云："早忝诸孙末，俱从小隐招。心悬紫云阁，梦断赤城标。素女悲清瑟，秦娥弄碧箫。山连玄圃近，水接绛河遥。岂意闻周铎，翻然慕舜《韶》。皆辞乔木去，远逐断蓬飘。"诗作于开成元年十二月癸丑杨汝士由兵部侍郎出为检校礼部尚书、充剑南东川节度使之后。诗中叙隐居学仙事于离家求仕之前。如果大和八年六月以后方学仙玉阳，则其时早已离家求仕，屡佐戎幕，与诗意显然不合。"周铎"用《周礼·天官·小宰》："徇以木铎。"郑玄注："古者将有新令，必奋木铎以警众。"《韶》，舜乐。《论语·八佾》："子谓《韶》，尽美矣，又尽善也。"周铎、舜《韶》，均喻指文宗初政维新。史称文宗"深知两朝（按：指穆宗、敬宗）之弊，及即位，励精求治，去奢从俭。诏宫女非有职掌者皆出之，出三千余人。五坊鹰犬，准元和故事，量留校猎外，悉放之。有司供宫禁年支物，并准贞元故事。省教坊、翰林、总监冗食千二百余员，停诸司新加衣粮。御马坊场及近岁别贮钱谷、所占陂田，悉归之有司。先宣索组绣雕镂之物，悉罢之。敬宗之世，每月视朝不过一二，上始复旧制，每奇日未尝不视朝。对宰相群臣延访政事，久之方罢。待制官旧虽设之，未尝召对，至是屡蒙延问。其辍朝、放朝皆用偶日。中外翕然相贺，以为太平可冀"（《通鉴》卷二四三）。相对于穆宗、敬宗之荒淫奢侈，文宗初即位时这一系列廉政勤政措施，在当时文士眼里，正是所谓周铎舜《韶》，圣政维新。因此，学仙玉阳的时间，应在商隐父丧既除到文宗初即位这段时间之内。由于父丧除后商隐有一段一边"佣书贩舂"，一边从处士叔求学的生活（约当穆宗长庆三、四年），因此学仙玉阳的时间当在敬宗宝历年间到大和初年。如以大和初年为学仙下限，则从元年到作《东还》诗的大和九年，首尾已达九年，正合"十年长梦采华芝"之语；即使将学仙的下限推至大和三年初谒令狐之前（即将初谒令狐、踏入社会作为"堕世网"的开始），则到大和九年，首尾亦达七年，与"十年长梦采华芝"之语也大体吻合。这七年中，商隐先后历天平幕、太原幕、华州幕、兖海幕，大和五、六、七、九四年，四次赴京应举，八年春又曾习业华州城外之南山，其间实无隐居学仙的时间。至于移居

36

济源，据开成二年登进士第后所作的《上令狐相公状六》"虽济上汉中，风烟特异；而恩门故国，道里斯同。北堂之恋方深，东阁之知未谢"等语，以及《祭小侄女寄寄文》提到寄寄四岁而夭，"寄瘗尔骨，五年于兹（按：指济源）"等情事，可以肯定最迟在开成二年春商隐登第之前，商隐母亲已与羲叟在济源居住。但究竟何时始居济源，则无从考证。大和九年冬暮，商隐有《为郑州天水公（按：即权璩）言甘露事表》，可证其时商隐尚居郑州故园。其母及羲叟迁居济源或在其后。因此，似无必要将其母与羲叟居济源之事与商隐学仙玉阳的事拉扯在一起。按寄寄夭于开成五年，时年四岁，则当生于开成二年。由此可推知羲叟最迟在开成元年已与卢氏女（卢钧之女）结婚。开成元年，其母或随新婚的羲叟夫妇居于济源；开成二年商隐登第后遂东归济源省母。

　　商隐学仙的地点是在济源西北的玉阳山。据《元和郡县图志》，王屋山在济源县北五十里，周回一百三十里，高三十里。盘亘唐怀州、绛州、泽州之境。《旧唐书·司马承祯传》："（开元）十五年，令承祯于王屋山自选形胜，置坛室以居焉……以承祯王屋所居为阳台观，上自题额，遣使送之……俄又令玉真公主及光禄卿韦绍至其所居，修金箓斋，复加以锡赉。"《明一统志》："天坛山，在怀庆府济源县西一百二十里王屋山北，山峰突兀，其东曰日精，西曰月华，绝顶有石坛，名清虚小有洞天，且夕有五色影，夜有仙灯，即唐司马承祯得道之所。"道书十大洞天，王屋山洞（即小有清虚之天）为第一（《云笈七签》卷二七）。《河南通志》："玉阳山有二，在济源县西三十里。唐睿宗第九女昌隆公主修道于此，改封玉真公主，唐玄宗署其门曰灵都观。"可见无论是王屋山还是它的分支玉阳山，都是道教胜地和唐代著名的求仙学道之所。商隐诗中，除了明确提到"学仙玉阳东"，说明他学仙的道观在东玉阳山上以外，还提到"天坛"（《李肱所遗画松诗书两纸得四十韵》）、"阳台"（《寄永道士》）、"北青萝"（《北青萝》），均在王屋山中，说明这些地方是他在玉阳山学道时曾经到过的地方。在东、西玉阳山之间，有溪水蜿蜒流经，即玉谿。商隐《奠相国令狐公文》云："故山巍巍，玉谿在中。送公而归，一世蒿蓬。"即指东、西玉阳山之间的玉谿。商隐号玉谿生，自称"玉谿李商隐"，即缘于这一段在东玉阳山和玉谿畔的学道生活，可见他对这段生活留下了深刻的印象和记忆。

　　商隐诗集中提到的道流，有永道士（《寄永道士》）、彭道士参寥《同学彭道士参寥》）、宋华阳姊妹（《月夜重寄宋华阳姊妹》）、刘先生《赠华阳宋真人兼寄清都刘先生》）、白道人（《赠白道者》）、玄微先生（《玄微先生》），其中如永道士、彭道士参寥肯定是玉阳道侣，其他道流是否为玉阳道侣，尚难定论。他诗集中还有不少可以肯定是写女冠生活和情感的诗作，如《碧城三首》《河内诗·楼上》《当句有对》《银河吹笙》《中元作》等，其中究竟有哪些是学仙玉阳时结识的道侣，也难以考知。但有一点可以肯定，这一段学仙玉阳的生活对他日后诗歌创作的题材、色彩、情调、意境、遣词用语都产生了深刻影响。关于这方面的内容，将在下编《李商隐的思想》《李商隐的女冠诗》等有关章节中加以论述。

第四章 踏入社会

——从郓幕到兖幕

李商隐一生，与幕府生活结下了不解之缘。从大和三年（828）初谒令狐楚于东都洛阳，正式踏入社会开始，历佐郓州、太原、华州、兖海、泾原、陈许、华州、桂管、京兆、徐州、汴州、梓州诸幕，一直到他的晚年。三十年中，十二次佐幕，总计时间长达二十年。在唐代著名诗人中，他是居幕时间最长、诗文创作与幕府生活最密切的大家。这一章主要叙述他大和年间初历郓州、太原、华州、兖海诸幕的情况。

第一节 入幕前的诗文创作

商隐《樊南甲集序》说："樊南生十六能著《才论》《圣论》，以古文出诸公间。后联为郓相国（按：指任天平军节度使的旧相令狐楚）、华太守（按：指华州刺史崔戎）所怜，居门下时，敕定奏记，始通今体。"明言入幕前所工者为古文。商隐父丧除后从处士叔求学，而处士叔是一位"为赋论歌诗合数百首，莫不鼓吹经实，根本化源，味醇道正，词古义奥。自弱冠至于梦奠，未尝一为今体诗"的复古气味很浓的文人，因此商隐开始学文，所写的自然首先是古文。《樊南甲集序》中颇为自许地提到的《才论》《圣论》，今已不存，但显然是用古文写的议论文章。这时他十六岁，正当文宗大和元年。从"以古文出诸公间"的自负口吻看，当时他的古文已经相当著名，甚至超越了文坛上一些年长的作者。现存商隐文中，有《断非圣人事》《让非贤人事》二文，虽难具体考知其作年，但从内容及文风看，当属少年之作，从中可以约略窥见少年李商隐不为传统成见所囿、敢于标新立异的思想性格。受知令狐之前存留下来可以确切编年的诗很少。《无题》（八岁偷照镜）写少女不能掌握自己命运的伤春心理，暗透才士对前途的忧虑，结有"十五泣春风，背面秋千下"之句，虽未必就是十五岁时的作品，但大体上可推知

39

为未正式踏入社会的少作。《富平少侯》和两首《陈后宫》，冯浩引徐逢源（湛园）、程梦星说并加以生发，以为均为刺少年童昏之唐敬宗。前诗讽其奢华淫乐，虽有"七国三边"的内忧外患而不知忧，篇末以"新得佳人字莫愁"而早朝晏起暗讽其无愁而终将有愁，与敬宗少年袭位、不恤国事、惟以宴游为务颇相合，明讽"少侯"，实讽少帝；《陈后宫》五律二首，虽讽陈后主而不切陈事，诗中所写龙舟宴幸、起殿建楼等情事，与敬宗"游幸无常，好治宫室"之事相类，谓刺敬宗，情事亦相合。惟宝历二年，商隐方十五岁，或疑此数首不类少作。但"樊南生十六能著《才论》《圣论》，以古文出诸公间"，则商隐之早慧能文，固已为时所称，写出《富平少侯》《陈后宫》二首这类作品，当属可能。且细味三作，语虽尖新而时露稚拙，如"不收金弹抛林外，却惜银床在井头""侵夜鸾开镜，迎冬雉献裘"之类，即不免显得稚拙。或以为诗虽刺敬宗，作年则在以后，但终与"新得佳人字莫愁""天子正无愁"的口吻未合。又《无愁果有愁曲北齐歌》七古，题似咏时人号称"无愁天子"之北齐后主高纬荒淫亡国事，但细按内容，则与北齐史事毫不相关，显为借题托讽。试将诗中"东有青龙西白虎，中含福星包世度。玉壶渭水笑清潭，凿天不到牵牛处。麒麟踏云天马狞，牛山撼碎珊瑚声"等描写和敬宗发神策军二万人入禁穿池修殿，观竞渡于新池，以及后为禁军将领所杀之事，并参照《富平少侯》《陈后宫》屡以无愁天子托讽敬宗的写法，这首诗似亦暗讽敬宗耽于游乐以致被弑身亡之事。如果以上四首诗大体上可推断为十五六岁所作，则商隐少作已显露出以下特征：关心国事、托古讽今、色彩秾艳、学长吉体、以《无题》寓慨。如果再加上下面所举的《初食笋呈座中》，则又增添托物寓慨这一特征。商隐日后诗歌创作的重要题材领域及一系列重要特征，在其少作中几乎都已初显端倪。《初食笋呈座中》：

> 嫩箨香苞初出林，於陵论价重如金。
> 皇都陆海应无数，忍剪凌云一寸心！

徐逢源、冯浩、张采田都认为这首诗作于兖海幕时，根据是诗中提到的"於陵"系淄州之地，与兖州邻近。但笋之出林在春天，而商隐大和八年五月方随崔戎抵达兖州，六月崔戎卒于任，在兖州仅一个月。且五月抵兖，已非"嫩箨香苞初出林"之时。这首诗当是少年时期客游洛下在某显贵宴席上有感而赋。诗借初出林的嫩笋自喻，既表露了少年诗人的"凌云"之志，又寓含了遭受剪伐的隐忧。这似乎是给自己的将来设下了一个不祥的预言——

"虚负凌云万丈才，一生襟抱未曾开"（崔珏《哭李商隐》），尽管在诗人刚踏入社会时，还有幸得到了令狐楚这样的政坛、文坛前辈的器重与提携。

第二节　初谒令狐

《旧唐书·文苑传·李商隐》："商隐幼能为文，令狐楚镇河阳，以所业文干之，年才及弱冠。楚以其少俊，深礼之，令与诸子游。楚镇天平、汴州，从为巡官。"《新唐书·文艺传·李商隐》亦谓："令狐楚帅河阳，奇其文，使与诸子游。楚徙天平、宣武，皆表署巡官。"二传都将商隐初谒令狐的时间说成是楚"镇河阳"时，显误。冯浩《玉谿生年谱》已加以辨正，于大和三年谱书："三月，令狐楚检校兵部尚书、东都留守、东畿汝都防御使。五月，宣慰行营、谏议大夫柏耆斩（李）同捷，沧景平。十一月，令狐楚进检校右仆射、天平军节度、郓曹濮观察等使。""商隐从楚在天平幕。按：受知之深，当在此际。"张采田《会笺》从之，谓："考《补编·上令狐状》云：'徒以四丈东平，方将尊隗，是许依刘。'又登第东归《与令狐状》云：'自依门馆，行将十年。'状为开成二年上，溯至大和三年楚镇天平时，正九年。则义山入幕，实始于郓。冯氏说确不可易。是时义山年十八九岁，《传》所谓'年才及弱冠'也。若楚镇河阳，义山方侍父两浙，不特事实不合，而年亦不相及矣。"又云："《旧·传》云：'令狐楚镇河阳，以所业文干之。'余疑河阳必河南之讹。其下云：'年才及弱冠，楚以其少俊，深礼之，令与诸子游。'指受知之事（此谓楚留守东都时事。《补编·上令狐相公状》云：'伏承博士七郎，自到彼州，顿瘵旧疾……某顷在东都，久陪文会，尝叹美疢，滞此全材。'述从游事，与《传》相应。博士七郎，即楚子国子博士绪也）。又云：'楚镇天平、汴州（汴州二字，缀天平下，疑衍文），从为巡官，岁给资装，令随计上都。'指入幕之事。观《补编·上令狐状》云：'某才乏出群，类非拔俗。攻文当就傅之岁，识谢奇童；献赋近加冠之年，号非才子。徒以四丈东平，方将尊隗，是许依刘'数语，当时情事，约略可见。《樊南文叙》所谓'以古文出诸公间者'，此也。自河南误为河阳，《新·传》全袭《旧·传》之文，且以'奇其文，使与诸子游'直属帅河阳时。又谓'楚徙天平、宣武，皆表署巡官'，注家因之，未能细绎史文，受知与入幕，遂并为一谭矣。此实承讹踵谬所由来也。"按冯氏考商隐初入令狐楚幕在楚镇天平时，张氏复据《补编》上令狐楚诸状辨受知与入幕为二事，受知当在楚为东都留守时，均极是，足以扫两《唐书》本传以来千年之沿误。从商隐《上令狐相公状一》"献赋近加冠之年"可知，商隐初谒令狐楚，"以所业文干之"，是在"近加冠之年"，即十八九岁。以令狐楚仕历、商隐年龄及其后入令狐楚天平幕（即郓州幕）考之，当在大和三年三月辛巳令狐楚由户部尚书出为东都留守、东畿汝都防御使之后。郑州属东畿汝都防御使管内，因此商隐得以献赋于地方最高长官令狐楚，并受到楚的赏识。张采田谓商隐本传之"河阳"为"河南"之讹，恐非。唐之河南府辖河南等二十县，河南尹为河南府之最高长官，而东都留守则为东都之最高长官，二者不可混同。"河阳"或"洛阳"之讹。又两《唐书》均谓"楚镇天平、汴州，从为巡官""楚徙天平、宣武（按：即汴州），皆表署巡官"，按楚镇汴州在长庆四年九月至大和二年十月，此时商隐尚未结识令狐楚。自不可能有表署巡官之事，张氏因疑"汴州"二字衍。实则此殆修史者因商隐诗有《献寄旧府开封公》，其中有"幕府三年远，《春秋》一字褒……酬恩抚身世，未觉胜鸿毛"等语，遂误以"开封公"为宣武节度使令狐楚，谓商隐曾居汴州幕（实际上此"开封公"指郑亚，见此诗冯注）。单纯以衍文视之，不究致误之由，不足以释后世读者之疑。

这里不妨追述一下与李商隐有密切关系的令狐楚任东都留守之前的宦历。令狐楚（766—837），字殼士，自号白云孺子，行四（商隐文中称其为四丈）。生五岁，能为辞章。贞元七年登进士第。第二年，桂管观察使王拱爱其才，用先奏后辟的手段辟他为幕僚。刚满一年，就以父亲在并州做官不能奉养为由辞归。以后，李说、严绶、郑儋相继镇河东，敬重他的品行，都辟他为幕僚，从掌书记到判官，前后在河东幕十余年。唐德宗喜爱文章，每当太原的表奏到，都能分辨出是令狐楚所写的文章。宪宗朝，为右拾遗、太常博士、礼部及刑部员外郎。元和九年十月，转职方员外郎、知制诰、充翰林学士，十二月转本司郎中知制诰。十二年八月因"李逢吉不欲讨蔡，翰林学士令狐楚与逢吉善，（裴度）恐其合中外之势以沮军事，乃请改制书数字，且言其草制失辞，壬戌，罢楚为中书舍人"（《通鉴》卷二四〇）。次年出为华州刺史，转河阳节度使。十四年七月，因皇甫镈之引，由河阳入相。十五年，宪宗卒，为山陵使，因坐亲吏贪赃事发，贬宣歙观察使，再贬衡州刺史，转鄂州。长庆元年十二月，迁太子宾客、分司东都。二年，擢陕虢观察使，因谏官论执不置，至陕一日，复罢还东都。长庆四年，拜河南尹，迁宣武节度使。楚至汴，"解去酷烈，以仁惠镌谕，人人悦喜，遂为善俗"（《新唐书·令狐楚传》）。大和二年十月，入为户部尚书。三年三月，为东都留守、东畿汝都防御使。从以上的宦历中可以看出，令狐楚虽然也参与了朝臣间的党争，但主要是在宪、穆、敬宗时期，与李逢吉友善，而与裴度不协（中晚唐朝臣党争，前期主要是裴度与李逢吉之间的斗争；后期主要是李德裕与李宗闵、牛僧孺之间的斗争）。从敬宗宝历年间起，楚历任方镇（仅短期入朝为户部尚书），已经不再参与朝廷中党争，与李宗闵、牛僧孺之间也没有多少交往。前期虽党附李逢吉而反对对叛镇用兵，但在地方官任上也还有些惠政，与李逢吉、李宗闵之流显有不同（参傅璇琮《李德裕年谱》118页、167页、346页）。其仕历的主要特点是连续做了十三年幕僚，并以善写章奏而为皇帝赏识，入朝后又当过知制诰、翰林学士的差使，直至为相，可以说是以文章起家的典型。李商隐受知于令狐楚，是因为向楚"献赋"，即呈献自己的文章，得到楚的赏识。所献之文，从《樊南甲集序》"樊南生十六能著《才论》《圣论》，以古文出诸公间"之语推测，可能就包含有《才论》《圣论》，以及前面提到的《断非圣人事》《让非贤人事》一类带有少年意气的独抒己见的翻案文章。大约正是这种有思想、有才气的文章引起了令狐楚的注意与赏爱，使他有心栽培这位年将弱冠的年轻文士，并"使与诸子游"。这在当时，是很不寻常的厚遇。一个家境贫寒的文士，得到做过宰相的显宦如此赏爱，竟让自己的儿子与之同学共游，在一般人看来，简直近于不可思议。后来商隐在《上令狐相公状七》中追述当日在东都时与"博士七郎"（即楚长子令狐绪）同游情景说："某顷在东都，久陪文会，尝叹美疢（按：绪少患风痹之疾），滞此全材。"可见，在东都常有陪奉文会之事。"诸子"当然还包括令狐绪之弟令狐绹、令狐纶。

这里所说的文会，当指令狐楚、白居易等人在东都的宴集聚会。大和三年三月末，继令狐楚调任东都留守后，白居易也由刑部侍郎改授太子宾客分司东都，四月到任。居易将到洛阳时，先有诗寄令狐楚（时楚已莅东都留守任）。从四月到本年十一月楚离东都留守任，白与令狐之间均有宴集聚会的可能。《白香山集》本年有《酬令狐相公春日寻花见寄六韵》、《送东都留守令狐尚书赴任》（以上二诗在长安作）、《将至东都先寄令狐留守》（自京赴洛前作）、《令狐尚书许过弊居先赠长句》（在东都作）等诗，可见二人交往相当密切。商隐《与白秀才（景受）书》云："伏思大和之初，便获通刺，升堂辱顾，前席交谈。陈、蔡及门，功称文学；江、黄预会，寻列《春秋》。"这里说的"大和之初"，当即指大和三年（大和元年、二年，白居易在长安任秘书监、刑部侍郎，商隐与居易之间没有见面交谈的机会）。状中不仅叙及自己初次谒见大诗人白居易，获得与其交谈的机会，受到白的礼遇与称赏，而且以列于白的及门弟子为荣①。江、黄是春秋时的两个小国。《春秋·僖公二年》："秋，九月，齐侯、宋公、江人、黄人盟于贯。"这里以江、黄小国得预大国之会比喻当年在东都时有幸参与白居易等著名文士显宦的盛会。看来，令狐楚不但"奇其文，令与诸子游"，而且还把商隐引荐给诗坛耆宿白居易。在"嫩篁香苞初出林"的商隐眼中，白居易无疑是一棵参天大树，一座令人景仰的高山。商隐前期诗《行次西郊作一百韵》，后期诗《戏题枢言草阁三十二韵》等重要作品，也显然可见白诗的影响。但饶有意味的是，白居易晚年却对李商隐的诗文推崇备至。《蔡宽夫诗话》云："白乐天晚极喜李义山诗文，尝谓我死得为尔子足矣。义山生子，遂以'白老'字之。既长，略无文性。温庭筠尝戏之曰：'以尔为乐天后身，不亦忝乎？'然义山有'衮师我骄儿，美秀乃无匹'之句，其誉之亦不减退之。"（《苕溪渔隐丛话》前集卷一六引）后人多以为此事出于附会，不足凭信。但从白居易死后，大中三年仲冬，其从弟白敏中（时任首相）托人请李商隐撰写白居易墓志铭一事看②，白居易晚年极喜李商隐诗文恐是事实。唐代风气，请人为自己的先人作墓志铭每择有高位且文名素著者，特别是像白居易既有高位又负盛名，连唐宣宗都亲自写诗吊挽的文人墓志，更理当择有高位者。大中三年，商隐虽诗名、文名早著，但官位卑微（仅为盩厔尉），且生平不以善撰墓志著称（仅在开成三年因令狐楚遗命，曾撰楚之墓志，今佚）。商隐过去与白敏中又无交往，特别是大中元年应李德裕主要助手之一桂管观察使郑亚的辟聘赴桂管幕，为李德裕的文集作序，替郑亚撰写书启申冤辩诬，在政治上已处于与当权的牛党新贵白敏中、令狐绹对立的地位。可以设想，如果不是白居易临终前明确表示过死后请李商隐作墓志铭的意向，当时位居首相的白敏中是无论如何不会请李商隐这样一个地位低微、政治上与自己对立而又不以善写碑志文的人来秉笔的。如果这个推断与事实相去不远，那么白居易晚年极喜义山诗一事殆可定论。其实，白居易喜爱义山诗文和他晚年盛赞刘禹锡的诗一样，都不仅仅是一个大诗人对艺术精品的由衷赞赏，而且是对

44

---

① 《论语·先进》："子曰：'从我于陈、蔡者，皆不及门也。'"及门，指受业弟子。

② 见商隐《与白秀才状》《与白秀才第二状》及《刑部尚书致仕赠尚书右仆射太原白公墓碑铭并序》。

自己诗歌缺点的真诚反省。正是在这一点上，显示了白居易"广大教化主"式的大家风范。商隐诗文的主导风格与白居易之浅俗平易迥不相侔，白居易能在商隐诗歌创作的起始阶段便予以垂顾指点，晚年更对商隐诗文推崇备至，说明他在艺术鉴赏方面博大的胸襟气度。

大和三年三月二十六日，商隐的从叔处士李某因病去世，享年四十三岁，十月卜葬于荥阳坛山故丘。对于这位在自己童蒙时"最承教诱"的亲人的逝世，商隐深感悲痛。他初谒令狐，当在从叔去世之前；十月从叔下葬时，应回到郑州参加葬礼。从叔之死，结束了商隐的少年求学阶段，从此正式踏入社会，开始自己独立的人生旅程。

这一年中可以确切系年的诗是学杜的七律《隋师东》：

> 东征日调万黄金，几竭中原买斗心。
> 军令未闻诛马谡，捷书惟是报孙歆。
> 但须鹭鸶巢阿阁，岂假鸱鸮在泮林。
> 可惜前朝玄菟郡，积骸成莽阵云深！

这是一首题面假托隋师东征高丽，实则揭示讽慨唐廷讨伐横海叛镇的战争中窳败现象及其原因的诗。题似咏古，而诗中丝毫不涉隋事，是托古讽今的典型作品。据两《唐书·文宗纪》及《通鉴》，唐敬宗宝历二年（826），横海镇（治沧州）节度使李全略死，其子同捷擅称留后，朝廷经年不问。直至文宗大和元年八月，方命诸道进讨。由于军政腐败，讨叛战争迟迟无功，"时河南北诸军讨同捷，久未成功。每有小胜，则虚张首虏以邀厚赏。朝廷竭力奉之，江淮为之耗弊"，直到大和三年四月，方才平定。"沧州承丧乱之余，骸骨蔽地，城空野旷，户口存者什无三四"。平叛战争的胜利，按说是值得庆贺的喜事，但这场战争中暴露出来的问题却引起青年诗人深沉的思考与感慨。诗的主旨，既非反对唐师东征讨叛，也不仅仅是讥刺讨叛诸将冒功邀赏、跋扈难制，而是透过讨叛战争过程中所发生的种种窳败现象（如将帅虚报战功、朝廷厚赂诸将、威令不行、赏罚不明），追根寻源，指出问题的关键在于朝廷中缺乏贤明的宰辅。五六两句，借"鹭鸶"喻贤相，"鸱鸮"喻叛镇，谓只要有贤相在朝，就不会允许藩镇割据州郡，这正是全篇主旨所在。联系元和年间，裴度坚决主张讨伐藩镇，终于实现全国统一；而后裴度罢相，河朔复叛等情况，可见这并非泛泛的"读书人持论"①，而是很有针对性的观点。当时商隐还是一个年近弱冠刚踏入社会的年轻人，写出这样的诗，不但表现出他对时事的关注，而且显示出他的识见。诗学杜甫《诸将五首》，寓讽时事，表现出对杜诗"诗史"精神的自觉继承和鲜明的政论色彩。艺术上虽工稳整炼而顿挫变化不足，颔、腹二联还不免有些拙嫩，但首联重笔突起，尾联感慨作收，亦见功力。这样一件当时政治军事上的大事，现存唐诗中除商隐此诗外，竟寂无反响，既见晚唐诗坛在反映时代政治问题方面的冷落②，也更显示出此诗的可贵。应该说李商隐在正式踏入社会之初，就显示出他对国家大事的关注和对窳败政治批评的勇气，也显示出其诗歌创作的最初趋向与追求。从此诗反观《富平少侯》《陈后宫》等诗，更可证明前几年完全有可能写出上述作品。

第三节 入天平幕

出于对商隐文才的赏爱，令狐楚决意对他进一步精心栽培。大和三年十一月③，令狐楚由东都留守调任天平军节度、郓曹濮观察等使，与原任天平军节度使崔弘礼对调，令狐楚遂辟李商隐入幕为巡官，从此开始了商隐一生中长达二十年的幕府生涯。献赋、受知、入幕，都在大和三年这一年中发生。在商隐的人生历程上，这是一个转折点。

天平军节度使治郓州（今山东郓城县），辖郓、曹、濮三州。"郓与淮海近（按：一作竟），出入天下珍宝，日日不绝"（李商隐《齐鲁二生·程骧》），可见在唐代，郓州是交通便利、物产丰饶之地。军事上也有重要地位。刘禹锡《天平军节度使厅壁记》云："按部三郡，统兵三万……故命功

---

① 语见沈德潜《说诗晬语》卷下。按《通鉴》卷二四二载："崔植、杜元颖为相，皆庸才，无远略。史宪诚既逼杀田布，朝廷不能讨，遂并朱克融、王庭凑以节授之。由是再失河朔，迄于唐亡，不能复取。"

② 同年十二月发生的南诏入侵西川，俘掠女子工伎数万而去之事，亦仅雍陶、徐凝有诗纪之。又，张采田《会笺》释"随师东"为"随令狐楚赴天平时书事之作"，非，详《李商隐诗歌集解》本篇笺语。

③ 此据《旧唐书·令狐楚传》。《旧唐书·文宗纪》作"十二月己丑"，按：是年十二月丁未朔，十二月无"己丑"日，当从《旧唐书》本传作"十一月己丑（按：即十二日）"。

臣或辨吏以帅焉。大和三年冬，天平监军使以故侯病闻，上方注意治本，乃以牙璋玉节鼎右仆射官称，赐东都留守令狐公曰：'予择文武惟汝兼，前年镇汴州有显庸，往年弼宪宗有素贵。徒得君重，刚吾四支。'公西拜稽首，登车有耀。不逾旬抵治所，夹清河而域之。"朝廷任命令狐楚为天平军节度使在十一月十二日，诏书到洛，当已在二十日左右，"不逾旬抵治所"，则抵达郓州约在十一月末或十二月初。郓州离洛阳九百七十多里，旬日可达。从刘禹锡的《厅壁记》可见郓州地位的重要，也可见文宗对令狐楚的倚重。商隐当随楚同往郓州。

唐代节度使、观察使辟署幕僚，为了保证幕僚的素质，一般多辟有出身的文人。朝廷也同样重视这一点。《唐会要》卷七九《会昌五年六月敕》："诸道所奏幕府及州县官，近日多乡贡进士奏请。此事已曾厘革，不合因循。且无出身，何名入仕？自今以后，不得更许如此，仍永为定例。"可见，无出身者入幕，是不符合朝廷规定的。商隐以未登第的白衣文士身份入幕，是令狐楚对他的破格厚遇。由于这在当时是一种例外，商隐对令狐的这种提携之恩特别感激。他在《奠相国令狐公文》中说："天平之年，大刀长戟，将军樽旁，一人衣白。"既深怀知遇之感，也蕴涵着自赏自负。也正由于无出身，所以担任的是巡官这种较低的幕职。张采田《会笺》云："马氏《通考》：'唐辟署之法，有既为王官而被辟者，有登第未释褐入仕而被辟者，有强起隐逸特招智略之士者，此多起自白衣，惟其才能，不问所从来。'然则额奏之外，当有随宜辟置，未遽状荐，而可白衣从事者。故义山年少未第而为之也。《旧·传》云'从为巡官'，《新·传》改为'表署'，'表'字似误。"辨析细致，商隐即属于"随宜辟置"者。《新唐书·百官志》："节度使、副大使知节度事：行军司马、副使、判官、支使、掌书记、推官、巡官、衙推各一人。"以上次序，基本上按幕职高低顺序排列，可见巡官在幕府中为下僚，其职掌于史未载。从商隐代幕主所撰署巡官的牒文（如《为大夫博陵公充海署卢缮巡官牒》《为荥阳公桂州署防御等官牒·崔兵曹》）看来，似无明确的专门职事。令狐楚署商隐为郓幕巡官，更主要的是将他带在身边精心培养。

令狐楚对商隐的培养，首先是传授给他做骈文四六的诀窍。唐代幕府表状启牒等公私应用之文，例用骈体。能做一手好骈文，是胜任幕府掌书记之职的基本条件，不但能得到幕主的赏识，有时还能因此受到君主的关注。令狐楚是唐代写骈体章奏的高手，在桂林、太原担任幕职十三四年，写了大量表状启牒之文。《新唐书·艺文志》："令狐楚《漆奁集》一百三十卷、《梁苑文类》三卷、《表奏集》十卷。"其中《表奏集》十卷所收即有大量幕府所作之文，《全唐文》卷五三九至五四三收其文五卷，其中既有任幕府记室时所作，也有为知制诰、翰林学士时所撰，全部为骈体。上节所引令狐楚在太原幕所作表奏受到德宗赏爱的记载，充分说明掌握熟练的骈文章奏写作技巧对幕府文士升进的重要性。掌握这种技巧，还为日后跻身中禁词臣的行列（知制诰、中书舍人、翰林学士）准备了条件。令狐楚从他自己切身经历的荣进之路出发，传授商隐骈文章奏的技巧，不单纯是文章之学的传授，同时还是政治上的一种提携。商隐《樊南甲集序》说："樊南生十六能著《才论》《圣论》，以古文出诸公间。后联为郓相国、华太守所怜，居门下时，敕定奏记，始通今体。"这里只讲到他从工古文到"通今体"的转变是在居令狐楚、崔戎幕时"敕定奏记"的结果，但未明确说令狐楚以骈文章奏之学传授之事，而在郓幕期间所作的《谢书》一诗却将此事说得非常清楚：

> 微意何曾有一毫，空携笔砚奉《龙韬》。
> 自蒙半夜传衣后，不羡王祥得佩刀。

从"空携笔砚奉《龙韬》"之句看，商隐当时虽署为巡官，但令狐楚为了锻炼他作骈文章奏的能力，可能让他担任一部分幕府中的文字工作。但商隐过去只工古文而不谙骈体，故有"微意"二句，谓楚之恩遇，自己实无丝毫报答，徒然空携笔砚侍奉左右而已。"半夜传衣"用五祖弘忍传衣于慧能事，喻令狐楚以章奏之学秘相传授。楚为当时骈文章奏名家，故以五祖喻之，而以慧能自喻，谓自己尽得楚之秘传，即《樊南甲集序》"彭阳章檄，樊南穷冻人或知之"之意。晋吕虔有佩刀，工相之，以为必三公方可佩此刀。虔语别驾王祥："卿有公辅之量，故以相与。"祥始辞之，虔强与，乃受。王祥临终时将刀授其弟览，后览果累世贵显。这首《谢书》当是令狐楚授章奏之学后，义山自觉技艺精进、日后青云有望时，以诗代书，致谢令狐之作。感恩之情、自得之意，溢于言表。从"不羡王祥得佩刀"句看，商隐颇以为日后可以藉此致身通显。尽管商隐以后并未能像他的恩师那样，以通今体表奏而逐步跻身高位，但他确因精通此道而屡佐戎幕，长期从事幕府文字之役。这对他以后的生活道路、创作道路乃至诗与骈文写作的相互影响与渗透都有深远的影响。商隐在郓幕时所作的骈体文章没有流传下来，可能是由于尚处于试作阶段，日后自编《樊南甲集》时没有收入，也可能是后来散佚了。

令狐楚对商隐的栽培，还表现在郓幕期间曾两次资助商隐入京参加进士考试上。如果说传授骈文章奏之学是为商隐日后登进创造条件，那么助其应进士试则是直接获取功名之举。《旧唐书》商隐本传说："楚镇天平……从为巡官，岁给资装，令随计上都。"《新唐书》本传亦云："楚徙天平……表署巡官，岁具资装使随计。"随计，语本《史记·儒林列传》，本指应征召的人偕同计吏同行，后来遂以"随计"指乡贡进士赴京就试。《新唐书·选举志》："唐制，取士之科，多因隋旧，然其大要有三：由学馆者曰生徒，由州县者曰乡贡，皆升于有司而进退之……每岁仲冬，州、县、馆、监举其成者送之尚书省，而举选不繇馆学者，谓之乡贡，皆怀牒自列于州县。"商隐的"随计"，即由地方经考试推选到中央参加礼部进士试的乡贡进士。商隐何时开始应进士试，本传没有明确记载，只说在天平幕时。但大和三年十一月，他刚被令狐楚署为天平节度巡官，抵郓时已十一月末或十二月初，已过每年地方府试和向尚书省举送的时间，再赴长安参加大和四年春的进士试的可能性不大。其《上崔华州书》云："凡为进士者五年：始为故贾相国所憎；明年，病不试；又明年，复为今崔宣州所不取。居五年间，未曾衣袖文章，谒人求知。"书上于开成二年正月。冯浩笺云，故贾相国指㻋，大和时凡典礼闱三岁。今崔宣州，指崔郸，大和八年，权知礼部，开成二年正月，以吏部侍郎为宣歙观察使。题内崔华州则指开成元年十二月由中书舍人调任华州防御使之崔龟从。并于"始为故贾相国所憎"句下加按语云："㻋三典礼闱，一为大和七年……其余当在五六年间。义山当于六年应试，为贾所斥，八年又为郸所斥。下云'居五年间'，统计大和五六年以下也。"岑仲勉则谓："《华州书》'凡为进士者五年'，其'为进士'与白（居易）书之'为进士'同，犹云初被乡贡，于今已五年也。此一句是总揭，下三句是分疏。兹将此五年中商隐赴举之经过，表列如次：大和七年乡贡，知举贾㻋，不取；大和八年病，不试，知举李汉；大和九年乡贡，知举崔郸，不取；开成元年无明文，当是府试已不取，知举高锴；开成二年乡贡，知举高锴，登第。七年之乡贡，府试虽在六年，然礼部试仍在七年正月，余类推。冯谱不察，竟于六年下书'是年应举，为贾㻋所斥'，八年下书'是年应举，为崔郸所不取'，实七、九两年春间事……张谱尤而甚之，八年下竟书'义山应举，为崔郸所不取，随崔戎自华至兖掌章奏'，殊未知商隐随戎至兖，系八年春夏间，及六月戎卒，随赴府试（八九月），获得乡贡，九年春始为礼试崔郸所黜。张谱直倒乱事序之后先矣……《华州书》之'居五年间，未曾衣袖文章，谒人求知'即蒙上'凡为进士者五年'言，张竟不能理会，乃云：'据此，则义山应举始于大和二年。大和二年至六年正得五年。下云居五年间，则统计大和六年至开成元年也。'则不知未登乡贡，弗得称进士，且'始为'之'始'字无着。果大和六年之前均不售，奚得曰'始为'？"综上所引，义山始试进士之年凡三说：张氏谓始于大和二年，冯氏谓始于大和六年，岑氏则谓始于大和七年。按：岑氏驳正冯、张之说甚是，但其释"始为进士者五年"为大和七年至开成二年，谓商隐之开始参加进士试在大和七年，则明显与本传及商隐文章中关于参加进士试的自述不合。况且既然"大和八年，病不试""开成元年无明文，当是府试已不取"，则此两年未尝为乡贡进士（至少开成元年非乡贡进士），何得统计在"凡为进士者五年"及"居五年间"之内？实际上，商隐之始为乡贡进士参加礼部试，既非冯谱所说在大和六年，亦非张笺所说在大和二年，或如岑氏所说在大和七年，而是在大和五年居郓幕期间。商隐《与陶进士书》云："故自大和七年后，虽尚应举，除吉凶书及人凭情作笺启铭表之外，不复作文，文尚不复作，况复能学人行卷耶？"据"自大和七年后，虽尚应举"之语，可以推断大和七年之前，商隐即已成举。那么，其应举从哪一年开始呢？商隐《上令狐相公状一》云："徒以四丈东平（按：指郓州，隋为东平郡），方将尊隗，是许依刘……自叨从岁贡，求试春官，前达开怀，后来慕义，不有所自，安得及兹！然犹摧颓不迁，拔剌未化。仰尘裁鉴，有负吹嘘。"此状上于大和六年二月令狐楚自天平节度使调任河东节度使，"轩车才临，日月未几"之时，而其中叙及自己"自叨从岁贡，求试春官……然犹摧颓不迁，拔剌未化"，说明在大和六年二三月时，"求试春官"已不止一次。合之两《唐书》本传"从为巡官，岁给资装，令随计上都""署巡官，岁具资装使随计"的记载，以及上文推断大和四年不可能参加礼部进士试，可以推定商隐之开始"叨从岁贡，求试春官"当在大和五年春。《上崔华州书》所说"凡为进士者五年：始为故贾相国所憎；明年，病不试；又明年，复为今崔宣州所不取。居五年间，未尝衣袖文章，谒人求知"，其中的"五年"即指从大和五年到开成二年这段时间，曾先后有五年作为乡贡进士参加进士试。具体地说，是大和五年，初应进士试，不取，知举贾𫗧（《旧唐书·贾𫗧传》："大和三年，拜中书舍人。四年九月，权知礼部贡举。"其开始主持礼部试在大和五年春）；大和六年，二应礼部试，不取，知举贾𫗧（《旧唐书·贾𫗧传》："五年，榜出后，正拜礼部侍郎。"故六年春之礼部试仍为贾𫗧主持）；大和七年，三应礼部试，不取，知举贾𫗧（《旧唐书·贾𫗧传》云："凡典礼闱三岁。"即五、六、七三年连续知举）。商隐连续三年应举，均为贾𫗧所斥，故云"始为故贾相国所憎"，"憎"字正对三年被斥不取而言，"始"字应从大和五年算起而包括五、六、七三年。作于大和七年的《上郑州萧给事状》说："倏忽三载，遄回一名。"正指大和五、六、七年三年应进士试均落第。大和五、六、七年三应进士试，加上大和九年为崔郸所斥的第四次应试，开成二年知举为高锴尚未发榜的第五次应试，一共是五次应进士试，故云"凡为进士者五年"，这五年乃是以乡贡进士身份参加礼部试的五年，"病不试"的大和八年和无明文"当是府试已不取"的开成元年自然不应包括在内。"居五年间"的"五年"同此。过去的注家和研究者对"凡为进士者五年"都解释错了。据此，商隐在天平幕期间，令狐楚曾经于大和五、六两年两次资助他去长安参加进士试。六年二月，楚调任河东节度使，时商隐正在长安，故未即随楚至太原幕。这种"顾遇"，确实情意深厚，视同家人。

在郓幕期间，除了巡官的事务和在令狐楚的指点下写作骈文表状启牒，参加府试和赴京应举外，参加使府的宴集和游赏也是商隐生活内容的一个方面。《上令狐相公状一》述及郓幕生活时说："每水槛花朝，菊亭雪夜，篇什率征于继和，杯觞曲赐其尽欢。委曲款言，绸缪顾遇。"令狐楚喜爱白菊。冯浩笺商隐《九日》诗"曾共山翁把酒时，霜天白菊绕阶墀"云："刘宾客《和令狐相公玩白菊》诗：'家家菊尽黄，梁国独如霜。'又有《酬庭前白菊花谢书怀见寄》诗。令狐最爱白菊。"刘禹锡诗集中还有《和郓州令狐相公春晚对花》五律。可见郓州幕中，每逢春秋佳日，花朝雪夜，在水槛菊亭之中，常有幕主僚属的宴集，令狐发唱，幕僚继和。商隐以其诗才，自必常有这类继和的篇什，可惜现存商隐诗中，竟无一首郓幕期间"水槛花朝，菊亭雪夜"的宾主唱酬之作。但从上引商隐这段文字中还可想见当时宾主之间诗酒唱酬、兴会淋漓的情景。天平幕中宴集诗，现存惟一的一首是《天平公座中呈令狐令（相）公时蔡京在坐京曾为僧徒故有第五句》：

> 罢执霓旌上醮坛，慢妆娇树水晶盘。
> 更深欲诉蛾眉敛，衣薄临醒玉艳寒。
> 白足禅僧思败道，青袍御史拟休官。
> 虽然同是将军客，不敢公然子细看。

题内"令狐令公"，当从顾学颉说作"令狐相公"（详见其《李商隐〈天平公座中呈令狐令公〉诗题令公二字旧说辨误》一文)。《云谿友议》卷中："邕州蔡大夫京者，故令狐相公楚镇滑台之日，因道场见僧中令京挈于瓶钵。彭阳公曰：'此童眉目疏秀，进退不慑，惜其卑幼，可以劝学乎?'师从之，乃得陪相国子弟（青州尚书绪、丞相绹、纶也）。后以进士举上第，乃彭阳令狐公之举也。寻又学究登科，而作尉畿服。"又据朱阅《归解书彭阳碑阴》："公尹洛，礼陈商；为郓，荐蔡京；莅京，辟李商隐。"按：令狐楚宦历无镇滑台（任义成节度使）之事，此当为"镇天平"之误。蔡京即郓州人，楚于道场中发现蔡京，令其陪令狐绪、绹、纶兄弟读书事即在镇天平期间。这首诗中的"白足禅僧"即借指蔡京。其时蔡京的情况与商隐类似，即一边作幕僚，一边"陪相国子弟"读书同游。"青袍御史"为幕僚中带御史衔者。诗写使府宴会上一位美貌的歌舞女子，其人曾为女道士，而其时之身份似为令狐楚之姬妾或家伎。诗写其人清艳绝俗，而又情含幽怨。座间宾客，有"思败道"者，有"拟休官"者，有"不敢公然子细看"者，用侧面烘托手法写出美的征服力。诗写得艳而不亵，谑而不堕恶趣，颔联鲜丽而有神味，"衣薄"句用笔颇似《圣女祠》之"无质易迷三里雾，不寒长著五铢衣。"由此诗可见商隐与令狐楚关系之亲密，远超一般幕主与僚属，也可见唐代士人礼法观念较为淡薄，作风较为浪漫，且出言往往少所顾忌。末联"同是将军客"，盖以自指，"不敢公然子细看"反用刘桢平视甄后故事，貌似谦恭，而语含风趣，且暗示其人的姬妾身份。据萧邺《岭南节度使韦公（正贯）神道碑》："旋为天平节度判官，得改员外郎，所奉之主即故相国令狐公也。"知其时天平幕中的僚属除蔡京、李商隐外，还有节度判官韦正贯。后来会昌六年韦正贯任京兆尹时，商隐还为正贯写过《举人自代状》（详本编第九章）。

除了幕中宴集酬唱外，还外出游赏，如《春游》诗：

桥峻班骓疾，川长白鸟高。
烟轻唯润柳，风溢欲吹桃。
徙倚三层阁，摩挲七宝刀。
庾郎年最少，青草妒春袍。

"庾郎"用晋庾翼典。《晋书》本传言其"风仪秀伟，少有经纶大略……苏峻作逆，翼时年二十二，兄亮使白衣领数百人备石头（城）……事平，始辟太尉陶侃府，转参军，累迁从事中郎。"此处用"庾郎"，既切"年少"，又点辟为幕僚。此诗冯谱编大中元年赴桂幕途中，其时商隐年已三十六，与"年

"少"显然不合。张采田《会笺》改编大和八年赴崔戎兖海幕时。考赴兖在是年四月二日①，已非春季"烟轻唯润柳，风滥欲吹桃"之候，且赴幕亦不得谓之"春游"。此诗当是大和四年春在天平幕时与同幕出游赏春所作，其时商隐年方十九，尚未冠，故云"年最少"。"青袍"不过泛言其官位低微，不必拘泥于八九品服青之制。诗写得风光明媚、意兴豪纵，末句着一"妒"字，少年得意之态如见，从一个侧面反映了商隐在天平幕期间轻快愉悦的心境。

令狐楚在郓州期间的政绩，史籍所载较略。《旧唐书》本传云："属岁旱俭，人至相食，楚均富赡贫，而无流亡者。"在旱荒之年，能"均富赡贫"，做到无流亡者，可见其施政比较仁惠，与他一贯"长于抚理"的特点一致。《新唐书》本传则记载了他廉洁自律的事迹："始，汴、郓帅每至，以州钱二百万入私藏，楚独辞不取。又毁李师古园槛僭制者。"刘禹锡《天平军节度使厅壁记》则记述稍详："惟郓州……风俗信厚。天宝末，大憝起于幽都，虏将因兵锋取其地，右勇左德，积六十年。公之来思，如古医之治剧病，宣泄颐养，气还神复。大凡抗诏条国式于身以先之，示菲约以裕人，信赏罚以格物。物力日完，人风自移。涉月报政，逾年鼎治……劳者以安，去者以归……凡革前非罢供第无名钱岁巨万，菽粟如之，锦缯且千两。去苛法急征毁家偿租之令，故流庸自占四万室。"这些记载，反映出令狐楚在天平节度使任上在减轻百姓负担方面确实做了一些有益的事。作为地方长官的令狐楚，自有他的优长和成绩。

总的来说，商隐在郓州幕的两年多时间内，由于受到幕主令狐楚的厚遇和栽培，情绪是比较愉快的。即使遇到大和五年春初应进士试不取这种挫折，由于年纪正轻，所处环境又比较好，并未引起情绪上大的波动。一种年少气盛的特点贯注在这一时期他的生活与创作中。

第四节　居太原幕

大和六年二月甲子（初一），令狐楚调任太原尹、北都留守、河东节度使（据《旧唐书·文宗纪》）。这年正月，李商隐正在长安第二次参加礼部

---

①《为安平公谢除兖海观察使表》："即以今月二日，雪泣西拜，星驰东下。"奉诏在三月末，"今月"指四月。

进士试①，并等待二月放榜。因此，令狐楚自天平节度使调任河东节度使的消息，他是在长安等候放榜期间得知的。也正因为这样，二月令狐楚赴河东任时，商隐并未随楚至太原幕。但令狐楚由郓州经洛阳赴河东任时，当时赴苏州刺史任途经洛阳的刘禹锡和正在河南尹任上的白居易，都有诗送行，白有《送令狐楚赴太原》，刘有《和白侍郎送令狐相公镇太原》诗。令狐楚到太原任后不久，商隐有《上令狐相公状一》寄上。这是现存商隐文中第一篇可以确切编年的文章，一开头说：

> 太原风景恬和，水土深厚……自顷久罹愍凶，颇至荒残。轩车才临，日月未几。旱云藏燎于天末，甘泽流膏于地中。堡障复完，污莱尽辟。

这里所赞颂的令狐初临太原的政绩，可与《旧唐书·令狐楚传》所述加以对照：

> 楚久在并州，练其风俗。因人所利而利之。虽属岁旱，人无转徙。楚始自书生，随计成名，皆在太原，实如故里。及是秉旄作镇，邑老欢迎。楚绥抚有方，军民胥悦。

接着，商隐又用充满感情的笔触追忆在洛阳及居郓幕期间受到令狐楚的知遇和照顾：

> 某才乏出群，类非拔俗。攻文当就傅之岁，识谢奇童；献赋近加冠之年，号非才子。徒以四丈东平，方将尊隗，是许依刘。每水槛花朝，菊亭雪夜，篇什率征于继和，杯觞曲赐其尽欢。委曲款言，绸缪顾遇。

并提到在令狐的帮助下，"叨从岁贡，求试春官"，虽两次失利，"有负吹嘘"，仍望继续得到令狐的关顾。相信自己终当"脱遗鳞鬣"，"冲唳霄汉"，高跃龙门，直上青云。从这里可以看出，商隐这时虽已两次科场失利，却仍高度自信。

商隐曾居令狐楚太原幕，冯浩《玉谿生年谱》和张采田《玉谿生年谱

---

① 许浑于是年登进士第，有《及第后春情诗》云："世间得意是春风，散诞经过触处通。细摇柳脸牵长带，慢撼桃林舞碎红……犹笑西都名下客，今年二（按：据蜀刻本）月始相逢。"是考试在正月，放榜在二月。

会笺》都肯定有其事。冯谱云："按朱阅《归解书彭阳公碑阴》云：'公尹洛，礼陈商；为郓，荐蔡京；莅京，辟李商隐。'尹洛者，河南尹也；叙莅京于为郓后，必太原之为北京也……义山受其（按：指令狐楚）知遇，必当至其幕中。天平、北京，事本相接，被辟者当亦同也。虽集无确据，理必然矣。"释"京"为北京（即北都太原），于唐代文献未有举证，似嫌勉强；但如果将"莅京"解释为大和七年莅京任吏部尚书，则吏部又不可能有辟李商隐为掾属之事。张采田《会笺》云："考集有《喜闻太原同院崔侍御台拜兼寄在台三二同年》诗，太原同院，必楚幕也。"以此来证明商隐曾居令狐楚太原幕。按此诗编年，冯谱编会昌四年，谓太原同院指太原李石幕；张笺编开成四年。岑仲勉《平质》谓冯谱编年远较张笺为稳。实则此诗作于闲居永乐期间（会昌五年春）甚明，题内"太原同院"当从冯说指李石幕。故张谓"太原同院必指楚太原同幕"，难以成立。但张氏引《上令狐相公状一》末段"倘蒙识以如愚，知其不佞，俾之乐道，使得讳穷，则必当刷理羽毛，远谢鸡乌之列；脱遗鳞鬣，高辞鳣鲔之群。逶迤波涛，冲喙霄汉，伏惟始终怜察"等语，谓"多希望入幕之意"，则是（"使得讳穷"者，望仍入幕而得济穷乏也）。此外，尚有一证，即大和七年商隐所撰拟之《为彭阳公上凤翔李司徒状》。凤翔李司徒，指大和七年五月丁酉被任命为凤翔节度使的李听。按令狐楚以大和七年六月乙酉由河东节度使入为吏部尚书，而状有"某谬蒙朝委，实异时才，先忧素餐，有负疲俗……某方祗远役，未获拜尘，瞻恋之诚，翰墨无喻。到任续更有状。"按：李听大和七年五月至九年九月任凤翔节度使，而令狐楚大和七年六月至九年九月，先后任吏部尚书、太常卿，十月守尚书左仆射，进封彭阳郡开国公，直至开成元年四月方出镇兴元。因此，在李听镇凤翔的两年多时间内，令狐楚始则仍在太原，继则在朝任吏部尚书、太常卿。状所云"某方祗远役"及"到任"，绝非由朝官外任，而只能是指大和七年六月由河东节度使内征为吏部尚书，"远役"指自太原赴京，"到任"指到吏部尚书任。张采田谓此状作于"楚已除职未离镇时"，甚是。六月乙酉为六月二十九日，状当上于七月初。据此状，商隐当时必在令狐楚太原幕，否则不可能有此代作。大约在商隐作《上令狐相公状一》后不久，即赴太原幕，惟所任幕职不详。据《旧唐书·文宗纪》：大和七年十二月，"以河东节度副使李石为给事中"，知李石曾在令狐楚太原幕任节度副使，与商隐有同幕之谊。会昌四年正月河东将杨弁作乱时，商隐有在李石太原幕迹象（详后），可能与二人曾同在令狐楚太原幕有关。又，《酉阳杂俎》续集卷七载"唐大和七年冬，给事中李石为太原行军司马"，与《旧唐书·文宗纪》所载有矛盾，当以《旧唐书·文宗纪》为是，《旧唐书·李石传》亦谓"令狐楚请为太原节度副使，七年拜给事中"。

令狐楚镇太原期间，与刘禹锡之间唱酬颇多。刘集有《令狐相公自天平移镇太原以诗申贺》《重酬前寄》《酬令狐相公秋怀见寄》《酬令狐相公六言见寄》《令狐相公自太原累示新诗因以酬寄》《酬太原令狐相公见寄》《酬令狐相公岁暮远怀见寄》等，可惜令狐楚寄刘禹锡的诗今均不存。商隐在太原幕期间，当亦有奉和令狐之作，今亦未见。但从刘诗"万里胡天无警急，一笼烽火报平安。灯前妓乐留宾宴，雪后山河出猎看"等诗句，依稀可以想见当日太原幕府安闲宴乐气氛。商隐在《上令狐相公状二》中对令狐楚"赐借太原日所著歌诗"表示感谢，并盛赞其诗"峻标格而山联太华，鼓洪涛而河到三门，望绝攀跻，理无揭厉，足使清风知愧，《白雪》怀羞"。楚之诗风，当亦对商隐产生过一定影响。

大和七年春，商隐第三次在京参加进士试，又一次落第。连续三次应试，均为贾𬣙所斥，对贾𬣙不无怨望，因此在《上崔华州书》中述及此事时，用了"始为故贾相国所憎"的字眼。应试落第之后，商隐当回到太原幕。

第五节　在华州幕

大和七年六月末，令狐楚自太原尹、北都留守、河东节度使入为检校右仆射兼吏部尚书（据《旧唐书·文宗纪》及本传），约七月到京。李商隐是否跟随令狐楚返京，现已难以详考。如果前节所引朱阁《归解书彭阳公碑阴》"莅京，辟李商隐"的"京"指京都长安，则商隐似随楚同回长安。但吏部尚书似无荐辟属下掾吏之可能，不像户部、度支、盐铁皆有僚属（见商隐《为贺拔员外上李相公启》冯浩笺），如莅京有所辟，当是别的部门的僚属。值得注意的是，这年十月，李商隐写过一篇《太仓箴》。这是现存商隐文中惟一的一篇箴。《金石录》："唐《太仓箴》，大和七年十月，李商隐撰，行书，无姓名。"据《新唐书·百官志》，司农寺下属机构有太仓署，有令、丞。又有监事八人，掌廪藏之事。又有府十人，史二十人，典事二十四人，掌固八人。令狐楚会不会荐李商隐为太仓署的属吏呢？似并非无此可能。否则，商隐平白无故地写一篇《太仓箴》，反而不好理解。文中极力强调太仓之险：

> 险哉太仓，险若太行。彼悬车束马，为陟高冈；此祸胎怨府，起自斗量。无小无大，不可不防。

之所以"险若太行"，是因为"泉谷之地……贪夫徇财"，因此他谆谆告诫掌太仓者"无为人惑""各敬尔职，一乃心力""借借贷贷，此门先塞"，并举汉太仓令淳于意无辜被捕一事以为告诫："敢告君子，身可杀道不可渝。"冯浩说："戒贪也。"诚然。但结尾"身可杀道不可渝"的告诫实已超出"太仓箴"的范围而上升到普遍的准则。从文章看，作者对太仓的情况相当熟悉，如说"仓中役夫，千径万途。桀黠为炭，睢盱为炉。应事成象，无有定模。缘私指使，慎勿以呼。宾朋姻娅，或来宴话。仓中酒醴，慎勿以贯"。如果不是亲身作吏，有切身体验，不容易讲得如此真切，当然，这仅仅是根据"莅京，辟李商隐"及《太仓箴》所作出的一种假设，并无实证，提出来供进一步考证作参考。

大和七年三月丁巳，给事中萧浣出为郑州刺史。《通鉴·文宗大和七年》：二月"丙戌，以兵部尚书李德裕同平章事。德裕入谢，上与之论朋党事，对曰：'方今朝士三分之一为朋党。'时给事中杨虞卿与从兄中书舍人汝士、弟户部郎中汉公、中书舍人张元夫、给事中萧浣等善交结，依附权要，上干执政，下挠有司，为士人求官及科第，无不如志。上闻而恶之，故与德裕言首及之，德裕因得以排其所不悦者。"萧浣及杨虞卿兄弟等在政治上属于以李宗闵、牛僧孺为首的牛党，这次因李德裕入相，又逢文宗对牛党成员相互交结之事"闻而恶之"，故杨虞卿、萧浣于本年三月先后出为常州刺史、郑州刺史。李商隐即在萧浣任郑州刺史期间（大和七年三月至八年十二月左右）与萧结识，并受到萧的善待。《上郑州萧给事状》云："兖海大夫（按：指崔戎），时因中外（按：与商隐有中表之亲），尝赐知怜；给事又曲赐褒称，便垂延纳。朱门才入，欢席几陪。辱倒屣于蔡伯喈，合先王粲；柱开樽于孔文举，宜在祢衡。"《哭遂州萧侍郎二十四韵》亦云："早岁思东阁，为邦属故园（自注：余初谒于郑舍）。登舟惭郭泰，解榻愧陈蕃。分以忘年契，情犹锡类敦。公先真帝子（按：萧浣为萧梁后裔），我系本王孙。啸傲张高盖，从容接短辕。秋吟小山桂，春醉后堂萱。"叙初谒萧浣及受其厚遇情况甚详。如果商隐是在大和七年初谒萧浣，则时间当在七月至十二月之间，即商隐离太原幕后、入崔戎华州幕前的一段时间内。

最迟在大和七年十二月，商隐又来到华州，在华州刺史崔戎门下作掾属。商隐《上崔大夫状》云："今早七弟远冲风雪，特迂车马，伏蒙荣示，兼重有恤赉，谨依命捧受讫。某才不足观，行无可取。徒以四丈，顷因中外，最赐知怜，极力提携，悉心指教……岂谓今又获依门墙，备预宾客，礼优前席，贶重承筐。"崔戎是商隐的重表叔。商隐《赠赵协律晳》"更共刘卢族望通"句下自注："愚与赵俱出今吏部相公（按：指令狐楚）门下，又同为故尚书安平公（按：指崔戎）所知，复皆是安平公表侄。"《请卢尚书撰故处士姑臧李某志文状》亦云："时重表兄博陵崔公戎。"此即《上崔大夫状》所谓"中外"。由于有中表之亲，崔戎对商隐格外"知怜"，对他极力提携，悉心指教，其中也包括对骈文章奏技巧的指点。崔戎是大和七年闰七月由给事中出任华州刺史的，而商隐在八年正月，即已在华州为崔戎草拟表状，故《上崔大夫状》所称"今早七弟远冲风雪……重有恤赉"之事，定在八年正月代拟表状之前。《上崔大夫状》是一封谢崔戎聘其为幕僚的书信。状中"重有恤赉"，指丰厚的聘钱；"备预宾客"，指为其幕下从事。唐代华州为右辅之地，地临河、潼，位置十分重要，华州刺史例兼潼关防御、镇国军使，与商隐同为华州府中从事的还有杜胜（元和宰相杜黄裳之子）、李潘（李汉之弟）。张采田《会笺》引《上郑州萧给事状》"兖海大夫，时因中外，尝赐知怜；给事又曲赐褒称，使垂延纳。朱门才入，欢席几陪"之文，谓"义山受崔戎深知，萧浣荐达之力居多"，殊不知崔戎本为商隐重表叔，何用萧浣荐达。"使垂延纳"之"使"系讹字，《全唐文》正作"便"，张氏盖据误文而有此误解。

《樊南甲集序》云："后联为郓相国、华太守所怜，居门下时，敕定奏记，始通今体。"商隐在华州崔戎幕，当是代其草拟表奏，但因无出身，未必有正式职务，如参军等。现存商隐文中，为崔戎在华州刺史任上所拟的表状有《代安平公华州贺圣躬痊复表》《为安平公贺皇躬痊复上门下状》《为大夫安平公华州进贺皇躬痊复物状》，共三篇，都作于大和八年正月十四五日。据《通鉴》，大和七年十二月"庚子，文宗始得风疾（按：指中风），不能言。于是王守澄荐昭义行军司马郑注善医。上征注至京师，饮其药，颇有验"。大和八年正月，"上疾小瘳。丁巳，御太和殿，见近臣，然神识耗减，不能复故。"《旧唐书·文宗纪》："（正月）甲子，御紫宸殿见群臣。"甲子为正月十二日，故以上三篇表状当上于十四五日。这是商隐现存可以确切编年的时间最早的上皇帝、朝廷的表状。从写作技巧看，已经比较纯熟，如《代安平公华州贺圣躬痊复表》中的一段：

> 臣闻：天，普覆也，应运而健若龙行；日，至明焉，有时而气如虹贯。伏惟皇帝陛下，道超普覆，迹迈至明。思宗社之灵，惟德是辅；念蒸黎之广，以位为忧。求衣未明，观书乙夜，寿域既勤于跻俗，大庭微阙于怡神。是以自北陆送寒，暂停禹会；及东郊迎气，爰复尧咨。四海方来，百辟咸在，六幽雷动，万寿山呼。

用了一系列典故，将文宗因忧念百姓、勤于政事而得病辍朝，旋又康复视朝之事说得既雅切得体，又委婉动听。商隐称自己居崔戎门下时"始通今体"，是符合实际的。

商隐居华州崔戎门下时，虽担任草拟表奏的工作，但似乎并非正式的有品秩、有职位的晨入昏归的掾属。大约在草拟上述表状后不久，崔戎送他到南山的僧寺中温习举业。作于大和九年的《安平公诗》说：

> 丈人博陵王名家，怜我总角称才华。
>
> 华州留语晓至暮，高声喝吏放两衙。
>
> 明朝骑马出城外，送我习业南山阿。

这里的"南山"，即终南山，是统指东西绵延数百里位于关中平原南部的秦岭，诗中实指华州南面的一段终南山。张采田谓"习业南山"为"习业京师"，非。因为诗中接着又描述大和八年三月，崔戎领着府中从事到商隐习业的南山去看望他的情景：

> 三月石堤冻消释，东风开花满阳坡。
>
> 时禽得伴戏新木，其声尖咽如鸣梭。
>
> 公时载酒领从事，踊跃鞍马来相过。
>
> 仰看楼殿撮清汉，坐视世界如恒沙。
>
> 面热脚掉互登陟，青云表柱白云崖。
>
> 一百八句在贝叶，三十三天长雨花。

很明显，这是华州附近的南山。如果是习业京师南面的终南山，崔戎决不可能领着从事到二百多里外的长安城南的终南山去看望。从这里可以看出，商隐在华州期间，既"备预宾客"，代草表状，又居南山习业，准备明春的进士试（大和八年，商隐因病未参加考试，见《上崔华州书》）。

《安平公诗》中还提到崔戎的两个儿子："仲子延岳年十六，面如白玉敧乌纱。其弟炳章犹两丱，瑶林琼树含奇花。"延岳有可能是崔雍，炳章则是崔衮，他俩都比商隐年少。商隐在华州时与他们同游，结下友谊。以后，商隐在《宿骆氏亭寄怀崔雍崔衮》中曾深情地怀念过他们：

> 竹坞无尘水槛清，相思迢递隔重城。
> 秋阴不散霜飞晚，留得枯荷听雨声。

诗题中的骆氏亭是处士骆峻在灞陵东坡下的园亭，峻卒于会昌元年。此诗当为会昌元年以前，二崔未第时所作。

其时华州府中掾属，有杜胜、李潘、卢泾①。《安平公诗》说：

> 府中从事杜与李，麟角虎翅相过摩。
> 清词孤韵有歌响，击触钟磬鸣环珂。

称赞杜、李的诗清新优美，不同凡响。商隐在华州，当与二人有酬唱，惜亦不传。后来，杜、李、卢三人又随崔戎至兖州，和李商隐同为兖海观察使府幕僚。

就在这次崔戎率从事到南山看望商隐后不久，大和八年三月丙子（二十五日），朝廷调任崔戎为兖海观察使，崔戎复请商隐担任兖海幕的表奏之事。于是商隐又开始了另一次短期的兖幕生活。

第六节　兖幕一月

商隐《安平公诗》说："公时受诏镇东鲁，遣我草奏随车牙。顾我下笔即千字，疑我读书倾五车。"这次崔戎携商隐赴兖海，仍让他担任在华州从事过的草拟表奏的工作，当是因为商隐在华所草表奏颇得崔戎称赏的缘故。从商隐的这几句诗中也可看出他对自己这方面才能及学养的自负。骈体章奏

60

---

① 见《为安平公兖州奏杜胜等四人充判官状》，状中言及杜胜、李潘"臣前任已奏为判官"；言卢泾"前者为臣属僚，常在州推狱"。

的要素之一是大量用典，“读书倾五车”便自然成为写好骈体章奏的重要保证。其实，崔戎自己在淮南李鄘、卫次公幕，太原裴度幕也担任过多年幕僚。大和年间任给事中时，驳奏为时所称。商隐居门下时，在骈文章奏的写作方面，也得到过崔戎的悉心指教。崔戎为官，颇有善政。《新唐书·崔戎传》：“出为华州刺史。吏以故事，置钱万缗为刺史私用，戎不取。及去，召吏曰：‘籍所置钱享军，吾重矫激以夸后人也。’徙兖海沂密观察使，民拥留于道不得行，乃休传舍，民至抱持取其靴。时诏使尚在，民泣诣使，请白天子丐戎还。使许诺。戎恚责其下，众曰：‘留公而天子怒，不过斩吾二三老人，则公不去矣。’戎夜单骑亡去，民追不及乃止。”《安平公诗》中叙及崔戎“受诏镇东鲁”时，有“长者子来辄献盖，辟支佛去空留靴”之句，就是隐喻华州百姓对崔戎的尊仰和挽留不果的情景。

据商隐《为安平公谢除兖海观察使表》，崔戎及商隐、杜胜、李潘、卢泾一行，在三月末接到诏书后数日，四月二日即启程东下。华州距兖州一千六百余里[①]，他们路上走得比较慢，直到五月五日端午那天，才抵达兖州。《为安平公兖州谢上表》云：“臣自承明诏，移镇东藩，望阙而雪涕以辞，戒途而星奔不息。即以今月五日到任上讫。”《安平公诗》说“五月至止”，可证“今月五日”是五月五日。

兖海观察使，辖兖、海、沂、密四州。原置节度使，大和八年改置观察使。在唐代，兖海虽不是大藩，但“曲阜遗封，导河旧壤，列九州之数，带五岳之雄，古为诗书俎豆之乡，今兼鱼盐兵革之地”（《为安平公谢除兖海观察使表》），地位也相当重要。崔戎幕中，除商隐专司章奏外，据《为安平公兖州奏杜胜等四人充判官状》《为大夫博陵公兖海署卢鄯巡官牒》，尚有杜胜（团练判官）、赵皙（观察判官）、李潘（观察支使）、卢泾（都团练巡官）、卢鄯（巡官）。其中，杜、李、卢泾三人均为华州旧掾（加上商隐，共四位华州旧掾），赵皙、商隐又都是崔戎的表侄。崔戎到任后，“钼灭奸吏十余辈，民大喜”（《新唐书》本传）。正当他进一步开展治理工作时，却突然于六月十日暴染霍乱。病势来得非常迅猛，大约在六月十一日辰时后不久就猝然去世。临终前商隐撰《代安平公遗表》，中云：

> 况臣素无微恙，未及大年。方思高挂馈鱼，不然官烛，成陛下比屋可封之化，分陛下一夫不获之忧。志愿未伸，大期俄迫。忽自今月十日

① 据《旧唐书·地理志》，京师至兖州一千八百四十三里，京师至华州一百八十里。

夜，暴染霍乱，并两胁气注（按：指疫气之流转贯注，即传染）。当时检验方书，煎和药物，百计疗理，一无痊除。至十一日辰时，转加困剧，渐不支持。想彼孤魂，已游岱岳；念兹二竖，徒访秦医。对印执符，碎心殒首，人之到此，命也如何！恋深而乏力以言，泣尽而无血可继……臣精神危促，言词爽错，行当穷尘埋骨，枯木容身，蝼蚁卜邻，乌鸢食祭。黄河两曲，长安几千。生入旧关，望绝班超之请；力封遗奏，痛深来歃之辞。

这首遗表，写得情意恳恻，文辞雅切，充分展示出商隐善于写情抒哀的特长。崔戎上任月余即猝然去世，不仅是他自己的憾事，也是商隐的莫大遗憾。对于这样一位亲戚兼知己的长者之死，商隐深感悲痛，他在《安平公诗》中说：

呜呼大贤苦不寿（按：崔戎卒时年五十五），时世方士无灵砂。五月至止六月病，遽颓泰山惊逝波。明年（按：指大和九年）徒步吊京国，宅破子毁哀如何。西风冲户卷素帐，隙光斜照旧燕窠。古人常叹知己少，况我沦贱艰虞多。如公之德世一二，岂得无泪如黄河。沥胆咒愿天有眼，君子之泽方滂沱。

抒写人生感慨，是李商隐诗的重要内容与基本特征。而"沦贱艰虞多"的身世境遇，正是形成这种特征的主要原因。商隐重情的性格、气质，也与"沦贱艰虞多"密切相关。对于一切善待过自己、有知遇之恩的人，商隐总是怀着一种深深的感激眷恋之情。从《安平公诗》和《代安平公遗表》中，可以强烈感受到作者感情的全力投注。商隐作品中的悲音和感伤情调，从此以后就显著加浓了。

在兖州不到四十天的时间里，商隐写了一系列表状牒文，连同他在崔戎奉诏后及赴兖途中代拟的表状，计有《为安平公谢除兖海观察使表》《为安平公兖州奏杜胜等四人充判官状》《为安平公赴兖海在道进贺端午马状》《为安平公兖州谢上表》《为安平公兖州祭城隍神文》《为大夫博陵公兖海署卢郜巡官牒》《为安平公谢端午赐物状》《代安平公遗表》，共八篇。很可能还有遗佚（按惯例，方镇上任后还须致状、启给朝廷大臣及与自己有交往的重要内外官吏，商隐在桂幕就代拟过一大批这类书启），从中可以看出唐代方镇幕府中掌表奏的幕僚工作之繁冗。像这次赴兖途中，因为端午节要给皇帝送马，故在路上就要拟表，并提前送出，以便在节前送到；五月五日到任后，朝廷的端午节礼物不久也送到，又要草表奏上。经过华、兖两府的实际锻炼，商隐担任幕府的文字工作，已经掌握了它的基本要领。像这八篇文章中，《为安平公谢除兖海观察使表》和《为安平公兖州谢上表》都是向皇帝表达谢恩的表章，性质相同，极易重复，但商隐写来却各有侧重，前表多结合崔戎自身际遇，后表则侧重到任后打算。《代安平公遗表》尤其写得情文并茂。看来，商隐在《樊南甲集序》中自述"后联为郓相国、华太守所怜，居门下时，敕定奏记，始通今体"是符合实际的。就商隐来说，通过锻炼，他不仅掌握了章奏的技巧和谋生的技能，而且为日后的进一步发展准备了条件。正盼着能像他的恩师令狐楚一样，由幕僚而中禁词臣而官居宰相，殊不料等待着他的却是长期沉沦不遇的命运。这一点，当时的商隐还没有多少思想准备。

第五章 "天荒地变"与感时伤春

第一节 往返京郑

崔戎之死，使商隐骤然失去了一位可以倚靠的亲戚与恩知。兖幕既罢，宾客星散，商隐和兖府同僚赵晳分别回到郑州和洛阳①。萧浣当时仍任郑州刺史，对罢幕归郑的商隐依然恩礼有加。《上郑州萧给事状》是大和八年冬商隐离开郑州到京城去以前上萧浣的一封充满感激之情的信：

> 某簪组末流，丘樊贱品。倏忽三载，遄回一名。岂于此生，望有知己！兖海大夫，时因中外，尝赐知怜。给事又曲赐褒称，便垂延纳。朱门才入，欢席几陪。辱倒屣于蔡伯喈，合先王粲；枉开樽于孔文举，宜在祢衡。岂伊庸虚，便此叨幸？今者方牵行役，遽又违离。蹑履食鱼，兼预原、尝之客；御车登榻，俱参陈、李之门。生死之寄皆深，去住之诚并切。伏惟特赐亮察。

"倏忽三载，遄回一名"，指大和五、六、七三年参加进士试，均遭黜落（大和八年因病未应试）。这进一步证实了上一章关于商隐参加进士试始于大和五年以及连续三年应试均为贾𫗧所黜的论断。状中将自己比作受到厚待的王粲、祢衡、徐稚，将萧浣比作重视贤才的蔡邕、孔融、陈蕃，对萧浣的知遇深表感激。"生死之寄皆深"，分指自己对萧浣、崔戎的感情寄托。萧浣在政治上党附李宗闵、杨虞卿，并无可道，但商隐出于"沦贱艰虞"者对恩知的感激，对萧浣怀有很深的感情，以致以后萧浣遭贬客死时，一再写诗伤惋哀

---

① 《为安平公兖州奏杜胜等四人充判官状》说赵晳是"洛下名生"，虽可能用贾谊典，但也说明赵晳是洛阳人。参下文引商隐《赠赵协律晳》诗。

悼。状末所称"今者方牵行役",当指赴京准备参加大和九年春的礼部进士试。根据唐代考试制度,各地州郡所贡举子,在秋冬之交(最迟在十月)陆续集中于京城长安。商隐这次可能是以郑州乡贡进士的身份赴京参加进士试。

商隐从郑州出发,约在大和八年十月,途经洛阳。适逢兖海同幕赵晳应宣歙观察使王质之辟,东赴宣州。商隐作《赠赵协律晳》送别:

> 俱识孙公与谢公,二年歌哭处皆同。
> 已叨邹马声华末,更共刘卢族望通。
> 南省恩深宾馆在,东山事往妓楼空。
> 不堪岁暮相逢地,我欲西征君又东。

据《旧唐书·文宗纪》,大和八年九月"辛酉,以权知河南尹王质为宣歙观察使"。《旧唐书·王质传》:"在宣城,辟崔珣、刘蕡、裴夷直、赵晳为从事,皆一代名流。"《新唐书·王质传》及《册府元龟》卷七二九《幕府部·辟署四》略同。王质由权知河南尹调任宣歙观察使是因为前任宣歙观察使陆亘于九月乙亥卒于任,故其辟署赵晳并携赵赴宣州任的时间不会太晚,约当十月,诗曰"岁暮",盖泛言冬令而已。诗的第四句"更共刘卢族望通"下有商隐自注:"愚与赵俱出今吏部相公(按:指令狐楚,时任吏部尚书)门下,又同为故尚书安平公(按:指崔戎,时已卒,赠尚书,故云)所知,复皆是安平公表侄。"可见,商隐与赵晳不仅曾同在兖幕,且有戚谊。令狐楚与崔戎,是商隐早岁受知最深者。但令狐内征,太原幕散;崔戎镇兖,月余而殁。昔日同出门下,同处幕府,同受知遇而又有戚谊者,今为生计功名所驱,劳燕西东。赠行之际,悲凉之慨油然而生,此正所谓"不堪岁暮相逢地,我欲西征君又东"也。西征,指自己西赴长安;东,指赵晳东赴宣城。从诗中可以看出,崔戎之死对商隐的心理影响相当沉重而且深刻。诗写得笔致流走且情深一往。

这一年,卢弘止由兵部郎中出宰昭应县(据张采田《会笺》卷一大和八年谱)。商隐后来在《偶成转韵七十二句赠四同舍》中说:"忆昔公为会昌宰(按:即昭应县令),我时入谒虚怀待。众中赏我赋《高唐》,回看屈宋由年辈。"可证本年或稍后商隐曾经拜谒昭应令卢弘止,并受到卢的虚怀延接与赞誉。从"众中赏我赋《高唐》"之句看,商隐这时可能已经写出了一些以爱情为题材的诗乃至《无题》诗(此前已作《无题》"八岁偷照镜"篇)。

商隐到长安后，即准备参加明年正月的进士试。大约在本年十二月左右，萧浣由郑州刺史入为刑部侍郎①，商隐可能去拜望过他。令狐楚仍在吏部尚书任上，楚家当然更是商隐常往的地方。

大和九年正月，商隐第四次参加礼部进士试。这一年主持考试的是工部侍郎、权知礼部的崔郸。考试的结果，商隐又一次落第。在长安时，商隐曾访崔戎在京的旧宅，写下《安平公诗》《过故崔兖海宅与崔明秀才话旧因寄旧僚杜李赵三掾》。前诗详叙受崔戎知遇始末，是研究商隐早期生活与思想性格的重要资料。诗中叙述自己与崔戎的关系，完全略去戚谊而只叙崔的知遇。开篇就标明"丈人博陵王名家，怜我总角称才华"，突出崔戎以高门贵胄而赏识寒素。接着又历叙殷勤留语、习业南山、载酒往访、随戎至兖等情节，以突出崔戎之赏爱非常、厚遇恩深。诗人心目中的崔戎，主要不是照拂寒微戚属的显贵，而是怜才赏才的知己。"古人常叹知己少，况我沦贱艰虞多"二句，正是一篇眼目。《过故崔兖海宅》云：

绛帐恩如昨，乌衣事莫寻。
诸生空会葬，旧掾已华簪。
共入留宾驿，俱分市骏金。
莫凭无鬼论，终负托孤心。

此诗在"话旧"中似深有慨于人情之浇薄。首句点出"恩"字，笼罩全篇。三四"诸生""旧掾"分提，"空""已"对照，意味颇深，大有"亲戚或余悲，他人亦已歌"之慨。五六以自己与三掾合提，以"共入""俱分"示彼此均深受旧府恩知，逼出末联。味诗意，似是旧掾（未必是杜、赵、李三掾）中有薄于情义者，故借"话旧"以抒慨。"莫凭"二句，直是对负恩忘旧者的诛心之笔。刘克庄《后村诗话》卷一说："古人感知己之遇……李义山过旧府，有寄诸掾诗，云：'莫凭无鬼论，终负托孤心。'犹有门生故吏之情，可以矫薄俗。"即使作深情追怀、相互告诫语读，也显得感情恳挚深厚。故纪昀说："立意既正，风骨亦遒。"（《玉谿生诗说》）从以上二诗可见商隐是很重故旧恩知的人。

大和九年春夏间，商隐可能仍滞留长安。这年秋天，他自京返郑，有

---

① 冯浩《玉谿生年谱》据《旧唐书·文宗纪》大和八年十二月己丑"常州刺史杨虞卿为工部侍郎"推断"萧浣入为刑部侍郎……当与虞卿同被命。"

《东还》诗：

> 自有仙才自不知，十年长梦采华芝。
>
> 秋风动地黄云暮，归去嵩阳寻旧师。

冯浩笺引田兰芳曰："此不得志于科举之作。"甚是。但冯浩、张采田却都把"十年长梦采华芝"解释成义山应举，至是将十年，这是不符合实际的。以求仙采芝喻科场求仕，商隐诗中虽有其例，但前已考明，商隐初次应进士试，在大和五年。自大和五年至作这首诗的大和九年（不可能更晚，因为开成元年未应举，二年已登第），首尾只有五年，无论如何不能说成"十年"。实际上这里的"采华芝"紧承首句"仙才"，实指学道求仙之事①，"十年长梦采华芝"，是指自己离开学道求仙生活、踏入社会以来的十来年中，常怀想隐居学仙的生活。商隐大和三年初谒令狐楚于东都，旋入天平幕，实为求仕活动的开始。自大和三年至九年，首尾七年，其间四历戎幕（先后从令狐楚天平幕、太原幕，从崔戎华州幕、兖海幕），四次应举，汲汲功名，而迄无所成，往日所历求仙学道生活，惟于梦中追寻。今日思之，适自误己之"仙才"耳。故三四句说，值此秋风动地黄云漫天之秋，不如归旧山而访旧师。商隐学仙之地在玉阳山，此言"归去嵩阳"，当是泛指。从诗中可以看出商隐对自己这些年来求仕活动的深深失望情绪，一股萧瑟暗淡的秋意弥漫于字里行间。

秋天回到郑州。这时朝廷政局在李训、郑注的把持下，已经发生了剧烈的震荡和变化。李、郑恶李宗闵党，九年六月，贬李宗闵为明州刺史。七月，贬京兆尹杨虞卿为虔州司马、刑部侍郎萧浣为遂州刺史，再贬李宗闵为虔州长史。八月，再贬李宗闵为潮州司户、杨虞卿为虔州司户、萧浣为遂州司马。在此之前，九年四月，李德裕已贬为太子宾客分司，再贬袁州长史。"时注与李训所恶朝士，皆指目为二李（按：指德裕、宗闵）之党，贬逐无虚日，班列殆空"（《通鉴·大和九年八月》），整个政局笼罩着浓重的阴霾气氛。一天，商隐登上萧浣任郑州刺史期间所建造的夕阳楼②，遥望在夕阳

---

① 汉张衡《思玄赋》："留瀛洲而采芝兮，聊且以乎长生。"唐陈子昂《感遇诗》之十："已矣行采芝，万世同一时。"采芝均指学道求仙。

② 《夕阳楼》题下自注："在荥阳。是所知今遂宁萧侍郎牧荥阳日作者。"遂宁，即遂州，知诗作于萧浣被贬遂州之后。

余辉映照下孑然南征的孤雁，触绪兴感，写下情致凄惋的七绝《夕阳楼》：

> 花明柳暗绕天愁，上尽重城更上楼。
> 欲问孤鸿向何处，不知身世自悠悠。

冯浩编大和九年，张采田改系开成元年。按萧浣之远贬，乃因李、郑之恶李宗闵党。如诗作于开成元年，其时李、郑已在甘露之变中被宦官所杀，萧、杨之平反指日可待，当不至有诗中所渲染的浓重凄黯气氛。且诗中"孤鸿"系象喻萧浣，"孤鸿向何处"，正指萧浣远贬遂州之时（遂州在今四川遂宁市，在郑州西南方向，与孤鸿南征的方向正合），而非已贬居遂州有相当时日的景象。鸿雁南飞正是深秋季节，不必泥"花明柳暗"而认为作于春暮（秋天也有花）。诗虽伤萧浣的远贬，慨自己的孤孑，但其中自有时代的投影，折射出当时政局的昏暗凄凉和它所给予诗人的心理重压。三四两句，在"欲问""不知"的转换间，写出方且同情孤鸿之远去，忽悟自己的身世境遇也正如孤鸿之悠悠然无着落。运思婉曲，言情凄惋。诗人的绕天愁绪和身世悠悠之慨，与整个时代氛围息息相关。就在写这首诗后不久，京城长安发生了一场大变故、大动乱，商隐的思想感情与诗歌创作也进入了一个新的阶段。

第二节　大和政局与甘露之变

发生在大和九年十一月的甘露之变，是唐后期以来统治阶级内部各种矛盾发展演变的结果，也是唐王朝衰亡趋势的明显标志。

唐宪宗元和十四年，在平定淄青叛镇李师道之后，虽然实现了安史之乱以来六十余年未曾有过的全国统一局面，但由于这个局面建立在并不稳固的经济、政治基础之上，因此很难持久。经济上依靠两税法的实行与漕运的成功，虽然支持了元和年间多次平定方镇割据叛乱的战争，但是，平定吴元济、李师道的战争，旷日持久，财政消耗巨大，两税法施行过程产生的弊端也越来越严重。为了支持战争，宪宗还任用了一些专事搜刮聚敛的官吏如皇甫镈、李𫟷来理财或担任方镇（见两《唐书·皇甫镈传》《李𫟷传》），加重了百姓的负担。宪宗宠信宦官，自元和九年召回吐突承璀以来，特别是到元和末年，宦官势力日益膨胀。朝臣中，朋党之争已露端倪。他统治的最后几年，日益骄奢，下诏求方士，合长生药，迎佛指骨。最后被宦官中以梁守谦、王守澄为首的一派杀死，开了唐后期宦官废立甚至杀害皇帝的先例。宪宗死后，穆宗即位。长庆元年，因科场所取不公，引发官僚集团的内部斗争，"自是德裕、宗闵各分朋党，更相倾轧，垂四十年"（《通鉴》卷二四一）①。河朔三镇复叛，朝廷虽遣诸将进讨，因财竭力尽，竟无成功，"由是再失河朔，迄于唐亡，不能复取"（同上卷二四二）。敬宗少年登位，奢淫更甚，耽于游宴，大兴土木，赏赐宦官不可悉纪。"时李逢吉用事，所亲厚者张又新、李仲言、李续之、李虞、刘栖楚、姜洽及拾遗张权舆、程昔范，又有从而附丽之者。时人恶逢吉者，目之为八关十六子"（同上卷二四三）。宝历二年十二月，敬宗夜猎还宫，为宦官所杀。宦官王守澄迎江王李涵（后改名昂）入宫，即皇帝位，是为文宗。

文宗初立，颇有志于挽回穆、敬二朝江河日下的局势。史称"上自为诸王，深知两朝之弊。及即位，励精求治，去奢从俭……中外翕然相贺，以为太平可冀"（同上卷二四三）。的确，文宗的求治之意、勤政之行和俭约之德，在唐代后期君主中是比较突出的，但实际施政的结果却与他的主观愿望相反。这从文宗主观方面找原因，主要是他虽有求治之心，却无致治之术之才，既暗于知人，又缺乏决断。从当时情况看，河朔三镇重新恢复割据已成定局，其他地区方镇（除大和初年沧景地区的横海镇外）暂时没有明显的割据叛乱行动，朝廷与强藩的矛盾处于维持既成局面的态势下。回鹘、吐蕃已趋衰弱，边境上没有大的侵扰。因而当时最突出的矛盾有两个：一是宦官专权，宦官与朝官（即所谓北司与南司）的矛盾斗争趋于表面化；二是朝官中的牛李党争进一步尖锐化。文宗在这两个问题的处理上，都充分暴露出他的暗于知人和缺乏决断。

唐代中晚期的朝臣党争，大体上可以分为两个阶段。第一个阶段，在宪宗、穆宗、敬宗三朝。主要是裴度与李逢吉之间的斗争，斗争围绕对割据叛乱的方镇（特别是元和年间对淮西方镇）用兵的问题展开。第二个阶段，是在文宗、武宗、宣宗三朝，主要是李德裕与李宗闵、牛僧孺之间的斗

① 傅璇琮《李德裕年谱》认为此次科场案李德裕实未卷入，对这次知贡举攻击最力者为元稹、李绅，见该书第137—142页。但引起官僚集团内部斗争是事实，对后来的牛李党争也有影响。

争①。在对待方镇割据叛乱、外族侵扰、宦官专权、佛教僧侣势力、裁汰冗吏、用人路线等一系列问题上，两党都有分歧与矛盾。关于牛李党争的性质以及李商隐与牛李党争的关系，将在下编另辟专章论述，此处不赘。在文宗大和的九年间，除初期曾任裴度、韦处厚为相，革除了前朝一些弊政，大和七年二月到八年十月，李德裕担任过一年零八个月宰相以外，基本上都是牛党当权；大和三年八月到七年六月，李宗闵为相；四年正月到六年十二月，牛僧孺为相；八年十月到九年六月，李宗闵又为相。此外，就是王播、王涯、贾悚、李固言一类以承迎为事、贪鄙无能之辈为相。故大和年间从总体上看还是牛党和其他贪鄙无能者掌握中枢大权。范文澜说："李宗闵党依附宦官，两个朋党相争，其中也包含有一部分朝官反对宦官的意义。唐文宗不知保持用来比较有利的李德裕朋党，却想为了去掉朋党，因而加强李宗闵朋党，使自己完全陷入王守澄（宦官）党的包围中。"（《中国通史简编》第三编第一册第176页）这个分析是比较客观的。总之，在大和年间命相的问题上，充分暴露出文宗暗于知人的弱点。而他不能决断的缺点，又使他即使在任用裴度、韦处厚、李德裕时，也难以充分发挥其作用。《旧唐书·韦处厚传》："文宗勤于听政，然浮于决断。宰相奏事得请，往往中变。"《通鉴·大和元年》亦云："上虽虚怀听纳而不能坚决，与宰相议事已定，寻复中变。"《旧唐书·李德裕传》载："大和三年八月，召为兵部侍郎。裴度荐以为相。而吏部侍郎李宗闵有中人之助，是月拜平章事。惧德裕大用，九月，检校礼（吏）部尚书，出为郑滑节度使。德裕为逢吉所摈，在浙西八年，虽远阙庭，每上章言事。文宗素知忠荩，采朝论征之。到未旬时，又为宗闵所逐。"大和七年二月，李德裕任宰相，但不到两年又被郑注、李训与王守澄合谋排挤出朝廷。胡寅《读史管见》："文宗虽天资清俭，奉身寡过，而暗于识别，所任宰相，多小人而少君子。"连对李德裕颇有微词的司马光也说："文宗苟患群臣之朋党，何不察其所毁誉为实为诬，所进退者为贤为不肖，其心为公为私，其人为君子为小人。"（《通鉴·大和八年》）李德裕的屡被排斥，正说明文宗之暗昧，其浮于决断实与暗昧密切相关。

在谋诛宦官的问题上，更充分暴露了文宗暗于知人和缺乏决断、用人而疑的弱点。大和二年，士人刘蕡在应贤良方正、能直言极谏科考试的对策

---

① 宣宗大中年间，主要是牛党新贵白敏中、令狐绹与李德裕之间的矛盾斗争，详后有关章节。

中切论宦官专横，将危社稷，指出当时的情况是"以亵近五六人，总天下之大政，外专陛下之命，内窃陛下之权，威慑朝廷，势倾海内。群臣莫敢指其状，天子不得制其心，祸稔萧墙，奸生帷幄"，"今四海困穷，处处流散。饥者不得食，寒者不得衣……加以国权兵柄，专在左右……官乱人贫，盗贼并起，土崩之势，忧在旦夕"，要求"揭国权以归其相，持兵柄以归其将"，剥夺宦官专政、统军的权力①，代表正直的士人和一部分正直的朝官向宦官发起了攻击。刘蕡虽因此而被黜落，但"物论喧然不平之。守道正人，传读其文，至有相对垂泣者；谏官御史，扼腕愤发"（《旧唐书·刘蕡传》）。大和四年，"上患宦者强盛，宪宗、敬宗弑逆之党犹有在左右者。中尉王守澄尤专横，招权纳贿，上不能制。尝密与翰林学士宋申锡言之，申锡请渐除其逼（按：《通鉴》胡注：欲以渐去其威权逼上者）。上以申锡沈厚忠谨，可倚以事，擢为尚书右丞。七月，癸未，以申锡同平章事"。大和五年，"上与申锡谋诛宦官，申锡引吏部侍郎王璠为京兆尹，以密旨喻之。璠泄其谋，郑注、王守澄知之，阴为之备。上弟漳王凑贤，有人望，注令神策都虞候豆卢著诬告申锡谋立漳王。（二月）戊戌，守澄奏之，上以为信然，甚怒……（三月）癸卯，贬漳王凑为巢县公，宋申锡为开州司马……申锡竟卒于贬所"（《通鉴》卷二四四）。这次谋诛宦官行动的失败，宋申锡谋事不密，误信王璠这样的小人固然是原因之一，但主要还是由于文宗用人而疑，既想用宋申锡诛灭宦官，又对他不放心，特别是触动他疑忌漳王这根敏感的神经所致。郑注、王守澄正是抓住他的这一致命弱点，使文宗这次行动非但不成，反替宦官除去了忠于文宗的宋申锡。

这次谋诛宦官失败后，文宗又在准备另一次更大规模的企图彻底清除宦官势力的行动。大和七年十二月，文宗患风疾，不能说话，宦官头子王守澄推荐郑注为文宗治病，病情有所好转，从此逐渐得到文宗的宠任，并进一步与王守澄勾结。郑注又把李训（仲言）推荐给王守澄，守澄又推荐给文宗，以讲《易》得宠于文宗。大和九年，郑注、王璠、李汉诬告李德裕因杜仲阳而结交漳王凑，图谋不轨（李宗闵在背后指使），四月，贬为袁州长史。六月，郑注又利用杨虞卿案②，将李宗闵及其党羽杨虞卿、萧浣、李汉分别贬出。二李之党都被贬出后，文宗乃与李训、郑注合谋，企图用计诛灭宦

---

① 刘蕡对策，见《文苑英华》卷四九三，《全唐文》卷七四六，又见《唐文粹》卷三〇。

② 事详《新唐书·杨虞卿传》及《通鉴·大和九年》。

官。《通鉴》载：

> 初，宋申锡获罪，宦官益横。上外虽包容，内不能堪。李训、郑注既得幸，揣知上意，训因进讲，数以微言动上。上见其才辩，意训可与谋大事。且以训、注皆因王守澄以进，冀宦官不之疑，遂密以诚告之。训、注遂以诛宦官为己任……为上画太平之策，以为当先除宦官，次复河湟，次清河北。开陈方略，如指诸掌，上以为信然，宠任日隆……时注与李训所恶朝士，皆指目为二李之党，贬逐无虚日，班列殆空。

在训、注谋划下，先后杀宦官陈弘志、王守澄。大和九年十一月壬戌冬至，李训令人在早朝时诈称左金吾卫大厅石榴树上夜降甘露，想诱使宦官头子仇士良率众宦官去验看，预埋伏兵加以诛灭。仇士良等至，发觉有伏兵，逃回殿上，劫持文宗入宫。派禁军大肆搜捕杀戮朝官，除预谋的李训、郑注、王璠、罗立言、韩约、郭行馀等先后被杀外，连未曾预谋的宰相贾餗、王涯、舒元舆等也被族灭，造成"流血千门，僵尸万计"[①]的大惨剧，史称"甘露之变"。

这次行动的失败，文宗的暗于知人是重要原因。李训是一个"多大言，自标置""意果而谋浅"（《新唐书·李训传》）的政治投机家，缺乏政治方略和实际才能，郑注更是品性阴狡、反复无常的奸邪小人和政治阴谋家。文宗依靠这样的人来举大事，而把真正有才干、有政治经验、比较正直的朝臣如李德裕贬逐出朝，其失败的结局是必然的。何况宦官势力是植根于中晚唐腐败政治土壤中的毒瘤，不从根本上革新政治，幻想靠一两次突袭式行动就根除宦官之祸，是根本不可能的，实际上是把唐王朝的命运作为他们搞政治投机、政治冒险的赌注。范文澜说，唐文宗"只求杀死宦官，至于如何杀和杀了以后如何似乎都是不值得考虑的事。他看宦官仅仅是若干个阉人，不看见宦官代表着一种社会势力，甚至不看见宦官与神策军的关系，以为用阴谋一杀即可成事。这种愚蠢的想法和行动，决不会让他获得什么好处。果然，他行事失败，成为宦官的俘虏"（《中国通史简编》第三编第一册第176—177页）。甘露之变的直接后果，就是宦官势力愈益暴横，不仅在事变发生的"数日之间，杀生除拜，皆决于两中尉（按：神策左右两军头目，均由宦官担任），上不豫知"，"天下事皆决于北司，宰相行文书而已。宦官气益

---

① 昭义节度使刘从谏上表中语，见《通鉴·开成元年》。

盛，迫胁天子，下视宰相，陵暴朝士如草芥"（《通鉴》卷二四五），而且连文宗自己也差一点被废（见《通鉴考异》引皮光业《皮氏见闻录》），在一段时间内完全成了傀儡皇帝，自叹连周赧王、汉献帝都不如。

第三节　感时伤乱和诗歌创作的第一个高潮

　　甘露之变发生时，李商隐不在长安。宋邵博《邵氏闻见后录》云："李义山《樊南四六集》载《为郑州天水公言甘露事表》云：'宰臣王涯等，或久服显荣，或超蒙委任，徒思改作，未可与权。敷奏之时，已彰虚伪；伏藏之际，又涉震惊'云云。当北司愤怒不平，至诬杀宰相，势犹未已，文宗但为涯等流涕，而不敢辩。义山之表，谓'徒思改作，未可与权'，独明其无反状，亦难矣。"郑州天水公，冯浩、张采田等均缺考。按《旧唐书·文宗纪》：大和九年八月"甲午，贬中书舍人权璩为郑州刺史"。《新唐书·权德舆传》附子璩传："宰相李宗闵乃父（按：指德舆）门生，故荐为中书舍人。时李训挟宠，以《周易》博士在翰林。璩与舍人高元裕，给事中郑肃、韩佽等连章劾训倾覆阴巧，且乱国，不宜出入禁中，不听。及宗闵贬，璩屡表辨解，贬阆州刺史。文宗怜其母病，徙郑州。"《新唐书·宰相世系表五下》："权氏出自子姓。商武丁之裔孙封于权，其地南郡当阳县权城是也。楚武王灭权，迁于那处，其孙因以为氏。秦灭楚，迁大姓于陇西，因居天水。"故知商隐《为郑州天水公言甘露事表》系为郑州刺史权璩代拟的表章。此表已佚，但从残存的这几行佚文中可以看出，他认为被仇士良诬为"谋反"的王涯等人（当包括李训等）不但不是"罪不容诛"的"叛臣"，而且是"思改作"之臣，只是谋诛宦官的手段太拙劣，既骗不了宦官，又惊吓了皇帝而已，因此邵博称赞商隐"独明其无反状，亦难矣"。其实，当时朝臣、方镇外臣和一般文士都明白这次行动是文宗授意并同意李训、郑注的具体策划的，内心并不认为训、注乃至王涯等人是反叛，但要公开说出，并形之于表奏，却需要很大的勇气。

　　从这篇表可以推知，大和九年十一月冬至日发生甘露之变时及稍后一段时间内，商隐居于郑州家中，否则不可能有此代作。这场震惊朝野的大变乱给商隐的思想感情以巨大震撼。事变发生后，他接连写下了直接反映这一"天荒地变"式变故的政治诗《有感二首》《重有感》《曲江》《故番禺侯以赃罪致不辜事觉母者他日过其门》等。实际上，这场政治大地震在他心灵中产生的强大冲击波直到他两年以后所作的长篇政治诗《行次西郊作一百韵》中仍然有强烈的反应。在这一系列反映甘露之变的政治诗中，《有感二首》是对事变的沉痛反思。题下自注："乙卯年（按：即大和九年）有感，丙辰年（按：即开成元年）诗成。"可见从"有感"到"诗成"经历了相当长的酝酿过程，诗云：

> 九服归元化，三灵叶睿图。如何本初辈，自取屈氂诛？有甚当车泣，因劳下殿趋。何成奏云物，直是灭崔符。证逮符书密，辞连性命俱。竟缘尊汉相，不早辨胡雏。鬼箓分朝部，军烽照上都。敢云堪恸哭，未必怨洪炉。
>
> 丹陛犹敷奏，彤庭欻战争。临危对卢植，自注：是晚独召故相彭阳公入。始悔用庞萌。御仗收前队，兵徒剧背城。苍黄五色棒，掩遏一阳生。古有清君侧，今非乏老成。素心虽未易，此举太无名。谁瞑衔冤目，宁吞欲绝声。近闻开寿宴，不废用《咸英》。

诗中所感，主要针对两个方面而发：一是责李训的志大谋浅，贻误国事；二是咎文宗暗于知人，使李训、郑注这样的妄人、奸人用事，以致造成流血大惨剧，使唐室复兴的希望成为泡影。而责李训、恶郑注实际上也就是责文宗，只不过两首诗各有侧重而已。首章以斥李训为主，责其不能凭借良好的条件以成大事。目标甚高，手段拙劣，效果极坏，结局极惨。不但自取其祸，而且贻害国家。次章以讽文宗之暗弱为主，叹其临危始悔误用李、郑，责其举大事而不知任用老成，听信李训作"无名"之举。事前既暗于知人，事后更只能忍悲吞声，可悲亦复可愤。诗人认为，诛灭宦官是"清君侧"恶人的正义之举，但文宗将国家命运托付给李训、郑注这种妄人、奸人，却十分错误。这是对甘露之变这一付出了惨重流血代价的政治事变进行深刻反思后得出的结论。就追究主谋者文宗的政治责任这方面看，商隐的见解是正确的，代表了当时一批有政治头脑和责任感的士大夫的观点。在"临危对卢植"句下作者自注："是晚独召故相彭阳公入"[1]，透露出在商隐心目中，

---

[1]《旧唐书·令狐楚传》："训乱之夜，文宗召左仆射郑覃与楚宿于禁中，商量制敕，上皆欲用为宰相。楚以王涯、贾𫗧冤死，叙其罪状浮泛，故仇士良等不悦，故辅弼之命移于李石。"自注称"故相"，当是楚卒后所追加。

令狐楚就是东汉末与宦官作斗争的卢植式人物，他说的"老成"，当包括令狐楚在内。两首诗中所表现的观点很可能与令狐楚的看法有关。

在《有感二首》之后，又写了《重有感》：

> 玉帐牙旗得上游，安危须共主君忧。
> 窦融表已来关右，陶侃军宜次石头。
> 岂有蛟龙愁失水，更无鹰隼与高秋。
> 昼号夜哭兼幽显，早晚星关雪涕收。

甘露之变发生后，昭义节度使（治所在潞州，辖潞、泽、邢、洺、磁五州）刘从谏因与宦官有矛盾，曾于开成元年二月、三月两次上表，力陈王涯等"荷国荣宠，咸欲保身全族，安肯构逆"，"训等实欲讨除内臣两中尉，自为救死之谋，遂致相杀，诬以反逆，诚恐非辜"，抨击宦官仇士良等"擅领甲兵，恣行剽劫，延及士庶，横被杀伤，流血千门，僵尸万计"，并表示"如奸臣难制，誓以死清君侧"（见《通鉴》），暴扬仇士良等罪恶。仇士良等惕惧而有所收敛。商隐此诗，即因从谏上表事有感而发，诗中对刘从谏上表抨击宦官予以肯定，同时又责以主危臣忧的大义，望其兴兵勤王，解除文宗"蛟龙愁失水"之困，对宦官恶势力作鹰隼之搏击。尽管刘从谏"誓以死清君侧"的声言只是一种威吓，在当时情势下，强藩兴兵勤王，其弊可能更大于利，但诗人对国家安危的强烈忧愤和对方镇坐视危局的批评却充分显示出其正义感和政治责任感。

《故番禺侯以赃罪致不辜事觉母者他日过其门》则揭露宦官在事变中趁机劫夺财物、草菅人命、践踏法纪：

> 饮鸩非君命，兹身亦厚亡。
> 江陵从种橘，交广合投香。
> 不见千金子，空余数仞墙。
> 杀人须显戮，谁举汉三章？

"故番禺侯"指胡证，大和二年卒于岭南节度使任。证善蓄积，聚敛岭表奇货，京城推为富家。李训事败，禁军利其财，称胡证子胡溵藏匿贾𬬭，遂破其家，掠其家财，并斩胡溵。事见两《唐书·胡证传》及《通鉴》。商隐对胡证贪财厚殖，致遭身后之祸，是有所批评指斥的。但对宦官趁乱打劫，诬以不实之罪，则表示强烈义愤。"杀人须显戮，谁举汉三章"，实际上也是对宦官趁乱剽夺民财、滥杀无辜的尖锐揭露。《通鉴·大和九年》在叙禁军杀胡澂之下又载："又入左常侍罗让、詹事浑锣、翰林学士黎埴等家，掠其赀财，扫地无遗。锣，瑊之子也。坊市恶少年因之报私仇，杀人，剽掠百货，互相攻劫，尘埃蔽天。"可以看出当时这种趁乱打劫杀人之事的普遍和局面的混乱程度。

《曲江》则是由甘露之变引起的对唐王朝命运更深沉的思考与感慨：

> 望断平时翠辇过，空闻子夜鬼悲歌。
> 金舆不返倾城色，玉殿犹分下苑波。
> 死忆华亭闻唳鹤，老忧王室泣铜驼。
> 天荒地变心虽折，若比伤春意未多。

诗以事变前君主后妃游赏曲江的盛况反托乱后曲江的荒凉萧森。"子夜鬼悲歌"并非泛泛形容，而是隐寓甘露之变中朝臣惨遭杀戮的情事，即《有感二首》"鬼箓分朝部""谁瞑衔冤目"及《重有感》"昼号夜哭兼幽显"之谓。三四"不返""犹分"对照，其中蕴涵升平不复的深沉感慨，"伤春"之意已寓其中。五句借陆机为宦者所谗害喻指事变中宦官诬杀朝臣，上承"鬼悲歌"，下启"天荒地变"；六句借索靖荆棘铜驼之悲抒写自己忧虑国家前途命运的沉重感情，上承"望断"，下启"伤春"。末联总收，作推进一层之语，谓此"天荒地变"的巨大惨剧本已令人心摧，但事变所显示的国运衰颓、王室铜驼的趋势则更令人忧伤。所谓"伤春"，在这首诗中就是寓指对唐王朝衰颓前景、趋势的深沉忧伤①。这说明，透过不久前发生的这场大变故、大惨剧，诗人已经敏锐地感受到了"王室铜驼"的难以挽回的趋势。甘露之变像是一个显著的标志，显示出了唐王朝的没落衰亡。

这四首诗，有对事变中具体情事的叙写，更有对事变前因后果的议论；有沉痛愤激的反思，也有忧伤深重的前瞻，对这场"天荒地变"式的大惨剧及唐王朝的衰颓趋势作了集中而深刻的反映。这在当时诗坛上，可以说是独一无二的。前辈大诗人如此时尚健在的白居易、刘禹锡，早就退出了政坛的纷争，变得明哲保身。白居易听到甘露之变中王涯等人被祸的消息，写下了

---

① 杜甫广德二年春在蜀中阆州，忧国伤乱，有《伤春五首》，商隐"伤春"之语，可能取义于杜诗之"伤春"。

《九年十一月二十一日感事而作》一诗：

> 祸福茫茫不可期，大都早退似先知。
> 当君白首同归日，是我青山独往时。
> 顾索素琴应不暇，忆牵黄犬定难追。
> 麒麟作脯龙为醢，何似泥中曳尾龟？

又作《咏史》云：

> 秦磨利刀斩李斯，齐烧沸鼎烹郦其。
> 可怜黄绮入商洛，闲卧白云歌紫芝。
> 彼为菹醢机上尽，此作鸾凰天上飞。
> 去者逍遥来者死，乃知祸福非天为。

题下自注："九年十一月作。"白氏二诗所表现的避祸全身思想与商隐这一系列诗中所表现的直面现实的精神和强烈的正义感、忧患感形成鲜明对照。刘禹锡时任同州刺史，也在大和九年十二月二日、十六日为郑注、李训之被斩连上两通贺表，称"重臣协力，禁旅齐心，指顾之间，猖狂自溃""李训、郑注等，敢有逆心，兼连凶党……重臣毕力，禁旅竭忠，氛祲廓清，华夷咸说"，这和李商隐《有感二首》"古有清君侧"的表白也是截然不同的态度[①]。在当时诗坛上，除李商隐外，只有许浑就甘露之变写过一首抒写愤郁之情的《甘露寺感事贻同志》：

> 云蔽长安路更赊，独随渔艇老天涯。
> 青山尽日寻黄绮，沧海经年梦绛纱。
> 雪愤有期心犹壮，报恩无处发先华。
> 东堂旧侣勤书剑，同出膺门是一家。

许浑大和六年登进士第，主考官为贾𫠦。𫠦于甘露之变中被宦官所杀，故许浑作诗悼念抒愤。诗中"绛纱""膺门"均指贾𫠦为己之座主、恩门。由于"雪愤""报恩"都只局限于座主门生的恩谊而不涉及国家的命运前途，诗的思想境界和意义不免显得局狭，远不能与商隐上述诗作相比。《旧唐书·裴

77

---

　　① 刘禹锡这两通贺表，作为密迩长安的同州刺史，自有其不得已之情；但同属州郡长官，商隐为权璩代拟的《言甘露事表》，态度却明显不同。

度传》载："（大和九年）十一月，诛李训、王涯、贾𫗧、舒元舆等四宰相……自是中官用事，衣冠道丧，度……不复以出处为意。东都立第于集贤里，筑山穿池……又于午桥创别墅……视事之隙，与诗人白居易、刘禹锡酣宴终日，高歌放言，以诗酒琴书自乐。当时名士，皆从之游。"这反映出当时老一辈的政治家、文学家和众多士人"国事不可为"的共同心态。胡可先在《中唐政治与文学》一书中将甘露之变作为中晚唐政治与文学的交会点，指出"甘露之变后的晚唐文人，对于变幻莫测的政治风云深感忧虑，中唐时期那种积极用世、改革社会的革新精神，被全身远祸、冷眼旁观的漠然心态所代替"[①]。就总体趋势而言，这一论断是正确的。对照之下，愈显出李商隐甘露之变后这一系列反映事变的诗歌创作之难能可贵。尤为可贵的是，诗人并没有随着甘露之变的过去和朝局的渐趋稳定而冲淡对国事的关注和对唐王朝前途命运的思考，而是在这一时期创作所积蓄的巨大势能的基础上继续前进，陆续创作出一批感怀时事、忧虑国家前途命运的作品，使由此开始的其诗歌创作的第一个高潮一直持续到开成二年末，创作出了全方位地反映唐代二百年来盛衰治乱的一代史诗《行次西郊作一百韵》。对此，将在开成二年的生活与创作及下编《李商隐的政治诗》一章中加以论述。

这个高潮期的诗歌创作，从创作精神、内容到形式、风格，都明显追摹杜诗。从具体作品所达到的艺术水准看，这些学杜之作不但深得杜诗之精神风貌，而且在历代学杜之作中也堪称第一流的作品。其中像《曲江》这种诗作，在学杜的基础上已显示出诗人的艺术个性和"伤春"意绪。但从整体上看，此时商隐的诗歌创作，还没有完全树立起独特的个性风格。关于这一点，将在下编第四章《李商隐创作的分期》中集中讨论。

第四节　和令狐绹等人的交往及有关诗文创作

早在大和三年商隐初谒令狐楚于洛阳，"楚奇其文，使与诸子游"开始，李商隐就和楚子令狐绪、令狐绹等一起读书同游，结下了相当亲密的友谊。令狐绪少患风痹之疾，行动不便，商隐与令狐绹之间的交往自然更密切一些。令狐绹大和四年登进士第，释褐弘文馆校书郎，开成元年，任左拾遗。这年春初，令狐绹招商隐到他家，一起宴送绹的一位亲戚裴某，商隐作

----

① 见该书第 141 页。安徽大学出版社 2000 年出版。

了一首《令狐八拾遗绚见招送裴十四归华州》：

> 二十中郎未足稀，骊驹先自有光辉。
> 兰亭宴罢方回去，雪夜诗成道蕴归。
> 汉苑风烟催客梦，云台洞穴接郊扉。
> 嗟予久抱临邛渴，便欲因君问钓矶。

裴十四当是令狐楚的女婿、令狐绚的妹夫，视"兰亭"二句可知。裴少年才俊，仕宦得意，又为楚之贵婿；商隐则累举未第，失偶未娶，因此在宴饯之际，未免触景生情，艳羡之意，溢于言表。尾联"临邛渴"当兼仕宦、婚姻二端而言。就仕宦一端而言，"临邛渴"即"相如渴"，喻渴求仕进；"问钓矶"，用太公钓渭川典，暗喻登龙成名的门路，李白《梁甫吟》"广张三千六百钓，风期暗与文王亲"，白居易《代书诗一百韵寄微之》"繁张获鸟网，坚守钓鱼砥"自注："谓自冬至夏，频改试期，竟与微之坚待制试也。"均可证"钓"字之意。就婚姻一端而言，"临邛渴"用相如以琴心挑文君之典，喻求偶之渴；"问钓矶"则求偶之道也。商隐诗"相如未是真消渴，犹放沱江过锦城""莫将越客千丝网，网得西施别赠人"，均可类证，"网"犹"钓"也。商隐《祭小侄女寄寄文》说："况吾别娶以来，胤绪未立。"别娶即另娶，指娶王茂元之女，可证王氏为继室。其初娶之时间无考。按商隐弟羲叟与其年相仿，而羲叟之女寄寄开成二年已降生①，则羲叟结婚最晚不会超过开成元年。按兄弟成婚一般兄先弟后的常例，商隐之初娶自当在开成元年以前。从本篇"嗟予久抱临邛渴"之语看，似丧偶已不止一年。尾联盖谓自己久抱求仕与求偶之渴，而欲向裴十四问仕宦、婚姻得意之方。商隐为绚之昵友，裴又绚之姻亲，故出言真率而带戏谑，但在谑语中却透露出诗人此时在仕宦、婚姻两方面的焦渴情绪。大约同时所作的《和友人戏赠二首》及《题二首后重有戏赠任秀才》，所咏题材内容均为任秀才的婚外恋情。前题中的"友人"指令狐绚。盖任某"置姬别室"（徐德泓语，见《李义山诗疏》卷下），绚先有戏赠之作，而商隐和之，后又重有戏赠任秀才之作。前二首犹谑而不虐，戏而不失雅趣，如二首之尾联：

---

① 《祭小侄女寄寄文》作于会昌四年正月，文云："尔生四年，方复本族。既复数月，奄然归无……时吾赴调京下，移家关中……寄瘗尔骨，五年于兹。"寄寄当夭于开成五年，上溯四年，当生于开成二年。

殷勤莫使清香透，牢合金鱼锁桂丛。

猿啼鹤怨终年事，未抵熏炉一夕间。

钱锺书曰："张茂先《情诗》即曰：'居欢惕夜促，在戚怨宵长。'李义山《和友人戏赠》本此而更进一解曰：'猿啼鹤怨终年事，未抵熏炉一夕间。'"一夕欢会，足抵终年的相思怨望，戏语中自含深切的情感体验。但《重有戏赠任秀才》的尾联却近乎恶谑：

遥知小阁还斜照，羡杀乌龙卧锦茵。

不过，从这几首诗中可以看出，这时商隐与令狐绹之间，是可以无话不谈的昵交。这种关系，也以向对方倾泄内心感愤的方式充分体现在本年所作的《别令狐拾遗书》中。这封信一开头就提到他们之间的关系："自昔非有故旧援拔，卒然于稠人中相望，见其表，得所以类君子者，一日相从，百年见肺肝。"是可以终身信任的肝胆相照之交。信中尽情倾泄自己对"近世交道几丧欲尽"的感愤，认为这种交道甚至还不如士大夫标榜为他们所不齿的"市道"："今日赤肝脑相怜，明日众相唾辱，皆自其时之与势耳。时之不在，势之移去，虽百仁义我，百忠信我，我尚不顾矣；岂不顾已，而又唾之。"文中举包办买卖婚姻为例，说明即使是父母子女这样的亲情，尚且"论财货、恣求取为事"，而不顾子女的幸福，愤慨地说："彼父子男女，天性岂有大于此者耶？今尚如此，况他舍外人，燕生越养，而相望相救，抵死不相贩卖哉！绅而绎之，真令人不爱此世而欲狂走远飏耳。"人与人之间这种完全以一己私利为转移，互相倾轧争夺，甚至出卖对方的关系，是衰世末世社会矛盾尖锐化和道德观念沦丧的必然结果。从父亲去世到累试不第这十多年时间里，商隐一方面受到令狐楚、崔戎等人的恩顾厚待，另一方面，也深切体验了人情冷暖、世态炎凉和士人中间种种谗言中伤、嫉妒贬损一类的事。《奠相国令狐公文》中说："人誉公怜，人谮公骂。"《漫成三首》之二说："沈约怜何逊，延年毁谢庄。清新俱有得，名誉底相伤？"说明在受到恩遇的同时也受到了周围一些人的恶意诋毁和谮害。除了亲身体验到的这种人与人之间关系以外，还有这些年来他所看到听到的政坛上一些奸佞之徒翻云覆雨的手段。如前面提到的文宗与宰相宋申锡谋诛宦官，申锡引王璠为京兆尹，王璠泄其谋，反使申锡受诬害，就是士大夫为私利而出卖恩知的典型事例。以致甘露之变时王璠被捕之际还受到王涯的讥嘲："五弟昔为京兆尹，不漏言于王守澄，岂有今日邪！"（事见《通鉴·大和九年》）如果不是在实际生活中对士大夫的"交道"有深切体验，积郁了一肚子怨愤牢骚，是不会说出"真令人不爱此世而欲狂走远飏"这样沉痛愤激的话来的。商隐写这封信时，自然是将令狐绹视为可以交心的真朋友，认为他们之间是"一日相从，百年见肺肝"的知己，他们的友谊可以经受末俗的考验。这封信一开头说："尔来足下仕益达，仆困不动，固不能有常合而有常离。"本指自己与令狐绹之间因地位贵贱不同而会少离多，却在引申比喻的意义上无意间预示了他们的"不能有常合而有常离"，这是商隐始料未及的。

从上面所引述的与令狐绹酬赠的诗文以及上节所论述的《有感二首》《重有感》《故番禺侯以赃罪致不辜事觉母者他日过其门》《曲江》诸诗来看，开成元年春天，商隐已从郑州回到长安，《曲江》尤为明证。

这里还要提到商隐与令狐绪的交往。绪字子初①。《旧唐书·令狐楚传》云："（子）绪以荫授官，历随、寿、汝三州刺史。"绪在令狐楚任东都留守时，即已患风痹之疾（《上令狐相公状七》："某顷在东都，久陪文会，尝叹美疹，滞此全材"）。开成元年四月，令狐楚由左仆射出为兴元尹、山南西道节度使时，绪随楚到兴元，"自到彼州，顿瘁旧疾"（同上状），可证开成元年四月之前绪当在长安。商隐《子初全溪作》很可能是开成元年春与令狐绪同游全溪所作：

> 全溪不可到，况复尽余醅。
>
> 汉苑生春水，昆池换劫灰。
>
> 战蒲知雁唼，皱月觉鱼来。
>
> 清兴恭闻命，言诗未敢回。

从"汉苑""昆池"看，全溪应是长安南郊地名，令狐绪在那里筑有别墅。此诗"昆池换劫灰"句，似暗寓头一年冬天发生的大劫难甘露之变。"战蒲"一联，清贺裳《载酒园诗话》举以为"义山之诗，妙于纤细"之例。但就诗而论，写得拙鄙呆滞，实非佳作。商隐另有《子初郊墅》七律，倒写得自然

---

① 据王达津《李商隐诗杂考·〈子初全溪作〉〈子初郊墅〉》："令狐绹字子直。绹训绳，直如绳，所以字子直……《说文》：'绪，端绪也。'引申就是'初'的意思……可以推知令狐绪字子初。"

流易，闲静萧散，富有意趣：

> 看山对酒君思我，听鼓离城我访君。
> 腊雪已添墙下水，斋钟不散槛前云。
> 阴移竹柏浓还淡，歌杂渔樵断更闻。
> 亦拟村南买烟舍，子孙相约事耕耘。

此郊墅当即令狐绪在全溪的别业。据郁贤皓《唐刺史考全编》，绪任随州刺
史在大中元年，任寿州刺史在大中十年，任汝州刺史在大中十一年。又据商
隐《为令狐博士绪补阙绚谢宣祭表》，知开成二年令狐楚卒时绪任国子博士。
而商隐现存诗文中，令狐楚卒后，似无与绪继续交往的迹象。因此这首《子
初郊墅》和《子初全溪作》一样，都可能是开成元年春令狐绪任国子博士期
间所作，末联"子孙相约"云云，不过泛言其地风物之佳胜、两人交往之亲
密，如白居易《欲与元八卜邻先有是赠》"子孙长作隔墙人"之谓，不必泥
商隐其时是否已有子女。

开成元年夏天，宗室李肱赠给商隐一幅古松图，商隐得画后，写了一
首《李肱所遗画松诗书两纸得四十韵》。李肱开成二年与商隐同登进士第，
是当年的状头，开成元年和商隐同在京城长安准备明年春的进士试，有交
往。这首诗的前半就李肱所遗画松落笔，从开图披览古松入手，逐层刻画形
容古松的树干、枝叶，继又状画松之辉容，并与兰竹桂桑等对衬，以见其端
正坚挺的品性：

> 孤根邈无倚，直立撑鸿濛。
> 端如君子身，挺若壮士胸。
> 樛枝势夭娇，忽欲蟠拏空。
> 又如惊螭走，默与奔云逢。
> 孙枝擢细叶，旖旎狐裘茸。
> 邹颠蓐发软，丽姬眉黛浓。
> 视久眩目睛，倏忽变辉容。
> 竦削正稠直，婀娜旋卑弇。
> 又如洞房冷，翠被张穹窿。
> 亦若暨罗女，平旦妆颜容。
> 细疑裹气母，猛若争神功。

燕雀固寂寂，雾露常冲冲。

层层描摹刻画，反复设喻形容，颇似韩诗之铺张奇横。虽时有寄兴，而语未浑融，生硬庞杂处时或有之。后幅借画寄意，"我闻照妖镜，及与神剑锋。寓身会有地，不为凡物蒙"四句，为全篇点睛，由画的命运引出神物会当托身有所之意。末又宕开，由画松而真松，忆及往昔学仙玉阳生活而生功成身退、摆脱世网之想。纪昀谓"入后更层层唱叹，兴寄横生，伸缩起伏之妙，直与老杜'国初以来画鞍马'一章（按：指《韦讽录事宅观曹将军画马图歌》）意境相似也"（《玉谿生诗说》），然散漫芜杂处亦时有之。此诗兼学韩、杜，但融而未化，可见其早期长篇五古面貌之一种。

开成元年十二月，杨汝士出为剑南东川节度使，商隐的一位年龄与他相差不大的从翁（叔祖）李某应辟入东川幕，商隐有长篇排律《送从翁从东川弘农尚书幕》。商隐与从翁始则偕隐山林、求仙学道，继则又皆辞故里，蓬转求仕，经历志趣均有相同点，故虽有辈分之殊，实同朋友之谊。诗中写学道求仙生活，写求仕过程中对颓波薄俗的感受，以及对东川幕府生活的想象与勉力为国效劳的深情属望，都贯注着诗人对生活的热情。此诗学杜甫长篇排律，深得其神情气骨。纪昀评曰："沈雄飞动，气骨不凡，此亦得杜之藩篱者。中晚清浅纤秾之作，举不足以当之。"又曰："末一段以勉为送，立意正大，词气自然深厚雄健，居然老杜合作。"（《玉谿生诗说》）录后幅两段以见一斑：

瘴雨泷间急，离魂峡外销。

非关无烛夜，其奈落花朝。

几处闻鸣珮，何筵不翠翘。

蛮僮骑象舞，江市卖鲛绡。

南诏知非敌，西山亦屡骄。

勿贪佳丽地，不为圣明朝。

少减东城饮，时看北斗杓。

莫因乖别久，遂逐岁寒凋。

《李肱所遗画松诗书两纸得四十韵》和这首诗都提到玉阳学仙之事，二诗互证，可考其学仙玉阳在辞家求仕之前，已详前章"学仙玉阳"一节所考。从这两首诗看，商隐学杜，排律的成绩显然优于五古，这正显示出商隐的艺术趋向和才性。

第五节　没有结果的爱情

大约就在商隐初娶丧偶以后，开成二年登进士第之前，青年诗人经历了两次刻骨铭心却又没有结果的爱情。他把这两段感情经历熔铸成哀感顽艳的《燕台诗四首》和朴拙生涩的《柳枝五首并序》。关于这两组诗，在下编《李商隐的爱情诗》一章中将具体加以论述，这里仅从商隐生平经历的角度对爱情本事作一些考述。

《燕台诗四首》的本事和具体的写作时间，难以确考。有的学者认为这四首诗只是写一种长怀憾恨的心灵境界，不必指实。但这组诗有好几处提到与这场悲剧性的爱情有关的地点与情事，如"双珰丁丁联尺素，内记湘川相识处""当时欢向掌中销，桃叶桃根双姊妹""蜀魂寂寞有伴未，几夜瘴花开木棉"等等。一定要说这些诗句都不反映具体的生活情事，是和读者的实际感受不相符的。作为对诗歌的艺术欣赏，自不妨更多地着眼它所表现的情感和心灵境界，但不必认为这组诗不包含具体的情事，纯粹是写主观的幻想。不能确考、详考，自不必硬求其确、其详，但根据诗中已经写到的情事片断作一些大致的推断，还是必要和可能的。约而言之，有以下数端：

其一，男女双方曾在湘川一带相识，其后男方曾以尺素双珰寄赠女方。

其二，写诗时女方现居之地，可能在岭南，视诗中"几夜瘴花开木棉""楚管蛮弦愁一概"等句可知。至于《夏》诗中提到的"石城景物类黄泉"，无论是指《石城乐》中的石城，或是指金陵，当是男方在《夏》诗中所在之地。

其三，此女子有姊妹二人（所谓"桃叶桃根双姊妹"），男方所恋者为其中一人。

84

其四，此女子的身份可能是歌舞伎人。这从"玉树未怜亡国人""歌唇一世衔雨看""空城罢舞腰支在"等句可以推知。

商隐《河阳诗》《春雨》《夜思》诸诗所写情事，与《燕台诗四首》颇可相互参证。《河阳诗》有"南浦老鱼腥古涎，真珠密字芙蓉篇。湘中寄到梦不到，衰容自去抛凉天"等句，《春雨》有"远路应悲春晼晚，残宵犹得梦依稀。玉珰缄札何由达，万里云罗一雁飞"等句，《夜思》有"寄恨一尺素，含情双玉珰"等句，与《燕台诗四首·秋》之"双珰丁丁联尺素，内记湘川相识处"当为同一情事。而《河阳诗》有"巴陵夜市红守宫，后房点臂斑斑红"之语，似其人为使府后房，而《燕台诗四首》之"燕台"又似取义于使府，则这组诗的题目可能暗示所写的内容是对现为使府后房的一位往日恋人的怀想，这与前画所说的其人身份为歌舞伎人亦相一致。至于四首诗分别以春、夏、秋、冬标题，可能与以下几个方面相关：

其一，取四季相思之意。

其二，与四首诗表现的情调有关。徐德泓在其与陆鸣皋合解的《李义山诗疏》中曾以《柳枝五首序》中的"幽忆怨断"四字分释春夏秋冬，谓"春之困近乎幽，夏之泄近乎忆，秋之悲邻于怨，冬之闭邻于断"，冯浩进一步指出《春》《秋》《冬》三首各有"幽"字、"怨"字、"断"字在句中，《夏》虽无"忆"字，而忆之情态自呈。虽或稍拘，但可以参考。

其三，与四首诗所表现的具体情事可能有关。从四首诗所写的情况看，双方相遇相识可能在春天，《春》诗"暖蔼辉迟桃树西，高鬟立共桃鬟齐"可证。其后女方远去，不复见面。夏天男方曾去"石城"寻访其人未见，她已到了"几夜瘴花开木棉"的南方。秋天男方曾寄尺素书与双耳珰给对方，书中言及当初湘川相识之事。冬季时其人仍在南方而似已新寡，故有"雌凤孤飞女龙寡""空城罢舞腰支在""蜡烛啼红怨天曙"等句。

《燕台诗四首》的写作年代，当在商隐登进士第之前。《柳枝五首序》中提到商隐的堂兄李让山在柳枝面前吟诵商隐的《燕台诗》，说明《燕台诗》当作于《柳枝五首》之前。又据《柳枝五首序》说到柳枝年十七，而让山称商隐为"吾里中少年叔"，说明其时商隐年龄尚轻，一般说不会超过二十五岁。而诗中所抒写的对爱情的深切体验和深微复杂的意绪，又非年龄过小者所具有。因此认为这组诗是诗人二十余岁未登第时的作品，应该大体不差。至于诗中所写的悲剧性爱情发生的时间，则应比诗的创作时间稍早。

如果说《燕台诗四首》所反映的悲剧性爱情只能从诗中偶露的一鳞半爪去追寻推测，那么《柳枝五首》所反映的没有结果的恋情则相当清楚，因为作者给我们留下了一篇生动具体、富于小说意味的诗序：

　　柳枝，洛中里娘也。父饶好贾，风波死湖上。其母不念他儿子，独
　念柳枝。生十七年，涂妆绾髻未尝竟，已复起去。吹叶嚼蕊，调丝擫

管，作天海风涛之曲，幽忆怨断之音。居其旁，与其家接故往来者，闻十年尚相与，疑其醉眠梦物断不婟。余从昆让山，比柳枝居为近。他日春曾阴，让山下马柳枝南柳下，咏余《燕台诗》，柳枝惊问："谁人有此？谁人为是？"让山谓曰："此吾里中少年叔耳。"柳枝手断长带，结让山为赠叔乞诗。明日，余比马出其巷，柳枝丫鬟毕妆，抱立扇下，风障一袖，指曰："若叔是？后三日，邻当去溅裙水上，以博山香待，与郎俱过。"余诺之。会所友有偕当诣京师者，戏盗余卧装以先，不果留。雪中让山至，且曰："为东诸侯取去矣。"明年，让山复东，相背于戏上，因寓诗以墨其故处云。

柳枝是行商的女儿，活泼天真，纯情任性，对音乐和诗歌有特殊的爱好和超常的敏悟，能够吹奏出"天海风涛之曲"，歌唱出"幽忆怨断之音"。当商隐的堂兄让山在她门前吟诵商隐的《燕台诗》时，她竟凭着超常的艺术直觉，强烈地感受到诗中所传出的"幽忆怨断"的心声而激动得不能自已，急切地问让山："谁人有此（谁有这样哀惋凄伤的悲剧性爱情体验）？谁人为是（谁写了这哀感顽艳的诗篇）？"也许正是由于对艺术的共同爱好，成为沟通这对青年男女心灵的桥梁。在惊采绝艳的《燕台诗》感染下，柳枝大胆主动地托让山传递了少女纯真爱慕之情的信息，与商隐见面，并当面约商隐三天后在她洗裙的水边相会，"以博山香待"[①]。不巧，商隐的一位约好同去长安的朋友开玩笑偷偷地拿着商隐的行李先走了，致使商隐没有能留下来和柳枝如约相会。不久，柳枝就被东边的一位节度使强娶去了，造成了商隐终生的憾事。这个看来偶然的因素在当时强藩横行跋扈的社会里，包含着悲剧的必然性。如果说这篇序是对这场还处在萌芽状态就被摧折的爱情的生动记述，那么《柳枝五首》就是对这一爱情悲剧所造成的心灵伤痛的生动抒写。

商隐在初娶丧偶后不久，又连续遭遇这两次悲剧性爱情事件，这对他感情上的打击、心灵上的伤残是非常强烈而且深刻的，对他感伤气质的进一步深化无疑具有深刻影响。在考察诗人思想感情和文学创作的变化发展历程时，应该充分注意到这两次感情经历的影响。

---

① 博山香和香炉是青年男女炽热爱情的象征物。南朝乐府《杨叛儿》："欢作沉水香，侬作博山炉。"李白《杨叛儿》："博山炉中沉香火，双烟一气凌紫霞。"

第六章　登进士第与入泾幕成婚

第一节　登进士第

开成二年（837）正月，李商隐第五次参加在长安举行的礼部进士考试。主考官是礼部侍郎高锴，考试的题目是《琴瑟合奏赋》《霓裳羽衣曲诗》。《唐阙史》载：

> 开成初，文宗皇帝耽玩经典，好古博雅。尝欲黜郑卫之乐，复正始之音。有太常寺乐官尉迟璋者，善习古乐，为法曲，箫磬琴瑟，戛击铿拊，咸得其妙，遂成《霓裳羽衣曲》以献。诏中书门下及诸司三品以上具常服者班坐以听，合奏，相顾曰："不知天上也？瀛洲也？"因以曲名宣赐贡院，充试进士赋题。

高锴在考试后给文宗的上奏中也说："今年诗赋题目，出自宸衷，体格雅丽，意思遐远。诸生捧读相贺，自古未有。倍用研精覃思，磨砺缉谐。"[①]皇帝亲自为进士试出题，这在封建时代的科举考试中，确实罕见，足见爱好文学的文宗对这次考试的重视。这件事留给当年应试举子的印象自然特别深刻，以致事隔多年之后，商隐在《留赠畏之》（畏之为韩瞻字，开成二年与商隐同登进士第）中还深情地追忆起此事："空记大罗天上事，众仙同日咏《霓裳》。"

考试后不久，商隐给当时任华州刺史的崔龟从写了一封信，并献上自己的诗文卷，信中写道：

---

① 见《唐诗纪事》卷五十二。

中丞阁下：愚生二十五年矣。五年读经书，七年弄笔砚。始闻长老言：学道必求古，为文必有师法。常怓怓不快。退自思曰：夫所谓道，岂古所谓周公、孔子者独能邪？盖愚与周、孔俱身之耳。以是有行道不系今古，直挥笔为文，不爱攘取经史，讳忌时世。百经万书，异品殊流，又岂能意分出其下哉！

凡为进士者五年。始为故贾相国所憎。明年病不试。又明年复为今崔宣州所不取。居五年间，未尝衣袖文章，谒人求知。必待其恐不得识其面，恐不得读其书，然后乃出。呜呼！愚之道可谓强矣，可谓穷矣。宁济其魂魄，安养其气志，成其强，拂其穷，惟阁下可望。辄尽以旧所为发露左右，恐其意犹未宣泄，故复有是说。某再拜。

这是一封为行卷而上的书信，题为《上崔华州书》。唐代习尚，应举士子在考试前（商隐这次是在考试后发榜前）将自己的诗文写成卷轴，投献给有声望的显贵评阅，以期得到延誉，增加登第的机会，谓之"行卷"。崔龟从在任华州刺史之前，曾任司勋郎中知制诰、中书舍人，是职掌撰拟诏诰的禁密近侍官员，故商隐向他行卷。唐代有才能的知识分子往往比较狂傲，即使像这种有求于对方的书信也往往高自标置，自抬身价。商隐这封信也是如此。书中特别强调自己"道之强"，即自己思想上、写作上的独立见解、不随流俗。认为"道"并非周公、孔子所独能，人人都亲自实践并体现着"道"。因此他不盲目求古，主张行道不系今古，直挥笔为文，而不讳忌时世。甚至口出狂言，"必待其恐不得识其面，恐不得读其书，然后乃出"，不是求人知，而是人求知。关于这篇文章所表现的思想和写作上的特点，下编有关章节将作具体论述。这里只指出一点，即青年时代的李商隐，是很有独立思想和个性的士人。这种独立思想与个性，和他的感伤气质、细腻情感都是他的特点，两方面是矛盾地统一在一起的。

不过在实际上，当时社会中要想"成其强，拂其穷"，不依靠显贵者的揄扬帮助是很难达到目的的。商隐这回在第五次参加进士试后终于登第，崔龟从是否起了作用，虽不得而知，但令狐楚、令狐绹父子的推荐确实起了关键作用。商隐《与陶进士书》说：

时独令狐补阙（按：开成二年令狐绹为左补阙）最相厚，岁岁为写出旧文纳贡院（按：此为纳省卷，与行卷有别，详傅璇琮《唐代科举与文学》第十章第二节）。既得引试，会故人夏口（按：指高锴，开成五年任鄂岳观察使）主举人。时素重令狐贤明，一日见之于朝，揖曰："八郎之友谁最善？"绹直进曰"李商隐"者三道而退，亦不为荐托之辞，故夏口与及第。

令狐绹的"三道而退"之所以起作用，当然主要是因为令狐楚这位政坛耆宿、文坛前辈与李商隐存在着将近十年（从大和三年到开成二年）的亲密关系的缘故。这层关系，高锴作为礼部侍郎主持进士试，又是令狐故人，自然是熟知的，故与商隐及第，自不足怪。

这年进士试放榜是在正月二十四日。放榜之后，商隐立即给在兴元（今陕西汉中市）任山南西道节度使的令狐楚写了一封信（《上令狐相公状五》），信中说：

> 今月二十四日，礼部放榜，某微幸成名，不任感庆。某材非秀异，文谢清华，幸忝科名，皆由奖饰。昔马融立学，不闻荐彼门人；孔光当权，讵肯言其弟子？岂若四丈屈于公道，申以私恩，培树孤株，骞腾短羽。自卵而翼，皆出于生成；碎首糜躯，莫知其报效。瞻望旌旆，无任戴恩陨涕之至。

这封信可以证明，令狐绹在高锴面前三道李商隐，实际上也是遵循其父令狐楚的旨意。楚对商隐的关怀，确实如同家人子弟。此前在商隐上楚的另一封信（《上令狐相公状三》）中还提到：

> 前月末，八郎书中附到同州刘中丞书一封。仰戴吹嘘，内惟庸薄。书生十上，曾未闻于明习；刘公一纸，遽有望于招延。

开成元年，由于令狐楚的荐托，时任同州刺史的刘禹锡曾写信给令狐绹，表示欲招聘商隐为同州从事，故商隐上书令狐楚表示感激。可能是忙于准备考试，也可能是写此信时禹锡已调太子宾客分司东都，所以没有成为禹锡的府僚。《上令狐相公状四》中又对令狐楚赠绡之事表示感激："束帛是将，千里而远。缊袍十载，方见于改为；大雪丈余，免虞于僵卧。"连衣料都千里迢迢从兴元捎给商隐，足见令狐楚对商隐的关怀无微不至。

这一年进士登第者共四十人。由于文宗事先就"令将进士所试诗赋进来"，故礼部侍郎高锴"先进五人诗"，并奏曰：

其今年试诗赋，比于去年，又胜数等。臣日夜考较，敢不推公。进士李肱《霓裳羽衣曲》一首，最为迥出，更无其比。词韵既好，去就又全。臣前后吟咏近三五十遍，虽使何逊复生，亦不能过。兼是宗枝，臣与状头第一人，以奖其能。次张棠诗一首，亦绝好，亚次李肱，臣与第二人。其次沈黄中《琴瑟合奏赋》，又似《文选》中《雪》《月》赋体格，臣与第三人。其次王牧赋，自立意绪，言语不凡，臣与第四人。其次柳棠诗赋，兴思敏速，日中便成，臣与第五人。凡此五卷诗赋，擢其中科，实所不愧。其余三十五人，或奖旧文，别录人材，非止一途，四面搜择，臣并与及第。（见《唐诗纪事》卷五十二李肱）

李肱之《省试霓裳羽衣曲》，今存（见《云谿友议》《文苑英华》），录之于下：

> 开元太平时，万国贺丰岁。
>
> 梨园献旧曲，玉座流新制。
>
> 凤管势参差，霞衣竞摇曳。
>
> 宴罢水殿空，辇余春草细。
>
> 蓬壶事已久，仙乐功无替。
>
> 讵肯听遗音，圣明知善继。

诗实平庸，不称高锴之激赏。由此可见唐代以诗赋取士，此类作品实少有佳作，亦可见主考者眼光之庸下。商隐进士试诗赋，今均不存，观其集中《赋得月照冰池八韵》《赋得桃李无言》等试帖体诗之平庸，可以推知亦未必是佳作。因为这类作品为试题及程式所限，很难见才情个性，如钱起《省试湘灵鼓瑟》者绝少。

和商隐同登开成二年进士第的，除高锴上奏所举前五名外，还有后来娶王茂元女、与商隐为连襟的韩瞻，以及独孤云、韦潘、郑宪、李定言、曹确、杨戴、牛蔉（牛僧孺子）、郭植、杨鸿、郑茂谌、吴当诸人（据徐松《登科记考》卷二十一）。商隐日后与韩瞻的交往最密，文有《为韩同年上河阳李大夫启》，诗有《寄恼韩同年时韩住萧洞二首》《韩同年新居饯韩西迎家室戏赠》《王十二兄与畏之员外相访见招小饮时余以悼亡日近不去因寄》《迎寄韩鲁（普）州瞻同年》《赴职梓潼留别畏之员外同年》《留赠畏之》《韩冬郎即席为诗相送一座尽惊他日余方追吟连宵侍坐徘徊久之句有老成之风因成二绝寄酬兼呈畏之员外》，是商隐现存诗文中与亲友酬赠诗文最多者之一①。
与李郃、独孤云、李定言、韦潘、杨戴、曹确、郑茂谌等人亦有交往酬寄之
诗作，如《李郃所遗画松诗书两纸得四十韵》《妓席暗记送同年独孤云之武
昌》《寄在朝郑曹独孤李四同年》《与同年李定言曲水闲话戏作》《奉和太原
公送前杨秀才戴兼招杨正字戎》《和韦潘前辈七月十二日夜泊池州城下先寄
上李使君》《大卤平后移家到永乐县居书怀十韵寄刘韦二前辈二公尝于此县
寄居》《灵仙阁晚眺寄郓州韦评事》《十字水期韦潘侍御同年不至》等。以上
这些同年中，郑宪官至尚书右丞、江西观察使；曹确官至中书舍人、河南
尹；独孤云官至吏部侍郎；李定言官员外郎，迁右史；韩瞻亦官员外郎，历
诸州刺史；李郃官岳、齐二州刺史。他们日后的仕途都比李商隐要顺利
得多。

礼部进士试及第后，还须通过吏部的资格试，称为"关试"。《唐摭言》
卷三《关试》云："吏部员外，其日于南省（按：即尚书省）试判两节。诸
生谢恩，其日称门生，谓之一日门生。自此方属吏部矣。"明胡震亨《唐音
癸签》卷十八《进士科故实》对此有更具体的解释：

> 关试，吏部试也。进士放榜敕下后，礼部始关（按：即关白，指官
> 府公文往来）吏部。吏部试判两节，授春关，谓之关试。始属吏部
> 守选。

开成二年吏部的关试，是在二月七日举行的（见下文引《上令狐相公状
六》）。通过关试后，就取得了释褐入仕的资格。但商隐过关试后并未在当
年铨叙官职，故在第二年即开成三年又参加博学宏辞科考试。这是后话。

进士登第以后，照例有一系列活动，如拜谒座主及宰相、曲江宴、杏
园探花宴、雁塔题名等。这些活动，商隐自然都是参加了的，有的还见于
诗，如《及第东归次灞上却寄同年》诗中提到"下苑经过劳想像"，这"下
苑"即曲江。因为在曲江举行过热闹的新进士宴集，故说"下苑经过劳想
像"。这一切活动结束后，新进士又例须归家省亲。商隐于是年三月二十七
日动身东去济源，省谒住在济源的母亲。行前有《上令狐相公状六》说：

> 前月（按：指二月）七日，过关试讫。伏以经年滞留，自春宴集。
> 虽怀归苦无其长道，而适远方俟于聚粮。即以今月二十七日东下。伏思

---

① 仅次于与令狐绹交往酬寄之诗文数量。

自依门馆，行将十年（按：大和三年至开成二年，首尾九年）。久负梯媒，方沾一第。仍世之徽音免坠，平生之志业无亏。信其自强，亦未臻此。愿言丹慊，实誓朝暾。虽济上汉中，风烟特异；而恩门故国，道里斯同。北堂之恋方深，东阁之知未谢。凤宵感激，去住彷徨。彼谢掾辞归，系情于皋壤；杨朱下泣，结念于路歧。以方兹辰，未偕卑素。况自今岁，累蒙荣示，轸其飘泊，务以慰安。促曳裾之期，问改辕之日。五交辟而未盛，十从事而非贤。仰望辉光，不胜负荷。至中秋方遂专往，起居未间。瞻望旌旆，如阔天地，伏惟俯赐照察。

这封信提供了商隐自去年以来活动的一系列讯息。整个开成元年，他都滞留在京城长安（"经年滞留"）。二年春天（特别是正月二十四日放榜）以来，又在一连串宴集中度过。登第之后，既要东归济源省母，又想到汉中当面感谢近十年的恩顾。内心矛盾，不免有徘徊歧路之感。特别是今年以来，令狐楚曾多次来信，要他到山南西道节度使幕供职，催促动身的日期。因为要东归省母，故告以须至中秋以后方能赴幕。唐人登第后至幕府供职是为了谋求出身。令狐楚"促曳裾之期，问改辕之日"，乃是得知商隐登第后招其入幕，这再次表明令狐楚对商隐的关顾。

信中称济源为"故国"，可能是因为济源曾为怀州属县（据《旧唐书·地理志》：怀州，旧领县九。其中有济源。显庆二年，改属洛州），而怀州为商隐原籍之故。商隐开成五年自济源移家关中，而开成二年商隐登第时其弟羲叟正奉母居于济源，故商隐东归济源省母。商隐家居郑州，大和七年、八年、九年三年中，均有居郑之证，九年甘露之变后的一段时间内仍居郑州（分别见本编第四、五章），但开成元年初春已在长安。由于商隐之弟羲叟此时已居源，且已结婚，而商隐则开成元年整个一年均不在郑州，母亲无人照顾。故其母于开成元年往济源依其弟羲叟。这就是商隐登第后东归济源省母的原因。

商隐东归时，同年登第的进士在东门设宴饯别，商隐有《及第东归次灞上却寄同年》诗：

芳桂当年各一枝，行期未分压春期。
江鱼朔雁长相忆，秦树嵩云自不知。
下苑经过劳想像，东门送饯又差池。
灞陵柳色无离恨，莫枉长条赠所思。

诗以自己与同年双绾。谓彼此正当少壮之年而各攀桂枝登第。己东归而同年留长安，虽音书可通，而秦洛相隔，终难详知消息而长相忆念。曲江盛宴已成追忆，惟供异时之想象回味；今日东门宴别，又正如劳燕之分飞。然既已同登科第，则虽两地差池亦自无离恨，对此灞桥柳色，益觉春光满目，又何必枉折长条以赠所思之行人？由于心情轻松欢快，词也写得轻快灵动、风神潇洒，极富风调与情韵之美。

商隐归济源省母，究竟何时回长安，难以详考。但最迟在同年夏秋间，当已返京。《寿安公主出降》诗系为绛王李悟女寿安公主出降成德节度使王元逵而作，其事在是年六月丁酉（初五）。（新唐书·藩镇镇冀·王元逵传）："诏尚绛王悟女寿安公主。元逵遣人纳聘阙下，进千盘食、良马、主妆泽奁具、奴婢，议者嘉其恭。"此诗当是商隐在长安目睹王元逵派人纳聘迎娶公主时所作。

这年秋天，商隐在长安还作了《代李玄为崔京兆祭萧侍郎文》《哭遂州萧侍郎二十四韵》《哭虔州杨侍郎虞卿》等诗文。崔京兆，即崔珙，据《旧唐书》本传，珙于开成二年六月为京兆尹。萧浣大和九年秋因坐李宗闵、杨虞卿党被迭贬为遂州刺史、司马，开成元年卒于贬所。商隐居郑州期间，曾受其时担任郑州刺史的萧浣的知遇，因此这一诗一文，无论是自吊或代作，都写得哀愤交并，情文并茂，充分显示出他"善为诔奠之辞"（《旧唐书》本传）的特长：

呜呼！令惟逐客，谁复上书？狱以党人，但求俱死。衔冤遽往，吞恨孤居。目断而不见长安，形留而远托异国。屈平忠而获罪，贾谊寿之不长。才易炎凉，遂分今昔。粤自东蜀，言旋上京。郭泰墓边，空多会葬；邓攸身后，不见遗孤。信阴鸷之莫知，亦生人之极痛！

遗音和蜀魄，易簧对巴猿。
有女悲初寡，无儿泣过门。
朝争屈原草，庙馁若敖魂。
迥阁伤神峻，长江极望翻。
青云宁寄意？白骨始沾恩。

至于杨虞卿，商隐与他本无深交，殆因萧、杨二人关系密切，同时被贬，又同时归葬，故连类而及。萧、杨虽为李宗闵党，但商隐哭吊萧、杨，自因感激恩知而作，并不表明其时商隐在政治与人事关系上倾向于李东阆、牛僧孺党（关于商隐与牛李党争的关系，下编有专章讨论）。祭吊萧、杨的诗文中都对李训、郑注的专擅威权、排斥异己、诬陷贬逐朝臣加以猛烈抨击，斥之为"城狐""倏忽"（雄虺，喻训、注之奸毒）。《有感二首》专斥其仓皇举事，贻祸国家；这三篇诗文则专斥其擅作威福，排斥异己，时事不同，而斥训、注则同。在指斥训、注的同时，对文宗的误任奸邪也有所讽，诗中"虎威狐更假""旋骇党人冤""白骨始沾恩""阴霾今如此，天灾未可无"等句，讥评之意，痛愤之情，固极明显，"白骨"句尤为沉痛愤激。萧、杨作为政坛人物，党附李宗闵，本身并没有多少值得肯定的政绩，诗人同情他们被诬贬死，自可理解，将他们与屈、贾相比，则拟非其伦。总之，这几篇诗文感激个人知遇的成分比较浓重（代李玄为崔珙所拟祭文实际上渗透了商隐自己对萧浣的感情），但确实展现了商隐善作哀祭诗文的才能。

第二节　赴兴元幕

　　商隐在给令狐楚的信里曾表示开成二年中秋赴兴元幕，但实际上中秋并未成行。而这年入冬以后，年过七十的令狐楚已经染病。大约在十月，正当选人期集，商隐在长安候选时，令狐楚急召商隐驰赴兴元。《奠相国令狐公文》说："愚调京下，公病梁山（按：指兴元，又称南梁）。绝崖飞梁，山行一千。"大约在十月下旬，商隐赶抵兴元，随即作了《代彭阳公兴元请寻医表》，表中称："疾痛所迫，必告于君亲。是以今月某日窃献表章，上干旒扆，备陈旧恙，当此颓龄，乞解藩维（按：此当指入冬初得病时所上表章）……且汉上雄藩，褒中重镇，统临至广，控压非轻。以臣昔年，尚忧不理；在臣今日，其何敢安？亦既揣量，岂容缄默？固合即时离镇，随表归朝……拜魏阙而获伸积恋，访秦医而冀愈沉疴……臣已决取今月某日，离本道东上。"但等不到启程回长安就医，令狐楚的病势转重，已经不能禁受山行跋涉之苦了。到十一月八日，病已危殆，于是"召男国子博士绪、左补阙绹、左武卫兵曹参军纶等，示以殁期，遗之理命"（《代彭阳公遗表》），并命李商隐为之草遗表。《旧唐书·令狐楚传》云：

　　未终前……一日，召从事李商隐曰："吾气魄已殚，情思俱尽。然所怀未已，强欲自写闻天。恐辞语乖舛，子当助我成之。"

商隐所撰《代彭阳公遗表》，是精心结撰之作。表中除历叙楚在宪、穆、敬、文四朝的进退升沉，感激历朝皇帝特别是文宗的恩遇外，还专门用一段文字郑重提出对大和九年夏秋以来（包括甘露之变中）遭贬谪诛戮的大臣加以昭雪的建议。据《旧唐书》本传，这段话是令狐楚临终前"秉笔自书"的：

> 臣永惟际会，受国深恩。以祖以父，皆蒙褒赠；有弟有子，并列班行。全腰领以从先人，委体魄而事先帝。此不自达，诚为愚甚。但以永去泉扃，长辞云陛，更陈尸谏，犹进瞽言。虽号叫而不能，岂诚明之敢忘！今陛下春秋鼎盛，寰海镜清，是修教化之初，当复理平之始。然自前年（按：指大和九年）夏秋以来，贬谪者至多，诛戮者不少。望普加鸿造，稍霁皇威，殁者昭洗以云雷，存者沾濡以雨露。使五谷嘉熟，兆人安康。纳臣将尽之苦言，慰臣永蛰之幽魄。

用商隐文集中所收《代彭阳公遗表》中这一段与《旧唐书·令狐楚传》所载《遗表》对照，仅有个别文字小异，可能是商隐作过一点文字上的修饰，也可能是史臣载录《遗表》时有小的改动。令狐楚临终前把这件事作为"尸谏"郑重提出，可见他对甘露之变前后朝臣大遭贬逐诛戮一事的痛心，其中还蕴涵了他对自己在当时格于形势未能直谏的歉疚。实际上这也是为巩固文宗的统治地位，取得更多朝臣的支持着想。《旧唐书·令狐楚传》又载：

> 书讫，谓其子绪、绹曰："吾生无益于人，勿请谥号，葬日勿请鼓吹，唯以布车一乘，余勿加饰。铭志但志宗门，秉笔者无择高位。"

"铭志……秉笔者无择高位"的遗嘱是被认真执行了的。其墓志铭即由商隐这位当时尚未释褐的前进士撰写（商隐有《撰彭阳公志文毕有感》诗，见下节），可惜全文已佚，仅晏殊所编《类要》卷十六中引录了几句：

> 司神声而为帝言，其深如混茫，其高大如无涯。[按其前有"令狐楚为中书舍人兼翰林学士，墓诰（当作'志'）曰"。]

令狐楚于十一月十二日去世①，商隐在兴元帮助令狐绪、绚兄弟料理丧事，继续在那里待了一段时间。当时在兴元幕的幕僚还有赵枂（行军司马）②、杜胜（节度判官）、刘蕡、赵晳。商隐与刘蕡结识，当在其时。《旧唐书·刘蕡传》："令狐楚在兴元……辟为从事，待如师友。"其后二人结成深厚的友谊。刘蕡后来被诬贬柳州、澧州，在浔阳去世，商隐有一系列赠、哭刘蕡之作，成为其政治抒情诗的杰构。赵枂任行军司马，是高级幕僚，商隐本年春有《南山赵行军新诗盛称游宴之洽因寄一绝》，即寄山南令狐幕之赵枂，诗曰："莲幕遥临黑水津，橐鞬无事但寻春。梁王司马非孙武，且免宫中斩美人。"看来此前他们即已结识。其弟赵晳大和八年曾与商隐同居崔戎兖海幕，后又与刘蕡同在王质宣歙幕，此时亦在兴元幕。杜胜则崔戎华州、兖海幕均与商隐同幕。可以说令狐楚山南幕中大部分是商隐的熟人。只是由于正值令狐病重，旋又亡故，彼此间未必有更多深谈的机会，不久便星离雨散，各奔东西。

十二月，商隐伴随令狐兄弟护送令狐楚的灵柩自兴元经大散关、陈仓一路返回长安。行经汉水与嘉陵江之间的分水岭——幡冢山时，面对愁云惨雾、断肠流水，想起近十年来自己长期追随，深受恩顾的令狐楚骤然去世，感到自己从此失去了最重要的依托，也许在人生道路上正经历一个分水岭，不禁悲从中来，写下一首《自南山北归经分水岭》：

> 水急愁无地，山深故有云。
>
> 那通极目望，又作断肠分。
>
> 郑驿来虽及，燕台哭不闻。
>
> 犹余遗意在，许刻镇南勋。

诗感情沉挚，笔致苍老，颇得杜意。一二两联即景生情，一气流走，不假雕饰而自工。首句尤突兀而生动，令人宛见诗人经分水岭时心中惶惶、不知所适之状。"断肠分"，兼寓与令狐永诀。末句指令狐楚遗命嘱其撰写墓志。

---

①《旧唐书·文宗纪》书楚卒于十一月丁丑（十七）日，系据报到之日，实际上楚卒于十一月十二日，当以刘禹锡《唐故相国赠司空令狐公集纪》"开成二年十一月十二日，薨于汉中官舍"之记载为准。参岑仲勉《玉谿生年谱会笺平质》。

②赵枂，《文苑英华》《全唐文》载《代彭阳公遗表》均作"赵祝"，误。陶敏《全唐诗人名考证》据刘禹锡《送赵中丞自司金郎转官参山南令狐仆射幕》自注及《郎官石柱题名》《广卓异记》改，兹从之。其弟赵晳亦参令狐幕。

不久，越过凤县、陈仓之间的大散岭，北渡渭河，来到凤翔府所辖的京西地区。只见草木焦枯，田地里长满了荆棘杂树，一片荒芜。农具丢弃在路边，饿死的牛靠着土墩。经过的村落，人户萧疏，十不存一，不是死绝就是外出逃亡了。幸存的百姓都背面啼哭，破衣烂衫，不能蔽体。看到这近在京城郊畿地区竟有如此荒凉残破的景象，诗人受到极大的震动。他把眼前的景象和唐王朝二百余年来由盛而衰的发展过程、各种社会问题与矛盾，特别是近年来政治上的变乱联系起来思考，深感唐王朝危机的严重。怀着深重的忧患感、危机感，商隐写下了《行次西郊作一百韵》这首长达千字的一代史诗。这是商隐诗集中篇幅最长、内容涵量最大的政治诗，也是整个唐代政治诗中罕见的史诗性杰构。它意味着，从甘露之变发生前后开始的诗人对政治问题的关注与思考，已经由局部发展到全局，由一时一事扩展到唐朝整个盛衰史和各种错综复杂的社会矛盾，由注目当前到前瞻后顾，总结历史经验，展示历史趋势，从而达到他政治诗创作的最高峰，也达到他第一次创作高潮的顶点。越过这个高峰后，李商隐尽管仍有优秀的政治诗陆续问世，但像这一时期那样相当集中地反映政治问题与局势的情况却不再出现。从此以后，他的诗歌创作，由于个人遭遇的困厄坎坷和时代的愈趋衰败没落，便逐渐由关注政治转为对个人身世命运的感慨，对心灵世界的抒写和深刻表现。从这一点看，《行次西郊作一百韵》也像是一座创作的分水岭，标志着他的诗歌创作在达到政治诗高峰后的重大转变（关于这首诗的具体评介，将在下编《李商隐的政治诗》一章中详论）。

第三节　应宏博试与入泾原幕

从兴元回到长安，已是开成二年十二月下旬。由于"愚调京下，公病梁山"，应令狐急召驰赴兴元，耽误了两个多月调选的时间，开成三年春，商隐又参加了吏部博学宏辞科的考试，以期通过后获得官职。

《通典》卷十五《选举三》云："选人有格限（按：指规定的资格）未至而能试文三篇，谓之宏词；试判三条，谓之拔萃，亦曰超绝。词美者得不拘限而授职。"《新唐书·选举志》谓："选未满而试文三篇，谓之宏辞；试判三条，谓之拔萃，中者即授官。"《通鉴·高宗总章二年》所载唐之选法一节略同。王鸣盛《十七史商榷》云："此盖指登第未得就选，故曰'选未满'，中宏辞、拔萃即授官。"（卷八一《登第未即释褐》）宏辞试由吏部官员主持，主考官由吏部尚书、吏部侍郎担任，具体的考试阅卷官间或可由他部的官员充任，考试时间大致在冬、春二季①，李商隐这次参加宏博试当在开成三年春。关于这次考试的情况，他在开成五年作的《与陶进士书》中有一段相当具体的记述：

> 前年（按：指开成三年）乃为吏部上之中书，归自惊笑，又复懊恨周、李二学士（按：指周墀、李回）以大法加我。夫所谓博学宏辞者，岂容易哉！天地之灾变尽解矣，人事之兴废尽究矣，皇王之文尽识矣，圣贤之文尽知矣。而又下及虫豸草木鬼神精魅，一物已上，莫不开会。此其可以当博学宏辞者邪？恐犹未也。设他日或朝廷、或持权衡大臣宰相，问一事、诘一物，小若毛甲，而时脱有尽不能知者，则号博学宏辞者当其罪矣。私自恐惧，忧若囚械。后幸有中书长者曰："此人不堪。"抹去之。乃大快乐曰："此后不能知东西左右，亦不畏矣。"

张采田《会笺》谓："盖唐代选人应科目试者，皆先试于吏部。取中后，铨曹铨拟，上之中书，以待复审。玩书语，当是宏词之试，已取中于吏部，至铨拟注官之后，始被中书驳下也。"所言甚是。《通鉴·高宗总章二年》："始集而试，观其书判；已试而铨，察其身言；已铨而注，询其便利；已注而唱，集众告之。然后类以为甲，先简仆射，乃上门下，给事中读，侍郎省，侍中审之，不当者驳下。既审，然后上闻。主者受旨奉行，各给以符，谓之告身。"所叙虽为一般考选官吏之法，但也可说明宏辞中选注拟官职后，复审时仍有落选驳下的可能。《与陶进士书》中提到周、李二学士，分指周墀、李回。商隐诗文中称李回为座主（《寄成都高苗二从事》题下自注："时二公从事商隐座主府。"《上座主李相公状》《为湖南座主陇西公贺马相公登庸启》，"座主"均指李回）。回开成元年以库部郎中知制诰，进中书舍人，开成三年当为宏辞考官，故商隐称其为座主。周墀开成二年冬以考功员外郎兼起居舍人加知制诰，充翰林学士。商隐《华州周大夫宴席》题下自注："西铨。"按《旧唐书·职官志》："吏部三铨：尚书为尚书铨，侍郎二人，分中铨、东铨。"《唐会要》："乾元二年，改中铨为西铨。"此当是开成三年周墀充翰林学士期间权判西铨。所谓"周、李二学士以大法加我"，乃

---

① 以上参考傅璇琮《唐代科举与文学》第十七章《吏部铨试与科举》。

指宏辞考试，为主考官李回所取，又为权判西铨之周墀注拟官职。大法，即"忧若囚械"之谓。但注拟后上报中书审批，却被某中书长者以"此人不堪"为由驳下。这位"中书长者"，冯浩以为必令狐（绹）辈相厚之人，张采田也同意此说。这是因为冯、张都认为商隐入王茂元泾原幕、娶王氏女在先，试宏辞在后，故因入茂元幕娶其女遭到令狐绹及与令狐相厚的牛党中人的嫉恨，将其黜落。而实际上，是商隐试宏辞在先（开成三年初春或仲春），入王茂元幕在后（暮春），娶王氏女则更在其后（详下）。因此，冯、张的说法既无任何实据，亦与实际情况不符。中书长者究竟是谁，亦难考实。上引《与陶进士书》中有关宏辞考试的这段文字抓住"博学"一词对博学宏辞的不容易大加渲染，自是发泄牢骚之词，但唐代宏辞科考试既试诗赋，又试论议，论议中的确也涉及商隐所说的有关知识内容。

商隐从大和五年起应进士试，至开成二年方登第。登第后虽过吏部关试，但未即授官。这次参加博学宏辞试，录取后已注拟官职，却意外地被中书驳下。久盼入仕，好不容易才接近实现，却突遇意想不到的挫折，给他造成的冲击特别巨大。以致他感到前景黯淡，希望渺茫，对自己将来的命运深感悲观。这在他入泾原幕之初写的《回中牡丹为雨所败二首》中表现得非常突出，甚至在事隔两年多后所写的《与陶进士书》中，提及此事时，仍愤愤不平，牢骚满腹。

由于宏博试最后被黜落，商隐于开成三年暮春，应泾原节度使王茂元之邀，来到离长安五百里的泾州，在泾原幕府为从事，担任文字之役。关于入泾原幕的时间，冯浩、张采田都认为是初婚王氏之时，并举《漫成三首》为证。冯谱云：

> 《漫成三首》皆以何逊自比，其云"沈约怜何逊"，谓爱之者也；"延年毁谢庄"，谓谗之者也。又云"雾夕咏芙蕖，何郎得意初"，谓己之新婚也；"此时谁最赏，沈范两尚书"，谓周、李二学士以鸿（按：当作宏，下同）博举之也。然则应鸿博，正当初婚之际。故《安定城楼》诗"贾生年少虚垂涕，王粲春来更远游"，乃不中选回至泾原之作。互为参考，了无疑义矣。

冯氏又举《无题》（照梁初有情）为证，谓"此寄内诗，盖初婚后应鸿博不中选，闺中人为之不平，有书寄慰也"。张氏《会笺》从之，于开成三年谱书："义山赴泾原之辟，娶王氏。试宏词不中选，仍居泾原幕。"（按：冯、张谓商隐入泾原幕、娶王氏在试宏博之前，实全据《漫成三首》，而此三首与入泾幕、娶王氏根本无关。）其第三首云：

> 雾夕咏芙蕖，何郎得意初。
>
> 此时谁最赏？沈范两尚书。

《何逊集》有《看伏郎新婚诗》："雾夕莲出水，霞朝日照梁。何如花烛夜，轻扇掩红妆？"冯氏因诗题中有"新婚"，诗中有"花烛夜"，而附会商隐此时新婚。实际上"雾夕芙蕖"之咏，不过泛称诗章情采之鲜丽，非必指咏新婚，更非必指自己新婚（何逊《看伏郎新婚诗》是咏伏郎新婚而非咏自己新婚），将何逊咏别人新婚说成商隐咏自己新婚，未免生拉硬扯。其实，"雾夕咏芙蕖，何郎得意初"，只是说何逊自赏其雾夕芙蕖之咏，非谓新婚得意。三四由自赏进而谓他人之赏爱己诗。"沈范两尚书"，冯浩谓指周、李二学士。但开成三年商隐试宏博时，周墀、李回均未官居尚书（见上文），何得如此称谓（李回后来官居宰相，但始终未做过尚书；周墀大中二年为相后，曾加刑部尚书，彼时上距开成三年已十余年，且既已为相，亦不得再称"尚书"）？况且这三首诗均就诗歌创作的赏誉诋毁而抒感，第三首突然插入婚姻及举选之事，亦属不伦。实则，此诗"何郎"之"得意"与"沈范两尚书"之"最赏"，均上承"雾夕咏芙蕖"之"咏"（指诗歌创作）而言。如冯氏所解，"何郎"之"得意"，缘于新婚生活之美满，而"沈范"之"赏"则又转指其人其才，一篇之中，岂能支离割裂如此？然则此"沈范两尚书"必别有所指，以商隐早岁受知见赏之事考之，必指令狐楚与崔戎。商隐先受知于令狐楚，至有"人誉公怜，人谮公骂"（《奠相国令狐公文》）之殊遇。继又受知于崔戎，至有"怜我总角称才华，华州留语晓至暮，高声喝吏放两衙"之厚爱及"顾我下笔即千字，疑我读书倾五车"之称誉（《安平公诗》）。楚大和七年为吏部尚书，戎卒赠礼部尚书（商隐《安平公诗》题下自注称戎为"故赠尚书"），与"两尚书"之语正合。故《漫成三首》乃是追感令狐楚、崔戎昔日对自己的怜爱称赏与忌才者对自己的诋毁（均就诗歌创作而言），与开成三年成婚、试宏博事无涉。从"两尚书"的称谓看，这三首诗当作于大和九年六月楚由吏部尚书改太常卿之前、大和八年六月崔戎卒后这一段时间内。

商隐开成二年冬应令狐楚之急召驰赴兴元，至十二月护楚丧回长安，在此期间其身份仍是令狐楚的幕僚。连张氏自己也说："本年得第，方资绚力，旋又有兴元之辟。令狐父子，交契方酞，断无遽依附分门别户之理。"但是，张氏仍于《会笺》开成三年谱书："正月戊申（按：当作戊辰，即正月初九。是年正月无戊申），以诸道盐铁转运使、守户部尚书杨嗣复本官同中书门下平章事，户部侍郎判户部事李珏同中书门下平章事，依前判户部事。"并于是年编年文中列《为濮阳公上杨相公状》《为濮阳（按：原误为河东，据张采田说改）公上李相公状二》《为濮阳（按：原误为河东）公贺杨相公送土物状》《为濮阳（按：原误为河东）公贺李相公送土物状》等四状，笺云："《贺杨相公状》云：'相公光由版籍，显拜枢衡'，此指嗣复以户部尚书登庸也。《上李相公第二状》云：'相公假道版图，正位机密'，此指李珏以户部侍郎判户部事大拜也。"既然杨、李开成三年正月初九拜相，商隐又为王茂元撰拟贺杨、李"登庸""大拜"之状，则张氏显然认为开成三年正月上旬商隐已在王茂元泾原幕，故张氏《会笺》开成三年谱云："义山赴泾原之辟，娶王氏。试宏词不中选，仍居泾原幕。"然而，上述四状并非贺杨、李正月初九拜相，而是贺杨、李开成三年九月由准相而真相之"真拜"。《新唐书·宰相表》：开成三年"九月己巳，（陈夷行）为门下侍郎，珏、嗣复为中书侍郎"。唐制，以他官同中书门下平章事者，犹是准相；进为门下侍郎、中书侍郎方是真相。此数状所谓"由大司徒之率属，掌中秘书之枢务"，"假道版图，正位机密"，"光由版籍，显拜枢衡"，"脱屣华省，振衣中枢"，都不是指杨、李正月初九以他官同中书门下平章事，而是指九月由准相进中书侍郎为真相。因此，据上述四状来证明商隐开成三年正月已在泾原幕是站不住脚的。

商隐入泾原幕的时间，当在开成三年春暮。商隐应宏博试与不中选的时间既在开成三年初春或仲春（在此之前，商隐犹护令狐楚丧由梁还京；在此之后，已在泾幕。故宏博试及落选只能在此期间），则其应聘初入王茂元泾原幕当在试宏博落选后。《安定城楼》诗并非如冯、张所说系宏博不中选"回至泾原"之作，而是宏博不中选"初至泾原"之作。诗写景切春暮（"绿杨枝外尽汀洲"。泾原边地，气候较冷，杨柳绿时，已值暮春）。三四"贾生年少虚垂涕，王粲春来更远游"分寓宏博不中选与游幕二事，而曰"春来更远游"，明为初抵泾原幕情景。且句用王粲登楼典，则其时诗人去国怀乡、流落依人之感可知。如此前业已入幕成婚，则此时方新婚燕尔，主宾翁婿相得，恐不至于有远幕依人、孤子无侣之感。又《回中牡丹为雨所败二首》借牡丹遭雨摧折、先期零落寓自己宏博不中选之事，与《安定城楼》同作于暮春（诗有"浪笑榴花不及春，先期零落更愁人"及"并觉今朝粉态新"之句，正暮春牡丹初放时遭雨零落情景），亦初至泾幕时作。

商隐入泾原幕，所担任的职务是什么呢？冯谱引《重祭外舅司徒公文》"往在泾川，始受殊遇……每有论次，必蒙褒称"之文云："时固为记室之任，然非奏充。"张氏从之。按现存商隐泾幕期间（从开成三年暮春至开成四年春释褐为秘书省校书郎之前）为王茂元所撰拟之表状启牒共二十九篇。从这些文章的性质和内容看，可以断定他在泾幕期间实际担任的是掌书记所做的工作。但商隐《为濮阳公陈许奏韩琮等四人充判官状·裴邍》云："臣昔忝凿门，辟为记室。"冯浩谓："此亦在泾原时。"则裴邍乃是王茂元任泾原节度使期间正式辟奏的记室。这里有几种可能：一是裴邍与商隐同时为记室，裴为正式奏充，商隐则是聘为记室而非正式奏充。但这很难解释何以表状启牒均让商隐撰拟。二是开成四年春商隐拔萃登科、释褐为秘书省校书郎时，因记室之职缺人，故茂元奏充裴邍为记室。三是在开成三年暮春商隐到泾幕之前，裴邍曾经是茂元的记室，这后两种可能都有其合理性①。

第四节　娶王氏女

商隐娶王氏女，是在开成三年暮春入王茂元幕后。《重祭外舅司徒公文》云：

> 往在泾川，始受殊遇。绸缪之迹，岂无他人？樽空花朝，灯尽夜室。忘名器于贵贱，去形迹于尊卑。语皇王致理之文，考圣哲行藏之旨。每有论次，必蒙褒称。

《祭外舅赠司徒公文》云：

> 京西（按：指泾原）昔日，辇下当时。中堂评赋，后榭言诗。

说明入幕之后，在经常的接触谈论、评赋言诗的过程中，茂元发现商隐的才能，因而"爱其才，以子妻之"（《旧唐书》本传）。但是种种迹象表明，在

---

① 王茂元大和九年十月至开成五年文宗卒这段时间一直担任泾原节度使，故裴邍在商隐寓居泾幕之前、之后均有可能"辟为记室"。

此之前，商隐似已注意于王茂元这位最小的女儿，而在诗中屡屡有所表露。韩瞻与商隐开成二年同登进士第，而韩瞻先娶王茂元第六女①，商隐《韩同年新居饯韩西迎家室戏赠》云：

> 籍籍征西万户侯，新缘贵婿起朱楼。
> 一名我漫居先甲，千骑君翻在上头。
> 云路招邀回彩凤，天河迢递笑牵牛。
> 南朝禁脔无人近，瘦尽琼枝咏《四愁》。

三四句谓进士登第，我之名次在君之上，而为显宦贵婿，君反居我之前。尾联自我调侃，说自己尚无人择为贵婿，故不免因相思之苦而瘦损身枝。《唐摭言》："进士宴曲江日，公卿家倾城纵观，中东床之选者十八九。"宋范正敏《遁斋闲览·谐谑》云："今人于榜下择婿，号脔婿。"是宋沿唐习，尚有榜下择婿之俗。冯浩谓："玩次联当同有议婚之举，而韩先成也。"单从此诗，只能看出商隐对韩瞻新婚王氏的艳羡，还不能断定此时商隐已属意于茂元季女。但另几首诗却较明显地透露出商隐对王氏女的企盼。《寄恼韩同年时韩住萧洞二首》云：

> 帘外辛夷定已开，开时莫放艳阳回。
> 年华若到经风雨，便是胡僧话劫灰。
>
> 龙山晴雪凤楼霞，洞里迷人有几家？
> 我为伤春心自醉，不劳君劝石榴花。

韩瞻成婚，约在开成二年春暮。萧洞，用萧史弄玉典，喻指岳家（王茂元家，在泾原），洞取神仙洞府之意。韩瞻当在岳家成婚，故题称"时韩住萧洞"。"寄恼"之"恼"即忧愁苦闷之意，亦即诗中所谓"伤春"。义山登第前，久已丧偶（《令狐八拾遗见招送裴十四归华州》诗作于开成元年，已有"嗟余久抱临邛渴"之语）。与韩瞻同登第而韩先娶，己则如"南朝禁脔"无

103

---

① 商隐《祭张书记文》："维会昌元年，岁次辛酉，四月辛丑朔，二十日庚申，陇西公、荥阳郑某、陇西李某、安定张某、昌黎韩某、樊南李某，谨以清酌之奠，致祭于故朔方书记张五审礼之灵。"张审礼所娶为茂元长女，依次而下，"昌黎韩某"即韩瞻所娶为六女，商隐所娶为季女即七女。

人问津，故值此韩同年新婚燕尔、寓居"萧洞"之时，殷殷求偶之意、"伤春"之情遂不可抑。首章以辛夷已开，莫放艳阳，戏韩成婚在前，极燕尔之乐，且劝韩珍重青春芳华，以免有年华风雨之慨。戏谑之中即含己伤春之情。次章乃因韩之住萧洞而极言洞中之迷人。"迷人有几家"者，暗用刘晨、阮肇洞中遇二仙女事，暗示此萧洞中尚有另一仙女，言外有与韩同入萧洞之企盼。石榴"开花不及春"，故三四言我为"伤春"已如痴如醉，更不劳君劝饮石榴酒而益增伤春之情。细味二诗，确有属意于"萧洞"中另一女子的意向。回过头来，再看前面提到的《韩同年新居饯韩西迎家室戏赠》（此诗约作于开成二年六七月，详《李商隐诗歌集解》关于此诗的笺语）三四句，就会感到冯浩所谓二人"当同有议婚之举，而韩先成"的解释并非纯粹的猜测，而尾联"南朝禁脔无人近"的自我调侃也确似意中已有所属。不妨再举《病中早访招国李十将军遇挈家游曲江》之又一首（原误题为《寄成都高苗二从事》之又一首，据冯浩说改正）：

> 家近红蕖曲水滨，全家罗袜起秋尘。
> 莫将越客千丝网，网得西施别赠人。

招国李十将军，张采田以为即李执方（王茂元妻兄弟），岑仲勉已指出执方行二十五，非行十，故张说不能成立。但这位住在招国坊的李十将军与商隐的婚姻有关，则是事实。商隐另有《过招国李家南园二首》，其一云："潘岳无妻客为愁，新人来坐旧妆楼。春风犹自疑联句，雪絮相和飞不休。"诗虽作于晚年东川幕罢归京时，但首二句所写则为昔日情事。"潘岳"句谓己丧偶而客为之愁，盖指为其撮合觅偶；"新人"句谓王氏女成为己之继室，冯浩谓"先是义山成婚，必借居南园"，似过泥。三四句则写此番过招国李家南园而触动对往昔情事的追念，谓值此雪花纷飞之际，忽忆往年夫妇联句赋诗，王氏如才女谢道韫之以柳絮拟雪，其情景犹历历在目。然则"招国李十将军""招国李家"与商隐婚于王氏有关，当是事实。颇疑此李十将军即商隐《送千牛李将军赴阙五十韵》中之"千牛李将军"。此人亦茂元婿（详此诗张氏笺），其"挈家游曲江"的内眷中，既有其妻王氏，亦有其妻妹茂元季女，故商隐于三四句戏言"莫将越客千丝网，网得西施别赠人"，希其为自己作合，勿将此"西施"别赠于人。

　　商隐与王氏结婚的具体时间，现已无从详考。但在开成三年暮春入泾原幕之后，则可肯定。

关于王茂元是否李党,以及商隐入茂元幕娶王氏女是否使商隐陷入牛李党争旋涡等问题,将在下编《李商隐与牛李党争》一章中论及。

第五节　泾幕诗文和泾幕同僚

商隐在泾原幕的时间,首尾大约一年(起自开成三年春暮,讫于开成四年春)①。这段时间创作的诗,除上面提到的《安定城楼》《回中牡丹为雨所败二首》是传世佳作外,现存的泾原诗数量既少,佳作也不多。像《奉和太原公送前杨秀才戴兼招杨正字戎》《赠送前刘五经映三十四韵》,艺术均平平无足取。似乎在经历了一个政治诗创作的高潮之后,由于离开政治中心长安,身寓边幕,又值新婚,生活与创作正处于一个调整期。比起前一阶段,泾幕诗中有关个人怀抱、遭际及恩旧、家室的篇章显著增多,而且往往写得比较出色。其中《安定城楼》以登楼望远发端,以抒写宏大高远的抱负志趣为中心,将忧念国事、感慨身世、蔑弃庸俗等内容融为一体,展示出阔远的胸襟和峻拔坚挺的精神风貌,"永忆江湖归白发,欲回天地入扁舟"一联,被王安石誉为"虽老杜无以过"(见《苕溪渔隐丛话》前集卷二二引《蔡宽夫诗话》)。而大体同时所作的《回中牡丹为雨所败二首》则展现了遭受挫折后感情伤感低沉的一面。二诗合参,可以更全面地了解诗人当时的思想感情及性格的不同侧面。如果说,《安定城楼》显示了他在学杜方面已达到既神似又能变化的境地,那么《回中牡丹为雨所败二首》便完全建立了他个人独创的风格。此外,如《东南》之思念新婚的妻子王氏:

> 东南一望日中乌,欲逐羲和去得无?
>
> 且向秦楼棠树下,每朝先觅照罗敷。

其时诗人与妻子王氏分居两地,望见东南隅初出的朝阳,遂生"逐羲和"而照见"秦氏楼"的奇想。此念既切,不觉身已化为阳光照见秦氏楼中的罗敷(指妻子王氏)了。想象新奇,意境优美。而《撰彭阳公志文毕有感》则感慨深沉,骨格苍老:

105

---

①开成四年春,商隐有《为濮阳公与丁学士状》,可证其时尚在泾幕。但不久即试拔萃科,授秘书省校书郎。

　　　　延陵留表墓，岘首送沉碑。

　　　　敢伐不加点，犹当无愧辞。

　　　　百生终莫报，九死谅难追。

　　　　待得生金后，川原亦几移。

何焯云："落句意微旨远，非细读无由知也。"（《义门读书记》）

　　泾幕期间所撰文章多为代王茂元所拟表状启牒等公私应用之文。但其中有两篇文章却写得非常出色，一篇是《奠相国令狐公文》，系商隐哀祭文中很有特色的作品；一篇是《为张周封上杨相公启》，虽是代人陈情之作，却写得颇富华采和诗情。关于它们，将在下编《樊南文的诗情诗境》一章中论及。

　　泾幕所拟表状中，有三篇与开成三年皇太子永被废及暴卒的事有关，这就是《为濮阳公论皇太子表》《为濮阳公奉慰皇太子薨表》《为濮阳公皇太子薨慰宰相表》。第一篇上于开成三年九月上旬末，系得知文宗打算废黜太子、朝臣延英集议时所上；第二、三篇则上于十月庚子太子暴卒以后。太子永被废及暴死事，是当时一大政治事件。《旧唐书·文宗纪》对此记述得很简略：开成三年，九月"壬戌，上以皇太子慢游无度，欲废之，中丞狄兼谟垂涕切谏。是夜，移太子于少阳院"。十月"庚子，皇太子薨于少阳院"。《旧唐书·文宗二子传》则记载得比较具体：

　　　　庄恪太子永，文宗长子也，母曰王德妃。大和四年正月封鲁王。六年，上以王年幼，思得贤傅辅导之……因以户部侍郎庾敬休守本官兼鲁王傅，太常卿郑肃守本官兼鲁王府长史，户部郎中李践方守本官兼王府司马。其年十月降诏册为皇太子。上自即位，承敬宗盘游荒怠之后，恭谨惕慎，以安天下。以晋王谨愿，且欲建为储贰。未几，晋王薨，上哀悼甚，不复言东宫事久之。今有是命，中外庆悦。后以王起、陈夷行为侍读。开成三年，上以皇太子宴游败度，不可教导，将议废黜，特开延英召宰臣及两省、御史台五品已上、南班四品已上官对。宰臣及众官以为储后年少，可俟改过，国本至重，愿宽宥。御史中丞狄兼谟上前雪涕以谏，词理恳切。翌日，翰林学士泊神策六军军使十六人又进表陈论，上意稍解。其日一更，太子归少阳院……其年薨……初，上以太子稍长，不循法度，昵近小人，欲加废黜，迫于公卿之请，乃止。太子终不悛改，至是暴薨。时传云：太子，德妃之出也，晚年宠衰。贤妃杨氏恩渥方深，惧太子他日不利于己，故日加诬谮，太子终不能自辨明也。太子既薨，上意追悔。四年，因会宁殿宴，小儿缘橦，有一夫在下，忧其堕地，有若狂者。上问之，乃其父也。上因感泣，谓左右曰："朕富有天下，不能全一子！"遂召乐官刘楚材、宫人张十十等责之曰："陷吾太子者，皆尔曹也。今已有太子（按：开成四年十月，文宗立敬宗第六子陈王成美为太子），更欲踵前耶！"立命杀之。

可以看出，文宗对李永的期望很高，对他的培养教育工作也非常重视，深恐其重蹈敬宗荒怠盘游的覆辙。但太子永却与他的愿望相反，"慢游败度"，加上专宠的杨贤妃为了立安王溶为太子，又添油加醋，日加诬谮，遂有九月废黜之议与十月暴卒之事。文宗将太子永慢游败度的罪责归于太子左右的宫人、侍者和乐官，先后杀了两批人，其实，真正的罪魁祸首是在背后指使教唆的宦官头子。据《通鉴》载，仇士良在退休时曾授其党以"固权宠之术"，曰："天子不可令闲，常宜以奢靡娱其耳目，使日新月盛，无暇更及他事，然后吾辈可以得志。慎勿使之读书，亲近儒生，彼见前代兴亡，心知忧惧，则吾辈疏斥矣。"可见，太子永的慢游败度是宦官头子指使宫人左右诱使其游乐的结果。文宗心中其实也清楚太子荒游的真正原因，但又不敢拿宦官头子问罪，只能藉杀太子左右及宫人来泄愤，显得既无奈又可悲。由于甘露之变后文宗的地位本就极为脆弱危殆，心情、身体又不好，随时都有发生突发事件的可能。在这种情况下，朝臣自然担心废黜太子会造成政局的动荡，宦官也认为有太子永这样一个慢游败度的储君对他们在文宗身后继续擅权更为有利，因此就出现了朝臣、宦官都反对废黜太子永的一致局面。在废黜之意既出自文宗，而朝臣、宦官又都反对废黜的情况下，《论皇太子表》便很难措辞，表中的这一段话显然很费了一番斟酌：

> 既立之以贤，则辅之有道……务近正人，用光继体……犹在去彼嫌猜，辨其疑似，不由微细，轻致动摇……皇太子自正位春坊，传辉望苑，陛下旁延隽乂，以赞温文，并学探泉源，气压浮竞……今纵粗乖睿旨，微嫌圣心，当以犹属妙龄，未加元服，或携徒御，时致逸游……陛下浚发慈仁，殷勤指教，稍逾规戒，即震威灵……傥犯在斯须，便遗天性；过当造次，遽抵国章，则以古以今，孰为令子？在朝在野，谁曰全臣？

其实中心的意思非常清楚：担心废黜太子会引起政局的动荡。但话说得相当委婉，既充分肯定文宗为辅导太子而"旁延隽乂"的良苦用心，又注意减轻太子逸游的程度，认为只是年轻偶犯，不能因此遗父子天性，将其严加治罪。对文宗的做法实际上有批评，但话说得很有分寸。王茂元在文宗大和六年曾"叨相青宫"①，为东宫官属（张采田《会笺》认为是太子宾客），是文宗"旁延隽乂"中的一员，与太子李永有过一段关系，因此对文宗欲废太子一事持批评态度，乃是情之必然。太子永十月暴卒，应是杨贤妃日加诬谮的结果。太子死后所上二表，慰宰相表只是例行公事，上皇帝的表则多少揣度到了文宗在处理太子永问题上的矛盾心理。

最后交代一下商隐在泾幕时的同僚。据商隐现存诗文中提到的，有行军司马崔珰、馆驿巡官张鹍，以及韩琮。上文提到的掌书记裴邈，则可能在商隐居泾幕之前或之后。又有营田副使某某，系在商隐已居泾幕时茂元所辟。裴邈、韩琮二人，开成五年冬茂元出镇陈许时又辟为幕僚。《旧唐书·柳仲郢子璧传》："文格高雅，尝为《马嵬》诗，诗人韩琮、李商隐嘉之。"商隐《为举人（柳璧）献韩郎中琮启》："一日三秋，空咏《马嵬》之清什。"冯浩云："义山有《马嵬》诗二首，或琮亦赋之，意是诸人唱和之作也。"韩琮《马嵬》诗今佚。商隐、韩琮如有《马嵬》唱和之作，似应在开成三年二人同在泾幕时。马嵬为长安、泾原往来必经之地，很可能是经行马嵬时触景兴感所作。开成三年商隐有《和韩录事送宫人入道》诗，说明二人在泾幕确有唱和。此外据《奉和太原公送前杨秀才戴兼招杨正字戎》，知杨敬之二子戴、戎曾先后居泾幕。

---

① 见《为濮阳公陈情表》。《祭外舅赠司徒公文》亦云"既相温文"。

第七章 两入秘省

从开成四年（839）春到会昌二年（842）冬这将近四年的时间里，商隐先是参加吏部的书判拔萃科考试，中选后释褐为秘书省校书郎，旋又调补弘农尉。然后是自济源移家长安，赴王茂元陈许幕，暂寓周墀华州幕。再以书判拔萃重入秘省为正字，直至母亲去世，守丧家居。下面分别考述。

第一节 释褐入仕

商隐离开泾原幕的时间，当在开成四年闰正月以后。据《重修承旨学士壁记》，丁居晦开成四年闰正月自御史中丞改中书舍人。商隐有《为濮阳公与丁学士状》云："自学士罢领南台（按：指罢御史中丞），复还内署（按：此指改中书舍人。开成三年八月丁居晦曾迁中书舍人，故云'复还'），朝委攸重，时论愈归……某才谢适时，仕无明略，久乘亭障，长奉鼓鼙。猿臂渐衰，燕颔相误。弊庐仍在，白首未归。"王茂元从大和九年十月起任泾原节度使，至此已首尾五年。久居边地，年过六十，颇思入朝为官，故有此状。此可证开成四年闰正月丁居晦复为中书舍人后商隐仍在泾幕。又据《旧唐书·文宗纪》，开成四年闰正月，郑肃由吏部侍郎调任河中节度使，商隐有《上河中郑尚书状》云："盖以德水名都，条山巨镇……是以暂劳大旆，惠此一方……某早获趋承，常深奖眷。未由祗谒，无任驰诚。"按：郑肃元和三年登进士第，大和六年已为给事中，年辈远早于商隐，"某早获趋承"云云，与商隐身份经历不合，颇疑题上有脱字，乃代人所拟。按商隐《祭外舅赠司徒公文》叙茂元仕历，有云："容山至止，郎宁去思（按：指大和二年四月，王茂元自邕管经略使调任容管经略使）……既相温文（按：指曾为太子李永辅导之官），旋迁微卫（按：指迁右金吾卫将军）……番禺是宅，涨海攸潴（按：指大和七年正月，由右金吾卫将军出为岭南节度

109

使)。"《为濮阳公陈情表》亦云："岂意复逾五岭，更授再麾（按：指任邕管、容管经略使）。中间叨相青宫（按：为太子辅导官），忝司缇骑（按：为右金吾卫将军）。才通闺籍，又处藩条。越井朝台，备经艰险（按：指任岭南节度使）。"二文都明载王茂元罢容管任（约当大和五年）后，曾入朝先后担任太子辅导官和右金吾卫将军。考大和六年，郑肃以太常卿兼鲁王府长史，同年十月，鲁王永册为太子。颇疑王茂元亦于大和六年为太子辅导官（冯浩谓是太子宾客、詹事、少詹事），故与郑肃结识，所谓"早获趋承，常深奖眷"者殆指同为东宫官之事。如果这样，此状应题为《为濮阳公上河中郑尚书状》，同样可以证明开成四年闰正月郑肃出镇河中时，商隐仍在泾原幕。

约在开成四年仲春，商隐离泾原幕赴长安参加吏部书判拔萃科考试。《旧唐书》商隐本传只说"释褐秘书省校书郎"，未言试拔萃及时间。冯浩说："释褐为官，必由吏部试判（按：《通典》：'凡选始于孟冬，终于季春。其择人以四事：身、言、书、判。始集而试观其书判，已试而铨察其身言……'自后六品以下，每集选必试判）。义山以判入等，乃释褐授官，定制必然，故传文从略。"（《玉谿生年谱》下同）书判拔萃初设时为制科，后来和博学宏辞一样同为吏部铨试选人的科目。商隐《与陶进士书》（作于开成五年）云："去年入南场作判。"即指开成四年试拔萃科。又《献舍人彭城公启》云："三选于天官，方阶九品。"三选于天官，指开成二年参加吏部关试，开成三年参加博学宏辞科考试，开成四年参加书判拔萃科考试。方阶九品，指任正九品上阶的秘书省校书郎。校书郎官品虽低，却是清职。冯浩说："职官以清要为美。校书郎为文士起家之良选，诸校书皆美职，而秘省为最。如翰林无定员，诸曹尚书下至校书郎，皆得与选矣。"商隐自大和五年起应进士试，至开成二年方登第；登第后又三次参加吏部试，方得释褐入仕。虽经历了不少坎坷，但能获得秘书省校书郎这样的清职，心情还是十分兴奋。《玉山》诗就是借玉山为秘书省的象喻，抒发了他乍获此美职时平步青云的企盼：

> 玉山高与阆风齐，玉水清流不贮泥。
> 何处更求回日驭，此中兼有上天梯。
> 珠容百斛龙休睡，桐拂千寻凤要栖。
> 闻道神仙有才子，赤箫吹罢好相携。

胡震亨说："似为津要之力能荐士者咏，非情词也。"①这种笺解为不少注家所赞同，有的还具体指实津要为令狐绹（吴乔《西昆发微》）。实际上，玉山乃是秘省清资的现成象喻。《穆天子传》卷二："天子北征，东还，乃循黑水。癸巳，至于群玉之山，四彻中绳，先王之所谓策府。"郭璞注："言往古帝王以为藏书册之府。"后遂用以指帝王珍藏图籍之所。《山海经·西山经》："又西三百五十里曰玉山，是西王母所居也。"郭璞注："此山多玉石，因以名云。《穆天子传》谓之群玉之山，见其阿平无险，四彻中绳，先王谓之策府。"商隐《为荥阳公桂州谢上表》："再攉词科，一登策府。"冯浩注："（策府）谓秘书省。"刘禹锡《酬令狐相公见寄》："群玉山头住四年。"瞿蜕园笺："群玉指中秘（中书省、秘书省合称）也。凡唐人言涉神仙，多暗指仕宦。如李商隐诗中之'闻道神仙有才子，赤箫吹罢好相携'……几不胜屈指。"故以玉山策府指秘书省，商隐诗文中均有其例。此诗首联谓"玉山"地位清高，"玉水清流"云云正是秘省清资的形象比喻。三四谓玉山高可"回日""上天"，即视秘省为日后登进的天梯。五六祈望君主清明并抒发自己凤栖高桐的宏愿。尾联承六，谓听说有神仙才子者亦有栖桐之宏愿，盼于赤箫吹罢之际携手同登天上。"神仙才子"或指秘省同僚；相携，即携手同登。这首诗正是开成四年释褐为秘书省校书郎时，自感致身通显有望的寓言。全篇踌躇满志，兴会淋漓，也显然是少壮时的得意语，与日后望荐求引诗之词意卑屈者迥异。

可惜的是，在秘书省校书郎任上不到三四个月②，却突然被调为弘农尉，商隐在人生道路上又遇到一次新的挫折。

第二节　出尉弘农

弘农属河南道虢州，是州治所在，离长安四百三十里，离东都洛阳五

---

① 见《唐音戊签·李商隐诗集卷八》胡氏对此诗的笺语。

② 商隐试拔萃约在开成四年仲春，设季春释褐为秘书省校书郎，到本年夏秋间调补弘农尉，前后不过三个月左右。《旧唐书》本传："释褐秘书省校书郎，调补弘农尉。"参下节。

百五十三里，居于京洛大道之中，是个紧县①。但从秘书省校书郎调补弘农尉，不但官品一下降了两级（弘农尉为从九品上阶），而且从清职降为俗吏。唐人普遍对县尉比较卑视。高适《封丘作》："拜迎长官心欲碎，鞭挞黎庶令人悲。"杜甫《官定后戏赠》："不作河西尉，凄凉为折腰。老夫怕趋走，率府且逍遥。"李商隐自己的诗《任弘农尉献州刺史乞假归京》："却羡卞和双刖足，一生无复没阶趋。"都说明这一点。特别是当他已获得秘书省校书郎的美职后突然降品任俗吏，对他心理上造成的冲击就特别重。这次调任弘农尉的原因和具体情况，现已难以详考。商隐自己在《与陶进士书》中说："寻复启与曹主，求尉于虢，实以太夫人年高，乐近地有山水者，而又其家穷，弟妹细累，喜得贱薪菜处相养活耳。"仿佛只是为了照顾年迈的母亲和幼小的弟妹，减轻生活负担，因而主动提出到虢州任县尉之职。这显然是一种饰词。商隐集中，一首以《蝶》为题的寓言性质的诗对真实原因稍有透露：

> 初来小苑中，稍与琐闱通。
> 远恐芳尘断，轻忧艳雪融。
> 只知防浩露，不觉逆尖风。
> 回首双飞燕，乘时入绮栊。

冯浩说："自慨之作。起二句喻初为秘省，得与诸曹相近。下言不意被斥，让他人乘时升进也。似出尉时所赋。"（《玉谿生诗笺注》）得其旨。"小苑""琐闱"指宫禁，谓初入秘省，得近宫廷。次联形容"初来小苑"忐忑不安心情，谓既恐远隔芳尘，不得长留宫廷，又忧粉消雪融（指蝶粉），失轻艳之姿容。腹联谓自己只提防浓露的侵袭，却未料遇上"尖风"的冲击，喻变生意外，横遭摧抑。尾联言他人得乘时而入宫掖。琐闱、绮栊，一也。"回首"二字，正点出尉弘农时。尽管隐约其辞，但初来小苑即遇上"尖风"这样的恶势力的侵袭还是表现得比较明显的。另一首《别薛岩宾》也与出尉弘农有关：

112

> 曙爽行将拂，晨清坐欲凌。

---

①《通典·职官》："大唐县有赤、畿、望、紧、上、中、下七等之差。"自注："京都所治为赤县，京之旁邑为畿县，其余则以户口多少、资地美恶为差。"因此在县的各等中居于中等偏上。

别离真不那，风物正相仍。

漫水任谁照？衰花浅自矜。

还将两袖泪，同向一窗灯。

桂树乖真隐，芸香是小惩。

清规无以况，且用玉壶冰。

朱鹤龄说："（桂树）二语义山自谓也。义山释褐秘书省校书郎，旋调补弘农尉，故有'芸香'之句。"（《李义山诗集笺注》卷上）程梦星则谓："诗中'桂树''芸香'二语，朱长孺以为义山自谓，愚意兼谓岩矣。玩上文'还将两袖泪，同向一窗灯'，词本双行，焉有单接身事之理？且而结专美薛，何以鹘突收转耶？愚意岩宾大都亦如义山之自秘书出者，故同病相怜，乃有中四语。而结则侧卸薛君，以期其致用耳。"（《重订李义山诗集笺注》卷上）所解较朱氏更为合理。冯浩说："唐人每以降谪为小惩。《北梦琐言》孟弘微躁妄一条云：'贬其官，示小惩也。'"（《玉谿生诗笺注》）此诗当是与薛自秘省同出贬时所作。"桂树"二句是说登第入仕，已违真隐；秘省谪外，又遭小惩，仕隐两失。

　　商隐赴弘农任，约在夏末，《出关宿盘豆馆对丛芦有感》作于赴任途中即将到达弘农时：

芦叶梢梢夏景深，邮亭暂欲洒尘襟。

昔年曾是江南客，今日初为关外心。

思子台边风自急，玉娘湖上月应沉。

清声不逐行人去，一世荒城伴夜砧。

盘豆馆在潼关外四十里，题内之"关"指潼关。"关外心"用杨仆耻居关外而移关事。《汉书·武帝纪》："元鼎三年冬，徙函谷关于新安，以故关为弘农县。"应劭曰："时楼船将军杨仆数有大功，耻为关外民，上书乞徙东关，以家财给其用度。武帝意亦好广阔，于是徙关于新安，去弘农三百里。"函谷故关战国时秦置，在今河南灵宝县境，唐时为虢州弘农县境。杨仆所移之新关在今河南新安县境。商隐调补弘农尉，由清职出降为俗吏，而弘农正好是函关旧地，因而有感于杨仆移关之事而生"耻居关外"之心。曰"今日初为"，正可见这首诗是由秘省清资降为弘农尉，头一次产生类似杨仆的"耻居关外"之心。考商隐一生，由京职外调，途经函潼而又时值夏末者，只有

113

开成四年调尉弘农这一次。其他如赴兖州、赴徐州，均分别在四月、十二月，与这首诗"芦叶梢梢夏景深"之时不合。腹联"思子台""玉娘湖"借盘豆馆近处景物点缀，略寓母子悬念、夫妻相思之情，也可见这首诗当作于开成三年与王氏结婚之后，会昌二年其母去世以前。这首诗景物清迥而感情绵长，写芦叶虽只一句，但一连串的思绪和感情活动，都由芦叶梢梢之声触发。尾联渲染芦叶清音伴荒城夜砧而一世长在，更将环境给予人的凄清感受定格在诗人与读者心中，非常富于情致与韵味，是典型的深情绵邈的义山体。诗中"昔年曾是江南客"，可能指幼年随父流寓"浙水东西，半纪漂泊"的生活经历。江南正是芦苇遍地的水乡，故由眼前的丛芦而忆及江南半纪漂泊期间之所见。

在弘农尉任上，一次外出回虢州途中，怀念虢州的僚佐源从事，作了一首《次陕州先寄源从事》：

> 离思羁愁日欲晡，东周西雍此分途。
> 回銮佛寺高多少，望尽黄河一曲无？

一二次陕州，点明日将暮而生离思羁愁。三四谓登上高高的回銮佛寺（唐代宗因吐蕃犯京畿而驾幸陕州，还京后在陕州建佛寺以报佛佑之功）而西望虢州，却望不尽黄河一曲，更何况是河"源"呢（以河源之源关合源从事）。平常的内容以摇曳生姿之笔出之，便颇有情致。

虢州湖城县有覆釜山，又名荆山。《元和郡县图志》："虢州湖城县，荆山在县南，即黄帝铸鼎之处。"此荆山与楚卞和得玉的荆山同名而异地。诗人作《荆山》诗云：

> 压河连华势孱颜，鸟没云归一望间。
> 杨仆移关三百里，可能全是为荆山？

荆山压河连华，山势雄峻，景色壮丽，但杨仆移关三百里，难道全是为了欣赏这雄峻的荆山吗？冯浩说："借慨己之由京调外也。不直言耻居关外，而故迂其词，使人寻味。"（《玉谿生诗笺注》）荆山山势的雄峻挺拔与地理上的屈居关外（唐代以潼关以西的地区为关中），正好触发了诗人的身世遭逢之慨，因此又一次借杨仆耻居关外之事发之。《与陶进士书》说："寻复启与曹主，求尉于虢，实以太夫人年高，乐近地有山水者。"杨仆移关，是因为耻居关外，而非为爱荆山之雄峻；诗人之尉弘农，又岂是"乐近地有山水"？盖为人所排摈，不得已而屈居尉职。文以反话饰语出之，诗以反诘语透正意，两相参较，其意明显。

大约就在商隐到弘农尉任不久，因为减免对受冤囚徒的刑罚，触怒了陕虢观察使孙简，将罢职，诗人愤而以"乞假归京"的名义提出辞职。《与陶进士书》："始至官，以活狱不合人意，辄退去，将遂脱衣置笏，永夷农牧。会今太守怜之，催去复任。"《新唐书》本传："调弘农尉，以活狱忤观察使孙简，将罢去。会姚合代简，谕使还官。"《唐才子传·姚合传》亦云："开成间，李商隐尉弘农，以活囚忤观察使孙简，将罢去。会合来代简，一见大喜，以风雅之契，即谕使还官。"商隐有《任弘农尉献州刺史乞假归京》诗云：

> 黄昏封印点刑徒，愧负荆山入座隅。
> 却羡卞和双刖足，一生无复没阶趋。

本传说"将罢去"，诗则云"乞假归京"（实即辞职之婉辞），似不一致。实际情况可能是孙简打算免去商隐的县尉之职，商隐则干脆自动辞职。商隐愤而去职，"耻居关外"，不甘于"封印点刑徒"的俗吏之职和"没阶趋"的卑屈处境固然是重要原因，但直接激成此举的则是因活狱而触忤孙简一事。从《行次西郊作一百韵》"尔来又三岁，甘泽不及春。盗贼亭午起，问谁多穷民。节使杀亭吏，捕之恐无因"等诗句看，商隐对因饥寒交迫为盗的"穷民"是抱有同情的，这次"活狱"当是出于对系囚穷民的同情。但从孙简看来，职主捕盗贼的县尉竟然减免对系囚的刑罚，显然是背叛职守的行为，自然要怒而肆威，将商隐罢职了。因此，商隐"乞假归京"，用告长假的方式自动去职，就既含有对酷虐政治的不满，对滥施淫威的上司的抗议，也含有忠而见罪的怨愤（活狱的根本目的仍在于维护封建统治的安定）。在愤语中包含多方面的意蕴。而绾结这多方面意蕴的诗歌意象则是"荆山"。它在诗中既是峻拔高标的象征，又是忠而获罪遭遇的象征（利用两荆山同名，将卞和献玉反遭刖足的意蕴渗透到荆山的意象中）。于是我们注意到，在任弘农尉期间，商隐诗歌的中心意象是本地风光的"荆山"。他一而再地创造性地运用这个诗歌意象来表现自己的性格、遭遇与心态。这是既具义山个性又具特定地域色彩的诗歌意象。

《自况（按：一作贶）》和《假日》二诗，可能作于告假辞尉后。前

115

诗云：

> 陶令弃官后，仰眠书屋中。
>
> 谁将五斗米，拟换北窗风？

后诗云：

> 素琴弦断酒瓶空，倚坐欹眠日已中。
>
> 谁向刘灵天幕内，更当陶令北窗风？

前诗用陶潜不为五斗米折腰而弃官事自况，与辞尉弘农最为贴切；后诗兼用陶令闲居与刘伶醉酒、幕地席天事，似写弃官后生活，于闲适放逸中流露傲岸不羁之慨。二诗中出现的是傲吏兼狂士的形象。从上述诗作中可以明显看出，商隐性格中固有的刚峻、倔强、傲岸的一面在特定环境中得到明显的表现，而"荆山""陶令"等意象则成为上述性格的表现载体。

据《旧唐书·文宗纪》，开成四年八月庚戌朔，"以给事中姚合为陕虢观察使"。姚合是开元时名相姚崇的曾侄孙，晚唐重要诗人。他对商隐的诗名当早有所闻，故八月到陕虢观察使任后，便劝谕商隐还官，仍居弘农尉任。这场因"活狱"引起的风波得以平息。大约在开成四年的深秋，商隐的连襟朔方节度书记张审礼路经弘农，住在弘农县的馆舍。两人此时都和家室相离，思念妻子，同病相怜，商隐有《戏赠张书记》云：

> 别馆君孤枕，空庭我闭关。
>
> 池光不受月，野气欲沉山。
>
> 星汉秋方会，关河梦几还。
>
> 危弦伤远道，明镜惜红颜。
>
> 古木含风久，平芜尽日闲。
>
> 心知两愁绝，不断若寻环。

116 开篇君、我并举，"孤枕""空庭"，已经显示出彼此都是离家室独居。"池光"二句，为王安石所赏，认为"虽老杜无以过"。月照池水，波光闪烁，形成反射，像是不受月光的照射，故说"池光不受月"；田野的苍茫暮色，笼罩远山，故云"野气欲沉山"。二句写出自暮入夜景色与纷然黯然心境，而又不着痕迹，故宋宗元说："写景，即亦寓兴。"（《网师园唐诗笺》）

"星汉"四句，谓彼此远离妻室，如牛女之七夕方能相会，故相思之情只能托之梦寐；而王氏姊妹，恐亦因"伤远道""惜红颜"而寄情于清瑟危弦和窗前明镜。"古木"二句，写秋日摇落之景、寂寥之况。尾联君我与双方妻室同收，谓彼此离愁不断如寻环也。全篇纯用白描，词语清丽而情韵绵长。中有戏语，而妙不伤雅。商隐短篇五言排律，每有此种白描胜境，认为商隐只工獭祭，实片面之见。

　　商隐在开成四年八月姚合接任陕虢观察使，"谕使还官"后，又继续在弘农尉任上供职了一年左右。据岑仲勉考证，《樊南文集补编》中的《为弘农公上虢州后上中书状》《为弘农公虢州上后上三相公状》，题内"弘农公"殆为注《荀子》之杨倞，并谓："倞自主中出刺虢州，约当开成四五年。据《新·表》，（开成）四年七月甲辰至五年八月庚午期内，宰相三人。即商隐守弘农尉时代作。弘农，虢州郭下，宜乎有此代劳矣。"《玉谿生年谱会笺平质》）所考近是。据前状"遘骄阳积潦之患，困苗螟叶蟹之灾"，后状"平原境内，尽死飞蝗"等语，证以《新唐书·五行志》"（开成）五年夏……虢、陈、许、汝等州螟蝗害稼"的记载，此二状当作于开成五年夏秋间，可证其时商隐尚在弘农尉任。其离任的时间当在九月。《与陶进士书》作于开成五年九月三日，书末犹署"弘农尉李某"。此后不久，商隐就离开弘农尉任，去济源移家，准备在长安参加调选官职了。但在开成五年正月到八月这段时间里，他为调回长安担任京职的王茂元代拟过三封给李德裕的书信，又有《酬别令狐补阙》诗，证明这段时间他常在长安。有关这方面的情况，在下节一并叙述。

第三节　文宗去世与移贯长安

　　开成五年正月，唐文宗病重去世，唐武宗继位，政局又一次发生重大变化。

　　《旧唐书·文宗纪》："（开成）五年春正月戊寅，上不康，不受朝贺。己卯（按：即初二），诏立亲弟颍王瀍为皇太弟，权勾当军国事，皇太子成美复为陈王。辛巳（按：即初四），上崩于大明宫之太和殿。"《武宗纪》："初，文宗追悔庄恪太子殂不由道，乃以敬宗子陈王成美为皇太子。开成四年冬十月宣制，未遑册礼。五年正月二日，文宗暴疾（按：《文宗纪》谓辛已崩，当是对外宣布之日，实际上死于二日）。宰相李珏、知枢密刘弘逸奉密旨，以皇太子（按：即成美）监国。两军中尉仇士良、鱼弘志矫诏迎颍王于十六宅……是夜士良统兵于十六宅迎太弟赴少阳院，百官谒见于东宫思贤殿……四日，文宗崩，宣遗诏：皇太弟宜于枢前即皇帝位……十四日，受册于正殿……陈王成美、安王溶狙于邸第。初，杨贤妃有宠于文宗，而庄恪太子母王妃失宠怨望，为杨妃所谮。王妃死，太子废。及开成末年，帝多疾无嗣，贤妃请以安王溶嗣，帝谋于宰臣李珏，珏非之，乃立陈王。至是，仇士良立武宗，欲归功于己，乃发安王旧事，故二王及贤妃皆死。"《通鉴》所载略同。很明显，这是宦官中以仇士良、鱼弘志为首的一派和以刘弘逸为首的另一派为了拥立一个功由己出的皇帝，跟朝臣中的不同人物勾结起来展开的一场斗争。斗争的结果，是仇士良这一派获胜，杨贤妃与安王溶，刘弘逸、薛季棱和陈王成美先后被杀，杨嗣复与李珏，是同属牛党的两个宰相，开成三四年间，在与陈夷行、郑覃的斗争中步调一致，相互勾结；但在立储君的问题上，杨嗣复党附杨贤妃，主张立安王溶，李珏则党附刘弘逸，反对立安王溶，主张立陈王成美。可见他们之间的分合，纯为私利，并没有政治上的原则。杨、李也先后罢相、被贬。

商隐在文宗去世后，约当开成五年八月文宗葬章陵前后，写过一首名为《咏史》，实为悼念文宗、感慨国运的七律：

> 历览前贤国与家，成由勤俭破由奢。
> 何须琥珀方为枕，岂得珍珠始是车。
> 运去不逢青海马，力穷难拔蜀山蛇。
> 几人曾预《南薰曲》，终古苍梧哭翠华。

史称文宗"自为诸王，深知两朝（按：指穆宗、敬宗）之弊。及即位，励精求治，去奢从俭"（《通鉴》卷二四三），力图挽回唐王朝江河日下的颓势。但在位十四年，除初政稍有起色外，不仅没有任何值得称道的建树，而且使危机日益深化。两次谋诛宦官的失败，更充分说明其政治上所作的努力，无不事与愿违。图治无成，终于在"受制于家奴"，连周赧王、汉献帝也不如的哀叹声中死去。本篇在哀惋文宗图治无成的同时，深慨于唐王朝的运去难挽。俭成奢败，本是历代兴衰的常规，但文宗却是虽勤俭也无所成。这种反常的现象引起诗人的深沉思考。他将这归结为"运去""力穷"。这说明他已感到唐王朝的衰颓崩溃之势已成，即使皇帝勤俭图治，也难以挽救积重难返

118

的危机。这是他对晚唐政治现实和历史发展趋势感受深刻之处。但他不可能从根本上认识到究竟是什么导致"运去""力穷",这正是本篇和商隐其他许多感伤时世、感慨国运的诗笼罩着一层悲凉之雾和迷惘情绪的主要原因。文宗在世时,诗人对他的闇弱,颇多讥评;而在他死后,则又加以哀惋。讥评与哀惋,都出于关注国家命运的感情。另有《垂柳》五律,亦为哀惋追念文宗而作,尾联云:"肠断灵和殿,先皇玉座空。"说明商隐内心深处,对文宗还是相当怀念的。程梦星说:"义山于君臣遇合绝少,唯文宗开成二年登第,故不能已于成名之感,偶对垂柳发之。"(《重订李义山诗集笺注》卷上)这也可能是原因之一。但更深层的原因,当是文宗勤俭图治无成的悲剧结局与商隐对唐王朝衰颓国运难以挽回的悲剧情绪正好合拍的缘故。

　　大约在文宗去世后不久,王茂元从泾原调回长安担任京职。在此之前,开成四年冬,商隐就为茂元草拟过给皇帝的陈情表(《为濮阳公陈情表》),希望能回到长安供职。表中历叙入仕以来的经历,最后说:"盖以久处炎荒,备薰瘴毒,内摇心力,外耗筋骸。虽马援据鞍,尚能矍铄;而班超揽镜,不觉萧衰。恐无以早就大功,久当重任。自思已熟,求退为宜。"文宗卒,武宗立,终于将在泾原任节度使首尾长达六年的王茂元召回长安。《为濮阳公陈许谢上表》叙及茂元自泾原内召及在朝任职事云:"旋属皇帝陛下,荆枝协庆,棣萼传辉,臣得先巾墨车,入拜丹陛。兰台假号,棘署参荣。奉汉后之园陵,获申送往;掌周王之廪庾,方切事居。"《祭外舅赠司徒公文》亦云:"排闼无及,持符载泣,荷紫泥之降数,驰墨车而来急。省揆名在,农官望集。鄙卿曹之四至,小承明之三入。郤毕之地,轩辕之台,葛绷将掩,柏陵始开。会稽之象犹未去,鼎湖之龙不归来。代邸迎骓,将极事居之礼;乔山护驾,犹深送往之哀。"冯浩据前文,谓"茂元入朝,当为御史中丞、太常少卿、将作监,转司农卿,迁陈许节度,史多略之"。实际上,茂元入朝,仅任司农卿、将作监,加检校右仆射,此外均为冯浩误解文义所致(辩详下节)。茂元开成五年在京期间,商隐的连襟张审礼罢蒲津之任后与其妻来京与茂元夫妇相聚,"朝堂夜闼,曲榻温炉,稚子雏孙,满吾怀抱"(《为外姑陇西郡君祭张氏女文》)。商隐其时虽尚在弘农尉任,但为了自济源移家长安的事,当亦不止一次来过长安。大约在开成五年的春夏间,曾代王茂元草拟过给当时任淮南节度使的李德裕的信(《为濮阳公上淮南李相公状一》)。七八月间,因征李德裕入京,又先后草拟过《为濮阳公上淮南李相公状二》《为濮阳公上淮南李相公状三》。此外,还有《为濮阳公与蕲州李郎中（播）状》《为侍郎汝南公华州谢加阶状》等。这些文章的代作，说明商隐从开成五年的春夏间至七八月，曾往返于长安、华州、弘农间。上述文章中，代王茂元上李德裕的三状（特别是第三状）值得注意。在这样短的时间内连上三状，不仅表现出王茂元加强与李德裕之间联系的努力，而且反映出随着武宗继立、德裕入相，政局发生变化的明显征兆。第一状上于茂元到京后、德裕尚未内征时，其中虽也有诸如"常依德宇，果蒙陶冶""顾遇特深，音徽远降"一类的话，但仍属一般的应酬客套。第二状上于开成五年七月召德裕于淮南之后，八月中旬文宗葬章陵之前，状中对德裕的称颂赞美之词便显然加重了分量，如说"圣上肇自汉藩，显当殷鼎，必先求旧，以谨维新""相公受寄累朝，允怀明德……固合长在庙廷，永光帝载，使庶政绝贪婪之患，大朝无党比之忧。况今者时逼藏弓，礼当辅主。元侯功大，独申攀送之哀；伯父位尊，使率骏奔之列"，不但以入相属望德裕，而且认为德裕是能使"庶政绝贪婪之患，大朝无党比之忧"的清廉、无党的人物，包含着很高的政治评价。第三状上于德裕即将抵达京城长安时，不但直接点明此次内召是要用为辅相，"今惟新之历，始叶卜于姬公；作辅之臣，又征言于单于。以今况古，千载一时"，而且从德裕之父李吉甫元和六年任宰相叙起，赞美其父子两代的政绩：

> 某窃思章武皇帝之朝，元和六年之事：镇南建议，初召羊公；征北求人，先咨谢傅。故得齐刿封豕，蔡剔长鲸。伏惟相公，清白传资，馨香袭庆，始自辛卯，至于庚申，虽号历四朝，而岁才三纪。淮王堂构，既高大壮之规；汉相家声，复有急征之诏。桂苑之旧宾未老，金縢之遗字犹新。爕理虽系于阴阳，怵惕固深于霜露。且广陵奥壤，江都巨邦，爰在顷时，亦经芜政。风移厌劫，俗变侵凌，家多纷若之巫，户绝娈兮之女。相公必置于理，大为其防。邺中隳河伯之祠，蜀郡破水灵之庙。然后教之厚俗，喻以有行，用榛栗枣脩，远父母兄弟。隐形吐火，知非鬼不祭之文；抱布贸丝，识为嫁日归之旨。化高方岳，威动列城，陈于太史之诗，列在诸侯之史。今者重持政柄，复注皇情，便当佐禹陈谟，辅尧考绩。

这就完全不同于一般应酬书信的泛泛赞美祝颂，而是具体而切实地讲述了李吉甫在元和平藩统一事业中的方略与功绩，特别是李德裕在淮南节度使任上破除迷信、改变陋俗的政绩，连同第二状"大朝无党比之忧"的赞词，实际

120

上将李吉甫、李德裕父子四朝三纪的重要政绩作了叙赞。《旧唐书·李商隐传》说:"茂元虽读书为儒,然本将家子,李德裕素厚遇之。"《新唐书·李商隐传》则说"茂元善李德裕",但都没有说茂元就是李德裕党。从这三篇状看,茂元对李吉甫、李德裕父子的政绩是相当推崇的,在武宗继位、李德裕得到重用时,茂元未始没有希求得到李德裕关顾的想法。同时,这三篇状也在一定程度上反映了李商隐本人对李吉甫、李德裕的看法,特别是"大朝无党比之忧"的赞词,更等于认为李德裕是无党的,反对结党营私的。这和《通鉴·文宗大和八年》的一段记载对照,很耐人寻味:

> 时德裕、宗闵各有朋党,互相挤援,上患之,每叹曰:"去河北贼易,去朝廷朋党难!"

撇开史籍"德裕、宗闵各有朋党"的记述不论,至少在文宗眼里,德裕、宗闵都是朝廷朋党的首领,而商隐所撰状中"大朝无党比之忧"的赞词正好与文宗唱反调。这种赞誉,比起商隐代拟的给李宗闵、牛僧孺的状(见后)只泛泛称美而不叙其实际政绩,可以看出商隐对李德裕和对李宗闵、牛僧孺的政绩,心里是有不同看法和评价的。

开成五年秋,商隐有《酬别令狐补阙》诗。这首诗反映出其时商隐对令狐绹虽有所希求,但两人关系中已出现了一些隔阂。诗云:

> 惜别夏仍半,回途秋已期。
> 那修直谏草,更赋赠行诗。
> 锦段知无报,青萍肯见疑?
> 人生有通塞,公等系安危。
> 警露鹤辞侣,吸风蝉抱枝。
> 弹冠如不问,又到扫门时。

仲夏与绹告别,回途已届秋天,不料自己又事行役,致使令狐绹在修谏草的同时,又赋赠行之诗。首四句点明酬别之由。"锦段"二句,分用张衡《四愁诗》"美人赠我锦绣段,何以报之青玉案"及邹阳《狱中上书自明》:"明月之珠,夜光之璧,以暗投人于道,众莫不按剑相眄者,何则?无因而至前也。"意谓令狐绹对自己的深情厚谊,自知无所报答,但实心念旧恩,故人于我,难道会有按剑(青萍为剑名)相眄之疑吗?"人生"二句赞美令狐等身系国之安危，慨叹人生各有通塞，起下"抱枝""扫门"意。九十以"辞侣"点别，以"抱枝"喻依附旧枝。末联则表明希求汲引之意。全篇志卑词苦，于令狐之见疑，心存惕惧，而婉言剖白；于令狐之弹冠不问，则情颇急切，直言不讳。纪昀讥末二句无品格，甚是。从这首诗看，商隐与令狐绹之间此时感情上已有隔阂，其具体原因，当与商隐入泾原幕，娶茂元女以来，与令狐之间踪迹较疏有关。诗言"锦段知无报"，言外隐然见令狐之以恩门自居，以报恩相期乃至相责；言"青萍肯见疑"，则言外亦见令狐对义山已有所疑忌。当然，这时令狐绹对商隐虽有所疑忌不满，但并不像后来大中元年因商隐跟随郑亚而对其表示震怒，因而对商隐的希求汲引仍有所回应，这从此后商隐作的《献舍人彭城公启》《献舍人河东公启》中分别提到"即日补阙令狐子直顾及，伏话恩怜，猥加庸陋""前月十日，辄以旧文一轴上献，即日补阙令狐子直至，伏知猥赐披阅。今日重于令狐君处伏奉二十三日荣示，特迁尊严，曲加褒饰"等情况，可以明显看出。

本年九月三日，商隐写了《与陶进士书》。这是一篇研究商隐思想和参加科举考试以来经历的有重要价值的文章。一开头就标举刘知几的儿子刘迅《六说》里的两句话"是非系于褒贬，不系于赏罚；礼乐系于有道，不系于有司"作为自己的信条，认为是非并不取决于有权势者的赏罚，而是取决于有道者的褒贬，明显地将"有道"置于权势地位之上。然后回顾了从参加科举考试以来自己所见所闻所历的种种情况。先讲到为应试向贵显者行卷，结果遇到的却是"置之而不暇读者，又有默而视之，不暇朗读者，又有始朗读而中有失字坏句不见本义者"，尖锐地嘲讽了显贵者的不学无术和对人才的冷漠。接着提到开成二年应进士试，由于令狐绹在主考官高锴面前三道"李商隐"而得登第的情事：

> 时独令狐补阙最相厚，岁岁为写出旧文纳贡院。既得引试，会故人夏口（按：指高锴）主举人，时素重令狐贤明，一日见之于朝，揖曰："八郎之友谁最善？"绹直进曰"李商隐"者，三道而退，亦不为荐托之辞，故夏口与及第。然此时实于文章懈退，不复细意经营述作，乃命合为夏口门人之一数耳。

从叙述的事实看，令狐绹的帮忙的确起了重要作用；但从叙述的口吻看，却并没有多少感激之意，而是表现出对登第一事的若不经意与冷淡。特别是将此前的多次应试落第与"此时实于文章懈退，不复细意经营述作"及高锴因令狐绹三道李商隐而与及第联系起来品味，就会明显感到士子们苦苦追求的登第成名，根本不取决于真才实学和对文章的"细意经营"，而是取决于有权势名位和有效人际关系者的几句话。这样的登第，不正是一种对自己才能的嘲讽吗？冯浩说："味此数句，其感令狐浅矣，时必已渐乖也。"（《樊南文集详注》卷八）其实，这里流露的主要不是感令狐之情的深浅问题，而是看穿了事情真相之后一种莫名的悲哀，一种自我解嘲。下面又讲到开成三年应吏部试，已"为吏部上之中书"，仅仅因为某中书长者的一句话"此人不堪"就被抹去了名字。士子的命运就操纵在这种专断蛮横的显贵手里。然后又叙开成四年作尉弘农期间，因活狱不合长官之意"辄退去"之事。总之，自己应举以来所遭受的一切恰恰与自己的信条相反，士子的命运完全取决于显贵者的片言只语、好恶褒贬。结尾一段，意味深长地总结了他对华山的"三得"："始得其卑者朝高者，复得其揭然无附著，而又得其近而能远。"冯浩说："似全以华山喻己之于令狐。始居其门，今不复附著，迹虽远而心犹近，以为回护之词。"（《樊南文集详注》）按此"三得"正反映了商隐与包括令狐在内的贵显势力关系的三个阶段：始则依附，继则特立不阿，再则貌似近而心则远（与冯说"迹虽远而心犹近"正相反）。此后一段时间内，他与令狐之间确实保持了这样一种"近而能远"的关系。回顾开成元年所作的《别令狐拾遗书》中对士大夫交道的抨击和对自己与令狐间"一日相从，百年见肺肝"关系的自信，再看现时他与令狐间隔阂的产生，商隐对士大夫交道乃至整个世情的认识比先前又深了一层。

就在写《与陶进士书》后不久，商隐辞去弘农尉职，到济源去将家搬到长安。《上河阳李大夫状一》说："伏以仍世羁宦，厥家屡迁。占数为民，莫寻乔木；画宫受吊，曾乏弊庐。近以亲族相依，友朋见处，卜邻上国，移贯长安。"《上李尚书状》云："昨者伏蒙恩造，重有沾赐，兼假长行人乘等，以今月十日到上都讫。"李大夫、李尚书均指河阳节度使李执方，系商隐妻舅、茂元内兄弟，商隐自济源移家长安曾得到执方资助。又《祭小侄女寄寄文》也提到"赴调京下，移家关中"之事。移家的具体年月，冯谱谓在开成四年释褐后，云："《与陶进士书》曰：'南场作判，比于江淮选人，正得不忧长名放耳。'虽自负文才必得，亦谓忌者不能抑也。又曰：'寻复启与曹主，求尉于虢，实以太夫人年高，乐近地有山水者'云云，乃矫语耳……又按：义山于开成二年已云'愚调京下'，然即有兴元之急行，而释褐实在四年，时当移家关中。《祭侄女文》：'赴调京下，移家关中，寄瘗尔骨，五年于兹。'溯之当在是年。则云'乐近地有山水者'，必非始愿所及矣。"冯氏未见商隐上李大夫、李尚书诸状，又误算"寄瘗尔骨，五年于兹"至开成四年，故其移家关中在开成四年释褐后之考证实误。钱振伦《玉谿生年谱订误》已正其误，云："小侄女寄寄葬于会昌四年，而《祭侄女文》云'赴调京下，移家关中，寄瘗尔骨，五年于兹'，又《补编·上河阳李大夫第一状》云'卜邻上国，移贯长安'，而先叙何弘敬拒命事，此事在开成五年，则移家之在五年，已无疑义。冯氏必欲移之四年者，意以移家谒选，然后得尉，而姚合之观察陕虢，事在开成四年，则不得不提前以就其说也。不知唐时先为内外官从调试判者甚多，其以尉而试判者，亦时有之。义山以才人为末吏，本非心之所乐为。《补编·上李尚书状》云：'虞寄为官，何尝满秩'，必其还官之后，旋即辞尉任以求超擢，故会昌二年又以书判拔萃。彼此参证，其作尉在先，移家在后，尚何疑哉！"按钱氏之辨正除"必其还官之后，旋即辞尉任赴京以求超擢"一语不确以外，其开成五年移家之结论确凿无误。会昌四年上溯五年，寄寄之夭及寄瘗济源当在五年而绝非四年，移家亦自必在五年。但钱氏未考移家的具体月份。张采田据《酬别令狐补阙》"惜别夏仍半，回途秋已期"之句，谓移家在开成五年初夏，亦误。按《上河阳李大夫状一》在述及"近以亲族相依，友朋见处，卜邻上国，移贯长安"时接着写道：

> 始议聚粮，俄沾厚赐。衣裾轻楚，疋帛珍华。负荷不胜，推让何及……退惟蹇薄，安所克堪？白露初凝，朱门渐远。西园公子，恨轩盖之难攀。东道主人，仰馆谷而犹在。

很显然，这篇状是商隐将去济源移家时李执方赐以衣帛等物，商隐表示感谢而作。其时季候正当"白露初凝"之时，与张氏移家在初夏之说显然不合。吴登《月令七十二候集解》云："寒露，九月节，露气寒冷，将凝结也。"时当在开成五年九月。而《与陶进士书》作于开成五年九月三日，书末犹署"九月三日弘农尉李某顿首"，说明九月三日商隐犹在弘农尉任上。辞尉、移家、从调应在其后。前已述及，商隐此次移家，得到河阳节度使李执方的资助，《上河阳李大夫状一》作于离河阳去济源移家时，据状末"白露初凝"语，时当在九月上中旬间（九月尚有霜降节气，在下旬）。自济源启程赴长安前，又得到李执方"赐借骡马及野戎馆熟食草料等"资助，商隐有《上河阳李大夫状二》表示感谢。济源至长安约一千里，抵达长安的时间当已十月。《上李尚书状》为抵长安后所上，状首即云"昨者伏蒙恩造，重有沾赐，兼假长行人乘等，以今月十日到上都讫"。可证商隐移家抵达长安的具体时间是开成五年十月十日。唐代内外官从常调，不限已仕未仕，选人期集，始于孟冬，终于季春。十月十日抵京，正赶上从调之时，故《上李尚书状》接云："既获安居，便从常调。"

移家长安的具体地点，据商隐《樊南甲集序》自号"樊南生"，冯浩于《樊南文集详注》卷首考云：

> 《史记·樊哙传》："赐食邑杜之樊乡。"《索隐》曰："杜陵有樊乡。"《三秦记》曰："长安正南，山名秦岭，谷名子午，一名樊川，一名御宿。"樊乡即樊川也。《元和郡县志》曰："樊川一名后宽川，在万年县南三十五里。"盖其地当京城之南。唐人居城南者甚多，而"樊南"之字，如张礼《游城南记》云："西倚高崖，东眺樊南之景。"地志诸书亦屡见也。义山未第之前，往来京师，文名已著。及开成中，移家关中，必居樊南之地，故以自称。文所云"十年京师寒且饿……樊南穷冻人或知之"，而诗有云"白阁自云深"，又"回望秦川树如荠"，实指京郊所居景物言之无疑也……《说文》："樊，京兆杜陵乡。"徐锴《系传》曰："即樊川，汉曰御宿，在长安南，终南山北，连芙蓉园、曲江也。"

按：冯氏考证"樊南"甚确。商隐《思归》云："旧居连上苑，时节正迁莺。"诗作于大中二年春在桂林时，所谓"旧居"，即指移贯长安时之居处。上苑，即汉上林苑。苑南至御宿，亦即樊川[1]，故云"旧居连上苑"。其所居之地当距杜牧的樊川别业不远。直到会昌四年春太原杨弁之乱平后，商隐一家方从樊南迁居蒲州之永乐县。

第四节　赴陈许幕

就在商隐刚将家搬到长安城南的樊南时，王茂元被任命为陈许节度使，

---

[1]《三辅黄图·苑囿》："汉上林苑，即秦之旧苑也。《汉书》云：'武帝建元三年，开上林苑。东南至蓝田宜春、鼎湖、御宿、昆吾，旁南山而西，至长杨、五柞，北绕黄山，濒渭水而东，周袤三百里'。离宫七十所，皆容千乘万骑。"

召商隐入幕，商隐于是又有赴陈许幕之行。

王茂元出镇陈许的时间，《旧唐书》本传接叙于甘露之变后，谓"茂元积聚家财钜万计。李训之败，中官利其财，掎摭其事，言茂元因王涯、郑注见用。茂元惧，罄家财以赂两军，以是授忠武军节度、陈许观察使"，漏书任泾原节度使及自泾原入朝为官二事，显误。《新唐书》本传改正为："家积财，交煽权贵。郑注用事，迁泾原节度使。注败，悉出家赀饷两军，得不诛，封濮阳郡侯。召为将作监，领陈许节度使。"但未载出镇陈许的具体时间。冯浩《玉谿生年谱》系于会昌元年夏，张采田《玉谿生年谱会笺》系于会昌元年秋冬之际，均非。吴廷燮《唐方镇年表》系于开成五年九月，云："李绅是年九月自宣武移淮南，（王）彦威代绅，茂元又代彦威。"岑仲勉《玉谿生年谱会笺平质》乙承讹"王茂元为陈许"条从吴考。

按《旧唐书·武宗纪》：开成五年九月，"以淮南节度使、检校尚书左仆射李德裕为吏部尚书、同中书门下平章事，寻兼门下侍郎；以宣武军节度使、检校吏部尚书、汴州刺史李绅代德裕镇淮南"。史虽未载王彦威由陈许徙宣武、王茂元由将作监出镇陈许的具体时间，但李绅、王彦威、王茂元分别徙镇或出镇淮南、宣武、陈许，乃是因李德裕由淮南入相所引起的一连串先后承接的任命。时间上因相互交接容有稍早或稍迟之别，但绝不可能如冯、张所考，将茂元出镇陈许的时间延至一年以后的会昌元年夏乃至秋冬间。实际上，冯、张之所以将茂元出镇陈许的时间定为会昌元年夏或秋冬之际，主要是因为他们认为开成五年九月至会昌元年正月这几个月中商隐有所谓"江乡之游"，而商隐在茂元出镇陈许时又在幕中代拟了一系列表状启牒，为避开与"江乡之游"在时间上的矛盾，只能将茂元出镇的时间安排在会昌元年。但实际上，开成五年九月至会昌元年正月这段时间，商隐根本就没有过所谓的"江乡之游"（关于这个问题，将在本编第十一章《桂幕往返（下）》中详辨。下文叙述开成秋冬商隐行踪时也从另一角度加以辨正）。同时，还因为冯浩误解商隐文，谓王茂元"于武宗即位之初入朝，历御史中丞、太常卿、将作监，迁司农卿，而乃出镇（按：指陈许），当在会昌元年"（《玉谿生年谱》）[1]。以如此频繁的迁转，自当有一年以上的时间方有可能。但细按冯氏恃以为据的商隐诸文及冯氏未见到的商隐有关茂元生平诸

---

[1] 冯浩在《樊南文集详注》卷一《为濮阳公陈许谢上表》之笺语中亦谓："按茂元入朝，当为御史中丞、太常少卿、将作监，转司农卿，迁陈许节度。"与《年谱》同，而"太常卿"改为"太常少卿"。

文，除司农卿明确见于诸表状及祭文，将作监见于《新唐书》本传及诸文，可以确认以外，冯氏所云"历御史中丞、太常卿"纯属子虚乌有。《为濮阳公陈许谢上表》云："旋属皇帝陛下，荆枝协庆，棣萼传辉，臣得先巾墨车，入拜丹陛。兰台假号，棘署参荣。奉汉后之园陵，获申送往；掌周王之廪庾，方切事居。不谓遽董戎旃，还持武节。"从武宗继位、茂元入朝叙到在朝所历官职，直至出镇陈许。其中"奉汉后之园陵，获申送往"，指为将作监，修建文宗园陵；"掌周王之廪庾，方切事居"指为司农卿。冯氏谓"兰台"二句指茂元任御史中丞、太常卿，全属误解。兰台，即兰省，指尚书省（用尚书郎握兰含香故实），商隐《为濮阳公上杨相公状一》"柳营莫从于多让，兰台超假于前行"之"兰台"指尚书省可证①，"兰台假号"，是指茂元自泾原入朝后，加检校右仆射，亦即《为濮阳公上淮南李相公状一》自称"荣兼右揆"之谓，因系检校官，故曰"假号"。棘署，泛指九卿官署，古代九卿统称棘卿。"棘署参荣"即下四句所云，指担任九卿中之司农卿、将作监，与太常卿无涉。冯氏据《为濮阳公祭太常崔丞文》"棘署选丞，仍见谯玄之入"，谓棘署指太常署，二句谓"茂元亦入朝为太常，故仍选为（太常）丞"。不知此处系叙崔珙入朝任官，与王茂元之任官无涉，二句盖谓：属于棘署（九卿衙门）之一的太常署选丞，又见崔珙被选为太常丞。总之，茂元自开成五年春文宗卒后入朝，至出镇陈许前，在朝所任之实职仅司农卿、将作监二职，外加检校右仆射的虚衔而已。

茂元出镇陈许的具体时间究竟是开成五年的哪个月，可从商隐《为濮阳公陈许举人自代状》及其他有关材料中推定。此状举以自代的官员为崔蠡。状云："今沔水无兵，武昌非险，用为廉问，尚郁庙谋。臣所部乃秦、韩战伐之乡，周、郑交圻之邑，军逾千乘，地控三州，若以代臣，必为名将。"可证作此状时崔蠡被任命为鄂岳观察使。冯浩笺引《旧唐书·崔宁传》："宁弟孙蠡，元和五年擢第，大和初为侍御史。三迁户部郎中，出为汝州刺史。开成中，以司勋郎中征，寻以本官知制诰，明年正拜舍人。三年权知礼部贡举，四年拜礼部侍郎，转户部。寻为华州刺史，镇国军等使。再历方镇。"并加按语云："《新书·传》更略。此时（按：指会昌元年）岂已从华州观察鄂岳耶？"史未载崔蠡观察鄂岳及具体时间，但《千唐志斋·唐故

---

①"兰台超假于前行"，谓王茂元在泾原时由检校工部尚书越级加授检校兵部尚书。唐制，六部尚书中，吏、兵为前行，户、刑为中行，礼、工为后行。以此次序迁转。由检校工部尚书授检校兵部尚书，是越级加授检校官，故云"超假于前行"。旧注非。

朝议郎使持节光州诸军事守光州刺史赐绯鱼袋李公（潘）墓志铭并序》云："出为江陵少尹，转光州刺史……今江夏崔公龠、春官侍郎柳公璟、中书舍人裴公休、天官郎崔公球、柱史刘公濛，并交道之深契也……（公）以开成五年八月三日染疾于位，殁于弋阳之官舍……以其年十二月廿四日葬于洛阳县平阴乡从心里之原。"据此，墓铭当作于开成五年八月三日至十二月廿四日之间，而崔龠最迟在开成五年十二月廿四日之前已在鄂岳观察使任上。又据《全唐诗》卷五四四刘得仁《送鄂州崔大夫赴镇》："廉问帝难人，朝廷辍重臣。入山初有雪，登路正无尘。去国鸣驺缓，经云驻斾频。千峰与万木，吟坐叶纷纷。"入山，指入商山，为自长安赴鄂州所经。入山初雪，木叶纷落，是深秋初冬间景象（商山一带，九月即有下雪者，商隐诗《九月於东（按：指商於之东）逢雪》可证），崔龠抵达鄂州，当已十月。崔龠之前任为高锴，卒于任，其卒时史未载。然商隐《与陶进士书》作于开成五年九月三日，书中犹称高锴为夏口（公），可证其时锴尚未卒。参证《为濮阳公陈许举人自代状》及刘得仁《送鄂州崔大夫赴镇》诗，高锴当卒于开成五年九月中旬左右，崔龠即高锴卒后朝廷新任命的鄂岳观察使。又《李公（潘）墓志铭并序》中提到"春官侍郎柳公璟"，据丁居晦《重修承旨学士壁记》："柳璟，开成……五年十月，改礼部侍郎，出院。"亦可证墓铭作于开成五年十月柳任礼部侍郎后。又《为濮阳公陈许举人自代状》在叙述崔龠观察鄂岳前历官时，只说"既还纶阁，复掌礼闱……及司版籍，以副地官"，与《崔龠传》"寻以本官知制诰，明年正拜舍人。三年，权知礼部贡举。四年，拜礼部侍郎，转户部"合，无任华州刺史之迹。刘得仁送崔赴镇诗也无自华刺迁鄂岳的迹象（诗云"朝廷辍重臣"，应是自朝官出镇），《崔龠传》任华州刺史之记载不确。开成五年七月以后任华州刺史者为周墀。

《为濮阳公陈许举人自代状》说："（崔龠）居然国器，实映朝伦。今沔水无兵，武昌非险，用为廉问，尚郁庙谋……若以代臣，必为名将。"细玩这段话的口吻，崔龠和王茂元当是一前一后大体同时被任命为鄂岳观察使、陈许节度使的，故有"今……用为廉问，尚郁庙谋"的表述。如按冯、张所考，茂元会昌元年方出镇陈许，则其举崔龠以自代时，龠在鄂岳任上历时已达半载乃至一年，与上引状文的叙述口吻显然不合。徐树谷《李义山文集笺注》说："时崔龠方除鄂岳观察，而王茂元为陈许节度，以鄂岳非当时重地，而己所部陈许乃中原要害，恐不胜任，故举崔以自代。"徐氏的理解是正确的。

既然王茂元出镇陈许是开成五年九月李德裕自淮南入相引起的一连串先后承接的方镇任命，王茂元举以自代的崔蠡又是开成五年秋冬间与自己先后大体同时被任命的鄂岳观察使，则王茂元出镇陈许的时间当在开成五年秋冬间，而不会迟至会昌元年夏或秋冬间也就可以肯定。

冯谱未提及商隐赴陈许幕之事，但又列《为濮阳公陈许谢上表》《为濮阳公陈许举人自代状》《为濮阳公陈许奏韩琮等四人充判官状》于会昌元年，殊不可解。张氏《会笺》于会昌二年谱书："义山居陈许幕，辟掌书记。"然又云："赴陈许幕或在会昌元年。"然无论元年赴幕、二年居幕，均误。会昌二年商隐又以书判拔萃重入秘省为正字，后又丁母忧，其间不可能有时间居陈许幕。现存商隐诗文，亦无会昌二年居陈许幕之证。商隐之赴陈许幕，实在开成五年十月，乃应茂元之召赴幕。

商隐《祭外舅赠司徒公文》云："京西昔日，辇下当时，中堂评赋，后榭言诗……公在东藩，愚当再调，赍帛资费，衔书见召。水槛几醉，风亭一笑。"京西指泾原，辇下谓京师，四句指茂元镇泾原及内召还朝期间翁婿评赋言诗情事。东藩指陈许。据"东藩"六句，知茂元镇陈许时，曾"赍帛资费，衔书见召"，延商隐赴幕，商隐遂应召入幕。当然，"公在东藩，愚当再调"，可以理解为王茂元镇陈许期间，正值商隐为调选官职奔忙之时；所谓"赍帛资费，衔书见召"，也可以理解为茂元镇陈许的中途召商隐入幕。但只要把商隐在陈许幕期间撰拟的表状启牒一开列出来，就可以明白，这一系列表状绝非茂元镇陈许的中途所作，而是茂元刚被任命为陈许节度使时及抵达陈许任后一个短时期内由商隐所拟。这些表状启牒按时间先后排列计有：《为濮阳公陈许奏韩琮等四人充判官状》《为濮阳公许州请判官上中书状》《为濮阳公上宾客李相公状一》（以上三状为接到任命后赴陈许前所上）、《为濮阳公陈许谢上表》《为濮阳公陈许举人自代状》《为濮阳公上宾客李相公状二》《为濮阳公陈许补王琛衙前兵马使牒》《为濮阳公补卢处恭牒》《为濮阳公补仇坦牒》《为濮阳公补顾思言牒》《为司徒濮阳公祭忠武都押衙张士隐文》《为濮阳公上四相贺正启》（以上九篇均到陈许后作）。另有《淮阳路》诗，当是赴陈许途中已近许州时作。

前已考明，商隐移家抵达长安的时间为开成五年十月十日。其应茂元之召赴陈许当在此后。《为濮阳公陈许谢上表》云："臣伏奉去月八日制书，授臣前件官。臣即以某月日到任上讫。"此"去月八日"当为十月八日。因为如果九月八日奉制，最迟九月下旬茂元当已启程赴任①，而此时商隐正自济源移家长安，不可能与茂元同赴陈许，也就不可能有上列诗文的撰写。十月八日奉制书，十月十日商隐抵达长安，茂元随即"赍帛资费，衔书见召"。商隐本拟"既获安居，便从常调"（《上李尚书状》），因茂元之召，遂随茂元同赴陈许。启程时约在开成五年十月中下旬，抵达许州当已十一月（故《谢上表》云"奉去月八日制书"）。其《淮阳路》诗系赴幕途中将抵许州时作，诗有"断雁高仍急，寒溪晓更清"之句，写景切冬令。又《为濮阳公上宾客李相公状二》为初抵陈许时上太子宾客分司李宗闵之作，状云："此方地控淮徐，气连荆楚，不惟土薄，兼亦冬温。洛阳居万国之中，得四方之正，或闻今岁亦不甚寒。"亦明言时已冬令，而今岁不甚寒。故商隐随茂元赴陈许，当于开成五年十月中下旬启程，抵达许州已是十一月。

商隐此次赴陈许幕，虽系应茂元之召，并在入幕之初撰拟了一系列表状启牒，在一段时间内担负了幕府的文字工作，但实际上并未正式辟奏为掌书记，陈许节度掌书记另有其人。《为濮阳公陈许奏韩琮等四人充判官状》中有段瑰，状云："右件官言思无邪，学就有道，屡为从事，常佐正人，加以富有文辞，精于草隶……臣所部稍远京都，每繁章奏，敢兹上请，乞以自随。伏请依资赐授宪官，充臣节度掌书记。"可见段瑰才是正式辟奏的掌书记。按理，上述表状应由段瑰撰拟。之所以"赍帛资费，衔书见召"，请商隐赴陈许幕，并由商隐撰上述表状，比较近理的解释是：段瑰虽应辟为节度书记，但临时因事不能在幕府初开时即到任，故茂元急召商隐入幕以担当幕府初开时的文字工作。等到段瑰事毕抵陈许幕，商隐便离开陈许。否则，既已正式辟奏段瑰为节度书记，却又让商隐越俎代庖，便无法解释。从另一角度说，茂元既明知商隐移家长安，便从常调，却又要召其入幕，也不好理解。正因为是临时暂代其事，并非正式辟奏的幕僚，故段瑰到任后，商隐便可离幕。商隐《重祭外舅闵徒公文》云："及移秩农卿，分忧旧许，羁牵少暇，陪奉多违。"茂元开成五年十一月至会昌三年四月末一直在陈许任，而商隐在陈许幕的时间不过月余（详下文），故云"陪奉多违"。

商隐何时离陈许幕？现可考知开成五年冬商隐在陈许幕为王茂元草拟的最后一封书启是《为濮阳公上四相贺正启》。张采田云："案：四相无可征

---

①《唐会要》卷六八阙名《刺史限发赴任奏》（大和五年五月御史台）："去京一千里内者限十日，二千里内者限十五日，三千里内者限二十日，三千里外者限二十五日。"许州距京师一千二百里，按规定十五日内当启程赴任。

实，此启亦不审在泾原作，抑陈许也。"（《玉谿生年谱会笺》）按启云："某方临征镇，伏贺无由。"商隐开成三年方入茂元泾原幕，其时茂元在泾原已四年，不得云"方临征镇"，故此启当为茂元镇陈许时商隐代拟。贺正启当于翌年元旦前送达长安，计许州至长安之程途及所费时日，此启当作于十二月上旬。再参以会昌元年正月上旬商隐已在华州为周墀草贺表之事（见下文），商隐约在十二月中下旬离开陈许幕。

商隐在陈许幕期间代茂元所拟诸文中，两篇上李宗闵的状值得注意。这是商隐文中仅有的两篇代人上宗闵的书信。宗闵大和九年贬潮州司户，开成元年移杭州司马，三年为杭州刺史，四年冬改太子宾客分司东都。商隐代茂元作此二状时，宗闵仍在东都为太子宾客，六年来一直处于被贬谪和闲散的境遇。茂元由长安赴陈许前，曾接宗闵书信。茂元家在东都，由长安赴许州，路过东都，在回家的同时顺道拜访一下李宗闵，本是应有的礼节。但由于当时李德裕刚任宰相，德裕与宗闵矛盾很深，为了避免引起不必要的麻烦，茂元决定不经洛阳而径往许州。《为濮阳公上宾客李相公状一》一方面变慰为赞，说李宗闵能够宠辱不惊，安于退守："践履道枢，优游天爵，功无与让，故勇于退；能不自伐，故葆其光"；一方面则向他解释不能经过洛阳来拜访他的原因："某早蒙恩顾，累忝藩方。本冀征辕，得由东洛。伏以延英奉辞之日，宰臣俟对之时，止得便奏发期，不敢更求枉路。限于流例，莫获起居。"抵达陈许后，又有《为濮阳公上宾客李相公状二》，中云："从古以来，大贤所处，未有不功高而去，德盛而谦，以烟水为归途，指神仙而投分……然而内难外忧，不常而起；深谋密画，须有所归。则吕望老于渭滨，始持兵柄；周公还于洛邑，复秉国钧。"既慰其目前的投闲置散，又谓其异日仍有大用之时。这两封信，反映出在当时牛李党争激烈、两党迭为进退消长的政治局势下（文宗朝尽管牛党得势时居多，但总的局势仍是互有进退或两党并用），内外官吏们一方面要尽量避免得罪当权的一派，另一方面又不能过于冷落甚至得罪暂时失势的一派，周旋其间，煞费苦心。但从这两篇状中仍可看出，茂元（包括执笔者李商隐）对李宗闵的"功无与让""功高"只是虚泛不实、言不由衷的赞辞，因为宗闵实无功绩可纪。从书信中也可看出，商隐作为骈体章表书启的行家里手，驾驭这种措辞很不容易的应酬文章已经相当得心应手了。

第五节　暂寓华幕

离陈许幕后，商隐当抵华州，暂寓周墀幕。周墀开成三年权判吏部西铨，在商隐博学宏辞考试合格后曾初选其为官，后被某中书长者驳下。因此商隐一直对周墀心存感激。据《重修承旨学士壁记》，周墀开成五年"三月十三日改工部侍郎知制诰。六月十日守本官出院"。又据《旧唐书·武宗纪》，开成五年"秋七月制：检校礼部尚书、华州刺史陈夷行复为中书侍郎同平章事"，《旧唐书·陈夷行传》亦云"七月，自华召入，复为中书侍郎平章事"。周墀之任华州刺史、镇国军潼关防御使当在开成五年七月陈夷行自华召入之后。大约在周墀刚任华州刺史时，商隐有《上华州周侍郎状》，状首有"某文非胜质，黠不半痴。辛勤一名，契阔九品。献书指佞，远愧南昌；悬棒申威，近惭北部"等语，可证其时商隐尚在弘农尉任上。状末云："犹希薄伎，获荫清光……骥疲吴坂，已逢伯乐而鸣；蝶过漆园，愿入庄周之梦。"明显表露希冀汲引、入幕之意。稍后朝廷加周墀散官官阶为朝散大夫，商隐有《为侍郎汝南公华州谢加阶状》。商隐随茂元赴陈许幕途经华州时（约在十月下旬），又有《献华州周大夫十三丈启》，末云："某方从羁宦，遽远深恩。昔日及门，预三千之弟子；今晨即路，隔百二之关河。"这些启状，将周墀视为恩门、伯乐，表现出强烈的依托愿望。因此，离开陈许幕后来到华州暂寓周墀幕是合乎情理的事。

会昌元年正月九日，改元，大赦，商隐有《为汝南公（按即周墀）华州贺南郊赦表》及《为京兆公（按：指韦温，时任陕虢观察使）陕州贺南郊赦表》。从这两通贺表看，开成五年十二月下旬，商隐当已抵达华州，并暂居周墀幕，故正月十日左右（陕州贺表可能稍迟数日）方能有此代作。按照冯浩、张采田的考证，会昌元年正月，商隐与刘蕡正在洞庭湖畔的湘阴黄陵于春雪中晤别。冯谓："《贺郊赦表》在正二月，岂归期若是速耶？潭州距京师约二千五百里。"张则云："潭州距京约二千五百里，而为华、陕贺郊赦表，至迟亦当在正月之杪。然则春雪黄陵，与司户送别之时，其在正初欤？"都明显不能自圆其说。这类贺表，必须及时，地方长官例须于奉制书后立即撰写并送呈朝廷。华州正月十日制书可达，陕州则稍后几天，故华、陕两地上呈的贺赦表不应超过十一日至十五日，绝不会迟至"正月之杪"乃至二月，否则就完全失去及时庆贺的意义。潭州距京师二千五百里，即使日行百里，也要二十五天才到长安。正如岑仲勉所驳："贺表岂能阁笔以俟李返乎？"仅此二表的写作时间一端，就可以反证冯、张关于商隐开成五年九月至会昌元年正月有江乡之游的说法根本不能成立。

会昌元年居周墀幕时，商隐又有《华州周大夫宴席》诗，题下自注："西铨"。诗云：

> 郡斋何用酒如泉，饮德先时已醉眠。
> 若共门人推礼分，戴崇争得及彭宣？

《汉书·张禹传》：禹弟子成就尤著者淮阳彭宣、沛郡戴崇。宣为人恭俭有法度，而崇恺弟多智。禹心亲爱崇，敬宣而疏之。崇每候禹，禹将崇入后堂饮食，妇女相对，优人管弦，铿锵极乐，昏夜乃罢。而宣之来也，禹见之于便坐，讲论经义，日宴赐食，不过一肉卮酒相对，未尝得至后堂。及两人皆闻知，各自得也。诗以彭宣自喻，谓己饮周墀之德，受其礼遇，已深感荣幸，何用"酒如泉"，似张禹待戴崇之亲密乎？曰"饮德"，曰"推礼分"，在感激周墀礼待的同时微寓于己感情稍疏之意。曰"何用"，曰"若共"，曰"争得"，于自得中对另一面实有所不足。周墀政治上偏于牛党[①]，当时李德裕主政，牛党失势，故实际上周墀也不大可能给商隐多少帮助。

会昌元年十一月十六七日和十二月末，会昌二年正月二日，商隐又先后为周墀写了三篇贺表，即《为汝南公以妖星见贺德音表》《为汝南公贺彗星不见复正殿表》《为汝南公贺元日御正殿受朝贺表》。另外，还有一篇题与文不相符的《为汝南公贺元日朝会上中书状》[②]。这一系列表状，均为会昌元年十一月中旬至十二月末彗星自出现至消失过程中或稍后所上。它们的写作时间与地点（华州）进一步否定了张笺关于商隐"赴陈许幕或当在会昌元年"的说法。因为按张说，会昌元年十一月、十二月乃至二年正月，商隐应

---

① 参见《樊川文集》卷七《唐故东川节度使检校右仆射赠司徒周公（墀）墓志铭》。

② 按文题，当与《为汝南公贺元日御正殿受朝贺表》同作于会昌二年正月二日，表上皇帝，状上中书。但文章的内容与题不符，乃是贺武宗于会昌二年四月加尊号时所上。当是《贺元日朝会上中书状》与《贺上尊号上中书状》二文原本相连，传抄翻刻时偶脱前状之文，遂将前状之题与后状之文合而为一。此类讹例，商隐诗文集中多有之，详参本编附考二，《李商隐诗文集中一种典型的脱误现象——从〈为尚书渤海公举人自代状〉题与文的脱节谈起》。

在陈许幕。如果这样，商隐何能为离许州千里之遥的华州周墀撰拟表状？换言之，周墀又何能撇下府中从事而请千里之外的陈许幕僚商隐撰此表状？同时这些表状的写作也表明，在会昌元年初到二年初这段时期内，商隐在华州周墀幕的次数和时间不少，两人之间的联系是相当密切的。

本年商隐有《献舍人彭城公启》与《上刘舍人状》①。状有"因缘一命，羁绁三年"语，按商隐开成四年释褐为秘书省校书郎，始为一命之官；至会昌元年，正三年。状又云"伏以士之营道抱器，处世立名，诚宜俟彼时来，亦在申于知者……倚望光辉，实在造次"，有明显的希求汲引之意。启有"俸微五斗，病满十旬"之语，当亦开成五年九月辞尉满百日后所上。启又云"是敢窃假菲词，仰干哲匠，果蒙咳唾，以及泥涂……傥或不吝铸人，必令附骥"，亦感激奖誉、企望荐引之意。这说明本年离华州幕后商隐仍在通过关系（彭城公系通过令狐绹介绍）干求显宦以求选调。

会昌元年，商隐还写了两篇祭文。一篇是写于四月二十日的《祭张书记文》。这篇祭文是包括商隐在内的六位张审礼的连襟合祭审礼之文。文中刻画了一位"瞭眸巨鼻，方口疏髭……论极悬河，文酬散绮"而遭遇不偶的落拓文士形象，发出"神道甚微，天理难究，桂蠹兰败，龟年鹤寿"的慨叹，寄寓了商隐自己的愤郁不平。另一篇是《代李兵曹祭兄濠州刺史文》。冯浩认为此濠州刺史是大中五年十二月贬为睦州刺史的宗正卿李文举，并臆改文内"竟陵山水，钟陵控轭"之"竟陵"为"严陵"，以牵合其李文举贬为睦州刺史之说。实则此文题内之"濠州刺史"系开成二年五月以后贬复州（即竟陵），约开成四年左右迁濠州刺史的原宗正卿李从易，详见《〈樊南文集〉、〈樊南文集补编〉旧笺补正》一文（载《中国古籍研究》第1卷，1996年）。此外还有一篇《为盐州刺史举李孚判官状》。以上三文，当均作于长安。联系这一年所作的其他文章，可以推断，会昌元年这一年，商隐大部分时间在长安，时或往来于长安、华州之间，这是因为，从开成五年十月起，他已经把家安到了长安城南的樊南，有了一个活动据点。

134

---

① 舍人彭城公、刘舍人，钱振伦据冯浩笺《为崔从事寄尚书彭城公启》，以为是会昌末正拜中书舍人的刘瑑，但可疑，俟再考。

第六节　重入秘省

　　会昌二年春，在经过一年多的努力与等待之后，商隐终于再一次以试书判拔萃合格而被任命为秘书省正字。关于这件事，商隐在自己的文章中有明确记述。《请卢尚书撰曾祖妣志文状》云："曾孙商隐，以会昌二年由进士第判入等，授秘书省正字。"《请卢尚书撰李氏仲姊河东裴氏夫人志文状》亦云："至会昌二（按：原误作'三'，据前状及钱振伦说改正）年，商隐受选天官，正书秘阁。"《旧唐书》本传亦云："会昌二年又以书判拔萃。"按吏部铨试，选人期集，始于孟冬、终于季春的常例，商隐授秘书省正字约在会昌二年春。秘书省正字为正九品下阶，和开成四年初释褐时授秘书省校书郎（正九品上阶）相比，虽然时间过去了整整三年，官阶却从上阶降到了下阶。但这似乎并没有影响商隐的情绪，他对这次重入秘省还是很高兴并引以为荣的，这从他后来居母丧期间所作的一系列有关亲人的祭文或行状中提到此事时的口吻可以明显看出来。如《祭徐氏姊文》云："三干有司，两被公选，再命芸阁，叨迹时贤。"《祭裴氏姊文》云："既登太常之第，复忝天官之选。免迹县正，刊书秘丘。荣养之志才通，启动之期有渐。"因为，毕竟经过努力，又由弘农尉这样的俗吏回到了秘省清资，似乎又重新打通了仕进的道路。

　　可惜的是，这次重入秘省，时间仍然很短（约半年左右），而且和上次一样，没有留下多少有关秘省生活的记载。《无题二首》其一（昨夜星辰）提到"走马兰台"，诗当为商隐任职秘省期间所作。但究竟是开成四年初入秘省为校书郎时，还是会昌二年重入秘省为正字时，抑或会昌六年母丧服阕重官秘阁时，却难以断定。他在《樊南甲集序》中说："后又两为秘省房中官，恣展古集，往往咽噱于任、范、徐、庾之间。"可见任职秘省期间，他阅读了不少前人的文集，特别是六朝作家的骈体文。这对他的骈文和近体诗创作有很重要的作用，《樊南甲集序》所称"有请作文，或时得好对切事，声势物景，哀上浮壮，能感动人"，即是其中重要的方面。

　　从开成四年春到会昌二年冬，在将近四年的时间里，李商隐一直为求仕而奔忙、努力，可以说是他一生中求仕活动最频繁、从政热情最高的时期。这一切活动的结果就是秘书省校书郎—弘农尉—秘书省正字，从正九品上阶变成了正九品下阶。这仿佛是命运对他的一种嘲弄，转了一个圈又回到了原先的起点。但在商隐诗文中，除了对出尉弘农一事意殊愤愤以外，于重官秘省不仅没有表现出对命运不公的不平，相反，有时还有点沾沾自喜。晚唐时期的文人，早已失去了盛唐诗人那种"天生我材必有用"式的高度自信。特别是像李商隐这样一个"内无强近，外乏因依"的寒微士人，作为"五服之内，一身有官"（《祭处士房叔父文》）的家庭中的长子，他还肩负着全家的生活重担和一切应负的家庭义务。做官，不仅是为了实现"欲回天地"的政治抱负，而且是为了光显门楣，奉养母亲、抚育弟妹乃至下一章要着重讲到的大规模迁葬亲人坟墓这种家庭义务。因此，当我们回过头去检阅这四年中商隐的诗文创作时，便会发现这实际上是他在创作上一个比较平衍的时期，特别是相对于甘露之变前后的高潮期来说，尤为明显。除了《出关宿盘豆馆对丛芦有感》、《任弘农尉献州刺史乞假归京》、《戏赠张书记》、《咏史》（历览前贤）、《淮阳路》、《灞岸》以及《与陶进士书》《上李尚书状》等少量诗文写得比较成功以外，其他作品大都比较平常，而且总的数量不多。

但从政坛情况看，这四年是经历了相当大的变化的。先是开成五年正月文宗病逝，武宗在仇士良、鱼弘志一派宦官的拥立下继位，原皇太子成美、安王溶、杨贤妃赐死。紧接着，牛党宰相杨嗣复、李珏分别在五月、八月罢相，并于八月分别出为湖南观察使、桂管观察使。九月，李德裕自淮南入京、拜相。会昌元年三月，杨、李再贬为潮州刺史、昭州刺史，裴夷直自杭州刺史贬为驩州司户，刘蕡也在此时或稍后被贬为柳州司户（刘蕡是杨嗣复的门生，宝历二年登进士第，其年礼部侍郎杨嗣复知贡举；裴夷直为杨嗣复所擢；裴与刘蕡大和八年至开成二年同在宣歙观察使王质幕，二人与杨均有特殊的人事关系，故刘蕡很可能被宦官诬以党附杨嗣复、裴夷直的罪名远贬柳州，详本编第十一章《桂幕往返（下）》）。这一切政局上的变动，包括牛、李两党的进退迁贬，应该说其振幅还是不小的。而且从李德裕任宰相后，朝廷政治是在向好的方向发展。武宗专任李德裕，德裕又富才干，朝廷上少有是非蜂起、互相攻讦、议而不决、决而不行的情况。但除了文宗之死引起商隐对唐王朝没落趋势的深长感慨及《淮阳路》《灞岸》少数诗作外，多数诗文均不涉及时事政治，好像因为忙于求仕，"事故纷纶，光阴迁贸"（《祭小侄女寄寄文》），其他一切都暂时退居次要地位了。连刘蕡之贬也未在这一时期的诗歌中留下痕迹，这和后来大中二三年创作的一系列赠、哭刘蕡的诗恰恰形成鲜明的对照。

第八章　居母丧和永乐闲居

就在商隐重入秘省后不久，他又遭受了生活中另一重大变故——母亲的去世。从会昌二年冬母亲去世，到会昌四年暮春移家蒲州永乐县，再到会昌五年春应郑州刺史李褒之招由永乐赴郑州，在两年多的时间里，商隐主要居于长安樊南和蒲州永乐两地。但为操办母亲的丧葬和其他亲人的迁葬，常往返于京、郑，还到过洛阳、怀州等地。在永乐闲居期间，还到过稷山、霍山、太原。在他的生活与创作历程中，这是一个比较特殊的时期。

第一节　母丧和迁葬

商隐《请卢尚书撰曾祖妣志文状》云："曾孙商隐以会昌二年由进士第判入等，授秘书省正字。所以称家（按：谓根据家中财力举办丧葬之事），克谋启合（按：指将其曾祖母由荥阳迁至怀州与曾祖父合葬）。罪戾增积，降罚于天，卜吉之初，再丁凶衅（按：指又遇母亲去世）。永惟残喘，寄在朝夕。惧泉阡乖隔，松槚摧残，衔哀扐血，尽力襄事，克以来年（按：即会昌四年）正月日，启夫人之樑，归合于怀之东原。"行状作于会昌三年冬，其中叙母丧在会昌二年重入秘省为正字之后，知母丧在二年。其具体月日，因祭文、墓志铭均佚，现已无从详考。但商隐《祭徐氏姊文》作于会昌三年八月稍前，而文称"祥忌云近"（按：指母丧之周年已近），则母丧约在会昌二年冬。又《上郑州李舍人状四》作于会昌五年秋，而文称"某十月初始议西上"，张氏《会笺》据此谓"（状）乃会昌五年服阕将入京作，则母卒当在是年（按：指会昌二年）冬暮矣"，所推定的时间大体接近实际。惟"冬暮"一般指十二月，似稍迟，当在十月左右。

商隐母亲当是在长安樊南去世的。开成五年十月移家樊南后，母亲当和商隐、王氏住在一起。商隐家从其祖父李俌开始，祖母、父亲李嗣、处士

137

叔的坟都在荥阳坛山。因此在停灵之后正式安葬时，必须千里迢迢，将母亲的灵柩运回荥阳，与父亲李嗣同葬于坛山。这个时间当在会昌三年的上半年。张氏《会笺》说："仲姊之葬，必与葬母同时。"这是错误的。裴氏仲姊之由获嘉迁葬荥阳坛山，在会昌四年正月（详下），商隐母亲的葬期，决不可能拖得这样久。张氏引以为证的《祭裴氏姊文》"南望显考（按：指父李嗣之墓），东望严君（按：此指母坟）"，正说明在仲姊迁葬时，其母早已安葬，而非同时安葬。但母亲的安葬于荥阳坛山，却触动了他多少年来一直萦怀却未能实现的一个大心愿：将亲人的坟墓作一次大规模的迁葬，使得这些死去的亲人各归其所，用商隐自己的话来说，就是"五服之内，更无流寓之魂；一门之中，悉共归全之地"（《祭裴氏姊文》）。

这次大规模的迁葬活动，内容包括：其一，将曾祖母卢氏的坟墓由荥阳坛山迁往怀州雍店之东原，与原来安葬在那里的曾祖父叔恒合葬。《请卢尚书撰曾祖妣志文状》云："夫人……年十七，归于安阳君，讳某，字叔洪……始命于安阳，年二十九弃代，祔葬于怀州雍店之东原，先大夫故美原令（按：即商隐高祖李涉）之左次……始夫人既孀，教邢州君（按：即商隐祖父李俌）以经业得禄，寓居于荥阳。不幸邢州君亦以疾早世，夫人忍昼夜之哭，抚视孤孙（按：即商隐父李嗣）。家惟屡空，不克以邢州归祔，故卜葬于荥阳坛山之原上……后十年，夫人始以寿殁，诸孤且幼，亦未克以夫人之柩合于安阳君。怀、郑相望，二百里而远，仍世多故，茔兆尚离，日月遄移，将逾百岁。"从所引的这段文字中可以看出，这位卢氏太夫人曾以超常的毅力在极端困难的情况下抚育了李家子、孙两代，因此商隐对她的感情特别深，对拖了将近百年之久的这项迁葬活动也特别重视。其二，将处士叔李某原就葬在坛山、因风水为患而圮坏的旧坟另择新穴重新安葬（处士叔大和三年十月葬于坛山）。商隐少年时曾蒙处士叔"亲授经典，教为文章"（《请卢尚书撰故处士姑臧李某志文状》），既是长辈，又是恩师，因此营办迁穴之事是应尽的义务。其三，将裴氏仲姊的坟墓由原先寓殡的获嘉迁回荥阳坛山。《请卢尚书撰李氏仲姊河东裴氏夫人志文状》云："年十有八，归于河东裴允元，故侍中耀卿之孙也。既归逢病，未克入庙，实历周岁，奄归下泉。时先君子罢宰获嘉，将从他辟，遂寓殡于获嘉之东。厥弟不天，旋失所怙，返葬之礼，阙然不修。"裴氏姊的婚姻悲剧（见本编第二章）和长期寓殡获嘉不仅使商隐深感悲痛，而且成为他母亲生前的一块心病。其四，将徐氏姊权厝的灵柩迁往景亳夫家，和会昌三年去世的徐姊夫合葬。其五，将开成五年在济源夭折，暂瘗于济源的小侄女寄寄的坟迁回荥阳坛山。《祭小侄女寄寄文》说："尔生四年，方复本族。既复数月，奄然归无……时吾赴调京下，移家关中，事故纷纶，光阴迁贸，寄瘗尔骨，五年于兹……今吾仲姊，反葬有期，遂迁尔灵，来复先域。"这五起迁葬活动，上自曾祖母，下至幼夭的小侄女，涉及四代人。地域涉及荥阳、怀州、景亳、济源、获嘉。可想而知，所要付出的精力和财力都是相当大的。特别是裴氏仲姊寓殡获嘉东郊，因为事隔三十多年，原来的葬地已很难寻找，《祭裴氏姊文》描绘当时的情况道：

> 遂以前月初吉，摄缞告灵，号步东郊，访诸耆旧。孤魂何托？旅榇奚依？垂兴欲堕之悲，几有将平之恨。断手解体，何痛如之！洒血荒墟，飞走同感。

千载之下，读此文字，还可想见当年商隐在荒郊中苦苦寻觅裴氏姊墓时的深哀剧痛。

从会昌三年的七八月，到四年正月，商隐先后迁葬了徐氏姊、处士叔、裴氏姊、小侄女寄寄的坟。曾祖母的迁葬，原来也定在会昌四年正月，但因为讨刘稹的战争仍在继续进行，特别是正月又发生了太原杨弁的叛乱，杨弁与刘稹联络，约为兄弟，使怀州一带的形势再度紧张起来，只好改期举行。《祭裴氏姊文》说："唯安阳祖妣未祔，仍世遗忧。昨本卜孟春，便谋启合。会雍店东下，逼近行营。烽火朝然，鼓鼙夜动。虽徒步举榇，古有其人，用之于今，或为简率。潞寇朝弭，则此礼夕行。"这里提到的"会雍店东下，逼近行营"，指会昌三年九月乙酉，刘稹牙将刘公直潜师过万善（河阳节度使王茂元军于此）南五里，焚雍店。当时这一带是战场，加上杨弁之乱，无法将曾祖母迁葬于雍店之东原，只能改期举行。会昌四年八月，刘稹乱平，迁葬的事应当是实现了的，可惜没有留下迁葬曾祖母时写的祭文。

迁葬亲属的坟墓，在封建时代是件大事。特别是商隐身为长孙，担负着支撑门庭的重任，这件大事更责无旁贷地落到他的肩上。因此在办完这一连串迁葬之事后，他欣慰地说："首夏已来，亦有通吉。倪天鉴孤藐，神听至诚，获以全兹，免负遗托，即五服之内，更无流寓之魂；一门之中，悉共归全之地。今交亲馈遗，朝暮馌饷，收合盈余，节省费耗，所望克终远事，岂敢温饱微生？"（《祭裴氏姊文》）这次大规模的迁葬活动，虽然也得到亲友的资助，一些具体葬事，也由弟弟羲叟操办，但付出精力、财力最大的，当然是商隐。这充分体现了他的家庭责任感。

这次迁葬活动，还产生了一批情文并茂的哀祭文和行状。这些文章不仅为了解商隐的家世、亲属、生平提供了最信实的第一手资料，而且充分表现了商隐对家人骨肉的深挚感情，展示了他性格、气质中极重要的一面。为徐氏姊、徐姊夫、处士叔、小侄女寄寄、裴氏姊写的祭文，篇篇可读，特别是《祭裴氏姊文》和《祭小侄女寄寄文》更是祭文中的精品。这些文章，将在下编专章论述其骈文时具体评介。

第二节　在伐叛战争中

会昌三年，唐廷接连进行了两次伐叛战争。一次是这年正月进行的破袭回鹘侵扰的战争，另一次是这年四月开始部署、八月正式进行、直到会昌四年八月方才结束的讨伐泽潞叛镇刘稹的战争。这两次战争都取得了胜利。在唐后期，这是振奋国威、提高朝廷威望的重大政治军事行动。商隐对这两次伐叛战争都深切地加以关注，并写了一系列有关这两次战争的诗文，表现出对国家命运的关心和对百姓疾苦的同情①。

回鹘自从太和公主出降后，国家更换了三个君主。开成五年，其酋帅与黠戛斯（回鹘原属部）合兵，攻杀可汗，诸部溃散。会昌元年，其中乌介特勤一部劫公主南来，请借振武军（唐胜州，有东受降城，今内蒙古自治区伊克昭盟托克托旗）一带以居。武宗听从宰相李德裕的建议，遣使送米二万石，但不允许借振武。另有嗢没斯一支，于开成五年先至塞上，率二千六百人来降，特命李德裕搜集秦汉以来外国归化建功立业者三十人，作《异域归忠传》赐之。乌介本军于会昌二年八月过杷头烽南，突入大同川，驱掠河东杂虏牛马数万，转斗至云州城门，刺史张献节闭门自守，吐谷浑、党项都挈家入山避之。朝廷诏发陈、许、徐、汝、襄阳等兵屯太原及振武、天德，准备第二年春天驱逐回鹘。商隐为此写了《灞岸》一诗：

山东今岁点行频，几处冤魂哭虏尘。

---

① 本节提到的有关回鹘侵扰内地、唐廷采取措施，以及商隐有关此事的诗作，有些作于会昌二年冬商隐丧母之前，但破袭回鹘的战争则发生在会昌三年正月。为叙述的集中、方便，在这一节中作一总述。

灞水桥边倚华表，平时二月有东巡。

诗人在灞水岸边，举目远眺，想象关东一带诸镇军队纷纷奉朝廷之命调集征发，北方边境一带百姓遭回鹘侵扰、流离失所的情景，对照往昔承平年代，帝王车驾东巡的繁盛景象，不禁感慨系之。无限今昔盛衰之感，均于言外见之。这种感慨战乱破坏百姓和平团聚生活的内容，甚至渗透到传统的闺怨题材中，《即日》：

> 小苑试春衣，高楼倚暮晖。
>
> 夭桃唯是笑，舞蝶不空飞。
>
> 赤岭久无耗，鸿门犹合围。
>
> 几家缘锦字，含泪坐鸳机。

《汉书·地理志》：武帝元朔四年，置西河郡，鸿门为其属县，地与雁门、马邑相接。唐代这一带是河东道的沿边地区。会昌二年春，回鹘乌介可汗曾侵天德、振武军与云朔地区。"赤岭"二句是说，远戍边地防御吐蕃的征人久无音讯（赤岭在石堡城西二十里，为唐、蕃分界。此系泛指接近吐蕃的边地，非实指），鸿门一带仍被回鹘所围困。此诗借闺怨反映时事，是对齐梁体的一种改造。

会昌二年九月，为抗击回鹘侵扰，唐廷命银州刺史何清朝、前蔚州刺史契苾通率蕃、浑兵六千骑趋天德军（今内蒙古自治区乌梁素海西南），与刘沔、张仲武合力驱逐回鹘，商隐有《赠别前蔚州契苾使君》诗：

> 何年部落到阴陵？奕世勤王国史称。
>
> 夜卷牙旗千帐雪，朝飞羽骑一河冰。
>
> 蕃儿襁负来青冢，狄女壶浆出白登。
>
> 日晚鸊鹈泉畔猎，路人遥识郅都鹰。

契苾通的五世祖契何力本为北方铁勒族部族酋长，贞观六年率众归唐，曾参加唐廷征战，以功封凉国公。其子契苾明任鸡田道大总管，部落东移至阴山一带。诗着意写契苾氏"奕世勤王"的功绩，意在激励契苾通为国再立新功。末句"郅都鹰"双关，既以"鹰"关合上句"猎"字，又暗喻契苾通正如汉代号称苍鹰的郅都，为外族入侵者所畏惮。"猎"是军事行动的异称，"郅都鹰"亦即苍鹰郅都式的人物契苾通。从诗中可见商隐对抗击回鹘之事的关注与拥护，也反映出他对民族间友好关系的重视。诗色彩鲜丽而声华高壮，骨力亦遒。可惜的是，会昌三年正月石雄奇袭，大破回鹘这场战事，商隐没有诗流传下来（可能是当时他母亲亡故未久，忙于料理丧葬，心情悲痛的缘故）。但从他后来写的《漫成五章》之四赞颂李德裕在抗击回鹘的战争中"临戎用草莱"（起用出身寒微的将领石雄）来看，他对石雄在这场战争中建立的功勋是持赞颂态度的。

和商隐写《赠别前蔚州契苾使君》大体同时，会昌二年八月，杜牧也作了著名的《早雁》诗，诗中对因遭回鹘侵扰而流离失所的北边民众表现了深切的同情，展现出一幅哀鸿惊飞四散的流亡图。小李杜反映回鹘侵扰之事的上述诗作，都贯注着他们对国事、对百姓疾苦的关切。而同时代的诗人对此事却很少反映①，则说明了其时诗坛的寂寞。

一波刚平，一波又起。会昌三年四月初七，泽潞节度使（辖潞、泽、邢、洺、磁五州，使府在潞州，今山西长治市）刘从谏死，其侄刘稹自称留后，秘不发丧，想造成既成事实后迫使朝廷承认。四月二十三日，唐朝廷为从谏辍朝，赠太傅，诏刘稹护丧归东都；又召见稹父刘从素（时为右骁卫将军，在朝），令以书谕稹。稹拒朝旨。实际上，刘从谏早在文宗朝就已经有与朝廷对立之意，积聚军力货财，不听朝命。此次趁从谏之卒，刘稹部下谋士便竭力劝其自立为留后，认为"不出百日，旌节自至"（《通鉴·会昌三年》）。泽潞镇地处"上游"，唐朝廷如果按照以前对待强藩擅立留后的惯例，予以承认，不但河北三镇因此更得屏障，全成化外，而且其他节镇也会纷起效尤。因而这一次在宰相李德裕的坚决主张和唐武宗的全力支持下，唐廷决定采取强硬态度。四月二十九日，任命王茂元为河阳节度使，王宰为忠武节度使，代茂元。五月初二，李德裕上《论昭义三军请刘稹勾当军务状》，奏请朝廷集议对刘稹的处置。当时宰相及朝臣多主张妥协，认为"昆戎未殄，塞上用兵，不宜中原生事。潞府请以亲王遥领，令稹权知兵马事，以俟边上罢兵"，独李德裕坚主讨伐，武宗支持德裕，曰："吾与德裕同之，保无后悔。"（《旧唐书·武宗纪》）

就在朝廷即将下制讨伐刘稹的前几天，李商隐为王茂元起草了敦促刘稹束身归朝的书信——《为濮阳公与刘稹书》。这篇文章，《文苑英华》《全

① 会昌三年二月，太和公主还京，许浑、李敬方、李频、刘得仁均有诗歌咏，但均非直接反映回鹘侵扰及反击回鹘的战争。

唐文》均题作《为濮阳公檄刘稹文》。但全文主要内容并非历数刘稹叛逆之罪，加以严厉声讨，而是针对刘稹抗拒朝旨不护丧归东都的行为以及种种心理，分析利害，晓以大义，敦促其及早归朝，意在劝诫。冯浩云："《玉海》引《册府元龟》：武宗遣诸镇告谕以利病祸福之宜，茂元与稹书云云。盖上受庙谟，故可贻书诫谕。"也就是说，在下制讨伐前，朝廷命进讨诸镇最后一次晓以利害，劝其归朝，不但有最后一次争取刘稹本人之意，也是对泽潞将士的一种晓谕。文中凡称从谏处，皆称"太傅"，可证此文当作于四月二十三日为从谏辍朝、赠太傅之后，五月十三日下制削夺从谏及稹官爵、命诸道进讨之前。信中严责其"秘丧""拒诏"为"失忠于国，失孝于家"，对刘稹想仿效"赵氏传子，魏氏袭侯"的企图，自恃谋士众多、富有钱财和"恃太行九折之险，部内数州之饶"以对抗朝廷的心理，以及担心束身归朝会有后患的心理，一一条分缕析，加以晓谕或辩驳，最后对其拒绝劝告、"尚淹归款"提出严重警告。词严义正，气势雄迈，是商隐骈文乃至晚唐骈文中思想性和艺术性结合得相当完美的杰构。

会昌三年五月十三日，朝廷正式下制讨伐刘稹①，时以成德节度使王元逵为泽潞北面招讨使、魏博节度使何弘敬为东面招讨使，与河中节度使陈夷行、太原节度使刘沔、河阳节度使王茂元合力攻讨。七月，李德裕又奏请户部侍郎兼御史中丞李回宣慰幽州、成德、魏博三镇，命幽州节度使张仲武讨灭回鹘残部，命成德、魏博二镇速进军取邢、洺、磁三州。当时，成德镇王元逵军前锋入邢州境已逾月，而魏博镇何弘敬犹未出师。被任命为晋绛行营节度使的原武宁节度使李彦佐自发徐州，行动迟缓，又请休兵于绛州。李德裕鉴于李彦佐逗留观望，请诏书切责，并请以石雄为晋绛行营节度副使，令雄至军中后，即代李彦佐任。商隐集中《赋得鸡》一诗，很可能就是针对讨叛藩镇观望逗留、不肯为朝廷效力的现象而发的：

> 稻粱犹足活诸雏，妒敌专场好自娱。
> 可要五更惊稳梦，不辞风雪为阳乌？

诗中把这些藩镇比作"妒敌专场"、专为子孙打算的鸡，讽刺它们不愿惊扰自己的稳梦，冒着风雪为人司晨报晓。神话传说日中有三足乌，此以"阳乌"喻君主。对藩镇的自私、贪婪、好斗，与朝廷离心离德的面目有所揭

---

① 此据《通鉴》。《旧唐书·武宗纪》载下诏讨刘稹在会昌三年九月，非。

示。而对那些不辞辛劳、禀承王命去赞画讨叛战事的官员则加以热情赞颂，《行次昭应县道上送户部李郎中充昭义攻讨》：

> 将军大旆扫狂童，诏选名贤赞武功。
> 暂逐虎牙临故绛，远含鸡舌过新丰。
> 鱼游沸鼎知无日，鸟覆危巢岂待风？
> 早勒勋庸燕石上，伫光纶绋汉廷中。

户部郎中李某①带攻讨（下疑有阙字）衔去赞画晋绛行营的军务，路过昭应（今西安市临潼），商隐作诗壮行。诗中对战争前途充满乐观信心，说刘稹如鱼游沸鼎、鸟居危巢，覆灭之期指日可待。这与当时朝廷中一些大臣鼓吹的"从谏养精兵十万，粮支十年，如何可取"（《通鉴·会昌三年》）之类的悲观畏敌论调正好成为鲜明对照。虽是应酬之作，但气象宏整，有盛唐风采。

然而战争的进程并不顺利。会昌三年八月中旬，刘稹将薛茂卿破科斗寨，擒河阳大将马继等，焚掠小寨十七，距怀州才十余里。茂卿因无刘稹之命，故不敢入。自科斗寨之败，刘稹势愈炽，王茂元又有病，人情危怯，欲自万善（在怀州北）退保怀州。茂元军万善，刘稹遣牙将张巨、刘公直等会薛茂卿共攻之，期以九月一日围万善。乙丑，公直等潜师先过万善南五里，焚雍店。茂元围急，欲率众弃城走。九月中旬，茂元卒于军中。茂元临终前，商隐有《代仆射濮阳公遗表》；茂元卒后，朝廷派吕述、任畴至河阳宣吊并赙赠，商隐有《为王侍御瓘（按：为茂元子）谢宣吊并赙赠表》，说明茂元卒前、卒后的一段时间内，商隐均身居河阳行营；但茂元临终时，商隐却不在身边。《重祭外舅赠司徒公文》说："属纩之夕，不得闻启手之言；祖庭之时，不得在执绋之列。"可证。

王茂元卒后，朝廷依李德裕奏，新置孟州，怀州别置刺史（河阳节度先前领怀州刺史，常以判官摄事）。《唐大诏令集》卷九九有《置孟州敕》，末署"会昌三年十月"，怀州别置刺史当与此同时。朝廷新任命的怀州刺史李璟在会昌三年十一月上旬到任后，商隐有《为怀州李中丞谢上表》《为怀州刺史上后上门下状》《为怀州刺史举人自代状》《为李怀州祭太行山神文》

---

① 冯浩认为户部李郎中即昭义镇降将李丕，岑仲勉《平质》疑之，谓所送"明是文人"，而李丕为武将。见《平质》丙九"户部李郎中"条。按岑氏疑之是，李郎中非李丕，详见《李商隐诗歌集解》第二册本篇注①编著者按语。

《为怀州李使君祭城隍神文》等表状祝文多篇，当是其时商隐为迁葬曾祖母事适在怀州，故有此等代作。其中《为李怀州祭太行山神文》虽是短章，却写得气势凌厉，风格雄迈：

> 谨按《礼经》云：诸侯得祭名山大川之在其地者。今刺史乃古之诸侯，太行实介我藩部。险虽天设，灵则神依，岂可步武之间，便容尊竖；磅礴之内，久贮妖氛？今忠武全师（按：指原忠武节度使王宰所率紧急驰援河阳前线之军），河桥锐卒（按：指原河阳节度使所统之军），指贼庭而将扫，望寇垒以争先。神其辅以阴兵，资之勇气，使旌旗电耀，枹鼓雷奔，一麾开天井之关，再举复金桥（按：原误作"微"，据钱振伦说改）之地。然后气通作限，云出降祥，长崇望日之标，永作倚天之柱。酒肴在列，蔬果惟时。敢洁虑以献诚，冀通幽而写抱。

字里行间，洋溢着对叛乱势力的憎恨和对战争胜利的热切希望。祭山神文以平叛为主题，使例行公事的应用文变为伐叛的檄文，可谓化腐朽为神奇，是祭祀之文中别具一格的杰作。同时作的《为怀州李使君祭城隍神文》中也有类似的内容：

> 况彼潞人，实逆天理，因承平之地，以作巢窠；驱康乐之民，以为蟊贼。一至于此，其能久乎？惟神广扇威灵，划开声势，俾犯境者，望飞鸟而自遁；此滔天者，听唳鹤以虚声。

土偶山神，都在商隐笔下被动员起来同仇敌忾，共赴国难。

商隐对这场战争的关注，一直贯穿到它的结束。会昌四年秋，讨叛战争行将取得胜利。一次，他登上霍山驿楼（按：霍山又名太岳山、霍太山，在今山西省中南部，主峰在今霍县东南），四面眺望，想到壶关一带，仍被刘稹盘踞，写下《登霍山驿楼》诗：

> 庙列前峰迥，楼开四望穷。
> 岭鼹岚色外，陂雁夕阳中。
> 弱柳千条露，衰荷一向风。
> 壶关有狂孽，速继老生功。

这年七月，邢、洺、磁三州降，刘稹所据者仅潞、泽二州。诗的颔、腹两联，均四望所见所想，写景中微寓比兴，见民物凋耗、极目衰飒之状，故尾联切盼霍山神佑助唐廷军队，再继当年助高祖李渊灭隋将宋老生之功。这年八月，刘稹之叛终于彻底平定。

讨伐刘稹的战争，在许多方面与唐宪宗元和九年至十二年进行的平定淮西叛镇吴元济的战争非常相似。一是叛乱方镇都处于心腹之地，地位重要，又都长期蓄积力量，有相当强的实力。二是在讨叛问题上，朝廷中持反对意见的人不少，而宪宗专任裴度，武宗专任李德裕，态度果决，措置有方，终于取得这两场战争的胜利，这对提高朝廷威望、稳定政局有相当大的作用。三是过程曲折。淮西之战首尾历时四载，泽潞之战也用了一年多时间，其间不仅有河阳前线之败，而且有太原杨弁作乱、连结刘稹的事件。如果说，淮西之战是元和削藩斗争的高潮，是奠定"元和中兴"局面的关键，那么泽潞之战可以说是文、武、宣三朝最重要的军事行动和重大的政治事件之一。李商隐对这场战争，不仅一直持坚决拥护的态度，而且写了一系列有关诗文，成为他政治诗创作的重要组成部分，也成为他文章中的一个亮点。反观这两年的文坛，除杜牧有《东兵长句十韵》歌咏讨刘稹之战，并上书宰相论泽潞用兵方略外，其他诗人竟对这样的大事一无反应，让我们又一次看到当时诗坛的寂寞冷落，也愈显出小李杜这类作品的可贵。这些作品，分散地看，未必能引起人们的注意，把它们集中起来，就可以看出诗人对国家政治军事大事这种自始至终的热切关注。这种关注，除了出于爱国忧时之情外，他的迁葬曾祖母的计划受到战乱的影响而不得不推迟，以及桑梓之地遭受战火、茂元死于军中等也是不可忽视的因素，国与家的密不可分在这件事上有充分的体现。

第三节　移家永乐

会昌四年正月，商隐在办完了处士叔、裴氏姊、小侄女寄寄的迁葬后（具体事务由其弟羲叟操办，商隐未亲自去荥阳坛山），从洛阳方面传来消息说，岳父王茂元的灵柩将由权厝之地万善运回洛阳安葬。作为子婿，本来理应亲自到万善去执绋引灵，护丧回洛。但这时商隐身体不适，无法胜任京洛怀州之间的长途奔波劳顿，只能写好祭文派遣家僮前往万善祭奠茂元的亡灵①。这就是文集中篇幅最长的祭文——《祭外舅赠司徒公文》。这篇祭文，从茂元的远祖、家世郑重叙起，然后叙述茂元之父王栖曜的事迹，再历叙王茂元的仕宦始末，提供了茂元一生最详尽的仕历材料，并对其人品气质作了总结性的赞颂。祭文是精心结撰之作，但其中不免有溢美之辞或回护之笔。如赞颂茂元在任岭南节度使期间的清廉："疮痍金宝，粪土犀渠，跨马将军有双标之柱，酌泉太守无去骨之鱼。已乏断牙之笔，兼无汗简之书。江革船轻，空险西陵之渡；邢公宅湫，曾无正寝可居。"这和《旧唐书》本传"南中多异货，茂元积聚家财巨万计"的记载，未免有相当大的距离。把河阳前线的败绩，也说成"示羸策密，诱敌谋深"，更是有意回护之词。结尾处讲到自己婚于王氏及在幕情事：

> 某早辱徽音，夙当采异。晋霸可托，齐大宁畏？持匡衡乙科之选，杂梁竦徒劳之地。虽饷田以甚恭，念贩春而增愧。京西昔日，辇下当时，中堂评赋，后榭言诗。品流曲借，富贵虚期。诚非国宝之倾险，终无卫玠之风姿。公在东藩，愚当再调，赍帛资费，衔书见召。水槛几醉，风亭一笑。日换中戾，月移胊朓，改颖水之辞违，成洛阳之赴吊。

说自己既无卫玠之风姿，出身又属寒素之家，登科既非高第，富贵终成虚期，总之是有负茂元的厚爱。不必怀疑这些话的诚恳，但其中也多少透露出，商隐似乎时时有一种心理压力，感到自己有负于岳家的期望。类似的话，在其他诗文中也常出现，如《重祭外舅司徒公文》：

> 愚方遁迹丘园，游心坟素，前耕后饷，并食易衣。不忮不求，道诚有在；自媒自炫，病或未能。虽吕范以久贫，幸冶长之无罪。

《七夕偶题》：

> 明朝晒犊鼻，方信阮郎贫。

以及大中三年写的《漫成五章》其三：

---

① 祭文一开头就说："维某年月日，子婿李商隐谨遣家僮赍疏薄之奠，昭祭于故河阳节度使赠司徒之灵。"篇末又叙及自己因病未能亲往吊祭："汉陵摇落，秦苑冰霜。将观祖载，遂迫瘵痈。谢长度之虚羸，升车未可；沈休文之瘦瘠，执绋犹妨。"

> 生儿古有孙征虏，嫁女今无王右军。
>
> 借问琴书终一世，何如旗盖仰三分？

如果把这些自愧自矜的话和《奠相国令狐公文》相对照，便不难感到商隐与茂元虽有翁婿之亲，但其亲密程度和感情的深度似乎不如与令狐楚的关系。

写这篇祭文时，商隐的家仍在"汉陵摇落，秦苑冰霜"的长安樊南。与这篇祭文同时作的，还有《为王从事妻万俟氏祭先舅司徒文》和《为王秀才妻苏氏祭先舅司徒文》。后文云："奉违慈颜，将涉半载。"说明祭文作于茂元卒后将近半年时，即会昌四年二月。三篇祭文所述情况及时令，尚可证明是同时之作，即商隐在写祭王茂元文的同时，又替王氏家族中的亲属代撰了两篇祭文。张采田《会笺》将《祭外舅赠司徒公文》系于会昌四年八月，将《为王从事妻万俟氏祭先舅司徒文》《为王秀才妻苏氏祭先舅司徒文》，系于会昌五年，均误，详见拙文《〈樊南文集〉、〈樊南文集补编〉旧笺补正》。但茂元灵柩此次实际上并未运回洛阳，而是直至会昌四年八月刘稹之乱平后方运回洛阳，《上许昌李尚书状二》"王十二郎、王十三郎扶引灵筵，兼侍从郡君，今年（按：指会昌四年）八月至东洛讫"可证。具体原因不详，可能是定下运送灵柩回洛之期后适逢讨刘稹的战事又趋紧张（如四年正月太原杨弁作乱与刘稹勾结），故临时改变计划。

就在会昌四年三月暮春，商隐将家从樊南搬到了蒲州永乐（今山西芮城）。搬家的原因，可能是由于长安米珠薪桂，生活费用太高，居大不易。商隐《樊南甲集序》说"十年京师寒且饿"，并自称"樊南穷冻人"，可以想见他在长安樊南居住期间生计的艰难。加上会昌三年以来，为母亲的丧葬及其他亲属的迁葬，已花费了他这些年来仅有的一些积蓄。居丧期间，确实没有必要再在京郊樊南住下去。因此在营葬之事基本上结束后，他就把家搬到了永乐。《大卤平后移家到永乐县居书怀十韵寄刘韦二前辈二公尝于此县寄居》云：

> 驱马绕河干，家山照露寒。
>
> 依然五柳在，况值百花残。
>
> 昔去惊投笔，今来分挂冠。
>
> 不忧悬磬乏，乍喜覆盂安。
>
> 甑破宁回顾，舟沉岂暇看？
>
> 脱身离虎口，移疾就猪肝。

鬓入新年白，颜无旧日丹。

自悲秋获少，谁惧夏畦难？

逸志忘鸿鹄，清香披蕙兰。

还持一杯酒，坐想二公欢。

大卤平后，指太原杨弁之乱平后。据《通鉴》，会昌四年正月初一，河东横水栅都将杨弁作乱，赶走了河东节度使李石（石奔汾州），并派人与叛镇刘稹联络，约为兄弟，石会关守将杨珍闻太原乱，复以关降于刘稹。在李德裕的坚决主张与得力措置下，正月末，太原监军吕义忠率军讨平杨弁。二月初八，"太原献杨弁及其党五十四人，皆斩于狗脊岭（按：在长安东市）"。诗题中标明"大卤平后"，说明诗中内容与这次变乱有关。这首诗的写作时间，在会昌四年"百花残"之时（即暮春）固极明显，但其中有几个问题，因涉及商隐生平、行踪及对诗意的理解，须加以讨论：

一是商隐在此次移家永乐之前是否曾居此地。冯浩据"依然五柳"及"昔去""今来"等语，推断"其前必已居之"。张氏《会笺》则云："诗云'依然五柳在'者，以陶令闲居自比。'昔去惊投笔'，谓从前历佐方镇；'今来分挂冠'，谓此后自甘沉废……冯氏泥'昔去''今来'语，谓丧父时已卜居永乐，前已驳之矣。"① 叶葱奇《李商隐诗集疏注》则云："'依然'句指刘、韦故居而言，谓见其故居依然，因此怅然怀念，所以下句说'况值'花残之时。冯氏误认是商隐自谓，把下面的'昔去'也弄错，致说商隐'前必已居'永乐，这是一大错误。'昔去'是说昔日惊叹刘、韦奋身而去，今日我来，则'分'当退隐而已。下二句即承此而言。"按叶氏此说实本纪昀"'依然'句藏得刘、韦二人故居在，故末句不妨直出二公"之解（纪说见《李义山诗集辑评》）。初看似纪、叶二氏之说亦颇有理，甚至可以根据"依然五柳在"之句推想商隐此次移家永乐即居于刘、韦之旧居。但联系上下文和全诗就不难发现这种说法不合文理。"依然五柳在"紧承上句"家山"，自指商隐家山之旧居，而非指刘、韦家山之旧居，因为刘、韦二人只是"于此县寄居"，固非其"家山"甚明。既称永乐为"家山"，则"依然五柳在"自指自家故居，五柳依然。此与陶潜《归去来兮辞》"三径就荒，松菊犹存"之情感、口吻相类。陶潜《五柳先生传》"宅边有五柳树，因以为号焉"，其宅即自家之旧宅，非刘、韦之寄居可用。商隐永乐闲居期间所作

---

① 冯谱认为商隐父丧除后"乃占数东甸"之东甸即指永乐，张氏谓指洛阳，故云。

另一诗《喜闻太原同院崔侍御台拜兼寄在台三二同年之什》亦云"寂寥我对先生柳"，谓自己闲居永乐，生活寂寥，如陶潜之闲对宅边五柳。故下文之"昔去""今来"自然均指自己之"去""来"，而不可能是"昔去"指刘、韦，"今来"指自己。至于商隐此前究竟何时曾居永乐，何时离永乐，则因缺乏材料，难以考索。

二为"甔破""舟沉"所指。冯、张均以为"甔破"指李石太原被逐，"舟沉"指茂元卒于河阳。按"甔破"用孟敏客太原，荷甔堕地，不顾而去之典，谓指太原军乱，己仓皇脱身，固极恰切；然"舟沉"句指茂元卒于河阳则非。诗题"大卤平后移家到永乐县居"，大卤平后既指杨弁乱平后，则"甔破""舟沉"均当指杨弁之乱而不得旁涉他事，何能上句方叙太原军乱，下句突然阑入半年多以前茂元卒于河阳之事。下云"脱身离虎口"，虎口显指杨弁作乱时之太原危城。然则"甔破""舟沉"二句意一贯，盖谓己匆遽脱身于乱城，不暇回顾。据此可知杨弁作乱时商隐正客游太原，遇乱仓皇出奔，故有此数语。至于商隐是否曾寓太原李石幕，则缺乏有力证据，尚难考定。

三为本篇结构层次。"驱马"六句，叙"移家到永乐县居"，于"昔去""今来"的对照中寓不遇之感。"不忧"六句，紧扣题内"大卤平后"，追叙当日乱中情事，于交代移家之背景中寓时世衰乱之慨。"鬓入"六句正面"书怀"，乱后重返旧居，投笔之宏愿成虚，鸿鹄之逸志未遂，虽得覆盂之安，而未免壮志销磨之苦闷。寄刘、韦二公及二公曾寄居永乐，只于篇末一点。这首排律写得妍丽而有风致，虽多用典却清新可诵，诚如田兰芳所评："有怀皆苦，无句不妍。"（冯浩笺引）

从会昌四年暮春移家永乐，到会昌五年春应郑州刺史李褒之招赴郑州，在这将近一年之中，商隐绝大部分时间都住在永乐，偶尔也到过霍山、稷山、介休一带，有的可能是永乐、太原往来所经。永乐南滨黄河，北靠中条山，属蒲州管辖。既居永乐，免不了要跟当地的长官有些交往酬酢。当时担任河中节度留后、驻节蒲州的任畹①，在黄河边新建了一座河亭，商隐有《奉同诸公题河中任中丞新创河亭四韵之作》：

---

① 据《旧唐书·武宗纪》，会昌四年二月丁巳（初四），河中节度使崔元式调任河东节度使。又据《全唐文》卷七二八载封敖《授崔元式太原节度使石雄河中节度使制》，崔元式、石雄当同日除授，时石雄正与刘稹作战，河中节度使实为兼职，任畹当在其时任节度留后。

万里谁能访十洲？新亭云构压中流。

河鲛纵玩难为室，海蜃遥惊耻化楼。

左右名山穷远目，东西大道锁轻舟。

独留巧思传千古，长与蒲津作胜游。

极赞河亭之壮丽工巧，应酬气味颇浓。惟腹联写景比较切题，取境也显得
阔大。

《所居永乐县久旱县宰祈祷得雨因赋诗》云：

甘膏滴滴是精诚，昼夜如丝一夕盈。

只怪闾阎喧鼓吹，邑人同报束长生。

将县令比作晋朝为邑人请雨受到百姓歌颂的束晳。商隐另有《赛城隍神文》，
也是祈雨有应报神而作，文有“导楚子之余波，霈晋国之膏雨”之语，当作
于永乐，疑为代永乐县令所作。有时，商隐又参与县里的宴会，《县中恼饮
席》：

晚醉题诗赠物华，罢饮还醉忘归家。

若无江氏五色笔，争奈河阳一县花。

恼，戏也。物华，指花，喻饮席上的歌妓。晚醉题诗赠妓，流连忘返。三四
自诩才高，方得遍咏“河阳一县花”。

　　一位姓马的水部郎中自永乐（或蒲州）回京，途经同州冯翊县的兴德
驿，有诗寄赠商隐，商隐作《寄和水部马郎中题兴德驿》以酬之：

仙郎倦去心，郑驿暂登临。

水色潇湘阔，沙程朔漠深。

鹢舟时往复，鸥鸟恣浮沉。

更想逢归马，悠悠岳树阴。

题下原注：“时昭义已平。”全篇均为想象之词。“登临”起颔、腹二联，
“水色”“沙程”望中所见，见兴德驿北通朔漠，南接渭洛，乱平始得南北交
通顺畅；鹢舟往复，鸥鸟浮沉，则望中悠闲容与之和平景象。尾联又由
“驿”进而想象前路所见偃武休兵、归马华山之承平景象。与此前不久写的
《登霍山驿楼》衰荷弱柳、民物凋衰之景，“壶关有狂孽，速继老生功”之激

切感情正成为鲜明对照。

永乐县有灵仙阁、道靖（一作净）院、姚孝子庄，商隐的足迹自然到过这些当地的名胜。《题道靖院院在中条山故王颜中丞所置虢州刺史舍官居此今写真存焉》：

> 紫府丹成化鹤群，青松手植变龙文。
> 壶中别有仙家日，岭上犹多隐士云。
> 独坐遗芳成故事，搴帷旧貌似元君。
> 自怜筑室灵山下，徒望朝岚与夕曛。

全诗不过就长题敷衍成篇，冯班谓"汲汲叙题中之意"（何焯引，见《李义山诗集辑评》），诚是。纪昀云："层层安放清楚，然求一分好处亦不可得"（《玉谿生诗说》），说得虽有些苛刻，却正中其意尽题内、毫无诗味的病痛。

《灵仙阁晚眺寄郓州韦评事》：

> 愚公方住谷，仁者本依山。
> 共誓林泉志，胡为尊俎间？
> 华莲开菡萏，荆玉刻孱颜。
> 爽气临周道，岚光出汉关。
> 满壶从蚁泛，高阁已苔斑。
> 想就安车召，宁期负矢还。
> 潘游全璧散，郭去半舟闲。
> 定笑幽人迹，鸿轩不可攀。

此"郓州韦评事"，即《大卤平后移家到永乐县居书怀十韵寄刘韦二前辈二公尝于此县寄居》诗题内之韦公，亦即韦潘，时已为天平军节度使狄兼谟（或刘约）之幕僚，评事是其在幕所带宪衔（大理评事）。诗有追怀同游、慨己赋闲之意。另一刘某，居永乐时曾有诗寄商隐，商隐有《和刘评事永乐闲居见寄》；商隐移家永乐后，刘评事由京寄饧粥，商隐有《评事翁寄赐饧粥走笔为答》：

> 粥香饧白杏花天，省对流莺坐绮筵。
> 今日寄来春已老，凤楼迢递忆秋千。

诗颇寓昔荣今悴之慨，"春已老"既点时令，亦含美人迟暮之感。

　　据宋邵博《邵氏闻见后录》，唐永乐县有姚孝子庄。孝子名栖筠，贞元中，当戍边，栖筠之父语其兄曰："兄嗣未立，弟已有子，请代兄行。"遂战没。时栖筠方三岁。其后，母再嫁，鞠于伯母；伯母死，栖筠葬之。又招魂葬其父。庐于墓侧，终身哀慕不衰。县令刻石表之。河中（按：原误作东）尹浑瑊上其事，诏加优赐，旌表其闾，名其乡为孝悌，社曰节义，里曰钦爱。商隐有《过姚孝子庐偶书》云：

> 拱木临周道，荒庐积古苔。
> 鱼因感姜出，鹤为吊陶来。
> 两鬓蓬常乱，双眸血不开。
> 圣朝敦尔类，非独路人哀。

"两鬓"一联，是过其庐而想象当年姚孝子哀毁泣血的情景。冯浩说："义山丧母未久，故触绪成篇。"尾联即微露触绪伤情之意。"路人"虽似泛言，意实自指，兼点题内"过"字。

　　除了永乐境内一些名胜外，商隐还到过永乐附近的稷山、霍山、介休一带。《戏题赠稷山驿吏王全》云：

> 绛台驿吏老风尘，耽酒成仙几十春。
> 过客不劳询甲子，唯书亥字与时人。

以游戏率笔，写一位"老风尘"的驿吏，其中似微寓阅人多矣的人生感慨。这类诗中，《寒食行次冷泉驿》写得清丽可诵：

> 归途仍近节，旅宿倍思家。
> 独夜三更月，空庭一树花。
> 介山当驿秀，汾水绕关斜。
> 自怯春寒苦，那堪禁火赊。

153

冷泉驿在汾州介休县境。视首联"归途""旅宿"语，诗可能是居永乐时至太原返途经冷泉驿住宿时作。颔、腹两联，写景如画，境地悄然，是白描胜境。寒食节通常在阴历三月或二月下旬，会昌四年春暮，商隐甫至永乐，似不可能寒食时有太原、永乐往返之行，会昌六年仲春商隐已在长安，故此诗或作于五年，赴郑州刺史李褒之招当在其后。

商隐所居，当在永乐县城郊交接处。从《所居永乐县久旱县宰祈祷得雨因赋诗》"只怪闾阎喧鼓吹"之句可以推知所居离街巷不会太远。但小县本就清简，商隐所居之地又较偏僻，故永乐诗中每提及"丘园""郊园""小园""小桃园"。商隐在住宅周围种了许多花草树木，藉以玩赏。因此，永乐期间的诗中第一次出现了意态闲逸、吟咏闲居生活的篇章。《所居》云：

> 窗下寻书细，溪边坐石平。
> 水风醒酒病，霜日曝衣轻。
> 鸡黍随人设，蒲鱼得地生。
> 前贤无不谓，容易即遗名。

舍旁有小溪，溪中有蒲鱼，虽在城郊，却有山野之趣。水风醒酒，霜日曝衣，画出悠闲自适意态。另有《春宵自遣》《秋日晚思》《幽居冬暮》三首五律，从题目到内容都像是一组写闲居生活的组诗，从中可以约略窥见其感情、心境变化的过程。《春宵自遣》说：

> 地胜遗尘事，身闲念岁华。
> 晚晴风过竹，深夜月当花。
> 石乱知泉咽，苔荒任径斜。
> 陶然恃琴酒，忘却在山家。

于自遣中颇有悠然自得之趣。"尘事"因"地胜"而暂遗，因"琴酒"而暂忘。但这总属不安于"身闲"者的自遣之词，并非真能超然物外者。冯浩说："念岁华，是不能忘也。陶然、忘却，聊自遣耳。"可谓善探心曲。《秋日晚思》云：

> 桐槿日零落，雨余方寂寥。
> 枕寒庄蝶去，窗冷胤萤销。
> 取适琴将酒，忘名牧与樵。
> 平生有游旧，一一在烟霄。

取适、忘名，旷达其表；零落、寂寥，凄悲其内。正因为闲居凄寂，故不得不以琴酒自遣，以忘名自解。尾联于感慨身世寂寥中微露不平之意，所谓

"同学少年多不贱，五陵衣马自轻肥"是也。到了《幽居冬暮》，已经完全没有取适、忘名一类的话头，而是慨叹急景颓年，匡国之情难以实现：

> 羽翼摧残日，郊园寂寞时。
>
> 晓鸡惊树雪，寒鹜守冰池。
>
> 急景倏云暮，颓年浸已衰。
>
> 如何匡国分，不与夙心期？

此诗作于永乐闲居后期。与前两首联系起来，可以看出，闲居之初，心境还比较安恬，故《春宵自遣》有"陶然恃琴酒，忘却在山家"之语。至《秋日晚思》，已生身世寂寥、游旧烟霄之慨。迨《幽居冬暮》，则叹急景颓年、夙心不遂，情激切而悲凉矣。感情变化脉络显然。张采田《会笺》系《幽居冬暮》于大中十二年病废还郑州时，恐非。商隐诗集三卷本中卷之后半，永乐闲居诗比较集中，《秋日晚思》、《春宵自遣》、《七夕偶题》（亦永乐闲居诗）、《灵仙阁晚眺寄郓州韦评事》、《幽居冬暮》、《过姚孝子庐偶书》六首相连，亦一旁证①。这种慨叹自己闲居寂寥、羡慕游旧身居烟霄的感情，在这一时期的诗中经常出现，如《喜闻太原同院崔侍御台拜兼寄在台三二同年之什》：

> 鹏鱼何事遇屯同，云水升沉一会中。
>
> 刘放未归鸡树老，邹阳新去兔园空。
>
> 寂寞我对先生柳，赫奕君乘御史骢。
>
> 若向南台见莺友，为传垂翅度春风。

诗作于会昌五年春。太原同院，或指会昌四年正月曾与崔同在太原李石幕。崔侍御本幕官带宪衔，现正式台拜，商隐在永乐闻讯后寄诗以赠。首联鹏鱼合起，君我并举，而一升一沉，命运不同，"遇屯同"当指四年正月在太原同遇杨弁之乱。颔腹二联，则我沉滞而君升腾，两两分承。末联因崔之升而兼寄在台同年，以慨已之沉滞。从"赫奕""寂寞"的对照中，传出强烈的身世寂寞之慨。

会昌四年冬天，永乐大雪。商隐写了《四年冬以退居蒲之永乐渴然有

155

---

① 在这六首之后，直至卷中之末，还有九首诗，其中除《南潭上亭宴集以疾后至因而抒情》一首为大中五年至九年间在东川幕所作外，其他八首也都是永乐闲居期间的诗作。

农夫望岁之志遂作忆雪又作残雪诗各一百言以寄情于游旧》。忆雪，即思雪、盼雪，非追忆之意。两首均极力形容刻画"忆（盼）""残"，似试帖诗。惟结处因"寄情于游旧"而微寓感慨。前首尾联云："玉京应已足，白屋但颙然。"谓京华想必雪足而此地尚未下雪，白屋贫家惟颙然仰望而已，言外有上天恩泽不均之意。后首尾联云："莫能知帝力，空此荷平均。"则谓上天恩泽所及者，惟此雪为平均，言外其他都不平均。辞与上首相反而意实相通。又有《喜雪》诗，"亦似试帖之作，有妥帖而无排奡"（程梦星《重订李义山诗集笺注》评语），句句用典，重叠堆垛，殊乏情韵，惟"寂寞门扉掩，依稀履迹斜"二句略透闲居寂寞、生计窘困之况，用事不着迹，稍有韵味。末二联云："粉署闱全隔，霜台路渐赊。此时倾贺酒，相望在京华。"朝廷远隔，遥想京华游旧，此时互倾贺酒，已则惟怅然远望而已。也流露出对得意游旧的欣羡。据诗中"联辞虽许谢，和曲本惭《巴》"之句，诗似是与闺人赏雪赋诗、有怀京华而作。王氏当亦能诗，《过招国李家南园二首》"春风犹自疑联句，雪絮相和飞不休"之句可以参证。

会昌五年正月十五元宵，诗人听说京师有热闹的灯戏，自己却不能前去一睹刘稹之乱刚平后承平灯节的盛况，感而赋《正月十五夜闻京有灯恨不得观》：

> 月色灯光满帝都，香车宝辇隘通衢。
> 身闲不睹中兴盛，羞逐乡人赛紫姑。

五年正月，因泽潞平而上尊号，赦天下，商隐应河南尹卢贞之请，为其代撰《贺上尊号表》，其年长安元宵灯彩之盛自不待言。想象中京城灯月交辉、车马填街的热闹繁盛景象更触动诗人自己的"身闲"之慨。从诗中可以深切地感受到诗人希望为国家中兴事业效力的迫切心情和对无所事事的闲居生活的厌倦。

这年春天，他在永乐县所居宅旁园中所种植的花草树木都已繁茂生长，而自己因为守丧未满仍在闲居，于是写了一首《永乐县所居一草一木无非自栽今春悉已芳茂因书即事一章》：

> 手种悲陈事，心期玩物华。
> 柳飞彭泽雪，桃散武陵霞。
> 枳嫩栖鸾叶，桐香待凤花。

绶藤萦弱蔓，袍草展新芽。

学植功虽倍，成蹊迹尚赊。

芳年谁共玩？终老召平瓜。

姚培谦说："此因手植而发身世之感也。首尾呼应。"（《李义山诗集笺注》）首联一篇主意，"悲陈事"，寓蹉跎不遇之感；"玩物华"，寓芳茂见赏之望。"柳飞"二句，谓退居隐逸。"枳嫩"二句，以栖鸾、待凤寓托身有所之想。"绶藤"二句，喻己官卑职微，"袍草"句即《春日寄怀》诗"青袍似草年年定"之意。"学植"二句双关，借喻自己虽学有素养，但成名尚早。结则不遇知音见赏，恐将终老丘园。玩"手种悲陈事"句，商隐经营永乐所居，似不自会昌四年暮春移家永乐之时始，而永乐之有商隐旧居似可进一步得到证明。

整个永乐闲居期间，"身闲"之慨可以说是他诗歌创作的主旋律。而且越到后来，这种感慨越是强烈。刚开始时因环境改变而产生的新鲜感和悠闲平和的心境，随着闲居时久而渐次消失，到后来完全被不甘寂寞、渴望匡国从政的激切心情所代替。这表明，李商隐和王维、孟浩然、韦应物等诗人不同，他本质上是热切于入世、渴望仕进功名的人，恬淡退隐不是他的本色。因此，即使处于王、孟那样的环境，也写不出王、孟那样的诗。张采田说："余尝谓义山诗境，长于哀戚，短于闲适。此亦性情境遇使然，非尽关才藻也。"（《李义山诗辨正·喜雪》评）此说切中肯綮。永乐有山有水，但商隐闲居永乐期间，却没有一首真正意义上的山水诗。不是他缺乏写山水诗的才能，而是他缺乏沉潜于山水林泉之境的那份闲情逸致。身虽闲而心不闲。"如何匡国分，不与夙心期""平生有游旧，一一在烟霄""若向南台见莺友，为传垂翅度春风""世间荣落重逡巡，我独丘园坐四春"，在这种心态下，又怎能惬意地欣赏山水胜景呢？用他自己的诗句来形况，那就是"纵使有花兼有月，可堪无酒又无人"，总之是提不起兴致来。

永乐诗的另一特点是清浅。这一点与其他时期的诗作有明显不同，商隐此前的诗，学长吉体的如《燕台诗四首》之秾艳，学杜甫者如《有感二首》《曲江》之沉郁苍凉，自出机杼者如《回中牡丹为雨所败二首》之悲凉婉转、哀感缠绵，都有一个总的特点，就是情浓而词丽。而永乐诗则大率清浅。即使有些诗（如《喜雪》及《忆雪》《残雪》）用了很多典故，但给人总的感觉仍是清浅，因为这些堆砌的典故所表达的思想感情内容非常浅。这种特点的形成，与永乐诗所写的对象多为闲居生活乃至官场及友朋间的应酬有关，更跟这个时期其生活感受比较平淡、轻浅有关。即使抒情，也多为浅层次的一般感受，而不是强烈的感情震荡或深刻的心灵感受。如果这些诗不是出现在李商隐的集子里，完全可以误认为是另一位缺乏才情的诗人写的。即使那些与时事特别是与伐叛战争有关的诗，情绪虽或昂扬，或激切，但艺术上同样呈现出清浅的风貌。

总的来说，守丧和永乐闲居时期是李商隐诗歌创作历程中一个低谷期。但这一时期他的文章创作却是一个高潮期、丰收期。特别是《祭徐氏姊文》《祭徐姊夫文》·《祭处士房叔父文》《祭裴氏姊文》《祭小侄女寄寄文》《祭外舅赠司徒公文》《重祭外舅司徒公文》《为王从事妻万俟氏祭先舅司徒文》《为王秀才妻苏氏祭先舅司徒文》，以及《为冯从事妻李氏祭从父文》等一系列哀祭文章的集中出现，将商隐"尤善为诔奠之辞"的才情发挥到了极致。为处士叔、曾祖母、裴氏姊写的行状，也具有与哀祭文相近的特点。关于商隐在哀祭文方面的成就，下编论述其骈文时将专节评介。书启文方面，除上节已经提到的《为濮阳公与刘稹书》是一篇思想艺术价值都很高的杰作以外，《为李贻孙上李相公启》也是一篇值得充分注意的佳作，因为它标志着李商隐的政治倾向，因此有必要在这里提出来谈一谈。李贻孙大和二年曾任福建团练副使，入为金部员外郎、司勋员外郎。这封由商隐代拟的上宰相李德裕的信，是希望李德裕能给他一个州郡刺史的职务（启内有"殷钧体羸，尚能为郡"之语，启上后不久，果然被任命为夔州刺史）。这本是一封极普通的代人拟的求职书信，但商隐却因此类书信例须称扬对方的功德，把它作为全文的主要内容来着力铺叙。信中全面赞颂了李德裕自相武宗以来攘外安内，为唐王朝建立的三大庙战之功：击回鹘、平杨弁、讨泽潞。据文内"景风至而庆赏先行，仲吕协而贤良必遂"之语，此启当作于会昌四年四五月①。其中叙击回鹘之役有云：

> 其余麋惊鸟散，风去雨还，亘绝幕以销魂，委穷沙而丧胆。胡琴公主，已出于襁褓；罥幕天骄，行遗其种落。向若非薛公料敌，先陈三策；充国为学，尽通四夷，则何以雪高庙称臣之羞，全肃祖复京之好？此庙战之功一也。

①《礼记·月令》："孟夏之月，律中中吕。"

叙讨泽潞云：

> 而潞寇不惩两竖之凶，徒恃三军之力，干我王略，据其父封。袁熙因累叶之资，卫朔拒大君之诏。人将自弃，鬼得而诛。蛙觉井宽，蚁言树大。招延轻险，曾微吴国之钱；藏匿罪亡，又乏江陵之粟。所谋者河朔遗事，所恃者岩险偷生。今则赵魏俱攻，燕齐并入，奉规于帷幄，遵命于指踪。亚夫拒吴，惊东南而备西北；韩信击魏，舣临晋而渡夏阳。百道无飞走之虞，一缕见倾危之势。计其反接，当不逾时。是则陈曲逆之六奇，翻成屑屑；葛武侯之八阵，更觉区区。此庙战之功三也。

后一段写得尤为笔酣墨饱，兴会淋漓，文思泉涌。众多典故，随手拈来，如同己出。而又气势恢宏，顺流直下，有长江大河一泻千里之势。这篇文章，冯浩认为是商隐"以全力赴之者"，它标志着商隐对李德裕四年多来相业的全面认识和充分肯定，也标志着商隐骈文书启所达到的高艺术水准。"尽人臣之极分，焕今古之高名"，这个总结性的赞语显示了商隐对李德裕的热情推崇。

最后需要说明的是，永乐闲居的这一年中，商隐为参加王茂元的葬礼，曾在会昌四年八月刘稹乱平后到过洛阳，并写了《重祭外舅司徒公文》。这以后，商隐当因迁葬曾祖母回过郑州，到过怀州，可惜这次迁葬活动没有留下诗文作品。办完曾祖母迁葬之事后，仍回到永乐。

第九章　从郑洛到长安

从会昌五年春到大中元年春这两整年时间里，商隐先是应从叔郑州李褒之招，由永乐前往郑州居留了一段时间；这年夏天，商隐在洛阳闲居，身体多病；十月下旬母丧服满，曾去过长安，后又回到洛阳。会昌六年春，又返回长安，并重官秘省正字，直到大中元年三月赴桂管郑亚幕为止。从个人生活经历来说，这是丧服将满谋求复职及重官秘省的时期；在诗歌创作方面，由于武宗在位后期迷信神仙方术，商隐创作了讽慨这一腐败政治现象的一系列咏史讽时的政治诗，成为这一时期诗歌创作一个突出的亮点。

第一节　应邀至郑

会昌五年春天，郑州刺史李褒招邀商隐到郑州去，商隐应邀前往。关于此事，商隐在一封上二十三叔李某的状（原题《上李舍人状一》）中曾经提及："自春又为郑州李舍人邀留，比月方还洛下。"郑州李舍人，即郑州刺史李褒。商隐抵郑的时间，当已春暮。因为这年春天的寒食节，商隐还在汾州介休的冷泉驿（见上章所引《寒食行次冷泉驿》），另外，《永乐县所居一草一木无非自栽今春悉已芳茂因书即事一章》及《春日寄怀》"我独丘园坐四春""纵使有花兼有月"之句，也可证实会昌五年仲春花草芳茂时商隐仍居永乐。因此，商隐抵达郑州的时间，当在五年春的寒食节后一二十天。

郑州是商隐从祖父起三代家居之地，李褒当是商隐的远房堂叔，商隐在信中称其为"十二叔"。李褒是京兆人，开成元年任起居舍人，因痼疾而请求罢官。开成五年，自考功员外郎、集贤院直学士充翰林学士，旋转库部郎中、知制诰。会昌元年五月拜中书舍人，同年十二月为翰林学士承旨。二年罢学士职，出为绛州刺史。会昌四年已在郑州刺史任。这次他邀商隐回郑州，从商隐代拟的一系列文章看，似有请商隐担任一些文字工作的意图。其实，早在会昌四年八月中旬，商隐为迁葬曾祖母回郑州时，就曾为李褒代拟过上宰相李德裕的书启，稍后又代拟过上宰相李绅的信，内容都是讲述自己身患痼疾，难以胜任郑州这种剧郡繁重的公务，希望朝廷能在南方偏远一点的州郡给他安排一个刺史之职。会昌五年暮春商隐来到郑州后，又先后为李褒代拟过上宰相崔铉、李回的信，内容与前两封信相同。看来，李褒有病虽是实情，但主要原因恐怕是从中书舍人、翰林学士承旨这样的要职出刺外郡，内心有所不满。李褒好道，商隐在郑州时，有《郑州献从叔舍人褒》诗云：

> 蓬岛烟霞阆苑钟，三官笺奏附金龙。
>
> 茅君奕世仙曹贵，许掾全家道气浓。
>
> 绛简尚参黄纸案，丹炉犹用紫泥封。
>
> 不知他日华阳洞，许上经楼第几重？

陆昆曾说："褒以舍人而通道术……五六是夹写法，绛简而参以黄纸，丹炉而封以紫泥，方是舍人之学仙，移赠他人不得……自首至尾，真乃字字切合。"（《李义山诗解》）诗是纯粹的酬应之作，旧时注家或解为"寓刺仙家""望恩求荐""祝官京朝"，均不免求之过深。李褒不但自己好仙学道，而且"全家道气浓"，对此大概颇为自诩；对自己曾为翰林学士承旨、中书舍人的荣耀仕历又颇为留恋，故商隐以舍人学仙来赞美他。李褒虽然先后上书四相，要求调官江南僻郡，后来甚至准备隐居江南，但实际上此后仍一直做官。约在会昌末，任虢州刺史；大中三年，以礼部侍郎知贡举，旋除礼部尚书，授浙东观察使；大中六年八月追赴阙，又曾出任黔南观察使。晚年方居宜兴川石山修道，卒。这大概正像商隐在给他的信中所建议的那样，"况古之贞栖，固有肥遁。衣食不求于外，药物自有其资，乃可谢绝尘间，栖迟事表。傥犹未也，或挠修存。若更驻岁华，稍优俸入，向平无家事之累，葛洪有丹火之须，然后拂衣求心，抗疏乞罢"（《上李舍人状六》），是攒够了俸禄、无后顾之忧的情况下才决心退隐修道的。

商隐在郑州期间，受到李褒的款待和照顾，其《上郑州李舍人状一》说：

> 伏奉荣示，伏蒙赐及麦粥饼啖饧酒等，谨依捧领讫。某庆耀之辰，早蒙抽擢；孤残之后，仍被庇庥。获于芝薙之时，累受珍糈之赐。恩同上客，礼异编氓。桑梓有光，里闾加敬。负米之养，虽无及于终身；求

粟于人，幸不惭于往圣。下情无任感恩陨涕之至。

《上郑州李舍人状三》亦云：

> 昨者累旬陪侍座下，赉赐稠叠，宴乐频仍。虽曾参不列于四科，昔尝为恨；而徐稚再升于上榻，今实为荣。

据这两篇状，商隐这次回郑州，仍住在自己过去的家中，故有"桑梓有光，里闾加敬"之语。商隐也自认为是郑州的居民，只不过由于受到李褒的礼遇照顾，故说"礼异编氓"。如果"某庆耀之辰，早蒙抽擢；孤残之后，仍被庇庥"不是应酬的门面话，商隐似乎在此之前就受到过李褒的关顾（《上李舍人状七》也提到李褒对商隐之弟羲叟的照顾："舍弟介特好退，龙钟寡徒，获依强宗，顿见荣路"）。在郑州居留期间，除了给李褒代拟私人书启、陪侍左右、参加宴饮外，还为李褒撰写过《为舍人绛郡公郑州祷雨文》（据《新唐书·五行志》，会昌五年春旱。此次旱灾涉及地域很广）。后来，商隐离郑居洛期间，还曾应李褒之请为他撰写过《紫极宫铭》，并因此得到李褒的厚赠。在会昌四、五、六三年中，商隐为李褒代拟的书启文章，上李褒的书信和诗，一共有十四篇之多。可见这几年中他与李褒之间的过往相当密切。

第二节　由郑至洛

大约在会昌五年季夏，商隐由郑州来到洛阳。《上李舍人状一》[①]云："自春又为郑州李舍人（按：指李褒）邀留，比月方还洛下。"《上郑州李舍人状四》云："某良缘凤薄，俗累多萦。夏秋以来，疾苦相继。"又《上李舍人状二》云："某自还京洛，常抱忧煎。骨肉之间，病恙相继。"三状相互参证，可以推知商隐于会昌五年夏秋间居洛。到洛的时间，据《为绛郡公上李相公（回）启》，当在是年五月十九日李回拜相之后，亦即季夏之时。到洛后，他和家人都相继生病。据《上韦舍人状》（作于会昌六年春）"某淹滞洛下，贫病相仍"之语，当时生活上也比较拮据。在洛阳期间，他当住在岳父

---

① 此题内之"李舍人"非郑州刺史李褒，而系文中称"二十三叔"之李某，详张采田《会笺》卷三会昌五年编年文及岑仲勉《平质》已。

李商隐传论（一）

162

王茂元在崇让坊的居宅。会昌四年，商隐襟兄张审礼之妻王氏卒于许昌；会昌五年，灵柩运回长安与审礼合葬，路经洛阳，商隐代其岳母李氏作祭文——《为外姑陇西郡君祭张氏女文》。这篇祭文和商隐为亲戚写的其他祭文一样哀恻动人，特别是最后一段：

> 呜呼！曩昔容华，生平淑婉，漠然不见，永矣何归？将籍挂诸天，遥归真路？将福兴静域，须赴上生？将为衅累所招，遂沦幽界？将是疗治不至，枉丧韶年？千惑萦怀，万疑叠虑，触途气结，举目心摧。天实为之，复将何诉？

祭文还提供了茂元生平和家室子女的一些具体情况，有一定资料价值。

这年五月十九日，商隐应博学宏辞试时的考官之一李回由户部侍郎同中书门下章事，登居相位[①]。商隐见到制书后，有《上座主李相公状》。状中对李回在平定泽潞叛镇的过程中"单车就路，明宣朝旨，密授兵机""遽使戎臣释位，谋士资忠，凶渠计尽而就诛，逆党死前而知悔"的功绩加以热情赞颂，实际上也反映了他对李德裕及其重要助手李回的政绩在看法上的进一步深化。在这篇状的最后，希望李回能对自己加以汲引，帮助自己入京复官：

> 某尝因薄伎，猥奉深知。麟角何成，牛心早啖。及兹沈滞，获荫燮调。瞻绛帐以增怀，望台星而兴叹。昔吴公荐贾，非宜铨管之司；孔子铸颜，未是陶钧之力。比谊恩重，方渊感深。嗟睹奥以未期，但濡毫而抒恳。崔氏之乃心紫阙，陈生之思入京城。千古撄怀，一时均虑。临风托使，指景依人。柱础成润于兴云，辙鲋何阶于泛海。

《汉书·陈万年传》：万年子咸，为南阳太守。时王音辅政，信用陈汤。咸数赂遗汤，予书曰："即蒙子公力，得入帝城，死不恨。"此处用陈咸典，正表现自己思入帝城为官愿望之强烈，故盼李回予以援手。

会昌五年秋，商隐洛阳闲居病中接到时任右司郎中的故友令狐绹的来信，想起自己与令狐父子的关系和当前的寂寥处境，感而赋《寄令狐郎中》诗：

---

① 《旧唐书·武宗纪》载会昌五年三月李回由兵部侍郎同中书门下平章事，误，此从《新唐书·武宗纪》。商隐《上座主李相公状》亦云："伏见恩制，相公以五月十九日登庸。"

嵩云秦树久离居，双鲤迢迢一纸书。

休问梁园旧宾客，茂陵秋雨病相如。

诗有"嵩云"及"病相如"语，当作于病滞洛下时。商隐屡从令狐楚幕，故以"梁园旧宾客"司马相如自况。诗有感念旧恩故交之意，而无卑屈趋奉之态；有感慨身世落寞之情，而无乞援望荐之念。纪昀说："一唱三叹，格韵俱高。"（《玉谿生诗说》）这是商隐寄赠令狐绹的诗中最富情韵的一首。但大体上作于同时而稍后的另一首托闺怨以抒怀的《独居有怀》却透露了商隐与令狐绹之间的隔阂：

麝重愁风逼，罗疏畏月侵。

怨魂迷恐断，娇喘细疑沉。

数急芙蓉带，频抽翡翠簪。

柔情终不远，遥妒已先深。

浦冷鸳鸯去，园空蛱蝶寻。

蜡花长递泪，筝柱镇移心。

觅使嵩云暮，回头灞岸阴。

只闻凉叶院，露井近寒砧。

"嵩云""灞岸"，即前诗之"嵩云""秦树"，时商隐在洛阳，令狐绹在长安。诗中商隐以独居女子深情怀念对方自喻，将此诗寄赠令狐（"觅使嵩云暮"即觅使寄诗），实际上是对令狐绹表白自己的感情。"柔情"二句为全篇点睛，意谓自己柔情脉脉，终未与对方疏远，而对方却并不理解自己的痴情而遥妒已自先深。也就是说自己虽始终系心令狐，感念旧谊，而令狐则早已心存芥蒂而妒忌自己。二诗合观，可见会昌年间双方关系虽不像大中初年那样产生大的裂痕，但往日业已产生的隔阂疑忌却未能消弭。"遥妒已先深"的"先深"二字，正说明隔阂疑忌的产生已非一日（参本编第七章第三节对《酬别令狐补阙》诗的分析）。会昌年间，李德裕受武宗专任，牛党在政治上失势，杨嗣复、李珏、牛僧孺、李宗闵等牛党重要人物及首领先后远贬。因此当时令狐绹虽对商隐有所疑忌不满，但并不会成为商隐仕途上的障碍。商隐《独居有怀》托闺情以寄意，主要是向令狐绹表白心迹，未必有希求令狐绹援引的意图。

第三节　服阕复官

　　会昌五年九月，商隐在《上郑州李舍人状四》中说："某十月初始议西上。"当指十月丧服期满之时，准备西赴长安谋求复职。《上李舍人状四》又说："时向严冽……某已决取此月二十一日赴京。""此月"指十月。从这两篇状看，商隐在会昌五年十月服丧期满后当去过长安。但到长安后不久，似又仍返回洛阳。《上韦舍人状》作于会昌六年三月宣宗即位之后[①]，状云："某淹滞洛下，贫病相仍。去冬专使家僮起居，今春亦凭令狐郎中附状。"去冬指会昌五年冬，今春指会昌六年春。这说明，商隐在会昌五年冬到会昌六年春的一段时间内仍在洛阳。否则如身在长安，当不必"专使家僮起居""凭令狐郎中附状"。但据《上李舍人状五》"去岁陪游，颇淹樽俎（按：指会昌五年春夏间在李褒处陪侍宴饮）；今兹违奉，实间山川（按：指己在京，李褒在郑，相隔山川。如其时商隐仍居洛，则郑、洛相距甚近，不得云'实间山川'）。曲水冰开，章台柳动。子牟岂忘于魏阙，严助盖厌于承明（按：谓己不忘魏阙，而褒则不愿入京为官）"等语，会昌六年仲春"冰开""柳动"之时，商隐确已在长安。将上述各状联系起来考察，商隐当于会昌五年十月下旬赴长安，但不久即返洛阳。季冬曾专使家僮问候韦舍人起居，会昌六年初春又曾托令狐绹捎信给韦舍人。而六年仲春，商隐已在长安。

　　商隐复官秘阁的时间，大致可以考知。《上李舍人状七》作于会昌六年冬，状云："伏以今年冽寒（按：原作'冬年例寒'，据钱校改），不并常岁……某羁官书阁，业贫京都。"说明最迟在会昌六年冬，商隐已复官秘阁。但实际复官的时间可能在会昌六年暮春。《偶成转韵七十二句赠四同舍》云："公（按：指卢弘止）事武皇为铁冠，历厅请我相所难。我时憔悴在书阁，卧枕芸香春夜阑。明年赴辟下昭桂，东郊恸哭辞兄弟。"按商隐武宗会昌二年、六年两为秘书省正字，此处"憔悴书阁""卧枕芸香"与"明年赴辟下昭桂（按：指大中元年应郑亚辟赴桂管幕）"紧相连接，则所指当为会昌六年复官秘阁正字时情事，曰"春夜阑"，则会昌六年春（当在暮春）已复官

165

-----

　　① 张氏《会笺》卷四编此状于大中二年商隐罢桂幕北归后，岑仲勉《平质》丙欠确"大中二年由桂归洛阳"条驳正之，谓："状有云：'今者运属长君，理当哲辅'，此种口气，应属会昌六年三月宣宗即位后不久之时。"兹依岑说。

秘阁。"憔悴在书阁"之语，亦与《上李舍人状七》所谓"羁官书阁，业贫京都"相合，而不像会昌二年再入秘省时较为兴奋的心情。

会昌六年仲春回长安后，商隐还分别给时仍在河南尹任上的卢贞和从忠武节度使内征的李执方上过状。这两篇状都作于三月二十六日宣宗即位之后，其时商隐当已复官秘省正字。这年四月，过去曾在天平节度使府与商隐同幕的韦正贯由寿州团练使权知京兆尹，后又正式任命为京兆尹，商隐曾为韦代拟过举人自代状①。

第四节　武宗去世前后的诗歌创作

会昌六年三月，武宗去世，宣宗即位。在唐后期的皇帝中，武宗是比较英武有决断的。在位六年中，专任唐后期最杰出的政治家李德裕，击退回鹘的侵扰，平定泽潞的叛乱，打击佛教僧侣势力，裁汰冗吏，并着手恢复被吐蕃长期占领的河陇地区，在许多方面都有显著政绩。连一向专横跋扈的宦官势力，这段时间也有所收敛。会昌三年，崔铉拜相，武宗事前不同枢密使杨钦义商量就加以任命，被老宦官看作"堕败旧风"（事见《通鉴·会昌三年五月》）。作战时，监军不得干预军政。这些都表明宦官势力有所退缩。但自泽潞平定后，武宗崇信道教的积习变本加厉。《旧唐书·武宗纪》：会昌五年正月，"己酉朔，敕造望仙台于南郊坛。时道士赵归真特承恩礼，谏官上疏，论之延英……归真自以涉物论，遂荐罗浮道士邓元起有长年之术，帝遣中使迎之"。《杜阳杂编》卷下："上好神仙术，遂起望仙台以崇朝礼。复修降真台，春百宝屑以涂其地。瑶楹金栱，银槛玉砌，晶莹炫耀，看之不定。内设玳瑁帐火齐床，焚龙火香，荐无忧酒，此皆他国所献也。"商隐《汉宫词》即借汉武帝求仙之事以托讽武宗这种迷信神仙、妄图长生的愚妄行为：

---

①此状《文苑英华》《全唐文》误题为《为尚书渤海公举人自代状》，渤海公为高元裕，约开成五年任京兆尹。但状内举以自代的周墀、崔龟从二人的历官已叙至会昌五年后，题与状文内容明显不合。当是商隐原有《为尚书渤海公举人自代状》《为京兆公（韦正贯）举人自代状》，二状相连，抄刻时前状脱去正文，后状脱去题目，遂将前题与后文误合为一。详拙著《李商隐文编年校注》该文编著者按，即注[一]。又详本编附考二《李商隐诗文集中一种典型的脱误现象——从〈为尚书渤海公举人自代状〉题与文的脱节谈起》。

青雀西飞竟未回，君王长在集灵台。

侍臣最有相如渴，不赐金茎露一杯。

《三辅黄图》载，建章宫有神明台，武帝造，祭仙人处。上有承露盘，有铜仙人舒掌捧铜盘玉杯，以承云表之露，和玉屑服之。"金茎露"指此。"集灵台"即"望仙台"之异称。罗大经《鹤林玉露》卷二说此诗云："言青雀杳然不回，神仙无可致之理必矣，而君王未悟，犹徘徊台上，庶几见之。且胡不以一物验其真妄乎？金盘盛露，和以玉屑，服之可以长生，此方士之说也。今侍臣相如，正苦消渴，何不以一杯赐之？若服之而愈，则方士之说犹可信也，不然则其妄明矣。二十八字之间，委蛇曲折，含不尽之意。"其实这首诗除了讽求仙之妄的主题之外，还有一个连带的副主题——讽帝王的迷神仙而弃贤才。三四句中的"渴""露"，双关仕进之"渴"与皇帝的雨露之恩。全诗系讽刺皇帝迷醉于建台求仙，妄图长生，而不关心臣下的仕进之渴，不对贤才施雨露之恩。求仙的痴迷与弃贤的冷漠相映照，深化了讽刺帝王求仙的主题。

迷神仙、图长生与惑女色往往相联系。史载武宗宠王才人。《新唐书·后妃传》载："武帝贤妃王氏……有宠。状纤颀，颇类帝。每畋苑中，才人必从，袍而骑，校服光侈，略同至尊，相与驰出入，观者莫知孰为帝也。帝欲立为后，宰相李德裕曰：'才人无子，且家不素显，恐诒天下议。'乃止。"商隐《北齐二首》借北齐后主高纬宠冯淑妃小莲、迷于畋猎之事以托讽：

一笑相倾国便亡，何劳荆棘始堪伤。

小莲玉体横陈夜，已报周师入晋阳。

巧笑知堪敌万机，倾城最在著戎衣。

晋阳已陷休回顾，更请君王猎一围。

武宗虽然不是高纬一类荒淫佚乐的"无愁天子"，但诗人从关心国家命运出发，自不妨借高纬事预作警诫。"著戎衣""猎一围"，与武宗、王才人好畋猎之事确有相似之处。

由于妄求长生，服食金丹，药躁中毒，喜怒无常，武宗竟在三十三岁的盛年即猝然去世。商隐对武宗在位期间的政绩，特别是他的武功，每加充分肯定并赞颂，但对他的迷信神仙方术、宠王才人、喜畋猎等行为则每加嘲讽。《汉宫》将讽求仙与讽女宠联系在一起，借汉武帝、李夫人之事以托讽：

> 通灵夜醮达清晨，承露盘晞甲帐春。
>
> 王母西归方朔去，更须重见李夫人。

通灵夜醮，通宵达旦，而承露盘干，甲帐虚设。西王母不来，东方朔又去，求仙之道已绝，只能到地下和旧宠李夫人重见了。屈复评："言武帝不能成仙，只能见鬼耳。深妙。"（《玉谿生诗意》）

除此之外，《华岳下题西王母庙》《华山题王母庙》《瑶池》《海上》《过景陵》等讽刺帝王求仙的诗也大都作于这一时期。它们与上述诗篇一起，构成了一个主题非常集中的政治讽刺诗系列：

> 神仙有分岂关情？八马虚追落日行。
>
> 莫恨名姬中夜没，君王犹自不长生。
>
> ——《华岳下题西王母庙》

> 莲花峰下锁雕梁，此去瑶池地共长。
>
> 好为麻姑到东海，劝栽黄竹莫栽桑。
>
> ——《华山题王母祠》

> 瑶池阿母绮窗开，《黄竹》歌声动地哀。
>
> 八骏日行三万里，穆王何事不重来？
>
> ——《瑶池》

> 石桥东望海连天，徐福空来不得仙。
>
> 直遣麻姑与搔背，岂能留命待桑田？
>
> ——《海上》

> 武皇精魄久仙升，帐殿凄凉烟雾凝。
>
> 俱是苍生留不得，鼎湖何异魏西陵？
>
> ——《过景陵》

从这一系列专讽帝王求仙的诗中可以看出，商隐自己虽然早岁就志在玄门，学道玉阳，但对帝王求仙却持坚决反对态度。在他看来，帝王学道求仙并不像常人那样，仅仅是一种宗教信仰、精神寄托。常人即使服食求仙、为药所误也仅仅关涉个人的生死，而帝王求仙乃是政治腐败的一种征兆和标志。它往往与荒废政事、不顾苍生、不恤贤才、沉迷女色等腐败现象相连共生。《通鉴·会昌四年》载："上好神仙，道士赵归真得幸，谏官屡以为言。（四月）丙子，李德裕亦谏曰：'归真，敬宗朝罪人，不宜亲近。'上曰：'朕宫中无事时与之谈道涤烦耳。至于政事，朕必问卿等与次对官，虽百归真不能惑也。'"武宗的这种辩解，实质就是求仙学道无关政事的论调。将这种论调与商隐上述诗作对照，不难发现这些诗具有某种针对性。

这些诗多采取咏史体式和七绝体裁，借古讽今，有很强的现实感。诗中直接讽慨的历史人物，多为周穆、秦皇、汉武一类好神仙的帝王，甚至还有本朝的唐宪宗。除周穆王外，其他几位都是具有雄才大略的君主。以这些皇帝迷信神仙的情事作鉴戒，其现实针对性是很强的。实际上，对唐武宗，商隐既颂扬其武功，又讽其好神仙、畋猎、女色，而且越是认为武宗英武有为，越是对他的迷信神仙等行为感到惋惜，从而深加讽慨。这种双重态度和矛盾复杂的情绪，在《茂陵》和《昭肃皇帝挽歌辞三首》中表现得相当明显。《茂陵》云：

> 汉家天马出蒲梢，苜蓿榴花遍近郊。
> 内苑只知含凤觜，属车无复插鸡翘。
> 玉桃偷得怜方朔，金屋修成贮阿娇。
> 谁料苏卿老归国，茂陵松柏雨萧萧。

《昭肃皇帝挽歌辞三首》云：

> 九县怀雄武，三灵仰睿文。
> 周王传叔父，汉后重神君。
> 玉律朝惊露，金茎夜切云。
> 笳箫凄欲断，无复咏横汾。
>
> 玉塞惊宵柝，金桥罢举烽。
> 始巢阿阁凤，旋驾鼎湖龙。

门咽通神鼓，楼凝警夜钟。
小臣观吉从，犹误欲东封。

莫验昭华琯，虚传甲帐神。
海迷求药使，雪隔献桃人。
桂寝青云断，松扉白露新。
万方同象鸟，翚动满秋尘。

由于二诗体制不同，《昭肃皇帝挽歌辞三首》侧重于慨，但慨中寓讽，在赞颂其雄武，击回鹘、平泽潞，初现承平气象的同时，对其迷信神仙反复寓讽（第一首"汉后"句、"金茎"句，第二首"旋驾"句，第三首"虚传"句及颔联）。这在皇帝的挽歌辞中是少见的。《茂陵》侧重借汉武以讽其喜畋猎、好神仙、宠女色，但对其武功仍加以赞扬，一结以苏武归国致慨，尤深寓故君之痛。

一位诗人，在一段较短的时间内，如此集中地围绕一个当朝皇帝的行事功过写这么多的诗，而且都达到相当高的艺术水准，这在诗歌史上似不多见。这充分说明商隐对武宗关注之深切，比起对文宗来，实有过之而无不及。在商隐心目中，文宗是一位虽有图治之意却无图治之才、阘弱无能的皇帝，而武宗则是一位既有图治之意又有图治之才而且取得了显著成效，却存在不少缺点的皇帝。因此对武宗的期望既切，对其缺点的关注便尤切，对他的英年早逝也就特别惋惜。"玉塞惊宵柝，金桥罢举烽""始巢阿阁凤，旋驾鼎湖龙"，任用李德裕这样的贤相，攘外安内，使国家刚出现了一点太平景象，皇帝却因好道而驾龙仙去了。"小臣观吉从，犹误欲东封"，透露出诗人是把国家中兴的希望寄托在取得了一些政绩的武宗身上的。正因为望之切，所以忧之深，责之严。从写于武宗生前的《北齐二首》"一笑相倾国便亡，何劳荆棘始堪伤"的诗句中可以明显体味出防微杜渐、预作警诫的意味。正因为这样，即使在《昭肃皇帝挽歌辞三首》这种按礼制及惯例只作颂美追思之辞的诗中，商隐也同样在颂美其武功、哀挽其早逝的同时，讽慨其迷信神仙方术，直似一篇盖棺论定的史赞。讽之正缘于深惜之。

随着武宗去世，宣宗即位，朝局又发生了很大的变化，商隐的生活境遇和诗文创作也进入了一个新的高峰期。

第十章　桂幕往返（上）

唐宣宗大中元年（847）三月，李商隐应新任桂管观察使郑亚的辟聘，与郑亚同赴数千里之外的桂林，开始了又一次幕府生涯。这次在桂幕的时间虽短——加上赴幕及罢幕归京的时间也不过一年半，却成为他生活与创作历程中一个重要的转折点。

第一节　朝局变化中的选择

会昌六年（846）三月二十三日，唐武宗因服食金丹药躁去世，宦官拥立宪宗子光王怡为帝，更名忱，于二十六日即位，是为宣宗。宣宗是敬、文、武三宗的叔父辈。《通鉴·会昌六年三月》载："初，宪宗纳李锜妾郑氏，生光王怡。怡幼时，宫中皆以为不慧。大和以后，益自韬匿，群居游处，未尝发言。文宗幸十六宅宴集，好诱其言以为戏笑。上（按：指武宗）性豪迈，尤所不礼。及上疾笃，旬日不能言。诸宦官密于禁中定策。辛酉，下诏称：'皇子冲幼，须选贤德，光王怡可立为皇太叔，更名忱，应军国政事令权句当。'……甲子，上崩，以李德裕摄冢宰。丁卯，宣宗即位。"宣宗的即位，既是靠宦官的拥戴，自然在选相等重大问题上要听从宦官的意愿。宦官早就厌恶李德裕当政时期对宦官势力有所抑制和削弱，加以宣宗想自己揽权，不希望有李德裕这样功威卓著的宰相用事，"素恶李德裕之专"（见《通鉴·会昌六年》），因此在刚即位听政才六七天的会昌六年四月壬申（初二），就将李德裕罢出为荆南节度使。"德裕秉权日久，位重有功，众不谓其遽罢，闻之莫不惊骇。甲戌（初四），贬工部尚书、判盐铁转运使薛元赏为忠州刺史，弟京兆少尹、权知府事元龟为崖州司户，皆德裕之党也"（同上）。这是宣宗即位后对李德裕政治集团实施的第一次重大打击。

宣宗与宦官在打击李德裕政治集团的同时，决定起用牛党新进，以取

171

得官僚集团另一派的支持。会昌六年五月，翰林学士、兵部侍郎白敏中被任命为宰相。紧接着，这年八月，"以循州司马牛僧孺为衡州长史，封州流人李宗闵为郴州司马，恩州司马崔珙为安州长史，潮州刺史杨嗣复为江州刺史，昭州刺史李珏为郴州刺史（按：李珏移刺郴州实在会昌五年，见《金石补正》卷七四《华景洞李珏等题名》）。僧孺等五相皆武宗所贬逐，至是，同日北迁。宗闵未离封州而卒"（同上），摆开了要重新起用牛党耆宿的架势。"九月，以荆南节度使李德裕为东都留守，解平章事。以中书侍郎、同平章事郑肃同平章事，充荆南节度使"（同上）。郑肃是郑亚的同宗，政治上也是靠近李德裕的。大中元年二月，李德裕又从东都留守这个多少还有些权力的职位上调开，只给他一个太子少保分司东都的虚衔。关于这次调动，《通鉴》明确指出是白敏中的阴谋排挤："初，李德裕执政，引白敏中为翰林学士。及武宗崩，德裕失势，敏中乘上下之怒，竭力排之，使其党李咸讼德裕罪，德裕由是自东都留守以太子少保分司。"与此同时，又将李德裕当政期间得力助手之一郑亚由给事中这个重要职位调开，出为桂管观察使。这是宣宗、牛党、宦官对李德裕政治集团实施打击的第二步。这时的李德裕，已经完全失去了权力，成为一名闲官，一名随时可以进一步被贬逐的待罪官员。原来与李德裕关系密切的仅李回一人还暂时留在宰相的位置上，境况也岌岌可危。而李商隐正是在李德裕政治集团连遭打击的形势下，应郑亚的辟聘，远赴桂管观察使幕，任观察支使，"当表记"。很显然，这不是一次偶然的行动，而是经过思考作出的选择。

郑亚，字子佐，爽迈有文。元和十五年登进士第，又登贤良方正能直言极谏科及书判拔萃科。李德裕为翰林学士，高其才。大和二年贤良方正能直言极谏科登第后，李德裕曾辟署其为浙西幕府从事。会昌初入朝为监察御史，累迁刑部郎中。李回任御史中丞，荐奏为刑部郎中知杂事。迁谏议大夫、给事中。受到李德裕的重用，曾奉命重修《宪宗实录》，于会昌三年以兵部郎中、史馆修撰的身份奏进重修《宪宗实录》四十卷。同年七月，李回奉命宣谕河朔三镇，亚以副使身份从行。十一月，党项入寇，李德裕又奏请李回为安抚党项副使（充王岐为灵夏等六道元帅兼安抚党项大使，系挂名），郑亚为元帅判官。他与李回，在李德裕会昌当政期间，是其得力的左右手。

这次由给事中这样的要职①，调任为西南边远地区的方镇，很明显是一种实际上的贬斥。在这次受辟赴桂管幕之前，商隐与郑亚之间并非素交②，这次应辟时，商隐用寓言的方式写了《海客》一诗，表明自己的意向心迹：

> 海客乘槎上紫氛，星娥罢织一相闻。
>
> 只应不惮牵牛妒，聊用支机石赠君。

《荆楚岁时记》："汉武帝令张骞使大夏寻河源，乘槎（按：即木筏）经月而至一处，见城郭如州府，室内有一女织，又见一丈夫牵牛饮河，骞问曰：'此是何处？'答曰：'可问严君平。'织女取搘机石与骞俱还。后至蜀问君平，君平曰：'某年某月，客星犯牛、女。'"诗以"海客乘槎"喻郑亚奉命出使桂海，以"星娥罢织"喻自己罢秘书省正字之职而就郑亚之辟。三四句谓自己不畏惧牛党中旧好之妒，愿以自己的文采为郑亚效力，以酬答郑亚的知遇。"牵牛"可包括令狐绚，但未必专指一人。商隐最初受知于令狐楚、崔戎、萧浣等牛党中人，及其婚于王氏，即遭"牛李党人（按：指牛僧孺、李宗闵党）蛆摘"，"以为诡薄无行"（《新唐书》本传）。从牛党的立场看，商隐自为不忠于"牵牛"的"星娥（织女）"了。商隐这首诗，虽用了隐晦的寓言方式，但就其内容来说，倒像是一则政治上的宣言。在牛党势力复炽、李德裕政治集团遭到有计划的打击时，商隐罢秘省正字而入李德裕主要助手之一郑亚的幕府，其行动的政治含义和所表示的政治倾向是相当清楚的。这既不能用"为贫而仕"来解释，也不是单纯酬答恩知，而是在较长时期的观察与思考的基础上作出的一种政治抉择。这一抉择显然触怒了当权的牛党，此后商隐仕途上的坎坷也显然与这一抉择有密切关系。

---

①《旧唐书·职官志》：门下省，给事中四员，"掌陪侍左右，分判省事。凡百司奏抄，侍中审定，则先读而署之，以驳正违失。凡制敕宣行，大事则称扬德泽，褒美功业，覆奏而请施行，小事则署而颁之。凡国之大狱，三司详决，若刑名不当，轻重或失，则援法例退而裁之。凡发驿遣使，则审其事宜，与黄门侍郎给之；其缓者给传，即不应给罢之。凡文武六品已下授职官，所司奏拟，则校其仕历浅深，功状殿最，访其德行，量其才艺，若官非其人，理失其事，则白侍中而退量焉。若弘文馆图书之缮写雠校，亦课而察之。凡天下冤滞未申，及官吏刻害者，必听其讼，与御史、中书舍人同计其事宜而申理之。"虽品秩并不高（正五品上阶），却事务多而权重。

② 商隐《陆发荆南始至商洛》（作于桂幕罢归途次）云："昔去真无素，今还岂自知？"《自桂林奉使江陵途中感怀寄献尚书》："水势初知海，天文始识参。"均可证。

果然，几个月后令狐绹便首先对商隐从亚桂管这一行动作出了强烈反应。《新唐书》本传说："亚亦德裕所善，令狐绹以为忘家恩，放利偷合，谢不通。"大中元年三月，令狐绹自右司郎中出为湖州刺史（此据《吴兴志》。《旧唐书·令狐绹传》谓绹"会昌五年出为湖州刺史"，张氏《会笺》从之，误），到任后有信寄商隐，信中对商隐从亚桂管之事严词责备。原信已佚，但从商隐的《酬令狐郎中见寄》中仍然可以看得相当清楚，诗中说：

> 土宜悲坎井，天怒识雷霆。
> 象卉分疆近，蛟涎浸岸腥。
> 补羸贪紫桂，负气托青萍。
> 万里悬离抱，危于讼阁铃。

"土宜"二句，表面上是写南疆的土宜气候，实际上是以"天怒"隐喻令狐绹因自己追随郑亚而震雷霆之怒，言外大有怵惕惶恐、震慑不知所措之状。商隐从亚，正值李德裕政治集团失势、牛党势力复炽之时。在令狐绹看来，这正是商隐依附牛党的时机，殊不料商隐竟去追随并无旧交的李德裕集团骨干郑亚，则其死心塌地依附已处危境的李德裕集团，且无视牛党的不满也就很清楚了。故绹之寄书必责其从亚为"忘家恩，放利偷合"（当然不可能直接指责其不依附当权的牛党），颇为震怒。商隐酬诗，乃极力剖白自己之从亚，是因为"补羸贪紫桂"，亦即为贫而仕。用心虽然良苦，但势必得不到令狐绹的谅解。从这首诗可以看出，他并不能真正做到"不惮牵牛妒"。将此诗与《海客》并读，不仅可以看出商隐当时处境之艰困，而且可以透视其内心及言行的矛盾。这也正是商隐悲剧性格的一个重要方面。

174

第二节　赴桂途中

大中元年正月，商隐弟羲叟登进士第①，商隐有《喜舍弟羲叟及第上礼部魏公》诗呈献主考官礼部侍郎魏扶：

> 国以斯文重，公仍内署来。
> 风标森太华，星象逼中台。
> 朝满迁莺侣，门多吐凤才。
> 宁同鲁司寇，唯铸一颜回！

末联颂扬魏扶主持文柄，为朝廷选拔众多人才，与孔子仅能从事教育，铸就颜回一人相比，远胜之矣。唐人用典比较自由，为突出魏扶，不惜用孔子作陪衬，但也可看出孔子的地位在唐代不像后世那么崇高。文集又有《献侍郎钜鹿公启》，为商隐献魏扶之书启，云："今月某日舍弟新及第进士羲叟处，伏见侍郎所制《春闱于榜后寄呈在朝同年兼简新及第诸先辈五言四韵》诗一首……辄馨鄙词，上攀清唱……其诗五言四首（按：当作韵）谨封如右。"可见《喜舍弟羲叟及第上礼部魏公》诗乃是酬和魏扶之作。《献侍郎钜鹿公启》谈到自己对诗歌创作特别是本朝诗歌创作倾向的看法，是反映其文艺思想的一篇重要文章，将在下编有关章节加以评述。

商隐这次应郑亚之辟聘所担任的幕职，《旧唐书》本传说是"观察判官，检校水部员外郎"，《新唐书》本传亦云"为判官"，均误。商隐《樊南甲集序》云："大中元年，被奏入岭当表记。"《为荥阳公上荆南郑相公状》则云："李支使商隐，虽非上介，曾受殊恩。"序与状作于同时（序作于十月十二日，状作于九月末十月初），而一云"当表记"，一云"支使"。张氏《会笺》遂据《樊南甲集序》于大中元年谱书"义山随郑亚赴桂管幕，辟奏掌书记"。究竟是观察支使，还是掌书记，抑或观察支使兼掌书记？按《通

175

---

① 此据《册府元龟》卷六四一、《唐会要》卷七六："大中元年正月，礼部侍郎魏扶放及第二十三人。续奏：堪放及第三人：封彦卿、崔琢、崔延休等，皆以文艺为众所知，其父皆在重任，不敢选，取其所试诗赋封进，奏进止。令翰林学士、户部侍郎知制诰韦琮等考，尽合程度。其月二十五日，奉进止，并附所司放及第。"《旧唐书·宣宗纪》记此事于大中元年三月丁酉，非。详《〈樊南文集〉、〈樊南文集补编〉旧笺补正》，载《中国古籍研究》第1卷，1996年。

鉴·僖宗乾符元年》"初，岩佐崔铉于淮南，为支使"胡三省注："唐制：节度使幕属有掌书记，观察使有支使，以掌表笺书翰，亦书记之任也。"胡氏之意，盖谓观察支使即司书记之任。如果按照这种说法，商隐担任的幕职是观察支使，而其所担负的具体工作则是"当表记"，即掌表笺书翰。但据《新唐书·百官志》："观察使：副使、支使、判官、掌书记、推官、巡官、衙推、随军、要籍、进奏官各一人。"则观察使的僚属既有支使，又有掌书记，并非只有支使而无掌书记之职。戴伟华先生在《唐方镇文职幕僚考》及《方镇使府掌书记与李商隐在桂管幕之幕职》中曾详考唐代有关文献记载，得出如下结论："节度使属下有掌书记，如果节度使兼观察使，则有观察支使；如仅是观察使，则只有支使而无掌书记……李商隐在桂管只能任支使，而不可能任掌书记或支使兼掌书记……'当表记'意即掌管书表文字工作。"所辨甚是，兹依其说。《新唐书·百官志》谓观察使之僚属有掌书记，盖误。总之，商隐在桂管幕所担任的实际工作主要是撰拟表状启牒等公私文翰，则是确定无疑的。至于观察支使是否还担任别的任务（如商隐之奉使江陵，就非掌书记的工作范围），则由于文献阙载，尚难断定。但《为荥阳公上荆南郑相公状》称自己为"支使"，可能表明此行与支使的职务有关。

郑亚此次奏署的其他幕僚，根据商隐的《为荥阳公谢除卢副使等官状》《为荥阳公桂州署防御等官牒》，有卢弲（副使）、段公路（防御巡官）、罗瞻（衙推）、崔某（兵曹参军兼观察巡官）、陶褾（要籍）、吕佋（摄判官）、刘福（摄观察衙推）、王政（要籍）、任缮（职务不详）等人。其中副使卢弲与郑亚同年登进士第，段公路为段文昌之孙、段成式之子，吕佋为同年兼故友吕述之弟。

郑亚、商隐一行，是大中元年三月七日从长安启程的。启程之前，商隐随郑亚入朝辞谢，见彤庭早朝景象，有《谢往桂林至彤庭窃咏》诗：

辰象森罗正，钩陈翊卫宽。
鱼龙排百戏，剑珮俨千官。
城禁将开晚，宫深欲曙难。
月轮移栤诣①，仙路下阑干。
共贺高禖应，将陈寿酒欢。
金星压芒角，银汉转波澜。

①《三辅黄图》："栤诣，木名。宫中美木茂盛也。"又《关中记》：建章宫中有栤诣殿。

王母来空阔，羲和上屈盘。

凤凰传诏旨，獬豸冠朝端。

造化中台座，威风大将坛。

甘泉犹望幸，早晚冠呼韩。

视诗中"鱼龙排百戏"及"共贺高禖应，将陈寿酒欢"等句，宫中当有庆典，而非常朝。据《新唐书·后妃传》："宪宗孝明皇后郑氏……元和初，李锜反，有相者言后当生天子。锜闻，纳为侍人。锜诛，没入掖庭，侍懿安后。宪宗幸之，生宣宗。宣宗为光王，后为王太妃，及即位，尊为皇太后。太后不肯别处，故帝奉养大明宫，朝夕躬省候焉。"合之诗中"高禖应""寿酒欢"之语，似是宫中举行郑太后寿诞庆典，故有"鱼龙排百戏"之举；"高禖应"，谓其生宣宗果为天子。如是宣宗生皇子，虽可云"高禖应"，但不必有"寿酒欢"之事。

作为司表状启牒撰拟之事的幕僚，在出发前商隐为郑亚代拟了一系列上内外重要官吏的状启，其中有李德裕、李执方、卢钧、韦琮、崔铉、崔郸、郑肃、李让夷、李景让、李实、崔璪、韦廑等。多数是应酬性的礼节性的文字，但有的也透露了朝局变化的消息。如《为荥阳公上李太尉（德裕）状》有云："伏惟慎保起居，俯镇风俗，俟金縢之有见，俾玉铉之重光。某窃忆春初，曾蒙简赐，故欲琴樽嵩岭，鱼钓平泉。岂贪行意之言，便阻具瞻之恳，伏惟少以家国为念也。"反映出其时李德裕因看到朝局变化，自己一再受到打击，已萌隐退平泉（李德裕在东都的庄园）之意。郑亚则在信中安慰他，说德裕虽像当年的周公一样，受到君主的怀疑，但终能释除误解，重执政柄。这虽是对退闲贬抑的大臣常用的慰藉祝愿之语，但从当时情况看，李德裕政治集团虽处境相当不利，但并未面临全军覆没的局势。李德裕的另一重要助手李回仍在朝中任宰相。郑亚虽离机要之任，仍属方面大臣，崔嘏所撰《授郑亚桂府观察使制》（载《全唐文》卷七二六）对郑亚的才能政绩多有赞辞，说明朝廷多数官吏并不大清楚宣宗、白敏中等调郑亚观察桂管的真实意图。李德裕本人，在文宗朝也曾被贬为袁州长史，并曾被安排为太子宾客分司这样的闲职，但潮落潮起，武宗朝终于得到重用。以他的才干、功绩和资历声望，按常理这次被罢相后也并非没有复出的可能。但李德裕、郑亚、李回，包括李商隐，大概都没有想到，宣宗、白敏中等人的执政方针，就是"务反会昌之政"（《通鉴·宣宗大中元年》）。会昌朝重用李德裕、李回、郑亚等有才干的人物，宣宗、白敏中等就要处心积虑、不遗余力地打击他们，而且是有计划、有步骤地进行，必欲置之死地而后快。同时重用牛党新贵如令狐绹等，"凡德裕所薄者，皆不次用之"（同上）。他们根本不会让李德裕安安稳稳地退居平泉山庄，而是计划着制造一网打尽的阴谋，将李德裕政治集团彻底清除消灭。

三月初七，郑亚一行正式启程赴桂林。尽管宣宗、白敏中等将郑亚从政治中枢调离，但郑亚启程时表面上还是相当风光的。不但在长安东边的长乐驿设馔宴饯郑亚及将士一行，而且用御厩里的飞龙马将郑亚送到京兆府界，商隐还专门为此写了《为中丞荥阳公赴桂州长乐驿谢敕设馔状》和《为中丞荥阳公谢借飞龙马送至府界状》。后状颇有佳句："梁悬蜀镫，几覆吴鞍，每多曳练之疑，不假著鞭之力。倏逾秦甸，将复周闲。照地回光，瞻天送影。长亭欲别，未期东道而来；双阙傥嘶，愿附北风之思。"

离开长安时，新登进士第尚未释褐的弟弟羲叟前来送行，一直送到蓝田县南的韩公堆方才拨转马头告别，商隐《偶成转韵七十二句赠四同舍》记述当时情景道：

> 明年赴辟下昭桂，东郊恸哭辞兄弟。
> 韩公堆上趿马时，回望秦川树如荠。

商隐这次远赴桂林，是抛下了体弱多病的妻子王氏和头一年刚出生的儿子衮师只身前往的，又跟相依为命的兄弟羲叟分别，加上所追随的幕主郑亚政治前途未卜，心情是比较抑郁酸楚的，《离席》诗云：

> 出宿金尊掩，从公玉帐新。
> 依依向余照，远远隔芳尘。
> 细草翻惊雁，残花伴醉人。
> 杨朱不用劝，只是更沾巾。

尾联将自己比作"见歧路而泣"的杨朱，表现出一种茫然不知所之的彷徨感。宣宗即位以来一年中种种"务反会昌之政"的措施，特别是排斥打击李德裕政治集团的行动，使诗人在作出追随郑亚南下桂管选择的同时，自然产生一种歧路彷徨的矛盾心理。

路经长安东面的五松驿，诗人由秦始皇封五大夫松的故实展开联想，写下借史寓慨的《五松驿》诗：

> 独下长亭念《过秦》，五松不见见舆薪。
>
> 只应既斩斯高后，寻被樵人用斧斤。

驿名五松，却不见松树，大概都被樵夫当作薪材砍伐光了。由此联想到秦朝的灭亡，想到贾谊总结秦朝兴亡历史经验的《过秦论》。究竟是什么原因导致了秦的速亡呢？细味诗的三四两句，似是有感于统治集团内部的党同伐异，互相倾轧，火并之后，统治力量大为削弱，亡国灭族之祸也随之而至。秦之末世，用事大臣如李斯、赵高者相互倾轧，先后被诛，秦亦随之而亡。唐之季世，朋党纷争，南北司势若水火，政局动荡，长此以往，则距"寻被樵人用斧斤"之日恐亦不远了。诗托咏秦之亡以寄忧唐之衰，深寓警戒之意。曰"念《过秦》"，其意固在当朝。"寻被"二字，颇见寓意。

再往前行，就进入了商山。商山四皓是著名的帝王之师，商隐之名就取义于隐于商山的四皓，寄托着李嗣对儿子作帝王师的期望[1]。这次路经商山，拜谒当地的四皓庙，有《四皓庙》诗云：

> 羽翼殊勋弃若遗，皇天有运我无时。
>
> 庙前便接山门路，不长青松长紫芝。

诗借四皓建立羽翼殊勋而见弃于时，托讽时君斥弃功臣。首句一篇主意，下三句均发挥"弃若遗"之意。"皇天有运"，指太子终于践阼为惠帝；"我无时"，托为四皓口吻，谓有功而见弃。四皓见弃即因史籍未载此事而推度之，不必另有所本。三四二句，正借庙之荒寂冷落不长青松惟长紫芝暗示君主之冷遇，不以之为栋梁而使之同于隐沦。细推诗意，联系时事，诗或为李德裕而发，慨其虽建立"羽翼殊勋"（辅佐武宗成就功业）而为时君所弃。"弃若遗"，慨其投闲置散（大中元年二月，李德裕已由东都留守改为太子少保分司）。商隐另有一首《四皓庙》，也是借咏史寄慨李德裕之作：

> 本为留侯慕赤松，汉廷方识紫芝翁。
>
> 萧何只解追韩信，岂得虚当第一功？

---

① 商隐之子名衮师。衮是帝王穿着的衮龙服，衮师亦即帝王之师。《骄儿诗》云："便为帝王师，不假更纤悉。"因此衮师之名同样寄托着商隐对儿子的期望。

诗谓张良荐四皓而安储位，在汉初开国功臣中功劳最大；萧何只解追韩信，岂能虚当首功呢？这当然不是真正的史论，而是在故作翻案语中寄托现实政治感慨。徐逢源云："此诗为李卫公发。卫公举石雄，破乌介，平泽潞，君臣相得，始终不替，而卒不能早定国储，使武宗一子不得立，有愧紫芝翁多矣，故假萧相以讥之。"（冯浩笺引）冯、张从之。张谓"非讥卫公，盖惜其能为萧何而不能为留侯也"，亦有见。两首《四皓庙》，角度不同，而均借史寓慨，又均借慨李德裕，足见商隐在武宗去世、宣宗即位、政局变化的时期对政治问题的关注与思考。

行至商州境内，这里有贞元七年商州刺史李西华新开的自蓝田至内乡的新道七百余里，"回山取途，人不病涉，谓之偏路，行旅便之"（《新唐书·地理志》），商隐有《商於新开路》诗云：

> 六百商於路，崎岖古共闻。
> 蜂房春欲暮，虎阱日初曛。
> 路向泉间辨，人从树杪分。
> 更谁开捷径，速拟上青云。

三月初七从长安出发，行至商州一带正是"春欲暮"的季节。末联点"新开路"，略寓感慨。似借慨值此党局反复之际，仕途险峻，仍有热中干禄者企图借捷径而速登青云。既然当权者对"德裕所薄者，皆不次用之"，则自有政治投机者会借此捷径而速登高位。

商州刺史吕述，元和十五年与郑亚同登进士第，在政治上也同属李德裕政治集团。会昌三年九月王茂元卒于讨伐刘稹的河阳军中时，吕述曾奉朝命前往吊唁，商隐在《为王侍御瓘（按：为茂元子）谢宣吊并赙赠表》中曾提及此事，两人当时当见过面。会昌四年吕述任河南少尹，"与德裕书，言（刘）稹破报至，（牛）僧孺出声叹恨"（《通鉴·会昌四年》），其政治倾向相当鲜明。吕述任商州刺史当在会昌六年。《宝刻类编》卷一〇引《集古录目》："《唐商於驿路记》，唐翰林学士承旨韦琮撰，太子宾客柳公权书，秘书省校书郎李商隐篆额，商州刺史吕公移建州之新驿，碑以大中元年正月立。"可证大中元年正月吕述已在商州刺史任。郑亚这次路过商州时，吕述将其弟吕偁托付给郑亚，请郑亚为吕偁在桂管幕中安排一个职位。大约在郑亚离开商州后不久，吕述即卒于任上。郑亚到桂林后，给吕偁安排了摄判官的临时幕职，并让商隐代拟了《祭吕商州文》。

大约在闰三月初，郑亚一行到达襄阳。当时担任襄州刺史、山南东道节度使的是卢简辞。商隐的曾祖母卢氏，与卢简辞是同宗。其弟卢弘止，早在大和八年担任昭应县令时商隐就拜访过他，会昌年间又常有交往。会昌三年，商隐撰曾祖母、处士叔、裴氏姊的行状，曾请卢简辞（一说是卢钧，一说是卢弘止）撰写墓志。这次途经襄阳，受到简辞的款待。在离开襄阳时，商隐有《上汉南卢尚书状》，中云：

> 今幸假途奥壤，赴召逡蕃……岂期此际，获奉余恩。而又询刘、范之世亲，问栾、郄之官族，优其通旧，降以清谈……傥得返身湖岭，归道门墙，粗依鸣盗之余，以奉陶熔之赐，则尚可濡毫抒艺，杀竹贡能，记录咎繇之谟，注解傅岩之命，庶于此日，不后他人。

明确表示桂幕罢归后，愿在卢简辞幕下做文字工作。刚随郑亚南赴桂幕，就想着下一轮的幕僚工作，一方面说明这时商隐处境的艰困，确实像他在状中所说"九考匪迁，三冬益苦""空灭许都之刺，竟乖梁苑之游"，同时也说明这时的李商隐已把托身幕府作记室，视为一种经常性的职业和谋生手段。这是经历了许多生活上、仕途上的坎坷困顿之后所产生的心理状态。他似乎不得不对自己的期望降格，把维持生计放在重要的位置了。

离开襄阳后不久，一行人到达荆南节度使府所在地江陵。唐代这里是南北水陆交通要道。唐于其地设江陵府，荆南亦为军事重镇。当时任荆南节度使的是会昌六年九月由宰相出镇的郑肃。郑肃与郑亚是同宗，"谱叙叔侄"①，又都属于李德裕政治集团。这次郑亚赴桂，途经江陵，自然受到郑肃的款待。加上其时正遇长江涨水，"南郡旬时，方集水潦"（《为荥阳公上门下李相公状一》），在江陵又多盘桓了十来天。出发时，郑肃赠"银器、绫纱、茶药"给郑亚，商隐撰拟《为荥阳公谢荆南郑相公状》表示谢忱：

> 方幸经途，得遂拜觐，禀同姓异殊之礼，展小国事大之仪。宴好频仍，言教恳至。长途方即，厚赐仍加。

在江陵期间，青年诗人崔珏赴西川，商隐赋《送崔珏往西川》以赠行：

---

① 商隐《自桂林奉使江陵途中感怀寄献尚书》"明公念竹林"句下自注："公与江陵相国（按：指郑肃）谱叙叔侄。"《为荥阳公上荆南郑相公状》称郑肃为"十叔相公"。

年少因何有旅愁？欲为东下更西游。

一条雪浪吼巫峡，千里火云烧益州。

卜肆至今多寂寞，酒垆从古擅风流。

浣花笺纸桃花色，好好题诗咏玉钩。

崔珏"家寄荆州"（见《北梦琐言》卷三），大中八年登进士第。作此诗时，珏方年少，尚未登第。崔之赴西川，似行非所愿，故有"旅愁"。以下六句，均就其所经所至之地景物之奇丽、人情风俗之淳美，慰其不必有旅愁。诗写得明快爽利，颔联"吼""烧"二字甚至有些粗豪，与商隐一贯的诗风有别。崔珏与商隐交谊颇厚，商隐死后崔珏有诗哭吊。

从江陵续发，开始走水路，有《荆门西下》诗抒写行旅情景：

一夕南风一叶危，荆门回望夏云时。

人生岂得轻离别，天意何尝忌崄巇？

骨肉书题安绝徼，蕙兰蹊径失佳期。

洞庭湖阔蛟龙恶，却羡杨朱泣路歧。

题内"荆门"即荆州（江陵）之别称；"西下"，即自西向东顺流而下之意。诗乃自荆州顺江东下，途中遇风波险恶，有感而作。首联谓一夕南风，浪恶舟危，回望荆州，已入夏云笼罩之中。这是回顾来路，经历险境之后惊魂甫定之情。颔联即因之而抒感，二句先果后因，倒置而增顿挫之致，谓天意既故设崄巇以增远行者的艰危，则人生岂能轻易言别不以为意呢？言外有世路艰险、始料未及之慨。腹联承"轻别离"，谓家人寄书，虽劝慰我安居绝域边徼，但蕙兰香径，春光易逝，抛妻别子，作此远游，实痛失一家团聚之佳期。尾联又由"回望"转进一层，谓瞻望前路，浪险蛟恶，更增怵惕[1]，翻不如泣路歧之杨朱犹可避此艰危。路歧在陆地，虽有可南可北之彷徨，却无风波之险，故云。诗即景寓慨，融旅途风波之险与世路崄巇之慨为一体。从中不难感受到宣宗即位以来朝局的变化、政坛的风波在诗人心灵中的投影，颇具象征意味。首尾分写已历、将历的险境，中间两联是感情相对平静的感

182

---

①《为荥阳公上门下李相公状一》于"南郡旬时，方集水潦"下接云"重湖吞吐，实亚沧溟"，即此诗所谓"洞庭湖阔蛟龙恶"。

唱与思忆。这种结构方式也给人以险象环生、心潮起伏之感①。顺流东下，到达岳州，登上著名的岳阳楼，有《岳阳楼》诗云：

> 欲为平生一散愁，洞庭湖上岳阳楼。
> 可怜万里堪乘兴，枉是蛟龙解覆舟。

这首诗却像是一反前诗之意。《为荥阳公上门下李相公状一》的一段叙述可以帮助我们理解这种变化："南郡旬时，方集水潦；重湖吞吐，实亚沧溟。未济之间，临深是惧；及扬帆鼓枻，则浪静风和，不吟行路之难，乃仗济川之便。"如果说"洞庭湖阔蛟龙恶，却羡杨朱泣路歧"反映的是"未济之间，临深是惧"的心态，则这首诗所抒写的正是"及扬帆鼓枻，则浪静风和"的喜悦兴奋心情。气候的变化使行旅的艰危变得顺利，故有"万里堪乘兴"的快语。

行经洞庭湖附近的湖泽地区，见到三四月间开白花的白茅茫茫一片、随风起伏的荒凉景象，联想起这一带原是楚国旧地和楚灵王的传说，有感而赋《梦泽》诗：

> 梦泽悲风动白茅，楚王葬尽满城娇。
> 未知歌舞能多少，虚减宫厨为细腰！

诗就弥漫于楚宫的竞趋细腰之风抒慨，视角独特，寓慨深广，是义山七绝中的精品。

大中元年闰三月二十八日，历经五十余日的旅途风尘劳顿，郑亚与商隐一行人抵达湖南观察使府所在地潭州（今湖南长沙市）。到潭州时，正值连日下雨，洞庭、湘江大水满涨，"昭潭积雨，南楚增波"（《为荥阳公上衡州牛相公状》），从长沙溯湘江而上的一段路，因涨水受阻，因此一行人就在潭州逗留了下来。

当时担任湖南观察使的是裴休。裴休与郑亚，大和二年应贤良方正、能直言极谏科试同时登第，裴在三等，郑在四等（刘蕡即在同年应该科试被黜不取），两人早就结识。郑亚在潭州逗留期间，受到裴休的热情款待。商隐大中二年正月所撰《为荥阳公上宣州裴尚书启》中"留欢湘浦，暂复清

---

① 这首诗从题意到诗意，都被冯浩、张采田等人解释得很纷纭杂乱，岑仲勉始指出题意为"舟发荆州（自西）向东而下"，此据岑说而详释之。

狂；思如昨辰，又已改岁"，所指的就是元年路经潭州逗留期间欢聚宴饮的情事。在潭州既有较长的逗留时间，故到达以后，商隐即代郑亚撰拟了四篇上在位宰相（白敏中、崔元式、韦琮、李回）的状，及时报告已达潭州的消息。在上崔元式的状中，还特意赞颂崔元式在会昌二至三年担任湖南观察使期间的"仁政"："况兹乐土，尝扇仁风。式访颠毛，兼询憩树，吏皆攀辕之士，民皆遮道之人，绵以岁时，深在肌骨。"（《为荥阳公上弘文崔相公状一》）可见即使这类纯粹的酬应书信，写起来也并不那么容易，还得对所酬应对象的经历有比较具体的了解。

商隐和郑亚一行究竟什么时候离开潭州，又在什么时候抵达桂林？冯谱据《偶成转韵七十二句赠四同舍》"湘妃庙下已春尽，虞帝城前初日曛"之句，谓抵桂在四月，张氏《会笺》则谓"抵桂当在五月初"，均误。商隐《为中丞荥阳公赴桂州至湖南敕书慰谕表》，系为文宗生母积庆太后卒后朝廷有敕书慰谕而上[①]，表云：

> 今月八日，宣告使某官某至湖南观察府，赍赐臣敕书一通，并慰喻臣所部将吏僧道耆老等……虽闻讣以衔哀，亦戴恩而窃抃……臣伏闻积庆太后，爰初遘疾，皇帝陛下即不视朝，虑切宸襟，时连焊（按：原作辉，据钱校改）暑……乃运属归真，书留具位，陛下又能咨宰辅酌中之请，禀圣贤推远之怀，始率义以致忧，终据经而顺变……伏以时逢积水，行滞长沙，拥皂盖而久留，载青旌而莫济。

按《旧唐书·宣宗纪》：大中元年，"四月，积庆太后萧氏崩，谥曰贞献，文宗母也。"《新唐书·宣宗纪》则载其年"四月己酉，皇太后崩"。《通鉴》阙载月份，亦载其卒日为己酉。己酉为四月十二日，因此表中"今月八日"的"今月"绝不可能是四月，而是五月。京师至潭州二千四百四十五里（据《旧唐书·地理志》），郑亚、商隐一行三月初七从长安出发，到达长沙已是闰三月二十八日，在路上走了五十天，这当然是由于沿途有不少耽搁。朝廷派使臣至各地宣告皇太后讣音及敕书慰谕自然要求及时快速，但即使按平均日行百里计，亦须二十五日。四月十三日出发，到达潭州正好是五月八日。郑亚等闰三月二十八日抵达潭州，因遇发大水而"行滞长沙"，至五月八日

---

① 首先据此表考证商隐、郑亚抵达桂林的时间当在大中元年六月九日的是梁超然的《李商隐考略二题》，文载《唐代文学研究》第五辑，《苏州铁道师院学报》1993年第2期。

已有四十天，故云"拥皂盖而久留"，如果是四月八日，则距到长沙之日不过十天，属于正常停留，不存在"久留"的问题。既然五月八日犹在潭州，则《为荥阳公桂州谢上表》所云"即以今月九日到任上讫"①之"今月"必为六月。也就是说，商隐、郑亚一行从出发到抵达桂林，整整用了四个月时间。抵桂林的时间为六月九日，还可以从《为中丞荥阳公桂州赛城隍神文》得到进一步证明，文云：

> 维大中元年，岁次丁卯，六月甲午朔，十四日丁未，都防御观察处置等使、桂州刺史兼御史中丞郑某，谨遣登仕郎、守功曹参军陆秩以庶羞之奠，祭于城隍之神……某初蒙朝奖，来佩藩符。既御寇于西原，亦观风于南国。始维画鹢，将下伏熊，属楚雨蔽空，湘云塞望，晦我中军之鼓，湿予下濑之师，遂以诚祈，果蒙神应。

祭城隍神例于地方官初到任时举行（商隐文集中，《为安平公兖州祭城隍神文》《为怀州李使君祭城隍神文》均分别作于崔戎初抵兖海观察使任、李璟初抵怀州刺史任时）。如郑亚五月九日即已抵达桂林，祭城隍神必不会拖到一个多月之后的六月十四日；惟其六月九日抵桂，故十四日即祭城隍神。细审此文，当是郑亚一行行将抵桂林时适遇大雨，故祈雨停，既而雨果速止，遂在祭神时有"果蒙神应"之语。从文中"速如激矢、势等却河"的形容语，可揣知从祈神到雨止时间甚短。

潭州至桂林一千三百余里。从抵达桂林之日（六月九日）逆推，郑亚一行从潭州续发的时间约在五月中旬（五月八日犹在潭州）。出发前，商隐作《为荥阳公上衡州牛相公状》，状末云："某实乏勋庸，谬当廉察，将因行役，获拜尊严。俯执轻桡，恨无飞翼。会昭潭积雨，南楚增波，尚滞旬时，若隔霄汉。"时牛僧孺任衡州长史，郑亚路过衡州时曾去拜望，时约在五月下旬。这年六月，牛僧孺已移任汝州长史。

六月九日，在经历了四个月的水陆行程、长途跋涉之后，商隐终于随郑亚抵达桂林，开始了为期不到一年的桂管幕府生活。《偶成转韵七十二句赠四同舍》记此次赴桂行程时说："湘妃庙下已春尽，虞帝城前初日曛。"过湘阴黄陵庙（即湘妃庙）时，已在闰三月下旬，故说"已春尽"；到达桂林（即所谓虞帝城，桂林有虞山舜庙）时已六月上旬，正是气候宜人的桂林开

---

① 到任后上宰相及其他内外大臣的状均同此。

始感到夏日的熏热之时。"可怜万里堪乘兴",如果撇开家人骨肉分离和朝局变化等令人忧伤的因素,那么这次长途行旅也许称得上是一次"堪乘兴"之游。

第三节　赴江陵前的桂幕生涯

桂管是唐代岭南地区五管(广州、邕管、容管、桂管、安南)之一,领桂、梧、贺、连、柳、富、昭、蒙、严、环、融、古、思唐、龚十四州,治所在桂州①。这是一个"俗杂华夷、地兼县道(按:有蛮夷曰道)"《为荥阳公桂州谢上表》)的地区,僻处遐荒。但观察使幕府的文字工作却相当繁忙。从六月九日抵达桂林,到九月末或十月初奉郑亚之命出使江陵,这不到四个月的时间内,李商隐是在繁忙的案牍公务中度过的。

现存商隐诗文中,桂幕时期(包括从大中元年二月受辟入幕到大中二年罢幕归途)的作品数量最多。据笔者粗略的统计(据《李商隐诗歌集解》《李商隐文编年校注》),这一时期的编年诗共七十六首(从《海客》到《肠》),编年文一百一十二篇(从《为荥阳公上李太尉状》到《谢邓州周舍人启》),分别占了其编年诗总数三百八十一首的五分之一,其编年文总数三百三十五篇的三分之一。这个数字和比例,充分说明桂幕时期是李商隐诗文创作的丰收期和又一个高潮期,从诗文创作的质量来说,也是他创作历程中的黄金时期。而在六月九日到九月末,所作的表状启牒就有六十七篇,其中还包括了像《太尉卫公会昌一品集序》这样的皇皇大文(诗的数量相对较少,约二十首,这是因为幕府文字工作太繁忙的缘故)。

由于这四个月中写的文章保留较多②,我们不妨以此为例,看一看唐代幕府中担任文字工作的幕僚的繁忙程度。这六十七篇文章,全都是为幕主郑亚代拟的公私文翰,没有一篇是商隐的私人信件或文章。大体上有以下几类。一类是例行的给皇帝、朝廷上的表状,如刚到任时呈皇帝的谢上表,呈中书门下的状,举人自代状,呈四位宰相的状,呈皇帝的谢借飞龙马,谢敕

186

---

① 此据《新唐书·方镇表六》。

② 南宋周必大《平园续稿》卷十五《文苑英华序》:"是时印本绝少……修书官于宗元、居易、权德舆、顾云、罗隐辈,或全卷收入。"商隐在桂幕时期存留下来的文章较多,亦可能与此有关。当然还有一个重要的来源,是《永乐大典》所收商隐文中这一时期的文章较多。

设馔，谢端午赐物状，谢除副使等官状，向皇帝进贺端午银、冬银、正银的状，还包括朝廷临时有喜庆、丧吊、战伐之事给皇帝、朝廷上的表状，如《为荥阳公贺幽州破奚寇表》《为荥阳公贺幽州破奚寇上中书状》《为荥阳公贺老人星见表》《为中丞荥阳公赴桂州至湖南敕书慰谕表》《为荥阳公至湖南贺听政表》《为荥阳公奉慰积庆太后上谥表》等。其繁文缛节与名目之多令人眼花缭乱。第二类是给有关内外官吏的启状，其中有的是报告启程、到任或途中到达某地的消息，有的是祝捷（如贺幽州张仲武破奚），有的是慰唁（如宰相白敏中丧子，呈状慰唁），有的是通常的问候，也有的是对方先有书信礼品送来，致书启表示谢忱，也有的是致关系较为亲密的官吏的启状（如上李德裕、李回的状）。情况不一，涉及的官吏人数众多。第三类是为幕主代拟的祭神文、黄箓斋文、祭奠亲朋故旧的祭文（如《为荥阳公祭长安杨郎中文》《为荥阳公祭吕商州文》）。第四类是代幕主拟的任命管内官吏（包括幕府僚佐和州县官吏）的牒文及到任后训励州郡官吏的状、牒，如《为荥阳公桂州署防御等官牒》《为荥阳公举王克明等充县令主簿状》《为荥阳公与裴卢孔杨韦诸郡守状》《为荥阳公桂管补逐要等官牒》。第五类是代幕主拟的为某一重要题向朝廷请示的奏状，如《为荥阳公论安南行营将士月粮状》《为荥阳公奏请不叙录将士状》《为荥阳公请不叙将士上中书状》。第六类是为幕主代拟的重要书信和文章，如《为荥阳公上李太尉状》《太尉卫公会昌一品集序》。以上这六类文章中，真正属于方镇军政要务或有思想、艺术价值的其实只有最后两类和第三类中的祭文，其他各类中的绝大部分文章都是循例应景式的酬应之文，但它们却占了书记事务的绝大部分，可以说是将一个人的时间与才能大部分浪费在无意义、无价值的事上了。下面举出两篇比较有价值的文章略作介绍。

《为荥阳公论安南行营将士月粮状》反映了桂管在供应差赴安南行营的本道将士月粮方面存在的严重困难，有助于了解当时边徼方镇各方面的困窘处境，颇有史料价值：

> 臣到任已来，为日虽浅，悬军在远，经费为虞。窃检寻见在行营将士等，从去年六月已后，至今年六月已前，从发赴安南用夫船程粮及船米赏设，并每月酱菜等，一年约用钱六千二百六十余贯，米面等七千四百三十余石。大数虽破上供，余用悉资当府。不惟褊匮，且以退遥。有搬滩过海之劳，多巨浪飓风之患。

其中还揭露出边帅邀功生事的情况：

> 伏以裴元裕（按：当时任安南经略使）既开边隙，又乏武经。抽三道之见兵（按：指桂管、容管、广州之兵），备一方之致寇，曾无戎捷，徒曜军容……伏乞特诏元裕，使广布仁声，远扬朝旨，无邀功以生事，勿耗国以进兵。庶令此境之人（按：指桂管派往安南的五百将士），无拥思乡之念。

《为荥阳公奏请不叙录将士状》请求朝廷准予暂缓循例叙录将士的勋阶，反映了桂管因灾荒造成的财政困难：

> 使当道将士及管内昭、贺等州军士共二千一百二十六人，准去年五月五日制叙勋阶使司去，今年四月二十五日具将士姓名及甲授年月日申省讫……伏以当管近无丰年，亦经小水。海上有分屯之卒，邕南有未返之师。歉冗食于居人，困裹粮于戎士……伏见比者诸道有物力未足者，圣恩弘贷，许且权未叙录，窃缘往例，冒此上陈。

这两篇状，文辞比较朴素，骈散并用。可以看出，为了表达的清晰，已经对骈文章奏之体作了随宜的改变。

商隐在桂幕所撰的文章中，最重要的自然是《太尉卫公会昌一品集序》。大中元年二月，李德裕由东都留守改太子少保分司，已是仅有虚衔的闲官。八月丙申（初三），就在郑亚抵达桂林后不到两个月，李德裕的另一重要助手李回也罢相，出为剑南西川节度使。这预示着，宣宗、白敏中等要对李德裕政治集团采取进一步的打击（这年的十二月，李德裕果然由太子少保分司被贬为潮州司马）①。这对历事五朝、富于政治经验的李德裕来说，已经大体可以预料到即将发生的前景。为了用最富雄辩的历史事实和记述这些事实的文字著述来说明他在会昌一朝为相六年的业绩，并使其传之后世，大约在八月李回罢相后不久，他将自己在会昌朝撰写的有关朝廷军政大事的典诰制命，汇成一集，寄给远在桂林的郑亚，请他编集作序。郑亚改本《太尉卫公会昌一品制集序》云："岁在丁卯（按：大中元年丁卯），亚自左掖出为桂林。九月，公书至自洛，以典诰制命示于幽鄙，且使为序，以集成书。"

188

---

①《旧唐书·宣宗纪》书此事于七月，误。《唐大诏令集》卷五八"宰相·贬降下"有《李德裕潮州司马制》，末署"大中元年十二月"，与《新唐书·宣宗纪》记此事于十二月戊午合。

又云："其功伐也既如彼，其制作也又如此。故合武宗一朝册命典诰奏议碑赞军机羽檄，凡两帙二十卷（按：今见本为二十卷）①，辄署曰《会昌一品制集》。纪年，追圣德也；书位，旌官业也……惟公蕴开物致君之才，居元弼上公之位，建靖难平戎之业，垂经天纬地之文。"看来，郑亚对李德裕编《会昌一品集》这一行动的用意是完全理解的。在当时的政治形势下，它的政治含义非常明显，就是要为宣宗、白敏中君臣竭力反对的会昌之政留下一份雄辩的历史证明。郑亚把撰序的重任交给了李商隐，显然认为商隐不仅能领会李德裕此举的用意，而且认为他对李德裕的政绩与人品有正确的认识与评价，其政治倾向完全值得自己信任。如果不是这样，凭郑亚的文才，完全可以由自己来写，不必假手商隐。而李商隐也果然不负郑亚的信任，全力以赴，撰成了这篇可称皇皇大文的书序。他在为郑亚拟的《为荥阳公上李太尉状》中也说："伏承以所撰武宗一朝册书诰命并奏议等一十五轴，编次已成，爰命庸虚，俾之序引……伏惟武宗皇帝，英断无疑，睿姿不测……太尉妙简宸襟，式光洪祚，有大手笔，居第一功……言不失诬，事皆传信，固合藏于中禁，付在有司，居《微诰》《说命》之间，为帝《典》、皇《坟》之式。"说明他对李德裕编集的意图也深有体会。因此他所撰的这篇序和通常的序往往就文论文不同，是以会昌年间的军政大事和李德裕运筹帷幄的功绩作为主体，以事与功来印证李德裕的文章，以突出李德裕的文章是一朝军政大事的记录，是其功业的反映。序从武宗即位，下诏征德裕入相郑重叙起，并引述武宗之言曰："我将俾尔以大手笔，居第一功。"然后结合德裕的"大手笔"，叙赞其所处理的军政大事和所建立的功绩，特别是反击回鹘、平定泽潞的功绩。而在叙赞上述功绩时又注意突出李德裕的建言献策对武宗决断的重要作用，如叙泽潞之役有云：

> 既垂文诰，尚有群疑。公乃挺身而进曰："重耳在丧，不闻利父；卫朔受贬，祇以拒君。今天井雄藩，金桥故地，跨摇河北，胁倚山东，岂可使明皇旧宫，坐为污俗；文宗外相，行有匪人？"忠谋既陈，上意旋定。

叙太原杨弁之乱云：

---

① 《会昌一品集》卷六《与桂州郑中丞书》自称"勒成十五卷"；下引商隐代郑亚拟《上李太尉状》亦作"十五轴"。

俄又埃昏晋水，雾塞唐郊……稽于时议，惮在宿兵。公又扬笏而言曰："彼地则义师，帅惟宗室。及玄王勤商之邑，后稷造周之邦，瓜瓞具存，堂构斯在。苟亏策画，不袭仇雠，则是奖凤沙缚主之风，长冒顿射亲之俗……"蹑足以谋，屈指而定。

这样用笔，突出了作为首相的李德裕运筹帷幄、决胜千里的作用和力排众议、坚持伐叛的决心。序中称李德裕为"万古之良相，一代之高士"，对他的功业人品作了崇高的评价。这实际上也反映了商隐本人对德裕的评价与态度。郑亚改本格于当时的政治局势，删去了一些太显眼的话，也删去了一些不够简练的文辞。从总体看，原稿与改本实各有所长，未可轩轾。这篇序不妨可以看作一篇李德裕叙赞，说明商隐在政治上与李德裕集团的一致性。因为这是在整个政治局势对李德裕集团十分不利的情况下写的，与开成五年李德裕自淮南入相时商隐撰《为濮阳公上淮南李相公状三》、会昌四年讨刘稹的战争行将胜利结束时商隐撰《为李贻孙上李相公启》的形势完全不同。如果把这篇序和基本上作于同时的两篇代郑亚拟的上牛僧孺的状对照一下，就可以明显看出，对牛僧孺的赞颂，多为一些虚泛的赞辞，如"相公早辅大朝，显有休绩。伊尹同德，皋陶矢谟，并著在典经，垂于名命"，"况今庆属休期，运推《常武》，必资国老，以立台庭"（《为荥阳公上衡州牛相公状》），"相公允膺四辅，光赞六朝。静则龙蛰存神，在一水而无闷；动则凤翔览德，自千仞以来仪"（《为荥阳公贺牛相公状》），没有任何实际的事迹和言行来印证充实，这篇序却是叙赞结合，所赞所颂均有具体的言行业绩为证。巧妇难为无米之炊，被赞颂的对象如果缺乏可赞颂的业绩，即使文笔再超妙，也不可能无中生有。虚美与实赞的分别，不在作者的写法，而在对象本身是否有善可陈、有功可赞。从对李德裕、牛僧孺的不同赞法上，不仅可以看出两人政绩的悬殊，也反映出李商隐对他们的不同评价与态度。如果考虑到当时牛党势炽、李德裕集团势危的政治形势，那么李商隐在赞颂牛、李时所表现出来的这种明显反差，就更能说明问题了。

比起这几个月所写的文章多为使府公文或应酬文字来，商隐这段时间所创作的诗歌则明显具有自我抒情的色彩，而且颇多佳篇，其中尤以五律最为出色，标志着其诗歌创作进入了一个新的阶段。

初到桂林，对西南边徼的异乡风物有一种新鲜感，《桂林》诗云：

城窄山将压，江宽地共浮。

> 东南通绝域，西北有高楼。
>
> 神护青枫岸，龙移白石湫。
>
> 殊乡竟何祷，箫鼓不曾休。

范晞文《对床夜语》称此诗首联"不用事而工妙"。纪昀评："字字精炼，气脉完足，直逼老杜。"（《玉谿生诗说》）又说："落句愁在言外"（《李义山诗辑评》引）。此诗描绘桂林形胜、风俗，其中既有作客殊乡的愁绪，但又处处流露出对山川地理民情风物的新鲜感。由于郑亚对他的知遇和器重，初到时商隐对自己的境遇还比较满意，有一种托身有所的喜悦感，这在《晚晴》诗中流露得相当明显：

> 深居俯夹城，春去夏犹清。
>
> 天意怜幽草，人间重晚晴。
>
> 并添高阁迥，微注小窗明。
>
> 越鸟巢干后，归飞体更轻。

抵达桂林前夕，正值连天阴雨，到时放晴。故季候虽已夏令，气候仍然清和。诗描绘久雨晚晴的明净清新境界和生意盎然的景象。"天意"一联，微寓身世之感和珍重人生的态度，妙在触景兴感，情与境偕，脱口道出，浑融无迹。晚晴之景与对景物的诗意感受及哲理性的人生感悟融合无间。尾联于越鸟归巢的轻盈中寓含托身有所的轻松喜悦感，也情景相浃。

《高松》也是在桂林时的托物寓怀之作，和《晚晴》一样，表现了一种乐观自信的人生态度：

> 高松出众木，伴我向天涯。
>
> 客散初晴后，僧来不语时。
>
> 有风传雅韵，无雪试幽姿。
>
> 上药终相待，他年访伏龟①。

从高松凌越众木的身姿和幽雅清高的风神中隐然可见诗人卓然特立、鄙弃凡近的风度气韵。五六二句紧扣"天涯"，于咏叹自赏中微露僻处荒远，无由

191

---

①《淮南子·说山训》："千年之松，下有茯苓，上有菟丝；上有丛蓍，下有伏龟。"伏龟传为松树之精所化，采食之可得长生。

因雪一显岁寒不凋的幽姿之意。末联隐然以异日终当生成"上药"，为世所用自期，表现出对实现自身价值的自信。这种自信自负中微寓自伤自慨的情绪还表现在另一首托物寓慨的诗《深树见一颗樱桃尚在》中：

> 高桃留晚实，寻得小庭南。
> 矮堕绿云鬟，欹危红玉簪。
> 惜堪充凤食，痛已被莺含。
> 越鸟夸香荔，齐名亦未甘。

樱桃为荐寝庙、供内庭之物。唐李绰《秦中岁时记》："四月一日，内园荐樱桃寝庙，荐讫，班赐各有差。"故因仅留的一颗"晚实"而生沦弃不遇于时的感慨。尾联谓不甘于和生长南方的"香荔"齐名，俨然有自负才华、傲视同僚之意。越是自负自信，就越感到才能难以施展的苦闷，《城上》是登城有感而赋：

> 有客虚投笔，无憀独上城。
> 沙禽失侣远，江树著阴轻。
> 边遽稽天讨，军须竭地征。
> 贾生游刃极，作赋又论兵。

会昌末年以来，党项屡次寇掠西北边地，朝廷命将进讨而迟延无功。大中元年三月，吐蕃又诱党项及回鹘余众侵掠河西（见《通鉴》）。五六二句"稽天讨""竭地征"当指讨党项迟延无功耗费民财民力。冯浩谓指商隐《为荥阳公奏请不叙录将士状》中所称"海上有分屯之卒，邕南有未返之师"及《为荥阳公桂州谢上表》所谓"控西原而扼寇"，当非，因为这两篇表状中所讲的戍防之事规模甚小，非所谓"稽天讨""竭地征"之战事。尾联以贾生兼有文才武略、于国事游刃有余自况，而报国无门的苦闷自见于言外。全篇主意已在"有客虚投笔"一句中点出，"虚"字尤为着意。投笔从戎、立功异域的雄心与终日事笔砚的现实之间正形成强烈反差。

　　远幕边徼，而又"虚投笔"，才能抱负无法施展，思家念远之情便时时流露于笔端，成为桂幕期间诗歌创作的重要主题。

　　如《端居》：

> 远书归梦两悠悠，只有空床敌素秋。

阶下青苔与红树，雨中寥落月中愁。

远书不至，归梦难成，越发感到客居秋夜的寂寥冷落。次句用一"敌"字传达出空床独寝的诗人不堪抵挡清冷凄寒氛围压迫的心理感受。三四移情入景，仿佛屋外的青苔红树，在寂寥的秋夜，也染上了寥落的情味和无言的愁绪。

《夜意》：

> 帘垂幕半卷，枕冷被仍香。
> 如何为相忆，魂梦过潇湘？

因为思念妻子，夜来忽梦对方远涉潇湘前来相会。梦醒之际，帘垂幕卷，枕虽冷而衾被犹似残留余香，仿佛妻子真的来过这里。把虚幻的梦境描绘得仿佛真有其事。冯浩说："忆内之作，殊有古风。"（《玉谿生诗笺注》）

《寓目》也是忆内之作：

> 园桂悬心碧，池莲饫眼红。
> 此生真远客，几别即衰翁。
> 小幌风烟入，高窗雾雨通。
> 新知他日好，锦瑟傍朱栊。

首、腹二联，均即目所见；颔、尾二联，则触景生情。桂碧莲红，正反衬出客居异地的索寞，也暗透出繁华之易逝，逗起人生易老、几别即成衰翁的感慨。小幌风烟，高窗雾雨，今日幕府异域风物，更令人思念家室。"新知他日好"，即"他日新知好"，当指昔年与王氏初结婚时两情欢洽情景。必王氏喜弹瑟，故有"锦瑟傍朱栊"之语。末句一点即止，含蓄耐味。纪昀说："格意俱高，不以字句香倩掩之。"（《李义山诗集辑评》引）

《念远》则是境界阔远的忆内佳作：

> 日月淹秦甸，江湖动越吟。
> 苍梧应露下，白阁自云深。
> 皎皎非鸾扇，翘翘失凤簪。
> 床空鄂君被，杵冷女须砧。
> 北思惊沙雁，南情属海禽。

关山已摇落，天地共登临。

此诗南北夹写，又有"秦甸""越吟""苍梧""白阁""鄂君""女须""北思""南情"等语，一南一北，一男一女，遥隔关山而均思念远人，其意固极明显。"床空"句即《端居》"只有空床敌素秋"，《夜意》"枕冷被仍香"之意，谓己孤居于桂管；"杵冷"句谓妻子独处孤寂，砧杵声歇。尾联说自己与对方值此摇落之秋共登临而念远，兼绾南北双方作结。冯浩说："结处明点南北，而言两地含愁，互相远忆，忽觉雄壮排宕，健笔固不可测。"（《玉谿生诗笺注》）纪昀评："结二句自阔远。"（《玉谿生诗说》）

怀念家室每与怀念家乡相连。目击异乡景物，自然会触动思乡情结。《访秋》：

酒薄吹还醒，楼危望已穷。
江皋当落日，帆席见归风。
烟带龙潭白，霞分鸟道红。
殷勤报秋意，只是有丹枫。

岭南地暖，因此内地习见的秋天萧瑟景象殊不易睹。题曰"访秋"，正暗示时令虽已至清秋，而景物未呈秋色，故特意寻访。危楼远望，落日归帆，烟白霞红，虽触处均为秋晴朗爽景象，却很难见萧条的秋色。所以显示异乡秋意者，惟有殷勤报秋之丹枫而已。写岭南秋景，于韶丽中透出异域之感、思乡之情。"帆席见归风"之"归"字尤见诗人心逐帆去之归思。

幕府书记工作非常繁忙，郑亚对商隐也相当器重。但这种以文墨事人的工作却只能消耗自己的年华与才情，而以此进身的希望却越来越渺茫。《席上作》对自己的幕府书记生涯颇有感慨：

淡云微雨拂高唐，玉殿秋来夜正长。
料得也应怜宋玉，一生唯事楚襄王。

题下原注："予为桂州从事，故府郑公出家妓，令赋'高唐'诗。"前两句席上即景，暗以神女喻家妓，以楚襄王喻郑亚。三四以宋玉自比，谓此多情之神女，料想也会同情我这一辈子侍奉襄王的文学侍从吧？家妓与幕僚，虽然身份不同，但"唯事"府主则同。"料得"二句，在雅谑中寓含着同是天涯沦落、托身依人的身世之慨。

桂幕期间，效长吉体的《海上谣》值得注意：

> 桂水寒于江，玉兔秋冷咽。
>
> 海底觅仙人，香桃如瘦骨。
>
> 紫鸾不肯舞，满翅蓬山雪。
>
> 借得龙堂宽，晓出撲云发。
>
> 刘郎旧香炷，立见茂陵树。
>
> 云孙帖帖卧秋烟，上元细字如蚕眠。

诗写得相当隐晦。冯浩谓"叹李卫公贬而郑亚渐危疑"，张采田则谓"在桂管自伤一生遇合得失而作"，解极牵强，不可从。实则此诗专讽帝王求仙，别无其他寓托，与七绝《海上》制题寓意均相似，只不过一则借秦皇求仙海上、一则借汉武求仙海上以托讽时君而已。起二句状海上凛寒。"桂水"点明作诗时地，桂州近海，有桂海之称。三四写入海求仙，不见仙人，但见香桃如同瘦骨，暗示神仙与仙药总属虚幻渺茫。五六谓蓬山仙境极为寒冷，紫鸾亦满翅堆雪而不肯起舞。七八因"海底"而转出"龙堂"（借喻宫廷），谓求仙的帝王虽借得宽广的龙堂以居，但对生死寿夭也无能为力，晓起而擢数云发，惟恐白发相催，此即汉武帝"少壮几时兮奈老何"之慨。九十乃接言武帝当年等待西王母的旧香炷虽然仍在，而茂陵上的松柏却早已森森。最后两句进而谓不但武帝，就连武帝的远代子孙也早已长眠地下，帖卧于寒烟荒草之中，惟留毫无效用的上元夫人的秘笈于人间，细字如同蚕眠，无法辨认。前六句极言海上之寒冷与仙人之不可觅，与《昭肃皇帝挽歌辞》"海迷求药使，雪隔献桃人"意相类。后段六句则极言求仙帝王之死亡相继，总见求仙之虚妄。这首诗似非专讽某一帝。武宗固因迷信神术方药而丧生，"务反会昌之政"的唐宣宗却独独不反武宗求仙。即位不到几个月，便受三洞法箓于衡山道士刘玄静（事见《通鉴·会昌六年十月》）。诗人或有感于皇帝这种前仆后继地迷信神仙的现象而发此"云孙帖帖卧秋烟"的感慨。

这几个月的幕府生活，除繁忙的文字工作以外，还有比较闲散的日子。这在《自桂林奉使江陵途中感怀寄献尚书》诗中有一段较为集中的描述：

> 既载从戎笔，仍披选胜襟。
>
> 泷通伏波柱，帘对有虞琴。
>
> 宅与严城接，门藏别岫深。

　　　　　阁凉松冉冉，堂静桂森森。

　　　　　社内容周续，乡中保展禽。

　　　　　白衣居士访，乌帽逸人寻。

　　　　　佞佛将成缚，耽书或类淫。

　　　　　长怀五羖赎，终著《九州箴》。

诗人的居处与高城相接，如《晚晴》所说"深居俯夹城"。开帘可见对面的虞山，门外有孤峰相对（疑即今之独秀峰）。居处有堂有阁，有松有桂，环境幽静清雅。闲时有白衣居士、乌帽逸人前来寻访。平居无事时，或浸淫于佛经，或沉潜于书籍。幕府文字工作的余暇，时或披襟览胜。这些叙写，展现了其幕府生活的另一面。诗文中提到自己"佞佛"，此为首见。

　　从前面引述的诗来看，商隐到桂林后的三四个月中，心境大体上是比较平静的。虽也忆内思乡，慨叹才不为世用，但情感并不酸楚低沉，有时甚至显得乐观自信。这和当时李德裕、郑亚的处境还未到后来受到屡贬、严谴时那样艰危有关，也和初到岭南，新奇美好的景物所给予他的新鲜愉悦感受有关。商隐诗很少写景，但这段时间的诗中却有不少写景的佳句，而且大都色调明丽，反映出其时较为平静和悦的心境。另一特点是这段时间五律写得比较多，而且颇多佳篇。这些五律，既写得很老练，又比较随意自在，看不出明显的炉锤痕迹，格调也比较轻快自如，达到一种不费力而自工的纯熟境界。景丽情浓，却无涂泽之弊。这表明，桂幕时期是他五律的成熟期。

　　但朝局的变化已渐次显露出李德裕政治集团将进一步受打击的态势，李回八月初三罢相出为剑南西川节度使便是明显的表征。至此，李德裕本人及其主要助手李回、郑亚均已被排斥出朝廷。但西川毕竟是大镇雄藩，向为宰相回翔之地，地位相当重要。因此，商隐代拟的《为荥阳公上西川李相公（回）状》中虽有"成则不居，亢而知退"之类的话，但并没有透露出大祸即将临头的危机感。看来，李德裕、李回、郑亚等人虽已预感到前景很不妙，但对宣宗、白敏中等即将采取的残酷打击手段还是缺乏足够的思想准备。在得知李回罢相出镇西川之后，商隐还写了一首《寄成都高苗二从事》，透露出托身李回幕府的意向：

　　　　　红莲幕下紫梨新，命断湘南病渴人。

　　　　　今日问君能寄否？二江风水接天津。

196

题下自注："时二公从事商隐座主府。"高指高瀚。《唐故朝议郎河南府寿安县令赐绯鱼袋渤海高府君墓志铭并序》云："故相国江州李公（按：指李回，回曾任江州刺史）在相位，一见深国士之遇……相国节制庸蜀，时已失势，开府之日，士或不愿召，府君感知委质，慷慨请行，奏授殿中侍御史，掌节度书记……相国廉问湘中，复以本官奏充观察支使。"可见李回出镇西川时，不少士人已看出当时的政治局势，不愿追随他去西川作幕僚。但从商隐这首诗中，似乎还感觉不到这种氛围。首句"紫梨新"既点秋令，兼喻高、苗之新入回幕，视"红莲幕下"可知。次句谓自己远处湘南（此指桂林），"病渴"（隐喻求仕之渴）殊甚，言外自含希冀分津沾润之意。三四乃就"病渴"而盼高、苗二公惠以紫梨之余润，使自己亦得同处"红莲幕下。"天津，即天汉、天潢，指皇室宗支李回。二公与李回朝夕相接，当可沾溉于己。味诗意，似商隐有望于高、苗之荐引。但李回本为商隐宏博试时之座主，如欲入幕，自可直接上启。或因此时商隐正在郑亚幕，不便直接向李回表示希求入幕之意，故写诗请高、苗间接转达意向。

第四节　奉使江陵

就在商隐受郑亚之托，代拟《太尉卫公会昌一品集序》，编定《会昌一品集》后不久，又奉郑亚之命，赴江陵荆南节度使府与郑肃联络。《樊南甲集序》云："大中元年……冬如南郡。"《樊南乙集序》亦云："余为桂林从事日，尝使南郡。"南郡即荆南节度使府所在地江陵。这次去江陵，包括途中往返的时间在内，前后达四个月，看来有相当重要的使命。不然，以书记事务之繁，不会在江陵逗留这么长时间。郑肃与郑亚都是荥阳人，又是同宗叔侄，在李德裕执政的会昌时期，都得到重用；李德裕罢相后，又先后出为方镇。两人的关系既相当密切，处境亦很相似。在李回罢相出镇西川，整个形势对李德裕政治集团更加不利的情况下，郑亚派李商隐出使江陵，作长时间的逗留，必非寻常问候通好，而是跟李德裕政治集团的前途命运有关。因为事先已预料到往返及在江陵逗留的时间较长，临行前商隐甚至把冬至及正旦前需要撰拟的例行公事的文章《为荥阳公谢赐冬衣状》《为荥阳公进贺冬银乳白身状》《为荥阳公进贺正银状》写好备用。同时又代郑亚写了一封给郑肃的状（即《为荥阳公上荆南郑相公状二》），状中说：

况十叔相公师律克贞，功成允懋。运筹调鼎，已著于他年；反风起禾，更在于今日……李支使商隐，虽非上介，曾受殊恩，常愿拜叔子于荆州，更咨鲁史；谒季良于南郡，重议《齐论》。抒其投迹之心，遂委行人之任。其他诚款，附以谂申。

"反风起禾"，用《尚书·金縢》。周公被管叔等散布的流言所构陷（谓周公将不利于成王），遂居东二年。"秋，大雷电以风，禾尽偃，大木斯拔，邦人大恐。王与大夫尽弁，以启金縢之书，乃得周公所自以为功代武王之说"，后遂迎还周公，"天乃雨，反风，禾则尽起"。意谓郑肃虽暂时被疏罢相，但总会像当年周公那样，忠心大白于天下，重新得到重用。实际上透露了郑肃罢相是受了李德裕的牵连，有人流言中伤。下面说到商隐身份虽非高级幕僚，都曾受自己的殊恩，又对郑肃十分仰慕，是自己可靠的亲信。因此在状中不便说的"其他诚款"，均由商隐面陈。从信中可以看出商隐这次使命的重要，也反映出郑亚与商隐关系的亲密。

商隐从桂林启程的时间，约在九月末或十月初（根据《樊南甲集序》，十月十二日商隐已在衡湘一带，可以大体推知其出发时间）。初程有《江村题壁》诗：

> 沙岸竹森森，维艄听越禽。
> 数家同老寿，一径自阴深。
> 喜客尝留橘，应官说采金。
> 倾壶真得地，爱日静霜砧。

诗云"尝留橘""爱日静霜砧"，时令已届秋末冬初。视"维艄"语，当是途次暂停征桡情景。诗写江村幽静景色与淳厚风俗，纪昀说："三四如画，通首俱老。"（《玉谿生诗说》）

商隐这次赴江陵，全走水路，溯漓水（桂江），越灵渠，入湘江，再顺江而下。舟中整理自己历年所作骈文表状启牒等，编为《樊南甲集》二十卷，并作序以纪其事，序云：

> 樊南生十六能著《才论》《圣论》，以古文出诸公间。后联为郓相国、华太守所怜，居门下时，敕定奏记，始通今体。后又两为秘省房中官，恣展古集，往往咽嚘于任、范、徐、庾之间。有请作文，或时得好

对切事，声势物景，哀上浮壮，能感动人。十年京师寒且饿，人或目
曰：韩文、杜诗、彭阳章檄，樊南穷冻人或知之。仲弟圣仆（原注：羲
叟）特善古文，居会昌中进士为第一二，常表以今体规我，而未焉
能休。

　　大中元年，被奏入岭，当表记，所为亦多。冬如南郡，舟中忽复括
其所藏，火燹墨污，半有坠落。因削笔衡山，洗砚湘江，以类相等色，
得四百三十三件，作二十卷，唤曰《樊南四六》。四六之名，六博、格
五、四数、六甲之取也，未足矜。十月十二日夜月明序。

这是李商隐关于自己文章写作的一篇重要文字。序中叙述了他由善古文到擅
骈文的过程和自己近十年来的困顿生活，以及编次《樊南四六》的情况①。
值得注意的是，商隐在居令狐楚门下，"敕定奏记，始通今体"时，对自己
从令狐那里得到的骈文章奏真传是踌躇满志、充满感激之情的，《谢书》有
"自蒙半夜传衣后，不羡王祥得佩刀"之语。在那时的商隐看来，掌握了骈
文章奏的写作诀窍，就等于有了一个进身的重要凭借，就有可能像令狐楚那
样以章奏为皇帝所注意、所赏识，逐渐升进，官至卿相。但这十多年来，自
己读的书越多，对骈文名家的技艺领悟得越深，骈文作得越精彩动人，仕途
上、生活上却只落得个"十年京师寒且饿"的境地，"彭阳章檄"的诀窍尽
管掌握得十分纯熟，青出于蓝，却只能是个"樊南穷冻人"。这真是命运对
自己的初衷开的绝大玩笑。"十年京师寒且饿，人或目曰：韩文、杜诗、彭
阳章檄，樊南穷冻人或知之"，在幽默自嘲中既有自负，更饱含痛苦的人生
体验。序中对自己善作骈文的态度是矛盾的。一方面，对自己的骈文技巧及
感染力颇为自负，所谓"时得好对切事，声势物景，哀上浮壮，能感动人"；
另一方面又说"四六之名，六博、格五、四数、六甲之取也，未足矜"。这
是因为虽擅骈文却寒饿穷冻的境遇使他深深感到痛愤，平步青云的凭借成了
单纯的谋生工具，骈文技巧无所施于制敕纶诰而成了一种文字游戏。从自诩
"不羡王祥得佩刀"到"未足矜"，这一百八十度的大转变，反映了商隐十多
年来的困顿坎坷经历，以及骈文对自己的仕途究竟能起什么作用的痛苦认识
过程。值得注意的是，这篇为自己的骈文集作的序却不是用骈文写的，而是
地道的古文，这也许不是偶然的。

199

　　① 后因大中七年十一月再编《樊南四六乙》，而将大中元年编的《樊南四六》改名为《樊
南四六甲》。

在赴江陵途中，郑亚曾经有一封信给他，商隐随即写了一首长篇排律寄献给郑亚。这就是《自桂林奉使江陵途中感怀寄献尚书》。诗从"奉使"叙起，然后追叙随郑亚赴桂的经过和亚对自己的厚遇，表示要酬知遇之恩。接着描叙自己前一段的桂幕生活（前节已引）。以下便转入"途中"所见所感：

> 良讯封鸳绮，余光借玳簪。
> 张衡愁浩浩，沈约瘦愔愔。
> 芦白疑粘鬓，枫丹欲照心。
> 归期无雁报，旅抱有猿侵。
> 短日安能驻？低云只有阴。
> 乱鸦冲晒网，寒女簇遥砧。
> 东道违宁久？西园望不禁。
> 江生魂黯黯，泉客泪涔涔。

最后又自抒心迹：

> 假寐凭书簏，哀吟叩剑镡。
> 未尝贪偃息，那复议登临！
> 彼美回清镜，其谁受曲针？
> 人皆向燕路，无乃费黄金！

诗的主旨，是感念郑亚知遇之恩、自陈酬恩知己之意。其中如一段"投刺虽伤晚，酬恩岂在今"，二段"长怀五羖赎，终著《九州箴》"，三段"芦白疑粘鬓，枫丹欲照心"，四段"彼美回清镜，其谁受曲针"，均反复致意。屈复说"段段皆感怀"（《玉谿生诗意》），诚是。幕僚寄诗，感激府主知遇，本属常情，但这首诗反复陈情，确实和当时党局变化的背景有关。商隐本年春入郑亚幕时，李德裕虽已为太子少保分司之闲官，但位望犹崇，以文宗朝两党迭为进退的形势观之，李德裕等并非无再起的可能。但其后形势又进一步发展，八月初李回罢相后，李德裕政治集团中已无人再居相位。商隐奉使江陵，正是在李回罢相、李德裕集团在朝廷中已全面失势的情势下。值此形势仓皇之际，商隐在诗中反复自陈，确有在艰危中表白心迹之意，"枫丹欲照心"一语尤为明显。末联讽趋时附势者，正表明自己绝不抱衾别向。诗中讲到自己的"愁"与"瘦"，亦非泛言多病善感，而是表明自己有类似张衡那样的忧国之愁。《文选》说，张衡目睹东汉朝政日坏，天下凋敝，自己虽有济世之志，却忧惧群小用谗，郁郁而作《四愁诗》以抒写情怀。"张衡愁浩浩"，正表明自己怀有浩大宽广的忧国之情，其"愁"的政治内涵不难默会。题称郑亚为"尚书"，可能是九月新给郑亚加的检校官衔（《为荥阳公祭桂州城隍神祝文》作于八月二十七日，亚犹称"御史中丞"）。

路过洞庭，见到麇集奔趋的鱼群，有感而赋《洞庭鱼》诗：

> 洞庭鱼可拾，不假更垂罾。
>
> 闹若雨前蚁，多于秋后蝇。
>
> 岂思鳞作簟，仍计腹为灯？
>
> 浩荡天池路，翱翔欲化鹏。

官僚集团间的斗争，经常是一派得势，便有一群群趋炎附势之徒蚁聚蝇集，争腥逐臭，攀附夤缘，得意忘形，妄想化鹏。诗正为这类人写照。曰"可拾"，曰"闹"，所指的正是闹哄哄的趋附群小。此即《奉使江陵》诗"人皆向燕路，无乃费黄金"之意。诗虽比附刻露，却表现出对趋附之徒的厌恶，腹联甚至嘲讽此辈有朝一日"鳞作簟""腹为灯"的可悲下场。

商隐到达江陵的时间，大约在十月下旬。在江陵的两个月中，究竟有什么活动，由于缺乏材料，难以妄测；在此期间，是否去过其他地方，也无从考证。但江陵离长安仅一千七百三十里，又是水陆交通要道，京城的政治讯息传到这里时间远较桂林为短。商隐在江陵逗留的任务之一，可能就是及时了解朝局变化的消息，特别是与李德裕、李回、郑亚等人政治命运有关的讯息。

在江陵逗留期间，商隐有《宋玉》诗：

> 何事荆台百万家，唯教宋玉擅才华？《楚辞》已不饶唐勒，《风赋》何曾让景差！落日渚宫供观阁，开年云梦送烟花。可怜庾信寻荒径，犹得三朝托后车。

201

杜甫《咏怀古迹》之二："摇落深知宋玉悲，风流儒雅亦吾师。怅望千秋一洒泪，萧条异代不同时。"商隐此诗似反其意。前幅极赞宋玉之才华。腹联谓其故宅风景优美，渚宫观阁、云梦烟花，都足以助其才思文藻。七八谓宋玉因擅才华而得为文学侍从之臣，托于楚王之后车，其遇合固不必说，即使后世寻荒径而居其故宅的庾信，也沾其余溉而历仕三朝。言外见自己虽才比宋玉，而三朝沦落，寄迹幕府，遇合迥异。杜甫有"萧条异代不同时"之悲，是才同而遇亦同悲，商隐则慨叹才同而遇异，求为宋玉式的文学侍从之臣亦不可得。

就在商隐逗留江陵的后期，大中元年十二月戊午（二十五日），终于发生了一件震动朝野的大事：李德裕自太子少保分司贬为潮州司马。关于德裕贬潮的时间，《旧唐书·宣宗纪》载于大中元年七月，《新唐书·宣宗纪》及《通鉴》均载于是年十二月戊午。按《唐大诏令集》卷五八《李德裕潮州司马制》，末署"大中元年十二月"，可证《新唐书》《通鉴》的记载是正确的。关于德裕贬潮的原因，《通鉴》云："（九月）乙酉，前永宁尉吴汝纳，讼其弟湘罪不至死，'李绅与李德裕相表里，欺罔武宗，枉杀臣弟，乞召江州司户崔元藻等对辨'。丁亥，敕御史台鞫实以闻。冬，十二月庚戌，御史台奏：据崔元藻所列吴湘冤状，如吴汝纳之言。戊午，贬太子少保分司李德裕为潮州司马。"《旧唐书·宣宗纪》大中元年九月亦载吴汝纳讼冤事。傅璇琮《李德裕年谱》据《李德裕潮州司马制》中"无一语道及吴湘之狱者，所举罪状多为虚辞"，推断"十二月之贬，吴湘之狱尚未结案，白敏中等已迫不及待而贬德裕"，所言甚是。兹录《李德裕潮州司马制》中有关德裕"罪状"一节于下：

> （李德裕）不能尽心奉国，竭节匡君，事必徇情，政多任己，爱憎颇乖于公道，升黜或在于私门。遂使冤塞之徒，日闻腾口；猜嫌之下，得以恣心。岂可尚居保傅之荣，犹列清崇之地。宜加窜谪，以戒僻违。

这样的"罪状"，自然不能成为窜谪有功旧相的理由。吴汝纳斥吴湘之冤一案，从九月到十二月，之所以长时间不能结案，正是由于所诉不实（关于吴湘一案，将在下一章"府主贬循"一节中加以辨析，此处不赘），"李德裕与李绅相表里，欺罔武宗，枉杀吴湘"的罪名不能成立。在白敏中等人看来，要使德裕造成吴湘冤案这一罪名成立，惟一的办法是先将其远贬，才能使诬陷者放胆去制造罪名。十二月之贬正是在这种情况下发生的。这种先贬逐再定罪的手段，一方面反映了白敏中等人为打倒李德裕已不顾起码的法制，另一方面也说明当时朝廷上已是白敏中等牛党新贵独揽大权的局面，即使像这样毫无理由地贬逐前朝功臣，也没有重要的官员出来反对。

长安到江陵一千七百三十里，李德裕贬潮这样重要的消息，十多天便可传到江陵。商隐当是在江陵听到消息后立即动身返回桂林。《樊南乙集序》说："余为桂林从事日，尝使南郡……明年正月，自南郡归。"从江陵启程的时间约在大中二年正月上旬。临启程前，见到朝廷除书，周墀"荣兼史职"，商隐作状以贺，即《于江陵府见除书状》，状有云："伏承荣兼史职……十三丈学士（按：指周墀）学洞九流，文穷三变，果解（按：疑为阶）殊选，允用当仁……方之遴峤，临上孤舟，仰望玉音，俯佩金诺。"岑仲勉《玉谿生年谱会笺平质》谓："此题不合，应云贺某某状；其'于江陵府见除书'，系状内之词，接下'伏承荣兼史职'而言。后人既佚其题，遂截状首七字以代耳。"所考极是。状称"十三丈学士"，可证其时周墀尚未拜相（张采田《会笺》误据《新唐书·宰相表》，谓墀大中二年正月拜相。按：周墀拜相实在大中二年五月，详下章），是以他官"荣兼史职"，而非以宰相监修国史。

第十一章　桂幕往返（下）

第一节　黄陵晤别刘蕡

商隐在大中二年正月上旬离江陵东下，入洞庭，在湘江口附近的湘阴黄陵，遇见了从柳州司户参军内迁为澧州司户参军的友人刘蕡。商隐悲欢交集，写下著名的《赠刘司户蕡》：

> 江风扬浪动云根，重碇危樯白日昏。
> 已断燕鸿初起势，更惊骚客后归魂。
> 汉廷急诏谁先入？楚路高歌自欲翻。
> 万里相逢欢复泣，凤巢西隔九重门。

商隐与刘蕡，开成二年冬曾同在山南西道节度使令狐楚幕，两人从那时起即已结识。商隐对这位正直敢言的反宦官擅权的士人，是极为敬佩，奉为师友的。这次相会赠诗的时间，冯浩、张采田都定为会昌元年春。此说实本徐逢源的《潭州》诗笺："疑嗣复镇潭（按：开成五年八月，杨嗣复贬湖南观察使），义山曾至其幕。"（此据冯浩笺引）冯浩《玉谿生年谱》乃进而张大其说加以论证，创为开成五年九月至会昌元年春商隐南游江乡说，并谓会昌元年春初在黄陵与刘蕡相遇，赠以诗。张采田《会笺》更加增衍，遂使此说几成定论。虽经岑仲勉在《唐史余沈·李商隐南游江乡辨正》及《玉谿生年谱会笺平质·开成末江乡之游》中提出有力的质疑和辨正，但相信冯、张之说的学者仍然不少。笔者曾先后写过三篇考辨文章专门辨正冯、张江乡之游考证之误①。在本编第七章"赴陈许幕"一节中已将开成五年九月至会昌元年正月商隐的行踪及所作诗文作了详尽考述，证实在那几个月里商隐绝不可能有所谓江乡之游。这里主要围绕《赠刘司户蕡》的写作时间，对冯、张恃为江乡之游主要依据的罗衮《请褒赠刘蕡疏》中一段关键性文字作出正确的解释，以驳正冯、张对《新唐书·刘蕡传》所撮述的罗疏的误据；并据《赠刘司户蕡》诗本身提供的内证，及刘蕡次子刘理的墓志等有关材料，证实两人相遇的时间当在大中二年正月，而绝不可能如冯、张所说的在会昌元年春初。

冯浩《玉谿生年谱》云："蕡卒年无明文。《新书·传》载：昭宗诛韩全晦等，左拾遗罗衮讼蕡云：'身死异土，六十余年。'帝赠蕡左谏议大夫。是年天复三年癸亥，上距会昌四年甲子，得六十年。蕡当于开成、会昌间卒于江乡，故（按：指《哭刘司户蕡》）诗云'复作楚冤魂'，（《哭刘蕡》诗）又云'溢浦书来秋雨翻'也。义山于此年（按：指开成五年）至潭州。会昌元年春，与蕡黄陵晤别，而蕡于二年秋卒矣。凡此皆南游之实据也。"

但是，《新唐书·刘蕡传》所载罗衮疏语并非原文，而是撮述，而这一撮述在关键处恰恰是不符罗疏原意的。不妨将《新唐书·刘蕡传》载罗衮上疏的一段文字与罗疏原文加以对照。《新唐书·刘蕡传》云：

> 及昭宗诛韩全晦等，左拾遗罗衮上言："蕡当大和时，宦官始炽，因直言策请夺爵土，复扫除之役。遂罹谴逐，身死异土，六十余年，正人义夫切齿饮泣……"帝感悟，赠蕡左谏议大夫，访子孙授以官云。

而《全唐文》卷八二八所载罗衮《请褒赠刘蕡疏》则云：

> 窃见故秘书郎责授柳州司户臣刘蕡，当大和年对直言策，是时宦官方炽，朝政已侵，人谁敢言！蕡独能抑堕雨回天之势，欲使当门；夺官卿爵土之权，将令拥篲。遂遭退黜，实负冤欺。其后竟陷侵诬，终罹谴逐。沉沦绝世，六十余年。正士为之吞声，义夫为之饮泣……

罗疏原文"遂遭退黜"指大和二年刘蕡因对策指斥宦官被黜不取事，"其后

---

① 《李商隐开成末南游江乡说再辨正》，载《文学遗产》1980 年第 3 期；《〈李商隐开成末南游江乡说再辨正〉补证》，载《文史》第 40 辑；《李商隐开成五年九月至会昌元年正月行踪考述——对李商隐开成末南游江乡说的续辨正》，载《文学遗产》2002 年第 2 期。

竟陷侵诬，终罹谴逐"，则指"宦人深嫉蕡，诬以罪，贬柳州司户参军"《新唐书》本传），事在会昌元年（详后）。二事分叙，时间先后，条理明晰。而《新唐书》本传在撮述时竟将二事用"遂罹谴逐"一语概括，仿佛刘蕡对策后即遭谴逐，这显然与事实大有出入（刘蕡对策被黜落后，曾先后在宣歙王质幕、兴元令狐楚幕、襄阳牛僧孺幕为幕僚）。尤为错误的是，本传将罗疏原文"沉沦绝世，六十余年"改为"身死异土，六十余年"。按："沉沦绝世"与"身死异土"绝不是一个意思。《新唐书·刘蕡传》的撰者显然是误解了"沉沦绝世"的意思，认为这四个字就是指弃世。实际上，"沉沦"意为埋没、沉埋。刘向《九叹·愍命》："或沉沦其无所达兮，或清激其无所通。"《后汉书·孟尝传》："而沉沦草莽，好爵莫及，廊庙之宝，弃于沟渠。"杜甫《赠鲜于京兆二十韵》："奋飞超等级，容易失沉沦。"李商隐《献舍人彭城公启》："沉沦者延颈，逃散者动心。"司马光《华星篇》："丰城古剑沉沦久，匣中夜半双龙吼。"上举自汉至宋诸例，"沉沦"均为埋没、沉埋之义。以之指人，则为埋没不遇之贤士，如李白《赠从弟南平太守之遥》："彤庭左右呼万岁，拜贺明主收沉沦。"上举商隐文"沉沦者"即此义。因此，罗疏原文"沉沦绝世，六十余年"的意思是：刘蕡自从遭到宦官的"侵诬"而被谴逐，沉埋于司户参军这样的下僚直到最后辞世（绝世），迄今已有六十余年。也就是说，"六十余年"应该从被谴逐而"沉沦"之日算起，而不是从最后的"绝世"之日算起。从天复三年（903）逆数"六十余年"，刘蕡被贬柳州应在会昌初。

那么，刘蕡贬柳州具体究竟在什么时间呢？裴夷直的一首《献刘蕡书情》（一作《献岁书情》）[①]提供了考证的线索：

> 白发添双鬓，空官又一年。
> 音书鸿不到，梦寐兔空悬。
> 地远星辰侧，天高雨露偏。
> 圣期知有感，云海漫相连。

这是裴夷直在贬骧州（今越南南部荣市）司户参军期间写给在柳州贬所任司户参军的友人刘蕡的诗。《旧唐书·王质传》："（大和）八年，为宣州刺史，兼御史中丞、宣歙团练观察使……在宣城，辟崔珦、刘蕡、裴夷直、赵皙为

---

① 裴诗见《全唐诗》卷五一三。

从事，皆一代名流。"可见裴与刘早在大和八年至开成元年王质镇宣歙期间即已结识。两人又都和杨嗣复有人事上的关系。刘蕡宝历二年登进士第，其年礼部侍郎杨嗣复知贡举。《玉泉子》云："刘蕡，杨嗣复之门生也。（大和二年）对策以直言忤时，中官尤所嫉忌。中尉仇士良谓嗣复曰：'奈何以国家科第放此风汉耶？'嗣复惧而答曰：'嗣复昔与刘蕡及第时，犹未风耳。'"而《新唐书·李景让传》谓："所善苏涤、裴夷直皆李宗闵、杨嗣复所擢。"刘为杨之门生，裴为杨所提拔。开成五年正月，文宗病危，仇士良、鱼弘志矫诏立颖王瀍为太弟。辛巳，文宗逝世。"敕大行以十四日殡，成服。谏议大夫裴夷直上言以期日太远，不听。时仇士良等追怨文宗，凡乐工及内侍得幸于文宗者，诛贬相继。夷直复上言……不听"（《通鉴·开成五年正月》）。这年五月，杨嗣复由宰相罢为吏部尚书。八月，牛党另一宰相李珏罢为太常卿。同月，杨、李又分别贬为湖南观察使、桂管观察使。十一月，裴夷直因未在武宗即位的册牒上署名（据《新唐书·裴夷直传》及《通鉴》），出为杭州刺史。会昌元年三月，又贬裴为骧州司户参军。《通鉴》详载诸人被贬始末云："初，知枢密刘弘逸、薛季棱有宠于文宗，仇士良恶之。上（按：指武宗）之立，非二人及宰相意，故嗣复出为湖南观察使、李珏出为桂管观察使。士良屡谮弘逸等于上，劝上除之。（会昌元年三月）乙未，赐弘逸、季棱死（按：《旧唐书·武宗纪》书二人伏诛事于开成五年八月葬文宗时）。遣中使就潭，桂诛嗣复及珏……德裕与崔珙、崔郸、陈夷行三上奏……遂追还二使，更贬嗣复为潮州刺史、李珏为昭州刺史、裴夷直为骧州司户。"以上记载清楚地说明，裴夷直由于受到杨嗣复的提拔，又在文宗刚去世时两次上奏触怒宦官仇士良，加以未在武宗即位的册牒上署名，故始则出为杭州刺史，继则又被作为刘弘逸、薛季棱及杨嗣复、李珏等拥立太子成美或安王溶的一党被贬到岭南最偏远的骧州。值得注意的是，刘蕡被贬的地区、官职与裴夷直非常近似，也是远贬岭南（柳州），官职同为司户参军。刘、裴二人过去有同幕之谊，又分别与杨嗣复有门生座主之谊或提拔之恩，值此旧君去世、新君即位之际，以仇士良为代表的一派掌权的宦官要想给他们素来嫉恨的刘蕡加一个罪名，最合适也最让新君武宗恼火的自然是党附杨嗣复、裴夷直，对新君不满。因此，结合杨、李、裴的贬潮、贬昭、贬骧以及裴、刘与杨的人事关系来考察，刘蕡被贬为柳州司户参军，当是宦官诬以党附杨、裴之罪的结果，贬柳的具体时间当在会昌元年三月或稍后。上引裴夷直《献刘蕡书情》诗也清楚说明二人是同贬。柳州、骧州均在岭南，二地相距近七千里①，故说"音书鸿不到""云海漫相连"。骢州距长安一万二千四百五十二里，故云"地远星辰侧"。会昌元年三月裴自杭贬骢，抵达贬所当已在秋天。据"空宫又一年"句，诗当为会昌三年初作（至会昌二年初为"已一年"，三年初为"又一年"），可证其时刘、裴仍分别在柳、骢贬所。骢、柳两地相距如此遥远，音书难通，如果裴、刘不是同时同"罪"被贬（都被视为反对新君的杨党），很可能裴夷直连刘蕡贬柳的消息都不知道。反言之，裴在贬所有诗献蕡，正可证二人是同时同罪被贬。

那么，刘蕡究竟何时回到湖湘一带，并与李商隐晤别的呢？《赠刘司户蕡》一诗提供了有力的内证："已断燕鸿初起势，更惊骚客后归魂。"出句以燕鸿振翅初起即遭狂风摧折翅膀喻刘蕡对策遭宦官嫉恨被黜不取，继又被远贬；对句"后归"即迟归之意。目击风浪蔽天、日昏舟危的景象，想到宦官势力仍盛，刘蕡这位迟归的骚客不禁为之魂惊。这正说明诗是写于刘蕡自柳州贬所放还北归时，而不是作于贬柳途中。这"后归"究竟在什么时候呢？前已据裴诗考知，会昌三年初，刘蕡、裴夷直均仍分别在柳州、骢州贬所。蕡与夷直的量移内迁当在其后。一般地说，被视为一党的一批官吏如果同时因同一罪名或相近的罪名牵连被贬，其量移内迁当亦大体同时。何良俊《四友斋丛说·史四》："尝观唐时诏令，凡即位改元之诏，其先朝贬窜诸臣即与量移。量移后方才牵复（按：指复官，官复原职）。"这是符合实际的。杨嗣复的量移在宣宗即位后的会昌六年八月。《通鉴·会昌六年》：八月，"以循州司马牛僧孺为衡州长史，封州流人李宗闵为郴州司马，恩州司马崔珙为安州长史，潮州刺史杨嗣复为江州刺史，昭州刺史李珏为郴州刺史（按：李珏会昌五年已在郴州，详《唐刺史考全编》）。僧孺等五相皆武宗所贬逐，至是，同日北迁。宗闵未离郴州而卒"。裴夷直之量移当大体与此同时。《新唐书·裴夷直传》："斥骢州司户参军；宣宗初内徙，复拜江、华等州刺史。"实际上，复拜江州刺史已是牵复（贬官前为杭州刺史），按理此前应有一次量移。《全唐诗》卷五一三裴夷直有《将发循州社日于所居馆宴送》云："浪花如雪叠江风，社过高秋万恨中。明日便随江燕去，依依俱是故巢空。"诗一云赵嘏作，但嘏生平足迹是否到过岭南，难以确考。《古今岁时杂咏》卷二八收此诗，亦题裴夷直作，诗题作《循州社日留题馆壁》。曰"故巢"，似在循州有较长时间居留。故循州有可能是裴夷直自骢州量移之地。裴内徙江

① 此据《旧唐书·地理志》。

州的时间，《唐刺史考全编》置于大中三年江州刺史崔黯及约大中五六年江州刺史李回之后，显然过迟，与《新唐书·裴夷直传》"宣宗初内徙，复拜江、华等州刺史"之语不合。按杨嗣复会昌六年八月内迁江州刺史，大中二年二月，"以吏部尚书召，道岳州卒"（参两《唐书》本传），则裴夷直之内徙江州刺史，当在大中二年二月杨嗣复赴召离江州任之后，崔黯任江州刺史之前。而刘蕡，据其次子刘理的墓志，也是自柳州量移澧州。《唐故梁国刘府君墓铭有序》云：

> 府君讳理……烈考讳蕡，皇秘书郎，贬官累迁澧州员外司户……先人禀气劲挺，临文益振，奋笔殿廷，众锋咸挫。虽以直窒仕，而以名垂芳。

可见刘蕡并非卒于柳州司户任上，而是"贬官累迁澧州员外司户"，即在会昌元年贬为柳州司户参军后，先量移某地，再迁澧州员外司户。其量移之地不可考，量移之时当与裴夷直之量移（循州？）同时，其"累迁澧州员外司户"的时间很可能就在裴夷直内徙江州刺史的同时。从《赠刘司户蕡》"万里相逢欢复泣"之句看，这是刘蕡被贬后两人首次相逢。从商隐现存桂幕诗文中，看不出任何其时刘蕡尚在柳州的讯息，可见在商隐到达桂林前，刘蕡已离开柳州贬所。否则，柳州属桂管管辖（商隐有代郑亚撰的任命柳州录事参军韦重的牒文），如刘蕡尚在柳州，商隐当会往访。而大中元年闰三月末至五月中旬，商隐随郑亚在潭州滞留近五十天，潭州、澧州相距不远，如此时刘蕡已在澧州员外司户任上，商隐也完全有可能去造访，而现存商隐诗中也绝无这方面的行踪痕迹。以上情况表明，大中元年闰三月末至此次两人湘阴黄陵晤别前，刘蕡既不在柳州，亦尚未"迁澧州员外司户"，而是在两地之外的另一个地方，很可能就是其量移之地。再从这次两人相遇的时间（春雪）、地点（洞庭湖口附近的湘阴黄陵）结合商隐本人的行踪来考察，从会昌三年（刘蕡尚在柳州贬所）到大中二年这段时间内，商隐路经湘阴黄陵，且在"春雪满黄陵"（《哭刘司户蕡》）之时者，只有大中二年正月自江陵返回桂林这一次。因此，可以断定，刘蕡与商隐此次在湘阴黄陵晤别，商隐作《赠刘司户蕡》的时间是在大中二年正月。澧州在洞庭湖西北，离澧水入湖处很近，商隐在洞庭湖南岸的湘阴黄陵遇见刘蕡，意味着其时刘蕡正好是去赴澧州员外司户之任，两人一南行返桂，一北行至澧，故相遇后即匆匆作别。大中二年正月，杨嗣复尚在江州刺史任上，但二月即被征为吏部尚书，李珏亦同时被征为户部尚书，诗中"汉廷急诏谁先入"，可能是指杨嗣复等牛党耆宿即将被重新起用的形势，故下句说刘蕡于楚路自翻高歌以抒发其欢欣企望之情。而裴夷直当于大中二年二月杨嗣复内征时内迁江州刺史。如果以上的推断成立，则刘蕡的讣音从溢浦传至商隐处[1]，便是完全合理的了。刘蕡曾在山南西道令狐楚幕与商隐同幕，在宣歙王质幕与裴夷直同幕，商隐与蕡"平生风义兼师友"，刘蕡与裴夷直又同罪远贬，同时量移内迁，故大中三年秋刘蕡去世，裴以刘之死讯相告商隐，是情理中事。甚至不排斥刘蕡客死于江州的可能，因为刘蕡在得知裴夷直任江州刺史后可能去江州拜访甚至投靠他，然后就死在江州。

既已考明开成五年九月至会昌元年正月这段时间内商隐正忙于济源移家长安，应王茂元之召赴陈许幕任幕府初开时的文字工作，暂寓华州周墀幕，根本不存在应杨嗣复之招，作江乡之游之事；又考明商隐与刘蕡黄陵晤别，作《赠刘司户蕡》的时间不在会昌元年，而是在大中二年正月，那么，冯浩、张采田关于江乡之游的考证及此期间的诗文系年便根本不能成立。由于事关李商隐生平的最大疑案和四五十篇商隐诗文的系年与诠释，不得不费辞在叙述商隐行踪时作了上述考辨。

"万里相逢欢复泣，凤巢西隔九重门"，刘蕡从会昌元年贬柳州司户，至此已首尾八年，这位"骚客"的确是"后归"了。两人在万里之外的楚地相遇，既欢而悲。翘首西望，君门远隔，凤巢迢递，不禁黯然。

黄陵别后，商隐沿湘江而上，赶回桂林复命。和去年与郑亚一起赴桂时一路上走走停停，在潭州又耽搁了很长时间不同，这次是急匆匆地赶路。大约在正月末最迟在二月初，商隐就回到了桂林。据《新唐书·宰相表》：大中二年"正月丙寅，（白）敏中兼刑部尚书，（崔）元式兼户部尚书，（韦琮）兼礼部尚书"。丙寅是正月初五，除书传至桂林，当在正月末或二月初。商隐有《为荥阳公贺白相公加刑部尚书启》《为荥阳公贺韦相公加礼部尚书启》《为荥阳公贺崔相公转户部尚书启》，可证最迟在二月初商隐已经返抵桂林。

① 商隐《哭刘蕡》："黄陵别后春涛隔，溢浦书来秋雨翻。"

第二节　偶客昭州

从江陵回桂林后，商隐曾经短时间到过桂管观察使所领的昭州（今广西平乐）。在昭州期间，有感于当地的人情风俗，有《异俗二首》（题下自注：时从事岭南）：

> 鬼疟朝朝避，春寒夜夜添。
> 未惊雷破柱，不报水齐檐。
> 虎箭侵肤毒，鱼钩刺骨钻。
> 鸟言成谍诉，多是恨彤襜。
>
> 户尽悬秦网，家多事越巫。
> 未曾容獭祭，只是纵猪都。
> 点对连鳌饵，搜求缚虎符。
> 贾生兼事鬼，不信有洪炉。

冯浩笺引徐逢源曰："此诗载《平乐县志》，原注下又有'偶客昭州'四字。"冯浩又云："《渊鉴类函》州郡部广西引义山诗三条，'城窄山将压'（按：即《桂林》五律）四句，'桂水春犹早'（按：即下引《昭州》五律）四句，又有集中所无者四句云：'假守昭平郡，当门桂水清。海遥稀蜃迹，峡近足滩声。'不知从何采取，似据《永乐大典》，且内府多古籍也。杜氏《通典》云：'顷年常见州县官有摄官，皆是牧守所自置署。政多苟且，不议久长，始到官已营生计，迎新送故，劳弊极矣。'唐时州县阙官，幕府得自置署。史传中以幕职摄郡县者颇有之，如《旧书·薛戎传》：'福建观察使柳冕表为从事，累月，转殿中侍御史。会泉州阙刺史，冕署戎权领州事。'可类证也。义山盖摄守昭郡，因非朝命，故云'偶客'耳。得此一解，三篇（按：指《异俗二首》与《昭州》）情味乃出。"张笺从之，且于大中二年谱书："义山正月自南郡归，摄守昭平郡事。"然《渊鉴类函》所引"假守昭平郡"四句实非商隐诗，而是宋人陶弼诗，共五首，每首均以"假守昭平郡"

开头，见《舆地纪胜·昭州》①，故不能根据《渊鉴类函》所引商隐诗来断定商隐曾摄守昭州。且唐代只有昭州平乐郡之称，无称"昭平郡"者。《异俗二首》均写岭南华夷杂居地区的物候风俗。首章言其地气候反常，疟疾流行，雷雨频繁。民多以射虎捕鱼为生。方言觖舌，殊不可通。末联微有寓意，谓吏其地者多贪残之辈，故民恨其长官。次章言其地民多事网罟，巫风甚炽。故未容獭祭，即入津梁；检点鳌饵，以钓巨鳌；豪猪为害，纵之不射；猛虎出没，搜求缚虎之符。三、五句承一，四、六句承二。末则谓巫风所染，连文士亦信鬼神而不信自然造化之道。盖深慨南中荒远迷信，王化之所不及。又有《昭州（一作郡）》诗：

> 桂水春犹早，昭川日正西。
> 虎当官道斗，猿上驿楼啼。
> 绳烂金沙井，松干乳洞梯。
> 乡音吁可骇，仍有醉如泥。

这首诗颇似画中的素描，在不经意中勾画出僻远州县带有蛮荒朴野色彩的图景。感情虽有些惊异，却未必憎厌，多少有些好奇。末联写当地土著居民语言殊异可骇，且更有烂醉如泥者。冯浩谓"乡音殊足骇人，我惟以醉自遣"，以下句属诗人自己，殊误，视"仍有"可见。据"春犹早"之语，时当早春二月之候。

商隐在昭州待的时间很短，回到桂林后写的诗，怀乡思归、想念家室几乎成了惟一的内容。《凤》是寄内之作：

> 万里峰峦归路迷，未判容彩借山鸡。
> 新春定有将雏乐，阿阁华池两处栖。

诗中的"凤"，兼绾分栖两地的雌雄双方。身居岭外，遥望京华，峰峦万里，归路亦迷。自己文采华然，岂甘与山鸡等价，"越鸟夸香荔，齐名亦未甘"，与此意近。冯浩说："自负才华，兼寓幕僚之慨。"甚是。三句遥想妻子新春抱雏之乐。末句乃益叹两地分居，不得享家室天伦之乐。曰"新春"，诗当作于大中二年春。《题鹅》也是慨叹夫妻分离之作：

———————
　　① 此承陶敏先生见告。

212

眠沙卧水自成群，曲岸残阳极浦云。

那解将心怜孔翠，羁雌长共故雄分。

审诗题，似是题画诗。画中群鹅眠沙卧水，悠然游息于曲岸极浦的残阳之下，对此遂生联想与感慨：文采灿烂的孔雀，雌雄长离，反不如群鹅之悠闲自在，雌雄相守，无忧无虑。鹅们哪里懂得并同情孔雀的雌雄分栖之苦呢？故雄，犹旧侣，指丈夫，非谓已故之丈夫。

《即日》《北楼》《思归》都是大中二年春桂幕思归之作：

> 桂林闻旧说，曾不异炎方。
> 山响匡床语，花飘度腊香。
> 几时逢雁足？著处断猿肠。
> 独抚青青桂，临城忆雪霜。
>
> ——《即日》

> 春物岂相干，人生只强欢。
> 花犹曾敛夕，酒竟不知寒。
> 异域东风湿，中华上象宽。
> 此楼堪北望，轻命倚危栏。
>
> ——《北楼》

> 固有楼堪倚，能无酒可倾？
> 岭云春沮洳，江月夜晴明。
> 鱼乱书何托？猿哀梦易惊。
> 旧居连上苑，时节正迁莺。
>
> ——《思归》

三首诗都将岭南异域风物与思乡念归之情对照起来写。景物固然美好，但由于思乡，却有一种"虽信美而非吾土兮，曾何足以少留"之感，甚至感到美好的岭南春天景物原与自己不相干。孤立起来看，像"山响匡床语，花飘度腊香""岭云春沮洳，江月夜晴明"都是充满美感的景色，但紧接其后的"几时逢雁足？著处断猿肠"和"鱼乱书何托，猿哀梦易惊"却突出抒写了悲苦凄伤的感情。情与景的不协调、相矛盾成了这组诗的显著特点。岭南地暖，槿花春天仍然朝开暮萎，这本是南中特有的佳景，但"花犹曾敛夕，酒竟不知寒"一联却表现出对这种物候的不习惯和陌生感。桂林山水之胜，甲于天下，商隐《为荥阳公黄箓斋文》也说过"此府水环湘桂，山类蓬瀛"一类的话，但在商隐的桂林诗中却不大找得到纯粹以欣赏态度描绘桂林风物的句子，甚至没有韩愈的"江作青罗带，山如碧玉簪"这种虽出之想象却十分传神的描绘。这是因为强烈的思乡怀归之情使他用一种特殊的心态去感受外物。"异域东风湿，中华上象宽"，岭南的春风也带着湿意，这种感受自然非常真切，但这里透露的却是一个久居中原，此刻身居岭南而又思念家乡的人对这里的潮湿阴雨气候很不习惯的感受，特别是当他把眼前的一切与记忆中的"中华上象宽"的高远爽朗之境相对照时，就更加强了对岭南的这种特殊感受。这几首诗艺术上都是成功之作，《北楼》诗尤佳，但正如纪昀所评："前四句一气涌出，气脉流走，五六句格力亦大，但七八句嫌于太竭情耳。"（《玉谿生诗说》）北楼北望，甚至到了"轻命倚危栏"的程度，在思乡念归的强烈感情中蕴涵着一种深深的酸楚。对比一下刚来桂林时所写的诗中时时流露出来的新鲜感乃至欣喜愉悦感，感情的变化是显而易见的。这种变化的后面自有政局变化的大背景在起作用。

大中二年二月上中旬，商隐还代郑亚撰拟过给浙东观察使杨汉公、宣歙观察使裴休的信。裴休与郑亚大和二年同登贤良方正、能直言极谏科。大中元年在湖南观察使任，郑亚赴桂林路经潭州时，曾受到裴休的款待，大约在元年十二月或二年正月调任宣歙观察使。杨汉公是郑亚的前任。这两封书启都写得很随意，但又非常富于诗情，像六朝人的书信小品。关于这两篇文章，将在下编《樊南文的诗情诗境》专章中加以评述。

第三节　府主贬循

大中二年二月中旬，朝廷贬谪郑亚为循州刺史的制书到达桂林。这是继大中元年十二月戊午（二十五日）贬李德裕为潮州司马后紧接着对李德裕的两个主要助手李回和郑亚进行贬斥的重大举动，是宣宗、白敏中对李德裕政治集团实施的第三次打击。《通鉴·大中二年》载：正月，"西川节度使李回、桂管观察使郑亚坐前不能直吴湘冤，乙酉，回左迁湖南观察使，亚贬循州刺史。李绅追夺三任告身（胡注：李绅已薨，故追夺）。中书舍人崔嘏坐草李德裕制不尽言其罪（按：指《李德裕潮州司马制》，已见上章所引）。己丑，贬端州刺史。"在此之前，正月丙寅（初五），右补阙丁柔立因李德裕贬潮州，上疏讼其冤，坐阿附贬南阳尉（同上）。而《旧唐书·宣宗纪》载此次与李回、郑亚同贬的，还有"前淮南观察判官魏铏贬吉州司户，陆浑县令元寿贬韶州司户，殿中侍御史蔡京贬澧州司马"，可见这是一次牵连面相当广的大狱，不但对李德裕政治集团实行一网打尽的手段，而且还严厉打击敢于仗义执言的谏官和对此事有保留看法的草制官员。这一回，宣宗、白敏中等人终于给李德裕政治集团定下了一个罪名，这就是所谓制造吴湘冤案。这是当权的统治集团苦心设计的大阴谋，因此有必要征引史料，稍作辨析。

《旧唐书·李绅传》："初，会昌五年，扬州江都县尉吴湘坐赃下狱，准法当死，具事上闻。谏官疑其冤，遣御史崔元藻覆推，与扬州所奏多同，湘竟伏法。"绅传后附吴汝纳事，对吴湘一案记载较详，云：

> 会汝纳弟湘为江都尉，为部人所讼赃罪，兼娶百姓颜悦女为妻，有逾格律。李绅（按：时任淮南节度使）令观察判官魏铏鞠之，赃状明白，伏法。湘妻颜、颜继母焦，皆笞而释之，仍令江都令张弘思以船监送湘妻颜及儿女送澧州。及扬州上具狱，物议以德裕素憎吴氏，疑李绅织成其罪，谏官论之。乃差御史崔元藻为刺史，覆吴湘狱。据款伏妄破程粮钱，计赃准法；其特官娶百姓颜悦女为妻，则称悦是前青州衙推，悦先娶王氏是衣冠女，非继室焦所生，与扬州案小有不同。德裕以元藻无定夺，奏贬崖州司户。

《新唐书·李绅传》与此略同。《通鉴·会昌五年》载此事云：

> 淮南节度使李绅按江都令吴湘盗用程粮钱（按胡注：《新书·百官志》：主客郎中，主蕃客；西北蕃使还者，给度碛程粮。至于官吏以公事有远行，则须计程以给粮。而粮重不可远致，则以钱准估，故有程粮钱），强娶所部百姓颜悦女。估其资装为赃，罪当死。湘，武陵之兄子也。李德裕素恶武陵，议者多言其冤，谏官请覆按。诏遣监察御史崔元藻、李稠覆之。还言："湘盗程粮钱有实。颜悦本衢州人，尝为青州牙推，妻亦士族，与前狱异。"德裕以为无与夺，二月，贬元藻端州司户、稠汀州司户，不复更推，亦不复付法司详断，即如绅奏，处湘死。谏议大夫柳仲郢、敬晦皆上疏争之，不纳。

所载与《旧唐书·李绅传》互有详略，但基本情节一致。岑仲勉说："湘受赃有据，见《旧·本纪》大中二年覆审之状，状称：'节度使李绅追湘下狱，计赃处死，具狱奏闻。朝廷疑其冤，差御史崔元藻往扬州按问。据湘虽有取受，罪不至死。'可见湘受赃是实，出入只数量问题。考《唐律疏议》一一：'诸监临主司受财而枉法者……十五匹绞。'今大中覆判竟未举出湘受财多少以证其罪不至死，显系有意出脱，构成德裕之罪名。然主判者李绅，最多不过错在失人，更非德裕直接负责者也。"（《隋唐史》第421页）所论甚是。盖吴湘一案，是否该判死刑，关键在贪赃数量是否构成死罪。魏铏奉李绅命审此案，"赃状明白""估其资装为赃，罪当死"；崔元藻、李稠奉朝命覆按，"据款伏妄破程粮钱，计赃准法"，可见无论是初审、覆按，在构成死罪的贪污程粮钱数目上都不存在任何问题。覆按时发现强娶所部百姓女一事与初审判定的事实有出入，这正可说明覆按时并不存在畏惧德裕权势、掩盖事实真相的现象，而是据实上报。既然经过覆按"据款伏妄破程粮钱，计赃准法"，则判处吴湘死刑并不存在量刑不当的问题，更不存在德裕挟私报复、李绅曲成吴湘之罪的问题，不能因李德裕恶吴武陵而推论其兼恶武陵之兄子，作捕风捉影之推测。傅璇琮《李德裕年谱》大中二年谱对此事论析甚详，可参阅。实际上，当时朝廷上大臣虽对李德裕、李回、郑亚之贬噤口不敢言，但还是有正直的官吏公开替李德裕鸣冤，上面提到的右补阙丁柔立便是典型的一例。《通鉴·大中二年》载："初，李德裕执政，有荐丁柔立清正可任谏官者，德裕不能用。上即位，柔立为右补阙。德裕贬潮州，柔立上疏讼其冤。（正月）丙寅，坐阿附贬南阳尉。"一个曾经在宦途上受到李德裕抑制的人公开为德裕讼冤，正可见其纯出于公心。《新唐书·李德裕传》亦载其事，并附魏铏事云："吴汝纳之狱，朝廷公卿无为辨者，唯淮南府佐魏铏就逮，吏使诬引德裕，虽痛楚掠，终不从，竟贬死岭外。"可见德裕与此案确无关连，亦可见白敏中等为了锻成德裕之罪，竟逼使李绅的下属诬引，手段之卑劣无以复加。至于吴武陵与李德裕的关系问题，傅谱亦有详辨，因此事不涉及吴湘该不该定死罪的关键问题，从略。

李回、郑亚被贬是在正月乙酉，即二十四日。这种严谴高级官员的制书，朝廷必须用最快的速度驰驿转递，因此，制书到达桂林的时间约在二月中旬。接到贬制后，郑亚立即让李商隐撰拟了上刑部侍郎马植、大理卿卢言的书启，公开申辩自己无罪。《新唐书·百官志》：刑部尚书一人，侍郎一人。"凡鞫大狱，以尚书、侍郎与御史中丞、大理卿为三司使"。其时白敏中兼刑部尚书，马植作为副手，在锻炼李德裕之"罪"的过程中立下了"大功"，后于同年五月拜相。《为荥阳公上马侍郎启》云：

> 故府李相公（按：指李绅）案吏之初，具狱来上。某久为宾佐，方副台纲。若其间必有阿私，则先事固当请托。实无一字，难诳九泉。崔监察是湖南李相公门生，是某所拜杂端日御史。远差推事，既无所嘱求；近欲叫冤，岂遽能止遏？不知何怨，乃尔相穷！容易操心，加诬唱首。门生之分，尚或若斯；常僚之情，固无足算！九重邃邈，五岭幽遐。若从彼书辞，信其文致，即处以严谴，未曰当辜。

《为荥阳公与三司使大理卢卿启》亦云：

> 故府李相公知旧之分，与道为徒。戎幕宾筵，虽则深蒙奖拔；事踪笔迹，实非曲有指挥。逝者难诬，言之罔愧。且崔监察元藻是湖南李相公首科门生，是某所荐御史。将赴淮海，私间尚不嘱求；及还京师，公共岂能遏塞？昨蒙辨引，稍近加诬。座主既不免于款中，杂端固无逃于笔下。乘时幸远，背惠加诬。既置对之莫由，岂自明之有望？

其时朝廷严谴的贬制已下，而且令其立即启行南去。明知申辩无用，但还是要在这两封书启中向主办此案的马植、卢言公开表白自己是蒙冤受诬的，跟李绅之间并无任何嘱托阿附之事，而且把矛头集中指向制造这场冤案的直接责任人、翻云覆雨的小人崔元藻，对他的背惠加诬于座主、上司，用毫不掩饰的愤慨、鄙夷口吻加以揭露。这实际上是指责马植、卢言等人秉承白敏中意旨，让崔元藻出面诬引成罪。其态度之激烈根本不像一个获罪的臣僚。这种不计后果、只求一吐为快的极端态度充分表露了郑亚对当权者的愤慨。这种强硬态度，直接导致他最后贬死于循州，而不将他量移，当然，对李德裕更是如此。

问题在于，商隐是在当局利用所谓吴湘冤案一网打尽李德裕政治集团，而且连贬同情他们的崔嘏、丁柔立的情况下，仍然用他的一支笔为郑亚申冤辩诬，为他一吐胸中的愤慨。当然，书记的职责就是为幕主草拟表状启牒，但这时的郑亚，已是一个蒙罪严谴的谪吏逐臣，他和李德裕、李回的政治前途很可能是一同贬死于岭南蛮荒之地，这一点当时已相当清楚。在这种情况下，见风使舵的幕僚很可能拒绝撰写这种直接冒犯当权者的书启，或者远祸避害，离幕而去。即使情不可却，也会用比较委婉的方式来进行申辩。商隐却完全站在郑亚（实际上是整个李德裕政治集团）的立场，用如此激烈愤慨的言辞进行申辩，发泄不满，可见他当时确实完全站到了被冤诬陷害的李德裕政治集团一边。这些信件，不仅马植、卢言，而且连白敏中也会看到，它所引起的后果是可想而知的。令狐绹早就对他追随郑亚于桂管震雷霆之怒，现在他又进一步替获罪的郑亚撰写鸣冤叫屈的书启，即将内召旋居要职的令狐绹对他会采取什么态度，也就可想而知。可以说，商隐在当时形势下代拟这种书启，是在激烈政治斗争中的鲜明表态，而且是不大考虑后果的表态。

由于是严谴，郑亚在接到贬制后没有几天便立即启程。《为荥阳公与前浙东杨大夫启》云："今月二十日，专使林押衙至，缄词重叠，赠贶丰厚……某顷副宪纲，昧于官守，早乖审克，久乃发扬……尚蒙恩宥，获颁诏条（按：指贬循州刺史）……以今月二十三日南去。"细审启文，结合《樊南乙集序》"明年正月自南郡归，二月府贬"之文，可以推知贬制当于二月中旬到达桂林。浙东林押衙二十日至桂林时，亚已接到贬制，故启于"今月二十日，专使林押衙至"之后，即接叙已获罪被贬及南去循州之日期。此启当作于二月二十一或二十二日，离郑亚南去不过一二日。商隐《樊南乙集序》"二月府贬"之文，正指二月中旬郑亚接到贬制及随后立即南去之事。或谓郑亚当是三月二十三日南去，如果这样，贬制应在三月中旬方到桂林。正月二十四日下制，三月中旬始达桂林，以严谴之制须急速送达的规定，五十日始达未免过慢，而且与"二月府贬"之文不符。

就在郑亚即将离桂林南去循州之时，二月二十二日，诗人写了一首托物自寓的五言排律《木兰》：

> 二月二十二，木兰开圻初。
> 初当新病酒，复自久离居。
> 愁绝更倾国，惊新闻远书。
> 紫丝何日障？油壁几时车？
> 弄粉知伤重，调红或有余。
> 波痕空映袜，烟态不胜裾。
> 桂岭含芳远，莲塘属意疏。
> 瑶姬与神女，长短定何如？

张采田《辨正》因大中二年令狐绹由湖州内召事而附会，谓"此首句'二月二十二，木兰开坼初'，盖暗记子直至都之日，令狐家木兰最盛，故借以寓意，言从此位致通显矣"；《会笺》又改从大中三年二月二十一日令狐绹拜中书舍人而附会，谓"首云'二月二十二，木兰开坼初'，谓初闻子直拜中书舍人也"。实则木兰乃自喻，"桂岭含芳远"一句已明白点出。首四句谓木兰初开之日，正自己病酒之际，与家室久离之时。"愁绝"句谓木兰初开脉脉含愁之态，更显其倾国之姿。"惊新"句谓惊对新艳，忽值远书乍至，承上"久离居"。以上人、花分叙，以下人花合一。"紫丝"二句，谓不知何时方能有"紫丝障""油壁车"围护之殊遇，暗透入朝为官的企盼。"弄粉"四句，状木兰腻粉红艳之容色与内含伤痛之意态，轻盈绰约之风姿与无人欣赏之遭遇（借"空"字点出）。"桂岭"二句，点醒全篇托寓主意，谓己如木兰含芳于桂岭僻远之地，而彼家居帝京莲塘者（喻指令狐绹）则毫不属意于我而疏之。"波痕"句已将木兰比作宓妃，末二句进而谓如此美艳的木兰，实可与瑶姬论短长，相媲美。于自负自赏中透出自伤之意。郑亚南贬，自己将来的命运不知如何，而令狐绹对自己的疏远态度却已在料想之中，故借含芳桂岭的木兰自喻。

罢幕之际，又借咏《灯》以抒怀：

> 皎洁终无倦，煎熬亦自求。
> 花时随酒远，雨后背窗休。
> 冷暗黄茅驿，暄明紫桂楼。
> 锦囊名画掩，玉局败棋收。
> 何处无佳梦，谁人不隐忧？
> 影随帘押转，光信簟文流。
> 客自胜潘岳，侬今定莫愁。
> 固应留半焰，回照下帏羞。

程梦星说："此非咏灯，乃幕中写怀耳。中有黄茅驿、紫桂楼，或从事桂管之时也。"（《重订李义山诗集笺注》）冯浩亦认为"此桂管初罢作"。这首诗不仅用"黄茅驿""紫桂楼"的字面点明桂管，而且起首二句便显露出刻意托寓的痕迹：以"灯"之"皎洁"喻自己的品质，以"煎熬"喻自己的遭遇与内心痛苦。"花时"四句，从时间、地点两方面写灯的"无倦"与"煎熬"，概括在桂幕一年的情况。"锦囊"二句，以灯照名画之掩（卷）、棋局之收隐喻桂幕之罢。"何处"二句，以灯之或照佳梦正浓者，或照耿耿不寐有隐忧者，以喻罢幕时幕僚情况各不相同，意致颇似《梓州罢吟寄同舍》之"楚雨含情皆有托，漳滨多病竟无憀"。"影随"四句承"佳梦"言，谓彼等送旧迎新，欣有所托，故"定莫愁"；"固应"二句，承"隐忧"言，残灯半焰，空照下帏独处之人，情何以堪！"下帏"即"罢幕"之寓言。全篇也不妨看作一篇"桂州罢吟寄同舍"。借艳寓慨，借物咏怀，此诗兼而有之。

第四节　罢幕北归

《旧唐书·李商隐传》说："亚坐德裕党，亦贬循州刺史。商隐随亚在岭表累载，三年入朝。"《新唐书·李商隐传》更谓："亚谪循州，商隐从之，凡三年乃归。"将《旧唐书·李商隐传》中可以作两种不同解释的"岭表"和"三年"明确说成商隐跟随郑亚去了循州，在循州待了三年才回来。《唐才子传》亦沿之。这是误读商隐《献寄旧府开封公（按：指郑亚）》一诗的结果，诗云："幕府三年远，《春秋》一字褒。书论秦《逐客》，赋续楚《离骚》。地里南溟阔，天文北极高。酬恩抚身世，未觉胜鸿毛。"诗作于大中四年，"幕府三年远"，是说大中二年春离开郑亚桂管幕，至大中四年已有三年之久，根本不是说跟随郑亚至循州三年。冯浩已指出商隐本传之误，但对致误原因则未加考察，因此在这里提出，以释学者之疑。

商隐何时由桂林动身北返，诗、文中未有确证。从他本年五月已在潭州停留并作有诗文来推测，启程北返的时间约在三四月间。幕主南贬，幕僚星散。商隐原就思归心切，在这种情况下，更无心在桂林住下去。启程之前，令狐绹自考功郎中知制诰充翰林学士的消息从长安传来，商隐有《寄令狐学士》诗：

> 秘殿崔嵬拂彩霓，曹司今在殿东西。
>
> 赓歌太液翻黄鹄，从猎陈仓获碧鸡。
>
> 晓饮岂知金掌迥，夜吟应讶玉绳低。
>
> 钧天虽许人间听，阊阖门多梦自迷。

据《翰苑群书·重修承旨学士壁记》："绹大中二年二月十日自考功郎中知制

诰充。"①消息传到桂林，约在三月。诗的前三联极写令狐的清贵得宠，颇露欣羡称美之意，尾联也显含希图汲引之情，但出语比较委婉，不像后来写的《令狐舍人说昨夜西掖玩月因戏赠》"几时《绵竹颂》，拟荐《子虚》名"那样露骨。陆昆曾说："篇中极力写出得意失意两种人来，仍无一毫乞怜之态，可谓善于立言。"（《李义山诗解》）此论恐不免皮相。落句明言宫阙天上，门多自迷，则祈援望引之情已寓其中。与后来写的《钧天》诗对照，一则羡绚之清贵得宠，希其援引；一则言绚之庸才贵仕，慨己之才而不遇，感情显然不同。可以看出，令狐绚召为翰林学士之初，商隐对他尚心存希冀。尽管大中元年六七月间的《寄令狐郎中》诗已有"天怒识雷霆"之句，知道令狐绚对自己入郑亚幕非常恼怒，但在郑亚贬循，自己又一次失去依托之后，仍然希求得到这位旧日的朋友、现时的新贵的援手。从这一点看，商隐确实缺乏知人之明。

当时商隐的处境非常困窘。新知郑亚远贬，旧好令狐绚对他的态度是既怒且疏，确实有点像当年恸哭穷途的阮籍。《乱石》一诗正是他此时处境、心情的写照：

> 虎踞龙蹲纵复横，星光渐减雨痕生。
> 不须并碍东西路，哭杀厨头阮步兵。

这是夜行途中，见乱石纵横，阻塞道路，有感而作。"乱石"正是抑塞文士仕途的黑暗政治势力与环境的象喻。商隐桂管归途有《献襄阳卢尚书启》云："岂谓穷途，再逢哲匠？"说明他在罢桂管幕之后确实强烈地感受到东西路塞，不能不作穷途之恸。

大约在大中二年的五月，商隐抵达潭州。座主李回正月二十四日与郑亚同时被贬，此时已由西川成都抵湖南观察使任。因为是"责授"湖南观察使，本身的处境已相当艰危，但处于穷途的商隐仍不能不对李回抱一线希望。早在大中元年秋作的《寄成都高苗二从事》中，商隐就曲折透露过入李回幕的想法，这次桂管罢幕路经潭州，又产生入李回幕的希望，因此在潭州

221

①《吴兴志》："令狐绚，大中元年三月二十一日自左司郎中授（湖州刺史），二年四月二日除翰林学士，十日拜相。""十日拜相"显误。此恐是"二年二月十日除翰林学士，四年拜相"之误。此诗亦无在途中之痕迹，当是得知绚为翰林学士，在桂林有诗寄之。绚大中元年十一月犹在湖州，见唐天宁寺《陀罗尼经》石幢令狐绚名款。其内召当在此后，二年二月十日之前。据《东观奏记》，盖以考功郎中知制诰内召，到阙，召充翰林学士。

使府逗留时间较久。五月端午节，因当地纪念屈原的风俗有感，写了《楚宫》诗（何焯谓题当作《楚历》）：

> 湘波如泪色漻漻，楚厉迷魂逐恨遥。
> 枫树夜猿愁自断，女萝山鬼语相邀。
> 空归腐败犹难复，更困腥臊岂易招？
> 但使故乡三户在，彩丝谁惜惧长蛟！

诗由眼前清漻的湘水起兴，引出吊古情怀。前三联谓今历屈子沉湘故地，惟目睹江上青枫，耳闻山间猿啼，恍见披女萝之山鬼殷勤相邀，而屈原的迷魂已杳然不可招寻。尾联复借彩丝惧蛟的民俗，表现后世对屈原忠魂的崇敬追思，哀愤中复含赞颂屈原精神不朽的意蕴。忠直有才能的人士遭冤贬，是诗人所处时代的普遍现象，像刘蕡、李德裕、李回、郑亚等人都是典型的例证。诗人在吊屈的同时可能渗透对这种政治现象的感受。"枫树"一联，化用屈赋吊屈，自然贴切，表现出屈子沉江故地凄迷幽冥的环境气氛，颇具"幽忆怨断"的悲剧美。传李德裕有《汨罗》诗云：

> 远谪南荒一病身，停舟暂吊汨罗人。
> 都缘靳尚图专国，岂是怀王厌直臣。
> 万里碧潭秋景静，四时愁色野花新。
> 不劳渔父重相问，自有招魂拭泪巾。

诗写秋景，而李德裕《舌箴》自序云："戊辰（按：为大中二年）岁仲春月戊申夜，余宿于洞庭西。"与德裕贬潮州过洞庭时值仲春不合，故傅璇琮《李德裕年谱》疑此诗为后人所作。但也说明，忠直遭贬的人士经过屈子沉湘故地，会自然触发异代同悲之慨。从贾谊的《吊屈原赋》以来，这类作品代代有之。

在潭州逗留期间，又写了怀古伤今的《潭州》诗：

> 潭州官舍暮楼空，今古无端入望中。
> 湘泪浅深滋竹色，楚歌重叠怨兰丛。
> 陶公战舰空滩雨，贾傅承尘破庙风。
> 目断故园人不至，松醪一醉与谁同？

这首诗写在潭州官舍，薄暮登楼，目接湘竹丛兰，耳闻楚歌重叠，俯仰今古，触绪生慨。陆昆曾说"言之所及在古，心之所伤在今，故曰'今古无端'"（《李义山诗解》），颇能道出此诗构思特点。由于"吊古显然，伤今则并无明文"（冯注初刊本王鸣盛手批），因此注家说法不一。何焯、陆昆曾、程梦星、张采田均以为作于大中初年，诗系伤悼武宗之死与"会昌将相名臣之流落"。联系作者对大中政治的不满及对李德裕等会昌有功将相的同情（参后《旧将军》《李卫公》《漫成五章》之四之五等），以及作诗的时地，这种理解比较合理。诗人追念会昌君相（三、五、六句），怨恨当时的执政者（四句），曲折地表达了自己的政治倾向。颔、腹两联句句用典，既切潭州之地，又融合情景，兼绾古今；既寓含政治感情，又蕴蓄不露。尾联收转自身，谓遥望故园，而路途阻修；期待友人，而友人不至。乡思羁愁及伤时感世之情竟无可排遣，无人共与一醉。这里的"人"，很有可能是指近在澧州作司户参军的刘蕡。商隐本年正月在湘阴黄陵与刘蕡晤别，此次路经潭州在李回幕逗留期间，想必曾捎信给刘蕡望其来潭州相聚，而蕡竟不至，故有"目断故园人不至"之语，非谓故园之人不至。

商隐在潭州期间，曾经和一位桂管同幕的崔某一起到澧州药山去拜访一位融禅师，寻访未遇，有《同崔八诣药山访融禅师》：

> 共受征南不次恩，报恩惟是有忘言。
> 岩花涧草西林路，未见高僧且见猿。

诗中"征南"指郑亚[①]，诗当作于桂管归途。崔八，或谓即《为荥阳公桂州署防御等官牒·崔兵曹摄观察巡官兼知某县事牒》中之崔兵曹。澧州有药山，惟俨禅师为初祖，大和元年卒，融禅师或其法嗣。诗谓与崔同受郑亚不次之恩，感念深恩，惟求"忘言"之佛法护佑而已。而今拜访融禅师未遇，惟见岩花涧草，哀猿长鸣，情何以堪。在澧州时，当亦去拜访过刘蕡，但现存诗中对此没有任何反映，从大中三年四首哭蕡诗看，似未在澧州遇见刘蕡，可能此时刘蕡已不在澧州，或已去了江州，当时裴夷直正在江州刺

---

① 商隐诗中习用征东、征西、征南等将军名号指称不同地区之方镇，如《韩同年新居饯韩西迎家室戏赠》之以"籍籍征西万户侯"称泾原节度使王茂元，《偶成转韵七十二句赠四同舍》之以"征东"称武宁节度使卢弘止，《江上忆严五广休》之以"征南"称桂管观察使郑亚，此首同例。

史任。

　　商隐在潭州究竟逗留多久，《为湖南座主陇西公贺马相公登庸启》提供了考证的依据。《新唐书·宣宗纪》：大中二年"五月己未朔，日有食之。崔元式罢，兵部侍郎、判度支周墀，刑部侍郎、诸道盐铁转运使马植同中书门下平章事"。《新唐书·宰相表》作："□□己卯，刑部侍郎、诸道盐铁转运使马植同中书门下平章事。元式罢为刑部尚书。兵部侍郎、判度支周墀同中书门下平章事。""己卯"上当夺"五月"二字①。己卯为五月二十一日，长安至潭州二千四百四十五里，除书至潭，约需半月，故此贺启当作于六月上旬。湖南座主李相公，即李回，时责授湖南观察使，故贺启云"某……今当谴责"。这封书启通篇都是空洞的赞颂之辞，足见是纯粹的应酬，也可见马植实在无政绩可述。周墀既与马植同时拜相，按说商隐应同时代李回撰贺周墀登庸的启，但《文苑英华》《全唐文》均未见，可能是遗佚了。倒是商隐自己的《贺相国汝南公启》今尚存，启末云：

> 某早奉辉光，常蒙咳唾。牛心致誉，麈尾交谈。而契阔十年，流离万里。《扶风歌》则刘琨抱膝，《白头吟》则鲍昭抚膺。重至门闱，空余皮骨。方从初服，无补大钧。穿履敝衣，正同东郭；槁项黄馘，乃类曹商。未知伏谒之期，徒切太平之贺。

这段话把他当时的困窘处境描述得非常凄楚动人，大有杜甫"三年奔走空皮骨，信有人间行路难"之慨。周墀在商隐试博学宏辞时判西铨，初选已经录取；商隐在其任华州刺史时曾暂居其幕下，屡次为其代草表奏，又曾多次上周墀启状，联系一直相当密切。商隐这封书启，除申贺外，自然也含有希其汲引之意。但周墀属于牛党，在当时李德裕政治集团所有主要成员均遭远谪的情况下，对商隐这样一个追随李党主要成员郑亚到桂管幕，与亚的关系又如此密切的士人，是否能不考虑牛党新贵白敏中、令狐绹对商隐的态度，而加以汲引，恐怕很难。且周墀大中三年三月，即罢相出为东川节度使，在相位的时间不过九个多月，也未必有多少汲引商隐的机会。

224

————————————

　　①《旧唐书·宣宗纪》既于会昌六年书："六月，以户部侍郎、充诸道盐铁转运使马植本官同平章事"，又于大中二年书："三月己酉，兵部侍郎、判度支周墀本官同平章事，以礼部尚书、盐铁转运使马植本官同平章事"，均误，据商隐《为荥阳公上马侍郎启》及《为湖南座主陇西公贺马相公登庸启》，马植、周墀之任宰相当在大中二年五月己卯。参岑仲勉《玉谿生年谱会笺平质》"周墀入相月"。

大约在六月下旬，商隐到达江陵。在一年多的时间里，已是三至江陵。但这次是在心情凄黯、抑塞穷途的情况下重至旧地。《楚吟》可能是初到江陵时所作：

> 山上离宫宫上楼，楼前宫畔暮江流。
> 楚天长短黄昏雨，宋玉无愁亦自愁。

视"楚天长短黄昏雨"之语，其时尚是长江中下游多雨季节，未到秋高气爽之候。诗触景兴感，黯然神伤，纯从虚处传神。身世沉沦，仕途坎坷，东西路塞，茫茫无之。值此楚天暮雨，江流淼淼，不禁触绪纷来，悲愁无限，故说"宋玉无愁亦自愁"。薄暮的朦胧迷茫，江流的浩浩淼淼，以及黄昏的丝丝细雨，到处都是愁绪的触媒。诗中叠字重言的成功运用，造成一种回环流动的美。诚如冯浩所评："吐词含珠，妙臻神境，令人知其意而不敢指其事以实之。"（《玉谿生诗笺注》）

《听鼓》大约也是在江陵所作：

> 城头叠鼓声，城下暮江清。
> 欲问《渔阳掺》，时无祢正平。

祢衡在汉兴平年间曾避难于荆州，后来曹操又因衡之狂而将他遣送到荆州刘表处，诗有"暮江"字，或在荆州所作。商隐性格中本就有刚直不阿、强项不屈的一面，但由于仕途偃蹇，命运多舛，又往往不得不屈节事人，甚至陈情告哀，希求显贵援引。长期郁积的苦闷与孤愤，无从发泄。忽闻城头击鼓之声，遂由此联想到祢衡击鼓以辱曹操之事，激发愤世嫉俗、蔑视权贵的感情。"欲问"二句，正是这种感情的流露。"欲问""时无"，一纵一收，一转一跌，使诗在一气呵成中显出曲折顿挫，增加了沉郁的情味。从这首诗可以看出，商隐尽管在罢桂幕后一再向方镇、宰相乃至令狐绹写信寄诗，希求得到他们的帮助，但内心深处对此极感苦闷痛苦，对当权者有一肚子不平与牢骚。此诗虽如石火电光，一闪即逝，却显示了他深潜内心的真实感情。

商隐这次路过江陵时，郑肃仍在荆南节度使任上，当趋前拜谒。但从现存商隐诗文中看不出此行他与郑肃的交往情况。郑肃约大中三年卒于荆南节度使任。从肃卒后"赠司空，谥曰文简"（《新唐书》本传）看来，他除罢相外，似未受到党争更大的牵累。

225

第五节　夔峡往返

离江陵后，商隐似未立即顺陆路北返长安，而是可能溯江而上，到过夔州，并有短暂的逗留。前据《为湖南座主陇西公贺马相公登庸启》及《楚吟》诗，知六月上旬商隐尚在潭州，抵江陵约在六月下旬。而《楚泽》诗为陆发荆南首途，其时已是"霜野物声干"的仲秋景象，其间约有一个半月以上的间隔。这段时间的行踪，张采田《会笺》谓商隐"有巴蜀之游"①，并谓此行的目的是赴成都去拜谒当时任西川节度使的杜悰，未至成都而中途折回（详见《会笺》卷三大中二年谱及考证），说极牵强附会，岑仲勉《平质》乙"大中二年往来巴蜀"条已详加驳正，并指出张氏所系于巴蜀之游诸诗，或为大中元年随郑亚赴桂途次所作，或为大中五至九年商隐居柳仲郢东川幕期间所作，所辨颇为精当。但完全否定商隐离荆州后有溯江舟行之役，不但在时间上有从《楚吟》到《楚泽》的一个半月以上的间隔难以解释（商隐不大可能在郑肃幕逗留这样长的时间），而且难以解释《摇落》《过楚宫》《江上》《风》诸诗的创作时间。陈寅恪在《李德裕贬死年月及归葬传说辨证》一文曾提出大中六年商隐奉柳仲郢之命至江陵致祭李德裕归榇的假设，并谓"其所指为大中二年往返巴蜀所作之诗，大抵大中六年夏奉柳仲郢命迎送杜悰并承命至江陵路祭李德裕归柩之所作"。近年来亦有学者撰文论证陈氏此项假设②。但陈氏此说的前提（承命之江陵路祭李德裕归榇）即是一项无法证实的假设。商隐奉柳仲郢命迎送杜悰赴淮南节度使任在大中六年五月上中旬间，而德裕归榇路经江陵当是中秋（据《唐茅山燕洞宫大洞炼师彭城刘氏墓志铭并序》附德裕第四子烨记："壬申岁春三月，扶护帷裳，陪先公旌旗发崖州……其年十月，方达洛阳。"江陵距洛阳一千三百一十五里，以平均日行三四十里计，约月余方达洛阳，故抵江陵当在中秋）。其间相隔时间四

---

① 最先提出巴蜀之游的是冯浩《玉谿生年谱》，谓大中二年郑亚贬后，"义山即由水程历长沙、荆门……当至故乡与东都……旋又出而行役，有徘徊江汉、往来巴蜀之程……三年春还京"，此说漏洞比张说更多，其所系巴蜀之游诸诗除《摇落》《过楚宫》外，亦多为大中五至九年商隐在东川幕期间及赴幕、罢幕途次所作。

② 见周建国《李商隐桂管罢归及三峡行役诗探微——兼论证陈寅恪先生的一项假设》，载《古籍研究》1995年第3期。

五个月（是年闰七月），试问为此区区路祭之事，岂能让一身二任（商隐本职为节度判官。大中六年，掌书记张黯至京师，商隐又暂摄其事，见《樊南乙集序》）、担任繁剧职事的幕僚长期脱离重要工作岗位，此不可设想之事（加上返回梓州的行程所需时间前后达六个月之久）。因此，陈说虽然提供了考证夔峡行旅诗的另一种思路，但按之商隐担任繁剧幕职的实际情况，这种假设很难成立。

那么，大中二年自江陵溯江而上的夔峡行旅，包括在夔州羁留的时间、自夔州沿江而下之江陵的时间，在时令上与《楚泽》诗是否能够相接呢？回答是肯定的。江陵至奉节水程约七百里（夔州至京师二千四百四十三里，江陵至京师一千七百三十里），上水舟行较慢，以日行四十至五十里计，约需半月至二十天。如商隐七月初动身，则七月下旬前可以抵达夔州。在夔州有所羁留，见《摇落》诗：

> 摇落伤年日，羁留念远心。
> 水亭吟断续，月幌梦飞沉。
> 古木含风久，疏萤怯露深。
> 人闲始遥夜，地迥更清砧。
> 结爱曾伤晚，端忧复至今。
> 未谙沧海路，何处玉山岑？
> 滩激黄牛暮，云屯白帝阴。
> 遥知沾洒意，不减欲分襟。

"结爱"句用王筠《和吴主簿六首·春日二首（之一）》："同衾远游说，结爱久生（一作相）离"及秦嘉《赠妇诗》："欢会常苦晚。"冯浩说："此寄内诗也。'结爱伤晚'者，久为属意而成婚迟也；'端忧至今'者，数年闲居愁苦，赴桂又不久，行者居者皆含愁也。"综观全诗，当为羁留夔峡时悲秋怀远之作。所怀念的对象，视"结爱"句用典及"念远"语，当为其妻王氏（大中元年秋商隐有《念远》诗，系忆内之作，尾联亦云"关山正摇落，天地共登临"，兼悲秋怀远之意）。又《戏赠张书记》以"古木含风久"兴起张书记与妻室两地相思之情，本篇全用此成句，也可作为此诗系怀内诗之旁证。通释之，则"摇落"二句一篇之纲，以下即念远之情与摇落之景夹写。"水亭"二句，承"念远"，遥想对方因怀念远人而水亭吟诗、月幌寻梦情景。王氏居洛阳崇让宅，有东亭、西亭，当即所谓"水亭"，王氏能诗，故云"吟断续"。"古木"四句，写夔峡秋夜摇落清寥之景（从"疏萤怯露"可以推知，时虽已入秋，但尚未至寒秋季节），而己之羁留念远之情亦寓其中。"结爱"四句，谓己与王氏已伤结爱之晚（王氏系商隐继室，故云），复因羁宦寄幕常有远别而端忧至今。帝京宫阙，如海上蓬莱、昆仑玉山，欲寻无路，欲上无梯。"摇落""羁留"之情一齐写出。"滩激"二句，夔峡即景，点明羁留之境在白帝城一带。末联结"念远"，谓遥想对方此时因伤离怀远而洒泪沾襟，其哀伤当不减于去年将别之时。

据"结爱曾伤晚，端忧复至今"二语，此诗当非义山与王氏结褵后不久伤离念远之作。而王氏未亡故前，义山与王氏分离且南游至夔峡一带，时令又在秋令者，惟大中二年桂幕罢归经江陵之役方有可能。若大中六年所谓路祭李德裕往返夔峡之时，王氏去世已一年多，商隐何能再写这种"语极浓至"（纪昀评，见《李义山诗集辑评》）的"念远"忆内诗？实际上，只要根据诗的用典、用语、内容，确认这是一首忆内诗，就从根本上否定了作于大中六年的可能性。

此次至夔州，冯浩曾推测是往访会昌五年已任夔州刺史的李贶孙。商隐会昌四年夏，曾为李贶孙代拟上宰相李德裕的书启，是一篇"全力以赴之作"（冯浩评），启上后不久贶孙即任夔州刺史。大中二年秋李贶孙是否尚在夔州刺史任虽无其他书证，但并不排除这种可能性。

如商隐七月下旬前抵夔，在夔州稍有羁留，十来天后即已八月，与诗中所写"疏萤怯露""始遥夜"之景象正合。作《摇落》诗后不久，商隐即乘舟东下，路经巫山，有《过楚宫》诗云：

> 巫峡迢迢旧楚宫，至今云雨暗丹枫。
>
> 微生尽恋人间乐，只有襄王忆梦中。

诗中的襄王，非荒淫君主的代称，而是一位执著地追寻美好旧梦的理想主义者。久已泯灭的楚宫旧址[①]、云雨笼罩丹枫的迷茫景象，为这种执著而又渺茫的对旧梦的追寻提供了典型的氛围。另一首《楚宫》[②]也可能作于同时：

---

① 杜甫夔州诗《咏怀古迹五首》之二："最是楚宫俱泯灭，舟人指点到今疑。"

② 原题二首，另一首七律"月姊曾逢下彩蟾"，当从《才调集》题作《水天闲话旧事》。当是《楚宫》与《水天闲话旧事》相连，后脱去《水天闲话旧事》之题，遂误连前首合题《楚宫二首》。

十二峰前落照微，高唐宫暗坐迷归。

朝云暮雨长相接，犹自君王恨见稀。

此诗当与《深宫》诗"清露偏知桂叶浓""景阳宫里及时钟""岂知为雨为云处，只有高唐十二峰"等句合参，谓得宠者既已朝朝暮暮与君王相接，而君王犹自恨相见之稀。可能是有感于令狐绹内召后旋充翰林学士，受到宣宗厚遇之事。同一巫山神女的传说，在两首不同的诗中表现的是完全不同的思想感情和主题，从中可以看出商隐诗构思的不落套和对典故的活用。

沿江顺流而下，出峡时有《风》诗：

回拂来鸿急，斜催别燕高。

已寒休惨淡，更远尚呼号。

楚色分西塞，夷音接下牢。

归舟天外有，一为戒波涛。

《礼记·月令》："仲秋之月，盲风至，鸿雁来，玄鸟归。""来鸿""别燕"，正点仲秋时节。前两联写风势、风寒。腹联江上即景，荆门为巴楚分界，以下即属楚境，故云"楚色分西塞"；下牢以上夷夏杂居，故云"夷音接下牢"，见舟行于下牢、荆门之间。尾联"归舟"即指自己所乘之舟，希望江风稍减威虐，庶几得免风涛之苦。如解为水程上巴峡，与"归舟"语明显抵牾。归舟，归家之舟。如大中六年路祭后回梓州，必不用"归舟"。

再往下，已是"山随平野尽，江入大荒流"之境，有《江上》诗：

万里风来地，清江北望楼。

云通梁苑路，月带楚城秋。

刺字从漫灭，归途尚阻修。

前程更烟水，吾道岂淹留。

万里风来，舟已出峡；"清江北望楼"，谓舟行望见北岸之楼阁。"云通"句承"北望"，谓路通梁苑；"月带"句承首句，谓地在荆楚。腹联暗透此行曾有投刺拜谒之想而未有遇合，故仍向此阻修之归途（指归京之途尚遥远）。尾联紧承"归途"，收到眼前江上之景，谓前路尚烟水漫漫，征途中岂能再淹留。曰"岂淹留"，则先时之淹留已包括在内。义山自桂林北返，途经潭州、江陵、夔州，均有长短不等的逗留，故本篇有"刺字从漫灭""吾道岂淹留"之慨，这时他已迫不及待想及早归京了。

第六节　江陵续发

从江陵续发，改走陆路。《楚泽》诗是陆发首途之作：

> 夕阳归路后，霜野物声干。
> 集鸟翻渔艇，残虹拂马鞍。
> 刘桢元抱病，虞寄数辞官。
> 白袷经年卷，西来及早寒。

题称"楚泽"，而诗有"霜野""渔艇""马鞍"等语，当是秋天陆行而傍湖泽。或谓此诗系从岳州西行至澧、朗、楚泽一带时所作①（自潭州至江陵途次）。但一则那一带均为水网地区，行役必乘船而不乘马，且绝不可能有"霜野物声干"这种广野萧瑟之象。二则在时间上不合。《为湖南座主陇西公贺马相公登庸启》作于六月上旬，其时商隐在李回幕逗留至少已一个月（端午在潭有《楚宫》诗），不可能再在潭州滞留下去。而六月自潭州续发，无论取道洞庭、荆江还是如周说取道澧州，都不可能有仲秋时节"霜野物声干"的景象。而实际上商隐自潭州至江陵，根本不是走澧州、公安一路，而是走洞庭、荆江一路，《偶成转韵七十二句赠四同舍》叙自桂管北归情况云："顷之失职辞南风，破帆坏桨荆江中。斩蛟破璧不无意，平生自许非匆匆。"其为取道荆江甚明。而这一段水程，绝不可能有"残虹拂马鞍"的陆行景象，时令亦非"霜野物声干"之时。而江陵向北更远之地，又不再是"楚泽"地带。尤可注意者，尾联云"白袷经年卷，西来及早寒"，岭南地暖，故白夹衣经年收卷不用，而今西来却正赶上了早寒气候。"西来"可以有两种解释，一种是向西而去（长安），一种是自西而来。两种解释都表明"西来"是行程中的一个新起点，即陆发荆南。两种解释中，"自西而来"似更合此次夔峡行旅。"西来"犹《荆门西下》之"西下""南下大散岭"之"南下"（自南而来下大散岭），商隐诗中自有此种句法。这更可证明《楚泽》是

① 见周建国《李商隐桂管罢归及三峡行役诗探微——兼论证陈寅恪先生的一项假设》，载《古籍研究》1995 年第 3 期。

自夔峡西来江陵后的首途之作。曰"早寒"者，正点明季节虽未到"寒"时，而今年恰逢"早寒"，当为仲秋季节（商隐离夔州东下时约当八月上旬，下水行舟较快，十余日可达，故回到江陵的时间约在八月中旬）。

由江陵陆行向北，不久便到了襄阳。大中元年闰三月，郑亚、商隐一行赴桂途中经襄阳时，曾受到山南东道节度使卢简辞的接待。商隐在《上汉南卢尚书状》中还曾表示从桂管归来后愿入卢幕效力。时隔年余，重经襄阳，已处于穷途的商隐又有《献襄阳卢尚书启》，陈述哀情，希望得到简辞的援手：

> 某爰自弱龄，叨从名辈。遒回二纪，庆吊一空。词苑招魂，文场出涕。重膺叠翮，零落无遗。高干修条，凋摧略尽。乘风匪顺，无水忧沉。岂谓穷途，再逢哲匠！升堂辱顾，披卷交谈。不独垂之空言，属又存之真迹（按：指给商隐写亲笔信。上文云"昨晚又远遣军吏，重降手笔"）。爰增懦气，载动初心。庶或武陵之溪，微接桃源之境；平昌之井，暗通荆水之津。

但卢简辞除了对商隐"揄扬"一番外，并无任何实际的帮助，因此商隐不得不失望地离襄阳继续北上。在襄阳时，有感于朝廷连年征讨党项之事，商隐曾作《汉南书事》：

> 西师万众几时回，哀痛天书近已裁。
> 文吏何曾重刀笔，将军犹自舞轮台。
> 几时拓土成王道？从古穷兵是祸胎。
> 陛下好生千万寿，玉楼长御白云杯。

据《通鉴》载，会昌五年，"党项侵盗不已，攻陷邠、宁、盐州界城堡"；六年二月，"以夏州节度使米暨为东北道招讨党项使"；大中元年五月，"吐蕃论恐热乘武宗之丧，诱党项及回鹘余众寇河西，诏河东节度使王宰将代北诸军击之"。商隐大中元年在桂林作《城上》诗，有"边遽稽天讨，军须竭地征"之句，所指即讨党项事，可见其时讨党项的战事时间拖得很长，百姓供应军需的赋税负担很重，故诗有"穷兵是祸胎"之戒。味诗意，似当时宣宗曾有罢征之诏（即所谓"哀痛天书"），而边将邀功自利，实未认真执行，故有"西师万众几时回""将军犹自舞轮台"之慨。而边将之所以犹自玩兵，不仅由于朝无良相能制驭他们，实际上也因君王拓土之意未已，"哀痛天书"

恐亦具文而已。故此诗虽貌似归美宣宗好生之德，实借徒有哀痛天书而征讨不已，暗讽其有穷兵拓土之意。纪昀评曰："婉而章"（《玉谿生诗说》），颇得诗人用心。《通鉴·大中四年》：八月，"党项为边患，发诸道兵讨之，连年无功，戍馈不已。右补阙孔温裕上疏切谏，上怒，贬柳州司马"。可见宣宗对党项战事的真实态度。从这首诗看，诗人尽管处于穷途困境，但关注国事、关怀民生的思想感情仍然相当强烈。

行至邓州，受到刺史周某的款待，商隐有《谢邓州周舍人启》①，对其"赐及腰褥靴裁具酒筒盏杓匙箸等"表示感激。而念及自己处境，又发出"文革锦茵，终成虚饰；杯杓匕箸，谁与为欢"的慨叹。

离邓州北上，离家渐近，作《归墅》诗：

> 行李逾南极，旬时到旧乡。
>
> 楚芝应遍紫，邓橘未全黄。
>
> 渠浊村春急，旗高社酒香。
>
> 故山归梦喜，先入读书堂。

邓州离长安九百五十里，十余日可达，故云"旬时到旧乡"。"楚芝应遍紫"，是想象中前路商山一带景色；"邓橘未全黄"系眼前所见景象，正是深秋季候。旧乡、故山，均就此行目的地长安泛言之（樊南有居处），不必泥解故乡。这首诗格调轻快，通篇贯串"喜"意。"渠浊"二句写村社风光如画，透露出亲切感和欢悦气氛。

从邓州折向西北行，不日来到武关以西的商洛，有《陆发荆南始至商洛》诗：

> 昔去真无素，今还岂自知！
>
> 青辞木奴橘，紫见地仙芝。
>
> 四海秋风阔，千岩暮景迟。
>
> 向来忧际会，犹有五湖期。

232

首联说昔年从亚桂管，非因素交，实感知遇；今日罢幕北归，岂当初所逆料。言外有世事难料、遭遇不偶之慨。次联点行程，谓离荆南时橘尚青，至

---

① 此启张氏《会笺》编会昌元年江乡之游北归时，此从岑仲勉《平质》已缺证"邓州周舍人"条，岑氏谓周舍人是周敬复。

商洛时芝已紫，正是自仲秋至深秋的物候变化。其中或亦微寓谋身不善之慨。腹联于写景中渗透时世衰颓、身世落拓之情，境界阔大而情调萧瑟。尾联"五湖期"即功成身退、"欲回天地入扁舟"之意愿。尽管向来忧际会之难而长处穷困之境，但仍怀济世功成而身退之愿。貌似自慨，却正透出执著的用世之情，"犹"字着意。

这年早寒，还在九月，商於以东一带竟下起了雪。《九月於东逢雪》云：

> 举家忻共报，秋雪堕前峰。
> 岭外他年忆，於东此日逢。
> 粒轻还自乱，花薄未成重。
> 岂是惊离鬓，应来洗病容！

首联写途中所见，谓道旁居民举家欢欣相告，秋雪已经下落到了前面的山峰。远幕通年无雪的岭南，思乡情切，遂连故乡的雪也每所忆念。在桂林所作《高松》云："有风传雅韵，无雪试幽姿。"《即日》云："独抚青青桂，临城忆雪霜。"均所谓"岭外他年忆"。而今忽于於东近乡之地逢雪，恍若忽见久别的故人，亲切之感油然而生。故目睹粒轻花薄的秋雪，并不因此而惊讶自己离鬓之斑白，而是感到它是来一洗自己的病容。商隐身体素弱，这时似已有慢性疾患，故《楚泽》诗说"刘桢元抱病"，这里又说"洗病容"。

雪过天晴，到达商州，有《商於》诗：

> 商於朝雨霁，归路有秋光。
> 背坞猿收果，投岩麝退香。
> 建瓴真得势，横戟岂能当？
> 割地张仪诈，谋身绮季长。
> 清渠州外月，黄叶庙前霜。
> 今日看云意，依依入帝乡。

诗首尾写景，点时地行程，中二联结合商於本地风光"怀古"，而微有寓慨。"建瓴"二句或寓当朝者之得势，"割地"二句似渗透人情反复及不善谋身之慨。过商州，入蓝田关，就进入帝京长安了。浮云西驰，自己这位如同浮云一片的游子也终于归来了。越近长安，秋意越浓，"黄叶庙前霜"，时令已是深秋季节了。江陵到长安一千七百三十里，正常情况下一月可达。如果从江陵续发的时间是八月中旬，那么抵达长安的时间当在九月中旬。

但是，在京城长安等待着他的命运究竟是什么呢？依郑亚于桂管，已遭令狐绹之怒，虽屡有诗致意（《寄令狐郎中》《寄令狐学士》），但令狐绹能否谅解却毫无把握。山行途中，夜宿荒驿，日有所思，夜有所梦。《梦令狐学士》云：

> 山驿荒凉白竹扉，残灯向晓梦清晖。
>
> 右银台路雪三尺，凤诏裁成当直归。

据"山驿荒凉"与"雪三尺"，当是途中已逢雪，故有此梦境，张采田谓可与《於东逢雪》相证，甚是。"梦清晖"，梦令狐之清晖。三四是梦境，同时也是梦醒时对令狐的遥想。梦醒向晓，正是宫中翰林学士下直之时。"山驿荒凉"与"右银台路"、"残灯向晓"与"凤诏裁成"的对照中含有对令狐绹荣显地位的欣羡，也含有身世凄凉落寞之悲。另一首带有比兴寓言色彩的咏物诗《肠》则透露出行近长安时内心的焦虑不安：

> 有怀非惜恨，不奈寸肠何！
>
> 即席回弥久，前时断固多。
>
> 热应翻急烧，冷欲彻空波。
>
> 隔树澌澌雨，通池点点荷。
>
> 倦程山向背，望国阙嵯峨。
>
> 故念飞书及，新欢借梦过。
>
> 染筠休伴泪，绕雪莫追歌。
>
> 拟问阳台事，年深楚语讹。

据"望国阙嵯峨"句，这时商隐已经行近长安，能遥望到京城的宫阙了。诗借咏肠以抒怀，写得虽比较隐晦，但大体的意思可以理解。首二句说既有情意便不能无恨，只担心寸肠难以禁受。"即席"二句，谓当前筵席上，思前想后，回肠已经百结，更何况先前早已肠断心摧呢。明忧愁已非一日。"热应"二句，谓肠热心焦时如沸汤翻滚，心冷肠寒时又如寒波之彻底冰凉。回、断、热、冷，都是形容自己与令狐绹交恶后产生的种种感情状态，承上"不奈寸肠何"。"隔树"二句转写途中所见景物，用来烘托清冷的意绪。

"倦程"二句点明自衡湘至京师行程。京师既近，如何处理与令狐绹的关系便尤为急迫，这正是"肠回"的现实背景。"故念"句谓令狐绹有飞书到来。"新欢"句谓新知郑亚惟借助于梦方能过访，时亚已远贬，故云，此即前时肠断的原因。"染筠"二句；谓虽心伤新知之遭遇而休下泪，盖同情新知则愈遭忌恨；心虽欲追和故交令狐的高唱而莫徒劳，盖故交恐难谅解，二句极写"新知遭薄俗，旧好隔良缘"之况。末二句即《九日》诗"不学汉臣栽苜蓿，空教楚客咏江蓠"之意，谓自己虽欲修好，如神女之自荐于阳台，但年深日久，"楚语"已讹，情愫之难通可知。这首诗写出愁肠百结、焦虑不安的心情，可作为商隐入京前夕考虑与令狐关系的心理独白来读。实际上，商隐对令狐绹的真实看法与他对令狐绹的表面态度之间存在明显的矛盾，这在《钧天》诗中看得相当清楚。关于这，将在下编第三章《李商隐与牛李党争》中论述。

第十二章　京兆作掾与卢幕从军

第一节　京兆作掾

商隐回到长安，大约在大中二年九月中旬。《樊南乙集序》云：

> 余为桂林从事日，尝使南郡。舟中序所为四六，作二十编。明年（按：指大中二年）正月，自南郡归。二月府贬。选为盩厔尉，与班县令、武公（按：疑为功）刘官人同见尹，尹即留假参军事，专章奏。

这是商隐自述为盩厔尉及作掾京兆府的原始材料。"选为盩厔尉"之事，是在他回到长安，参加当年十月开始的选调后被任命的。这在他的《戏题枢言草阁三十二韵》中也有反映："君从渭南至，我自仙游来。"盩厔是京兆府属县，县有仙游乡、仙游泽，因此这里的"仙游"指的就是盩厔县，即今陕西周至县。接受任命后不久，商隐与京兆府属县的同僚盩厔令班某、武功刘某一起去谒见京兆尹（他们三人大约都是新任命的属县官吏），京兆尹就把商隐留下来，在京兆府暂代某曹参军[1]，并专掌表奏之事。实际上主要是做京兆府的书记工作。这位京兆尹的姓名，两《唐书·李商隐传》都说是卢弘正（止），显误。卢弘止大中元年至三年五月在义成节度使任上，五月以后接任武宁军节度使，直至大中四年。岑仲勉疑是韦博，亦非。据郁贤皓《唐刺史

---

[1] 冯浩据商隐《偶成转韵七十二句赠四同舍》"天官补吏府中趋"及"手封狴牢屯制囚"之句，谓"法曹掌鞫狱、丽法、督盗贼，时所署当为法曹参军"。

考全编》，大中三年至四年，京兆尹为郑涓，此京尹当即郑涓①。从郑涓一见商隐就将他留下来，让他专掌章奏这件事看来，当时商隐善写骈文章奏的名气已经很大。其作掾专章奏的具体时间当在大中二年冬到三年十月应卢弘止之辟为武宁军节度判官这段时间内。《樊南乙集序》叙述其时写作章奏等文章的情况说：

> 属天子事边，康季荣首得七关。数月，李玭得秦州。月余，朱叔明又得长乐州。而益丞相亦寻取维州。联为章贺。时同僚有京兆韦观文、河南房鲁、乐安孙朴、京兆韦峤、天水赵璜、长乐冯颛、彭城刘允章。是数辈者，皆能文字。每著一篇，则取本去。是岁，葬牛太尉，天下设祭者百数。他日尹言："吾太尉之甍，有杜司勋之志，及子之奠文，二事为不朽。"

这里讲到的"天子事边"，即大中三年收复被吐蕃长期占领的三州七关之事。《通鉴·大中三年》："二月，吐蕃秦、原、安乐三州及石门等七关来降，以太仆卿陆耽为宣谕使，诏泾原、灵武、凤翔、邠宁、振武皆出兵应接……六月……泾原节度使康季荣取原州及石门、驿藏、木峡、制胜、六磐、石峡六关。秋七月丁巳，灵武节度使朱叔明取长乐州；甲子，邠宁节度使张君绪取萧关；甲戌，凤翔节度使李玭取秦州……八月，河陇老幼千余人诣阙。己丑，上御延喜门接见之，欢呼舞跃，解胡服，袭冠带，观者皆呼万岁……十月……西川节度使杜悰奏取维州。"这虽然是由于吐蕃内乱衰弱和边地军民主动内附唐王朝的结果，但毕竟反映了其时唐廷叨会昌武功和政治的余威，对边地军民尚有一定的吸附力，在当时是一件朝野上下普遍感到欢欣鼓舞的大事，杜牧、薛逢、刘驾等诗人都有诗歌咏这一盛事。杜牧《今皇帝陛下一诏征兵不日功集河湟诸郡次第归降获睹圣功辄献歌咏》云：

> 捷书皆应睿谋期，十万曾无一镞遗。
> 汉武惭夸朔方地，宣王休道太原师。
> 威加塞外寒来早，恩入河源冻合迟。

① 郁贤皓《唐刺史考全编》引《全唐文》卷七八八蒋伸《授郑涓徐州节度使制》："平卢军节度使……郑涓……洎尹正神州，益彰才用……爰授征钺，出临全齐。"又引《全唐诗》卷五二一杜牧《道一大尹存之庭美二学士简于圣明自致宵汉呈上三君子》，证大中三至四年郑涓在京兆尹任，并谓其卸京尹不得早于大中四年二月。

听取满城歌舞曲，凉州声韵喜参差。

李商隐则以自己的笔写了一系列贺表，来歌颂国家恢复故土的盛事。他在《偶成转韵七十二句赠四同舍》中也提到修表申贺的事："平明赤帖使修表，上贺嫖姚收贼州。"但很可惜，李商隐在京兆府掌章奏期间写的表状竟一篇也没有流传下来。连《樊南乙集序》中借京兆尹郑涓的赞誉高自标置的《奠太尉牛相公文》（题拟）也未能流传下来，倒是杜牧那篇《唐故太子少师奇章郡开国公赠太尉牛公墓志铭》现在还完整地保留在《樊川文集》中。只是杜牧的这篇墓志铭，对李德裕颇有诋毁之词，傅璇琮《李德裕年谱》对此多有辨正。

在担任京兆掾曹期间，商隐的生活是相当困窘的。他在《上尚书范阳公启》中自叙当时情况说：

> 去年远从桂海，来返玉京。无文通半顷之田，乏元亮数间之屋。赁佣蜗舍，危托燕巢。春畹将游，则蕙兰绝径；秋庭欲扫，则霜露沾衣。勉调天官，获升甸壤（冯注：谓为京县尉，京兆奏署掾曹）。归惟却扫，出则卑趋。

《偶成转韵七十二句赠四同舍》也说：

> 归来寂寞灵台下，著破蓝衫出无马。
> 天官补吏府中趋，玉骨瘦来无一把。

《后汉书·第五伦传》注引《三辅决录》："第五颉，伦之少子，洛阳无故人，乡里无田宅，客止灵台中，或十日不炊。""寂寞灵台下"用其事。商隐自不至于十日不炊，但视"玉骨瘦来无一把"之语，生活困窘固是事实，连精神上也要忍受卑趋的屈辱与痛苦。开成五年冬，商隐移家关中，在长安城南樊南安家。这里说"赁佣蜗舍"，当非樊南旧居，而是另外租赁的简陋狭小居处。据"危托燕巢"句，他在京兆府幕的处境似亦比较艰危，这大概是他后来抛妻别子应卢弘止之辟入徐幕的原因之一。

所幸的是，桂海归来，得与久别的妻子儿女团聚，重叙家室天伦之乐，总算在困厄境遇中稍得安慰，透出一点生活的亮色。大中三年新春，刚过农历新年，才四岁的骄儿衮师正在庭院里和阿姊及亲戚的孩子们欢快地游戏，闹得就像开了锅一样。诗人用一双饱经忧患而又充满爱怜的眼睛追踪着衮师的一举一动，想起这些年来自己经历的困顿坎坷，不禁深深为骄儿将来的命运担忧，《骄儿诗》中发出了这样的感慨：

> 爷昔好读书，恳苦自著述。
>
> 憔悴欲四十，无肉畏蚤虱。
>
> 儿慎勿学爷，读书求甲乙。
>
> 穰苴《司马法》，张良黄石术。
>
> 便为帝王师，不假更纤悉。
>
> 况今西与北，羌戎正狂悖。
>
> 诛赦两未成，将养如痼疾。
>
> 儿当速成大，探雏入虎窟。
>
> 当为万户侯，勿守一经帙。

一个"五年读经书，七年弄笔砚"，几十年来一直在走读书—科举—入仕道路的人，在饱尝了人生种种忧患痛苦之后，竟然在行近不惑之年对这条从未怀疑过的道路产生了怀疑，发出了"儿慎勿学爷，读书求甲乙"这样沉痛愤激的声音，可见当时的社会给商隐这种"内无强近，外乏因依"的读书人安排的是怎样一条充满荆棘和艰虞的道路。从这首诗中可以看出，经历了大中元年、二年的桂幕生涯和这几年来政局的种种变化，商隐对现实与人生的感受比以前深刻了。关于《骄儿诗》的艺术特点与成就，将在下编《李商隐的其他各体诗歌》一章中加以评述。

商隐的弟弟羲叟，大中元年春登进士第后，到大中三年三月，才释褐授秘书省校书郎、知宗正表疏。这年五月，又改授河南府参军。校书郎正九品上，河南府参军正八品下。释褐不久能迁正八品下的官职，比起商隐由校书郎降为弘农尉，仕途还算比较顺利，这大概跟羲叟娶卢钧的女儿有关①。为了感谢羲叟的座主现任宰相魏扶和宗正卿李某，商隐还分别为羲叟代撰了《谢座主魏相公启》和《谢宗卿启》。羲叟入仕固然使商隐深感欣慰，但妻子王氏的身体却使他忧虑。王氏体弱多病，早在会昌四年秋天，商隐在《重祭外舅司徒公文》中就已经说："昔公爱女，今愚病妻。"这次家人团聚，夫人

239

---

① 商隐《寄太原卢司空三十韵》"羲之当妙选"句下自注："小弟羲叟早蒙眷以嘉姻。"卢钧元和四年登第，历仕六朝，屡为节镇。会昌四年至大中四年任宣武节度使，是元老级重臣。

在平居言谈之间，也往往流露悲辛之意，使商隐对此有一种不祥的预感①。大中五年暮春，王氏奄然亡故，这时已埋下先兆了。

　　除了与家人团聚以外，京兆作椽期间他与晚唐诗坛上另一位大诗人杜牧之间有了较密切的交往。杜牧年长商隐近十岁（大中三年杜牧四十七岁，李商隐三十八岁），成名比商隐早，宝历二年（826）就写出了《阿房宫赋》这样的传世之作。小李杜二人，在大中三年之前是否见过面或有过交往，在两人现存诗文中看不出来，但彼此对对方的诗名、文名应当是比较熟悉的。大中二年冬，杜牧由睦州刺史内征任司勋员外郎、史馆修撰，商隐亦于稍早一些时候（九月中旬）由桂林返抵长安。从大中二年冬到三年闰十一月商隐赴徐州幕这一年多时间里，他们都在长安为官。杜牧在会昌年间已历黄、池、睦三州刺史，这时又是从六品上的司勋员外郎兼史馆修撰，而商隐从开成四年入仕时正九品上阶的秘书省校书郎，经过十一个年头之后，到大中三年，反而降为正九品下阶的盩厔尉（法曹参军是暂代，非正式官职），两人仕途的困厄顺利显然有相当大的差别。但杜牧出身高门显宦，自视又甚高，素以经世纬国之才自许，注意研究"治乱兴亡之迹，财赋兵甲之事，地形之险易远近，古人之长短得失"（杜牧《上李中丞书》）等政治、经济、军事方略，曾作《守论》《战论》《原十六卫》等重要论文。会昌年间朝廷讨泽潞叛镇，杜牧曾上书李德裕陈用兵方略②，德裕颇采其言。大中三年春，又将其所注《孙武十三篇》呈献给宰相周墀，并在《上周相公书》中突出强调宰相应懂得军事："伏以大儒在位，而未有不知兵者，未有不能制兵而能止暴乱者，未有暴乱不止而能活生人、定国家者。"但也正因为他自负经纬才略，因而总感到自己屈居下位，志业未申，诗中每多怀才不遇的感慨。商隐有《赠司勋杜十三员外》云：

> 杜牧司勋字牧之，清秋一首《杜秋》诗。
> 前身应是梁江总，名总还曾字总持。
> 心铁已从干镆利，鬓丝休叹雪霜垂。
> 汉江远吊西江水，羊祜韦丹尽有碑。

----

①大中五年夏所赋悼亡诗《房中曲》云："忆得前年春，未语含悲辛。归来已不见，锦瑟长于人。"

②见《通鉴·会昌三年四月》。

诗末自注："时杜奉诏撰韦碑。"《通鉴·大中三年》："春，正月，上与宰相论元和循吏孰为第一，周墀曰：'臣尝守土江西，闻观察使韦丹功德被于八州，没四十年，老稚歌思，如丹尚存。'乙亥，诏史馆修撰杜牧撰《丹遗爱碑》以纪之。"汉江，指曾任襄阳太守的杜预（预曾称百姓为羊祜所建之碑为堕泪碑），以借指杜牧。西江，指江西观察使韦丹。尾联是说杜牧奉诏撰韦丹碑，此碑必当如当年的羊祜碑一样，流传不朽。这首诗不但盛赞杜牧诗文久负时誉，必能流传后世（如《杜秋娘诗》《韦丹碑》），而且非常推重其"心铁"之利，赞扬其筹划切中时需，已为治国所用，劝勉其不要叹惜鬓丝雪垂，名位未达。诗屡以姓名作比拟，又故用叠字，既富诙谐幽默情趣，又语重心长，情真意切，表现出不以个人穷达为悲喜的胸襟。杜牧素以经世之才自负，商隐又不单纯以诗人视之，可谓杜牧的真知己。评家每赞此诗诗格之奇，却很少注意到在幽默风趣的格调中寓含的深情厚谊。另一首《杜司勋》七绝则酷似评杜牧的论诗绝句：

> 高楼风雨感斯文，短翼差池不及群。
> 刻意伤春复伤别，人间惟有杜司勋。

这是高楼风雨如晦之时适读杜牧诗文，深有会心，别有寄慨之作。杜牧诗多忧国伤时之慨、蹉跎失意之感，商隐用"刻意伤春复伤别"概括了杜牧诗歌的重要内容和基本主题，揭示了它的时代特征——带有那个衰颓时代特有的感伤情调。并用"人间惟有""刻意"重笔勾勒，突出其创作态度之严肃、运思之深刻，暗示这种"伤春伤别"并非通常的男女相思离别，而是"忧愁风雨""可惜流年"，伤心人别有怀抱。并对杜牧在当时诗坛的崇高地位，作了热情的赞誉。实际上，"刻意伤春复伤别"，不仅是赞杜，也是自道。何焯说："高楼风雨，短翼差池，玉谿方自伤春伤别，乃弥有感于司勋之文也。"（《义门读书记》）商隐在评赞杜牧的同时，也抒发了自己对时代与身世的深沉感慨。"惟有"二字，寓慨特深，知音之稀少，诗坛之寂寞，均可于言外领之。正是这种内在的抒情因素，使这首诗又超越于一般的论诗绝句，而具有知音之歌的诗的品格。小李杜的交往和李商隐对杜牧的评赞，可以说是大中时代寂寞诗坛的一件盛事。可惜在杜牧的诗集里，却找不到酬赠、评赞李商隐的诗篇。这情形，颇有些类似盛唐诗坛上李、杜之间的交往，但李白集中毕竟还有两首《鲁郡东石门送杜二甫》《沙丘城下寄杜甫》，而小杜集中却根本找不到与商隐交往酬赠的痕迹，未免令人遗憾。从个性与诗风看，小杜近李白，而小李则近杜甫。这种诗歌发展史上的传承现象，也值得加以研究。

除了与杜牧的交往以外，任京兆府掾曹期间，商隐还和府中同僚有交往唱和。《樊南乙集序》中提到的同僚有韦观文、房鲁、孙朴、韦蟾、赵璜、冯颛、刘允章等人，他们都能文，对商隐所作的骈文章奏非常欣赏，"每著一篇，则取本去"。一次，府中同僚孙朴及韦蟾各写了一首《孔雀咏》，因为这只孔雀来自岭南的桂林，商隐不免联想起自己"远从桂海，来返玉京"的经历，写了一首略有寓慨的和诗《和孙朴韦蟾孔雀咏》。诗一开头就说："此去三梁（按：在桂林）远，今来万里携。西施因网得，秦客被花迷。"显然含有以孔雀自喻之意。诗中有些句子，如"旧思牵云叶，新愁待雪泥""妒好休夸舞，经寒且少啼"等句，也较明显含有自寓的意味。但就全篇看，还是以吟咏孔雀本身的毛羽形状姿态为主，并非字比句附地用孔雀的每一细部来象喻自己。明白这一点，就可避免穿凿为解，也不至于认为它堆砌凑泊。

第二节　对李德裕的态度和与令狐绹的关系

就在商隐京兆作掾前不久，大中二年九月甲子，原已在大中元年十二月贬为潮州司马的李德裕，刚到贬所才四五个月，又被贬为崖州司户参军①，李回亦由湖南观察使再贬为贺州刺史。《李德裕崖州司户制》中说：

> 李德裕早藉门地，叨践清华，累膺将相之荣，惟以奸倾为业。当会昌之际，极公台之荣。骋谀佞而得君情，遂恣横而持国政。专权生事，妒贤害忠，动多诡异之谋，潜怀僭越之志。秉直者必弃，向善者尽排。诬贞良造朋党之名，肆谗构生加诸之衅。计有逾于指鹿，罪实见于欺天。顷者方居钧衡，曾无嫌避，委国史于爱婿之手，宠秘文于弱子之身。洎参命书，亦引亲昵。恭惟《元和实录》，乃不刊之书，擅敢改张，罔有畏忌。夺他人之懿绩，为私门之令猷。又附会李绅之曲情，断成吴湘之冤狱。凡彼簪缨之士，遏其进取之途。骄倨自夸，狡猾无对。擢尔之发，数罪无穷。再窥罔上之由，益验无君之意……纵逢恩赦，不

李
商
隐
传
论
（
一
）

242

---

① 此据《唐大诏令集》卷五十八《李德裕崖州司户制》《李回贺州刺史制》。制末署大中二年九月，《通鉴》书九月甲子。而《旧唐书·李德裕传》误载十二月。

在量移之限。

简直把李德裕描绘成十恶不赦的奸邪。其中提到的几件具体"罪状",关于吴湘一案,前已有辨;修改《元和实录》之事,傅璇琮《李德裕年谱》亦有详辨。其余则全是空洞无物的詈骂和无中生有的构陷。这说明,宣宗、白敏中、令狐绹等为了彻底消灭李德裕政治集团,其手段已达到无以复加的狠毒卑劣程度。据《南部新书》丁载:"大中中,李太尉三贬至朱崖,时在两制者皆为拟制,用者乃令狐绹之词。"当时令狐绹为翰林学士,李德裕的贬制出自他之手,是完全可能的。

就在李德裕政治集团已陷入灭顶之灾的情况下,李商隐却接连写了《旧将军》《李卫公》《漫成五章》(之四之五)等诗,对李德裕的政绩加以肯定和赞颂,对他的投闲置散和贬谪遐荒寄予深切同情。《旧将军》:

> 云台高议正纷纷,谁定当时荡寇勋?
> 日暮灞陵原上猎,李将军是旧将军。

诗表面上似咏西汉李广投闲置散之事,却又掺入东汉"云台高议"的典实,显然另有托寓。据《新唐书·宣宗纪》:大中二年七月,朝廷续绘功臣三十七人像于凌烟阁(均为唐初至贞元间文臣武将)。而与此同时,会昌年间在抗击回鹘、平定泽潞的战争中建立功勋的将相不但没有得到褒奖,反而被斥弃不用,甚至被贬斥到荒远之地,如李德裕此时已被贬为潮州司马,李回、郑亚也分别贬于湖南、循州。诗人有感于会昌功臣的被斥弃,遂借李广事以深致不平①。

大中三年春,李德裕已贬为崖州司户参军,并已到崖。商隐有《李卫公》诗伤之:

> 绛纱弟子音尘绝,鸾镜佳人旧会稀。
> 今日致身歌舞地,木棉花暖鹧鸪飞。

绛纱弟子,指德裕门下士;鸾镜佳人,指德裕政治上的同道如李回、郑亚等人。诗的一二两句慨叹德裕贬斥遐荒,昔日的门下士星离雨散,音尘断绝;

---

① 注家多以为此诗系针对唐代政治现实,有感而发,但所指不一。程梦星《重订李义山诗集笺注》始谓此诗系为李德裕之罢相而发,冯浩复据大中二年七月图功臣像事以证之。此据程、冯之说。

243

政治上的同道又各处遐荒贬地，无缘相会。德裕在崖州时有《与姚谏议勖书》①，中云："天地穷人，物情所弃，无复音书。平生旧知，无复吊问……大海之中，无人拯恤，资储荡尽，家事一空。百口熬然，往往绝食。"可见德裕南迁，系携家人同往（其子李烨于大中二年十一月贬蒙州立山尉），故第二句的"鸾镜佳人"非指其妻妾，而是借喻政治上的同道。三四句伤其致身于岭外（广州有歌舞冈，昔南越王赵佗曾在此歌舞，因而得名。此以"歌舞地"泛指岭南），即目所见，惟木棉花红、鹧鸪南飞而已。二者均为具有南中典型特征的景物，但自迁谪者看来，则异域景物，徒增悲感而已。李德裕《谪岭南道中作》亦云："不堪肠断思乡处，红槿花中越鸟啼。"二句以丽语反衬贬所的荒凉，处境的孤寂、北归的无望，均可于言外见之。这首诗既尊称德裕为"李卫公"，又流露了对其不幸遭遇的深切同情，在其时当权者将李德裕说成是"无君"的大奸邪的政治气候下，显得非常难能可贵。同年八月稍后写的《漫成五章》其四、其五更进一步赞颂德裕的政治业绩，为其辩诬。其四云：

> 代北偏师衔使节，关东裨将建行台。
>
> 不妨常日饶轻薄，且喜临戎用草莱。

这首诗赞美李德裕任人惟贤，能拔名将石雄于草莱。石雄出身寒微，为振武节度使刘沔裨将。曾在抗击回鹘的战争中率兵奇袭回鹘牙帐，斩首万级，生擒五千，迎还太和公主；在平定泽潞叛镇的战争中任晋绛行营招讨使、河中节度使，率先攻入潞州。在两次战争中都建有奇功。诗人对李德裕"临戎用草莱"的赞美，正好与令狐绹所撰《李德裕崖州司户制》中"妒贤害忠""秉直者必弃，向善者尽排"的诬蔑形成鲜明对照，可以说是公然与令狐绹唱反调。《唐摭言》载：李德裕"颇为寒畯开路，及谪官南去，或有诗曰：'八百孤寒齐下泪，一时南望李崖州。'"正可与此诗相印证。

其五云：

> 郭令素心非黩武，韩公本意在和戎。
>
> 两都耆旧偏垂泪，临老中原见朔风。

---

① 原作《与姚谏议邸书》，"邸"字误，当作"勖"。姚勖系诗人姚合之弟，开元名相姚崇之裔孙，见《新唐书·姚崇传》。德裕系勖之从表兄。参岑仲勉《唐史余沈·再论文饶集之姚谏议》。

这一章借赞美郭子仪、张仁愿这两位在抗击外族侵犯方面建立功勋的名将"素心非黩武""本意在和戎"，为李德裕对回鹘、吐蕃的正确政策辨诬①，并借三州七关收复事，表明德裕的正确政策对河陇回归唐朝的积极作用，揭露宣宗君臣既叨会昌武功的余威，又贬斥李德裕的不公正做法。其时宣宗君臣，对李德裕处理吐蕃、回鹘的政策颇多攻讦毁谤，如大中元年正月大赦制文即称："国家与吐蕃甥舅之好，自今后边上不得受纳降人。"这是针对大和五年李德裕任西川节度使期间接受吐蕃维州守将悉怛谋之降一事而发的。实际上宣宗君臣并未遵守"不得受纳降人"的规定，大中三年即接受三州七关的归降，可见制文所言纯粹出于攻击李德裕的政治需要。对会昌年间反击回鹘的防卫战争，宣宗君臣亦诬为"会昌中奸臣当轴，遽加殄灭"②。李商隐在诗中对李德裕的赞颂，实际上也是在大是大非的政治问题上表明自己的态度。在李德裕政治集团全军覆没时这样表态，表现了诗人的胆识与正义感。当然，这类同情乃至赞颂李德裕的诗除《李卫公》一首直书其姓氏爵位外，其他各首都写得比较隐晦，这自然是由于当时的政治环境的影响。

　　还有一首《丹丘》也是怀念李德裕的：

> 青女丁宁结夜霜，羲和辛苦送朝阳。
> 丹丘万里无消息，几对梧桐忆凤凰。

冯浩说："上二句，夜复夜日复日也；下二句，远无消息，徒劳忆念。"整首诗用一句话来概括，就是日夜思念远在丹丘的凤凰。丹山凤，出《山海经》，在诗文中常用作贤相、贤才的代称③。这里的"丹丘"即丹山，实借指远在万里的"朱崖"（海南岛）的李德裕，唐人笔记中每称李德裕为"太尉朱崖公""朱崖李相""朱崖李太尉"。诗作于大中三年秋，当时李德裕已至崖州贬所，与外界联系基本上断绝，故诗云"丹丘万里无消息"。商隐与德裕间并无私交，诗中抒写的这种深切思念之情，完全出于对国运的关注和对这位"万古之良相"业绩的追慕。

　　对李德裕的态度是同情、赞颂和思念，而对炙手可热的新贵令狐绹，

---

　　① 详《李商隐诗歌集解》第二册对此诗的笺、注。

　　② 见《通鉴·大中十年》三月辛亥诏。

　　③《诗·大雅·卷阿》："凤凰鸣矣，于彼高冈；梧桐生矣，于彼朝阳。"郑笺："凤凰鸣于山脊之上者，居高视下，观可集止，喻贤者待礼乃行，翔而后集。"

尽管表面上与之时有应酬，甚至有所干求，但内心却是另一种看法和态度。《钧天》云：

> 上帝钧天会众灵，昔人因梦到青冥。
>
> 伶伦吹裂孤生竹，却为知音不得听。

《史记·赵世家》载，赵简子病中梦至天帝所居，与百神游于钧天（天的中央），听奏广乐（天上的音乐）。伶伦，黄帝时乐官。传说他曾从大夏之西、昆仑之阴取孤生之竹制管，吹奏出黄钟宫的乐调。诗以不知音的赵简子因梦登天，平步青云，得听钧天广乐，知音的伶伦却正因为其精通音律反而不得听此钧天广乐作鲜明对照，寓言式地揭示了庸才贵仕、贤才不遇，遇者不贤、贤者不遇的不合理现实。联系《寄令狐学士》"钧天虽许人间听，阊阖门多梦自迷"的诗句，《钧天》诗中的"因梦到青冥"者，当指庸才而登贵仕的令狐绹。裴庭裕《东观奏记》载："上（按：指宣宗）延英听政，问宰臣白敏中曰：'宪宗迁坐景陵，龙辀行次，忽值风雨，六宫、百官尽皆避去，唯有一山陵使，胡而长，攀灵驾不动。其人姓氏为谁，为我言之。'敏中奏：'景陵山陵使令狐楚。'上曰：'有儿否？'敏中曰：'绪小患风痹，不任大用；次子绹见任湖州刺史，有台辅之器。'上曰：'追来。'翌日，授考功郎中、知制诰。到阙，诏充翰林学士。间岁，遂立为相。"因为皇帝心血来潮、爱屋及乌和宰相白敏中的一言推荐，令狐绹遂被不次擢拔，身居要职，正是"因梦到青冥"的典型，诗中将自己（伶伦）的遭遇与其对照，正揭示出贤愚倒置的政治现实。

　　大中三年九月，令狐绹又以御史中丞充翰林学士承旨，显示出不日即将拜相的趋势。重阳节这一天，商隐有感于令狐两代与自己的关系，赋《九日》诗：

> 曾共山翁把酒时，霜天白菊绕阶墀。
>
> 十年泉下无消息，九日尊前有所思。
>
> 不学汉臣栽苜蓿，空教楚客咏江蓠。
>
> 郎君官贵施行马，东阁无因再得窥。

诗由重阳把酒赏菊展开联想，深情追怀令狐楚对自己的赏爱与栽培，怨望令狐绹对自己的冷遇与排斥。今昔相形，感念怨望交并。"十年"一联，将缅怀追思之情、长期牢落之感、今昔迥异之慨，与"九日尊前"的现境融为一体，语浅情深，富于含蕴。"有所思"三字，束上起下，感念怨望，统包于沉思默想之中。这虽是从个人恩怨的角度来对比楚、绹父子，但可以看出，商隐内心对令狐绹的人品是不满的。另一首明显带有自况意味的《野菊》在抒写身世沉沦之悲的同时对身居高位的令狐绹不加汲引也颇有怨望之词："紫云新苑移花处，不取霜栽近御筵。"上句指绹移官内职，任中书舍人、充翰林学士承旨，下句谓其对己不加汲引，霜栽即指野菊。

由于长期困顿落拓，生活困窘穷乏，诗人开始回顾反思自己踏入社会以来的经历，特别是与令狐父子的关系。过去，他一直对令狐楚的奖掖恩遇极为感激，至有"百生终莫报"的深挚语。如今，他虽仍感激楚的恩遇，但对这段关系究竟给自己带来了什么却开始反思，《白云夫旧居》说：

> 平生误识白云夫，再到仙檐忆酒垆。
> 墙外万株人绝迹，夕阳唯照欲栖乌。

徐逢源说："《新唐书·艺文志》：'令狐楚《表奏》十卷。'注曰：'自称《白云孺子表奏集》。'此白云夫当是楚。夫，尊称也。"（冯浩笺引）按：令狐楚曾为河东节度使郑儋从事，儋自号"白云翁"（见《韩昌黎集·郑儋神道碑文》）。令狐楚自号"白云孺子"，盖以媚儋。因此徐氏谓"白云夫"指令狐楚是可信的。仙檐，犹旧居门前，"仙"亦暗寓"仙逝"之意。"忆酒垆"即《九日》诗"曾共山翁把酒时""九日尊前有所思"，《野菊》诗"清樽相伴忆他年"之谓，"忆"字点醒存殁隔世之意。三四形容旧居深静荒寂景象（楚原居开化坊，令狐绹迁居晋昌坊，商隐诗中多次提到绹之晋昌里新居），"欲栖乌"用曹操《短歌行》"月明星稀，乌鹊南飞。绕树三匝，何枝可依"，盖隐寓自己昔日曾依托于令狐楚幕下，今则如乌鹊失栖，无所依托（亦即《赴职梓潼留别畏之员外同年》"乌鹊失栖长不定"之意）。"误识"二字，全篇主意所在，徐氏以为"深感之之词"，似未切当。义山早岁受知于楚，后反因此而被视为恩门之私属乃至牛党之私属，婚王氏，从郑亚，均遭嫉忌摈斥。重访令狐楚旧居，既生感旧之情（"忆酒垆"），亦增身世之慨。因此，"误识"二字中确实含有始料未及、悔不当初之意。如果把这首诗和《漫成五章》这组感慨生平遇合得失的重要篇章联系起来考察，这层意思便更加显豁。后二章涉及对李德裕的评价，前已述及。前三章则涉及与令狐父子、王茂元的关系：

沈宋裁辞矜变律，王杨落笔得良朋。

当时自谓宗师妙，今日唯观对属能。

李杜操持事略齐，三才万象共端倪。

集仙殿与金銮殿，可是苍蝇惑曙鸡？

生儿古有孙征虏，嫁女今无王右军。

借问琴书终一世，何如旗盖仰三分？

《漫成五章》表面上论文评诗咏史，实际上却是借此寄寓身世遇合之慨和他对自己与令狐父子、王茂元关系的思考，对李德裕的评价。首章借评论王杨沈宋的诗文寄托身世沉沦之慨。王杨沈宋均借以自况，"得良朋"即《樊南甲集序》所谓"得好对切事"，以喻指骈文技巧之纯熟。义山早岁从令狐楚学骈文章奏，通今体，当时自以为藉此可致身通显，《谢书》至有"自蒙半夜传衣后，不羡王祥得佩刀"之语。不料与令狐楚的关系，不但没有能使自己青云直上，反而成为日后令狐绹指责其"忘家恩，放利偷合"的口实。而早年视为青云阶梯的骈文章奏技巧，也只成为糊口之资，藉之在幕府操笔事人而已。三四二句以昔日之踌躇满志与今日之潦倒无成作对照，"唯观对属能"五字中包含无限隐痛，言外即除"对属能"外，一无所能，一无所成也。

次章托寓明显，以李、杜之才高遭毁不为世用，寄托自己受排摈谗毁的感慨。"苍蝇惑曙鸡"，既言贤愚淆乱不辨，也含有小人毁贤忌才之意。"苍蝇""曙鸡"，即《钧天》诗中的"因梦到青冥"者和"知音不得听"者。

三章一二句互文对起，谓我为人子，既无孙仲谋之才略；为人婿，亦无王右军之才艺。但次句实隐以右军自比而特谦言之。两句的实际意思是说，自己固非英雄如孙仲谋之伦，但略长于艺文之事如王右军而已。而今之世，但重武事而薄文才，文人如己者，不免仕途蹭蹬，沉沦不遇。三四乃谓：试问"琴书终一世"者岂必让于"旗盖仰三分"者乎？此盖感慨自己空有文才不为世用而发为愤惋之言。"嫁女"句自指己为王茂元婿。茂元将爱女嫁给商隐，固然是由于爱其才，但更对他的将来寄予厚望。商隐在《重祭外舅司徒公文》中说自己"不伎不求，道诚有在；自媒自炫，病或未能。虽吕范以久贫，幸冶长之无罪"，意可与此互参。整首诗的意思，无非是说自己虽未能符合岳家的期望，建功立业，但在文艺方面也自有成就。

将五章联系起来，不难看出这组诗在"漫成"中自有思路与线索。一二章慨己之沉沦遭摈，涉及与令狐父子的关系；三章承次章才而见忌之意，深慨世之重武轻文，且由令狐绹之见忌联及婚于王氏之事；四五二章则又由王茂元而联及与之有较密切关系之李德裕，因己之才而见斥联及德裕用人不废寒微，惟才是举，而所感已越出个人身世遭遇范围，涉及政治上的是非，涉及对李德裕这样一位在政坛上有重要地位和卓越建树的人物的政治评价。综观整个组诗，不难发现作者在回顾反思个人经历遭际的基础上，其思想认识发展的线索。往日与令狐父子的关系，不料竟成为日后沉沦斥弃的根由；而昔日并无交往、与令狐绹等对立的李德裕，倒是政治上有建树的人物。冯浩说这组诗是义山"一生吃紧之篇章"，张采田进而称其为"千载读史者之公论"，都颇有见地。这组诗全仿杜甫七绝连章议论之体，但由于其中渗透了诗人强烈的感情，蕴涵了深切的人生体验，又注意用虚字的开合照应造成抒情唱叹的效果，因此读来并不感到枯燥乏味，而是感到在抒情性的议论中含有诗的韵味。

第三节 哭吊刘蕡

商隐和刘蕡大中二年正月在湘阴黄陵晤别后，双方便没有再见过面。大中二年五六月间，商隐自桂林北返经潭州逗留李回幕期间，曾经和同寓桂幕的崔某到澧州去寻访融禅师，但现存商隐诗文中均无在澧州与刘蕡会面的迹象，估计其时刘蕡已经离开了澧州，很有可能去了江州刺史裴夷直那里。

大中三年秋天，商隐仍在京兆府暂代法曹参军，专掌表奏之事。突然从溢浦（江州）传来了刘蕡的死讯。听到这个意外的消息，商隐伤悼怨愤之情交并，一连写了四首哭吊刘蕡的诗。先看七律《哭刘蕡》：

> 上帝深宫闭九阍，巫咸不下问衔冤。
> 黄陵别后春涛隔，溢浦书来秋雨翻。
> 只有安仁能作诔，何曾宋玉解招魂？
> 平生风义兼师友，不敢同君哭寝门。

"黄陵"，旧本均误作"广陵"，据《哭刘司户蒉》"去年相送地，春雪满黄陵"改。第四句说"溢浦书来"，固然是说刘蒉的死讯从江州传来，但揆之情理，证之他诗，说明刘蒉很可能就死在江州。从情理上说，死讯传出之地与死者逝世之地不在同一个地方的情况当然是有的，但如果不在一地，在写诗的时候作者往往会在诗中或另加自注以说明。这一联将"黄陵别后"与"溢浦书来"对举，分言生离与死别，又未对"溢浦书来"作任何特别说明，则溢浦之同为讣音发出之地与刘蒉逝世之地便不言自明。再证之以《哭刘司户蒉二首》"溢浦应分派，荆江有会源"一联，也是以长江之"分"与"会"隐喻两人先是相会于荆江洞庭，后刘蒉卒于溢浦，二人遂作死生之分。刘蒉虽然内迁澧州员外司户，但因为是"员外"安置，不一定担任具体职事，再加上当时牛党旧宿都已牵复，整个政治环境对刘蒉这样受杨嗣复、裴夷直牵连而远贬的人士相对较为宽松，行动上较少限制，因此得以去江州拜访裴夷直，最后就死在江州，故死讯才会从江州发出。

这首挽诗对刘蒉衔冤被贬、身死异乡深表悲恸，对黑暗政治现实表示了强烈的抗议。首联直斥"上帝"，笔势凌厉，感情愤郁，如急风骤雨笼罩全篇。颔联宕开，从去年黄陵别后彼此远隔写到当前的死别，融写景、叙事、抒情为一体。"春涛隔"，不仅形象地显示出别后江湖阻隔的情景，并且赋予阻隔中的思念以浩淼无际的具象；"秋雨翻"，既点明时令，且使诗人乍闻噩耗时激愤悲恸与凄凉哀伤交织的情怀化为具体可感的画面形象。这是化景物为情思的典型诗例。腹联转为直接抒情，声情拗峭而沉郁。尾联"师友"承六句"宋玉"，突出对刘蒉高风亮节的由衷钦仰，显示出与刘蒉深厚情谊的政治基础，使这首哭吊友人的诗具有鲜明的政治内涵。连对商隐诗每多批评的纪昀也盛赞此诗"悲壮淋漓，一气鼓荡"（《玉豀生诗说》）。

另三首都是五律。《哭刘司户蒉》云：

> 路有论冤谪，言皆在中兴。
>
> 空闻迁贾谊，不待相孙弘。
>
> 江阔惟回首，天高但抚膺。
>
> 去年相送地，春雪满黄陵。

《哭刘司户二首》云：

> 离居星岁易，失望死生分。

酒瓮凝余桂，书签冷旧芸。

江风吹雁急，山木带蝉曛。

一叫千回首，天高不为闻。

　

有美扶皇运，无谁荐直言。

已为秦逐客，复作楚冤魂。

溢浦应分派，荆江有会源。

并将添恨泪，一洒问乾坤！

以上四首哭蕡诗，冯浩谓："义山重叠致哀，细味之实一时所作，或有代人之作而并存者。如《后汉书》窦融待从事班彪以师友之道，陶谦接郑玄以师友之礼，若七律结联（平生风义兼师友）用此类意，似非义山分谊矣。是岂愚之多惑乎？"疑四首中有代人之作，当非。细按四诗，均与刘蕡、商隐黄陵晤别事有关，这是它们非代人之作的明证。七律"黄陵别后春涛隔"，五律《哭刘司户蕡》"去年相送地，春雪满黄陵"固明言黄陵相别，即《哭刘司户二首》亦有"离居星岁易，失望死生分""溢浦应分派，荆江有会源"等语。"离居星岁易"即"别后春涛隔""去年相送地，春雪满黄陵"，"溢浦"一联隐指二人去年在荆江洞庭一带相会，如今溢浦书来，遂成永诀。这些诗句，都是代人之作中绝不可能出现的。至于"师友"语，不过言刘蕡之高风亮节堪为己之师友，并非用窦融、陶谦事。

　　在同一时间一而再再而三地连写三题四首哭吊刘蕡的诗，充分说明刘蕡的被黜、遭贬直至身死异乡这件事对商隐所造成的强烈震撼和巨大的心灵伤痛，其积郁之深之强烈，已经到了喷薄而出、欲罢不能的程度。从刘蕡与商隐的交往看，他们除了开成二年冬在山南西道节度使令狐楚幕有过短暂的见面机会外，从现存诗文中，看不出在大中二年正月黄陵晤别前还有过别的交往。因此，商隐哭吊刘蕡，重叠致哀，主要不是由于两人关系之密，而是更多出于政治义愤和精神上的契合。单纯从人事关系看，刘蕡与牛党中的重要首领人物如牛僧孺、令狐楚、杨嗣复都有幕主与宾客或座主与门生之谊，而李商隐在大中年间无论在政治倾向或人事关系上都更接近李德裕政治集团。但商隐与刘蕡之间，根本不存在任何党派上的分歧与矛盾，而只有在"扶皇运"、反宦官这一重大政治问题上的一致。这并不是像冯浩说的"小臣文士无与于党局"（《玉谿生年谱》），而是由于他们对唐王朝命运的强烈政治责

251

任感和正义感超越了党派集团的私利和狭隘眼光。

这组诗毫无疑问是有强烈的政治针对性的。一则云"上帝深宫闭九阍，巫咸不下问衔冤"，再则曰"江阔惟回首，天高但抚膺""一叫千回首，天高不为闻""并将添恨泪，一洒问乾坤"，矛头直指"上帝"、高天、乾坤，其所寓指非常明显。但它们并不是具体针对某一个皇帝、哪一个人或哪一帮人，而是泛指整个上层统治集团。刘蕡的被黜落、被冤贬直至客死异乡，宦官集团当然是直接的祸首，但如果不是皇帝的软弱、昏暗，也不可能持续这样长时间的政治迫害（从大和二年到大中三年，前后达廿一年）。刘蕡被黜于文宗大和二年的贤良方正、能直言极谏科的考试，被冤贬于武宗会昌元年，文宗、武宗都不能辞其咎。宣宗既立，刘蕡随牛党旧相的量移而内迁澧州员外司户，但等到大中二年牛党旧相杨嗣复、李珏重新起用复官后，刘蕡却仍然滞留贬所，以致客死异乡，"空闻迁贾谊，不待相孙弘"，宣宗又何能辞其咎？这时直接迫害刘蕡的宦官头子仇士良早已死去，按说可以对刘蕡的冤贬予以昭雪，却没有这样做，而是让他伴着司户的贬职死于异乡。这长达二十余年的对正直敢言士人刘蕡的迫害，不能不使人感到，尽管皇帝换了一个又一个，政局也不断变化，但反对宦官、正直敢言的人还是沉冤莫雪。因此，这就不是哪一个皇帝、哪一帮势力的问题，而是整个上层统治集团和整个昏暗的政治环境造成了刘蕡二十余年沉冤莫诉的悲剧。诗人也许没有明晰的理性认识，但从诗中这种既十分强烈而又欲诉无门、并无定指的怨愤来看，诗人是深刻感受到了这一点的。这正是这组诗对现实的感受趋于深刻化、整体化的一种表现。

与此相关，这组诗的整体风格也表现出既有喷涌而出、一气鼓荡的倾泄，又有曲折顿宕、沉郁蕴蓄的抒情，显得既痛快又沉着。由于感情强烈愤激，不吐不快，因而往往有"上帝深宫闭九阍，巫咸不下问衔冤""江阔惟回首，天高但抚膺""一叫千回首，天高不为闻""并将添恨泪，一洒问乾坤"这种呼天抢地、痛快淋漓的宣泄。但由于感情深沉，积郁深广，诗中又往往有含蕴不尽的境界。像五律《哭刘司户蕡》的腹联，感愤激烈，直诉高天，情感达到高潮，尾联却逆笔收转去年黄陵雪中送别的情景，将当时黯淡阴寒的环境氛围、依依惜别的情怀和今日对故友黯然神伤的追思悼念融为一体，感情由激烈转向深沉，风格亦由倾泄转为渟蓄，更增不尽之致。纪昀说："后四逆挽作收，绝好结法。"又说："哭蕡诗四首俱佳。"（《玉谿生诗说》）对商隐诗最挑剔的纪昀也认为四首俱佳，足见深刻强烈的感情与纯熟

252

的技巧保证了它们在艺术上的高水准。系列政治抒情诗能写得如此情文并茂的实不多见。管世铭说："不知其人观其友。观义山《哭刘蕡》诗，知非仅工词赋者。"（《读雪山房唐诗序例》）王鸣盛说："沉郁之句，谁能锤炼到此，唯少陵有之。"（冯注初刊本王氏手批）姚鼐说："此等诗殆得少陵之神，不仅形貌。"（《今体诗钞》）都说出了这组诗的诗品以及它们所反映的诗人人品。

刘蕡大和二年对策被黜，在当时震动朝野上下，"物论嚣然称屈"，被取中除官的李郃甚至说"刘蕡下第，我辈登科，能无厚颜"，上疏云"蕡所对策，汉、魏以来无与为比。今有司以蕡指切左右，不敢以闻。恐忠良道穷，纲纪遂绝。况臣所对不及蕡远甚，乞回臣所授以旌蕡直"（《通鉴·大和二年》），反映出其时士人中颇有具正义感者。但这次刘蕡客死异乡，除了商隐的系列哭吊诗外，在当时的政坛与诗坛上竟寂无反响，大中士风的颓衰与诗坛的冷落于此可见一斑。反过来也越显出商隐哭蕡诗的可贵。

第四节　应辟徐幕

商隐《樊南乙集序》云："（大中三年）十月[①]，尚书范阳公以徐戎凶悍，节度阙判官，奏入幕。"尚书范阳公，指当时任武宁军节度使（使府在徐州）的卢弘止。入徐幕事，在商隐诗中也有记述。《偶成转韵七十二句赠四同舍》云："武威将军（按：此借指卢弘止）使中侠，少年箭道穿杨叶。战功高后数文章，怜我秋斋梦蝴蝶。诘旦天门传奏章，高车大马来煌煌。""此时闻有燕昭台（按：指卢幕），挺身东望心眼开。且吟王粲《从军乐》，不赋渊明《归去来》。"又《戏题枢言草阁三十二韵》亦云："尚书文与武，战罢幕府开。君从渭南至，我自仙游来。"都指应武宁节度使卢弘止之奏辟，入徐州幕之事。

据两《唐书》卢弘止传及其他有关材料，弘止（《旧唐书》误作弘正，此从《新唐书》，下同）字子疆，蒲州人，诗人卢纶之子，兄简能、简辞，弟简求，均有时名。元和末登进士第，曾为昭义节度掌书记。大和中为监察御史、侍御史。大和八年由兵部郎中出宰昭应县，商隐即于此时与弘止结

---

① 冯浩《玉谿生年谱》误考商隐入徐州幕在大中四年十月，张采田《会笺》详辨之，正为大中三年十月。此从张笺。卢弘止迁镇徐州在大中三年五月。

识。《偶成转韵七十二句赠四同舍》云："忆昔公为会昌宰（按：即昭应县令），我时入谒虚怀待。众中赏我赋《高唐》，回看屈宋由年辈。"可见商隐的文才早就得到弘止的推赏。会昌三年六月，自吏部郎中拜楚州刺史，复入为给事中。会昌四年八月，邢、洺、磁三州平，李德裕以弘止为三州留后，以防王元逵、何弘敬请占三州之地。旋又奉命宣慰河北，归拜工部侍郎。大中初，转户部侍郎，充盐铁转运使，复出为义成节度使。大中三年五月，改武宁节度使。《通鉴·大中三年》："五月，徐州军乱，逐节度使李廓。廓，程子也。在镇不治。右补阙郑鲁上言其状，且曰：'臣恐新麦未登，徐师必乱，速命良帅，救此一方。'上未之省，徐州果乱……以义成节度使卢弘止为武宁节度使。武宁士卒素骄，有银刀都尤甚，屡逐主帅。弘止至镇，都虞候胡庆方复谋作乱。弘止诛之，抚循其余，训以忠义，军府由是获安。"可见，卢弘止是一位办事干练、治军严明的能吏，曾为李德裕所倚重。商隐与卢家原有戚谊①，过去早已结识。大中元年二年桂幕往返途径襄阳时，又曾明确表示过入卢简辞幕的意向。这次卢弘止招延商隐入徐幕，除原有交谊及戚谊外，这也可能是一个因素（卢简辞大中二年秋冬间贬衢州刺史，卒）。

卢弘止这次辟署商隐的幕职是节度判官，《旧唐书·李商隐传》谓"弘正（止）镇徐州，又从为掌书记"，《新唐书》本传同，均误。同时奏请了一个"侍御"（当是指监察御史）的宪衔。商隐自从大和三年入令狐楚幕以来，这是头一次得此宪衔。《新唐书》本传说："王茂元镇河阳，爱其才，表掌书记，以子妻之，得侍御史。"时、地、官名均误。薛逢《重送徐州李从事商隐》有"莲府望高秦御史"之句，李郢《重送李商隐侍御奉使入关》称商隐为"侍御"。按唐代通称殿中侍御史、监察御史为"侍御"，而据薛逢诗"秦御史"之语，此侍御定指监察御史。冯谱、张笺均谓"得侍御史"，均误（秦代设监察御史，职责是监视郡守），唐代称"侍御史"为"端公"，从无称"侍御"者。据《新唐书·百官志》，监察御史正八品下，官品虽不高，但毕竟是朝廷授予的宪衔，因此商隐还是很高兴的。特别是与卢弘止素有交往，这次又辟署为幕府中职位较高的节度判官②。上面提到的这些因素，使商隐对这次应辟入幕怀着一种比较兴奋喜悦的心情，这在他后期戎幕生涯中是仅见的。在接到卢弘止辟署其为节度判官的来信及聘礼后，他一连上了三

---

① 商隐《上汉南卢尚书状》："而又询刘、范之世亲。"卢尚书为弘止之兄简辞。

② 《通典·职官》云："判官二人，分判仓兵骑胄四曹事。"地位仅次于行军司马、副使，尽总府事。

封给卢弘止的书启，对卢的知遇表示由衷的感激，"感义增气，怀仁识归"，甚至说自己"未离紫陌之尘（按：指京城），已梦清淮之月（按：指徐州）"。

但商隐受辟后并未立即启程，而是迟至这一年的闰十一月中下旬才动身赴徐。这年十一月，白居易的嗣子景受①请商隐为居易撰写墓碑铭，商隐有《与白秀才状》《与白秀才第二状》专言此事。实际上，让商隐撰墓志铭是白居易的堂弟宰相白敏中的旨意。《与白秀才状》"杜秀才翱至，奉传旨意，以远追先德，思耀来昆，欲俾虚芜，用备刊勒"等语可证。可见，令狐绹、白敏中等虽恼恨商隐追随郑亚，但仍要用他来为自己写文章，在他们眼里，商隐不过是一个可以随便驱使的文人。而商隐在当时那种困窘情况下，对这类差使自然也乐于奉命，尤其是为白居易这样的大诗人写墓碑铭，更是一种荣耀，正如他自己在给白景受的状中所说的，"表严平于蜀郡，谁不愿为"。《墓碑铭序》云："子景受，大中三年自颍阳尉典治集贤御书，侍太夫人弘农郡君杨氏来京师，胖胖兢兢，奉公之遗，畏不克既，乃件右功世，以命其客取文刻碑。"据序末"今右仆射平章事敏中，果相天子，复宪宗所欲得开七关，城守四州，以集巨伐。仲冬南至，备宰相仪物，擎跪斋栗，给事寡嫂"之语，此墓碑铭当作于大中三年冬至（即"南至"）之后，这一年闰十一月初四为冬至。

商隐自长安启程赴徐州的时间，据上引《墓碑铭序》之文及《偶成转韵七十二句赠四同舍》"腊月大雪过大梁"之句，当在大中三年闰十一月中下旬。行前，诗人薛逢设宴饯别，有《重送徐州李从事商隐》云：

> 晓乘征骑带犀渠，醉别都门惨袂初。
> 莲府望高秦御史，柳营官重汉尚书。
> 斩蛇泽畔人烟晓，戏马台前树影疏。
> 尺组挂身何用处，古来名利尽丘墟。

薛逢字陶臣，蒲州人，会昌元年崔岘榜第三人进士，释褐秘书省校书郎。崔铉会昌六年罢相镇河中，辟为幕府从事。大中三年，铉拜相，擢逢万年尉。按会昌六年薛逢辟为河中幕府从事前，当任秘书省校书郎，而会昌二年、六

① 居易无子，后以其兄之次子景受为嗣，见顾学颉编撰注释的《白居易家谱》，中国旅游出版社1983年版。

年商隐任秘书省正字，故二人很可能是秘阁同僚。而大中三年，商隐为盩厔尉，暂代京兆掾曹专章奏，与薛逢又同为京兆府掾属。因此，商隐赴徐幕，薛逢宴饯赠诗送行。据题首"重送"字，此前应有另一次送行的宴会与赠行诗，惜诗已佚。诗中"莲府望高秦御史"之句，可证其时商隐所授宪衔为监察御史（秦朝以御史监郡，遂有纠察弹劾之权）。诗末忽发尺组无用、名利丘墟的感慨，与两人当时的处境及心情似不甚相符，盖因腹联想象徐州古迹，因汉高、宋武之事均成陈迹而触发泛泛的人生感慨，不必过拘。

离长安前，已经下起了纷纷扬扬的大雪。洁白轻盈的雪花引起诗人美好的联想。他借咏雪抒发了对妻子王氏的深情赞美和依依惜别的感情，《对雪二首》：

> 寒气先侵玉女扉，清光旋透省郎闱。
> 梅华大庾岭头发，柳絮章台街里飞。
> 欲舞定随曹植马，有情应湿谢庄衣。
> 龙山万里无多远，留待行人二月归。
>
> 旋扑珠帘过粉墙，轻于柳絮重于霜。
> 已随江令夸琼树，又入卢家炉玉堂。
> 侵夜可能争桂魄？忍寒应欲试梅妆。
> 关河冻合东西路，肠断斑骓送陆郎。

题下自注："时欲之东。"指东赴徐幕。这两首诗并非单纯咏雪，而是在咏雪的过程中自然而然地融入对妻子王氏的深情赞美、体贴。冯浩谓"用意婉转，是别闺人之作"，诚是。二诗中的"行人""陆郎"显指"时欲之东"的诗人自己，而"送陆郎"之去、"待行人"之归的雪花则是多情的妻子的化身。但商隐咏物，物与人之间往往若即若离，既非单纯刻画描绘所咏之物，亦非通体以物喻人，句句比附。一开头多用赋法形容刻画，然后才在赋咏中将人与物自然绾合。如首章前两联即用赋法，写雪之将降、初下与大作，并未关合闺人。腹联方由雪之飞舞、湿衣，联想到闺人的情态，谓其如雪之飞舞，随马而飘荡回旋；如雪之多情，沾湿行人的衣裳。尾联即从"有情"二字生发，说雪既如此多情相送，何不待我明年二月之归而迎我呢？与《离亭赋得折杨柳二首》（其二）"为报行人休尽折，半留相送半迎归"同一机杼。次章前幅形容雪的轻盈洁白，如琼似玉，在形容中即有象喻、有联想。尾联点醒"之东",谓闺人将因"陆郎"骑马远去而肠断。这两首诗,初看似用典过多,流于堆垛,但从以雪之洁白、轻盈、多情象喻闺人的角度去体味,便觉生动有情韵。商隐不少咏物诗都有与此类似的特点。

时值寒冬,路出函谷关以后,连旬风尘弥漫,苦于行旅,有《东下三旬苦于风土马上戏作》云:

> 路绕函关东复东,身骑征马逐惊蓬。
> 天池辽阔谁相待,日日虚乘九万风。

后两句在自嘲中寓含不遇的苦涩。抟风鹏举九万里的理想抱负只化作了在风尘弥漫中奔波劳顿的行旅,末句似直遂而实幽默。

由于急着赶路,想在年底前到达徐州,因此他路过汴州,遇见在宣武节度使幕府作幕僚的朋友(其中有李郢,详下节)时,连叙谈的时间也没有,只能在大雪纷飞中于马上匆匆作别,《偶成转韵七十二句赠四同舍》说:

> 路逢邹枚不暇揖,腊月大雪过大梁。

张采田《会笺》说:"义山到徐,实四年春间。《偶成转韵》诗有'我来'字,必初至徐时作。下云'腊月大雪过大梁',义山腊月始过大梁,则抵幕必在四年正月矣,故诗又云'蒲青柳碧春一色'也。"按汴州至徐州约六百里,腊月过大梁,谓三年岁暮或四年正月抵达徐州均可,但引"蒲青柳碧春一色"为证则非。"蒲青柳碧春一色"之时,至少也是仲春季候,商隐不可能迟至大中四年二月方抵徐州。《偶成转韵》诗开头"沛国东风吹大泽,蒲青柳碧春一色。我来不见隆准人,沥酒空余庙中客"云云,系在徐幕时春日出游所见情景,"我来"非指刚抵徐幕,而是指出游谒汉高庙。

第五节　徐幕生活

徐州历来为军事重镇,这次商隐又是在"徐戎凶悍,节度阙判官"的情况下应辟入徐幕的,因此初到徐府,公务比较繁忙。《樊南乙集序》叙徐幕情况说:"故事,军中移檄牒刺,皆不关决记室,判官专掌之。其关记室者,记室假,故余亦参杂应用。"可见,商隐除了判官职责范围内的事务以外,还要撰写有关军中的"移檄牒刺"等公文。戴伟华《唐代使府文学研究》认为这是徐府的特例，而非诸使府的通例，可参。实际上，商隐在徐幕期间，还曾代卢弘止撰写过本该由掌书记撰拟的书启，如《为尚书范阳公贺吏部李相公（珏）启》《为度支卢侍郎贺毕学士启》（后题"度支卢侍郎"可能有误），这当是如《乙集序》所说的"其关记室者，记室假（按：谓请假），故余亦参杂应用（按：指作骈体应用之文）"。

在徐幕期间，商隐的心情比较愉快。这一方面是由于历事戎幕多年，终于获得较高的幕职和监察御史的宪衔，但更主要的是幕主卢弘止的知遇，使他深感欣慰。长诗《偶成转韵七十二句赠四同舍》《戏题枢言草阁三十二韵》中都有描叙徐幕生活的精彩段落，颇能见出其时商隐的境遇心情。前诗有云：

> 征东同舍鸳与鸾，酒酣劝我悬征鞍。
> 蓝山宝肆不可入，玉中仍是青琅玕。
> 武威将军使中侠，少年箭道惊杨叶。
> 战功高后数文章，怜我秋斋梦蝴蝶。
> 诘旦天门传奏章，高车大马来煌煌。
> ……
> 此时闻有燕昭台，挺身东望心眼开。
> 且吟王粲《从军乐》，不赋渊明《归去来》。
> 彭门十万皆雄勇，首戴公恩若山重。
> 廷评日下握龙蛇，书记眠时吞彩凤。
> 之子夫君郑与裴，何甥谢舅当世才。
> 青袍白简风流极，碧沼红莲倾倒开。
> 我生粗疏不足数，《梁父》哀吟《鸲鹆舞》。
> 横行阔视倚公怜，狂来笔力如牛弩。

后诗有云：

> 尚书文与武，战罢幕府开。
> 君从渭南至，我自仙游来。
> 平昔苦南北，动成云雨乖。
> 逮今两携手，对若床下鞋。
> 夜归碣石馆，朝上黄金台。

我有苦寒调，君抱《阳春》才。

年颜各少壮，发绿齿尚齐。

我虽不能饮，君时醉如泥。

政静筹画简，退食多相携。

扫掠走马路，整顿射雉翳。

春风二三月，柳密莺正啼。

清河在门外，上与浮云齐。

欹冠调玉琴，弹作《松风》哀。

又弹《明君怨》，一去怨不回。

值得充分注意的是，在诗人历佐幕府的诗中，这时第一次出现了幕府文士的群体形象，出现了豪纵不羁、神情洒落的诗人自我形象，并生动地描叙了幕府的休闲生活，渲染了宽松无拘的环境气氛。从诗中可以得知，卢幕同僚中有郑某、裴某、李某（字枢言），还有为甥舅关系者（何甥谢舅系用典，未必姓何、谢）。他们或才高当世，或容仪俊美，虽青袍白简，官品不高，却风流潇洒，如碧池中的朵朵红莲（用莲幕典），烂漫盛开。诗人与幕主、同僚之间的关系也相当融洽。由于心情比较愉快，人也似乎变得年轻了。大中二年自桂返京途中还说"刘桢元抱病"，三年春作的《骄儿诗》中也说自己是"憔悴欲四十，无肉畏蚤虱"的"衰朽质"。而这时却说自己和李枢言"年颜各少壮，发绿齿尚齐"，简直让人怀疑这是完全不同的两个人。人的生理年龄和心理年龄本不一定同步，但由于环境与心情的变化使憔悴抱病的人一下子变为年颜少壮，却属罕见。由于府主的知遇怜爱和同僚间的融洽相处，营造了一个较为宽松自由的小环境，再加上自身地位有所改善，诗人天性中本就具有的豪纵不羁、狂放潇洒的一面便突出地显现出来。他不但高吟《梁父》，豪情满怀，而且在众多宾客面前跳起了《鸲鹆舞》①。这跟商隐多数诗中所显示的多愁善感的诗人自我形象判若两人。公事余暇或假日，还相与出游，走马射雉，欹冠弹琴，一副潇洒自得的神采。这种精神风貌，在商隐其他时期的作品中，还从未出现过，以后也再未出现过。从这里可以看

①《旧唐书》卷二九载坐部伎中之《鸟歌万岁乐》："舞三人，绯大袖，并画鸲鹆，冠作鸟像。"杜审言《赠崔融二十韵》："兴酣《鸲鹆舞》。"白居易《和梦游春诗一百韵》："酩酊歌《鹧鸪》，颠狂舞《鸲鹆》。"均可见舞时之兴酣、舞姿之狂放。此参王昆吾《隋唐五代燕乐杂言歌辞研究》。

出，人所处的具体环境（即所谓"小环境"）对一个人在一段时间内性格、心态和精神风貌的重大影响。其实，在整个卢幕期间，李商隐所处的大时代环境包括政治环境并没有什么明显改善，就政治环境而言，毋宁说还变得对他更加不利。大中三年九月，令狐绹充翰林学士承旨，不久又权知兵部侍郎知制诰。大中四年十一月，终于升居相位。而李德裕则于大中三年十二月卒于崖州贬所。至此，前后延续四十年的朝廷党争，终以牛党的全面胜利和李德裕政治集团的全军覆没结束。这对李商隐这样一个早岁追随令狐楚多年，大中初年却转而追随李德裕的主要助手郑亚的人来说，他所处的大的政治环境显然不利。约在大中三年春写的《流莺》诗中，他曾以流莺自喻，慨叹自己"巧啭"的"本意"不被理解，在偌大的京城竟找不到一个栖身之所。正因为这样，对于徐州卢弘止幕这样一个相对来说较为宽松和谐的小环境，他就已深感欣慰，生活有了一点亮色，心理也变得年轻了。在李商隐的悲剧生涯中，这是一个特殊的阶段。它不仅让我们看到了诗人性格中一直处于压抑状态的豪放洒脱的一面，而且反过来更加深了我们对这种性格长期被压抑的痛苦的理解。

第六节　汴幕奉使

《旧唐书·卢弘正（止）传》："（大中）三年……检校户部尚书，出为徐州刺史、武宁军节度使、徐泗濠观察等使。徐方自智兴之后，军士骄怠，有银刀都尤劳姑息，前后屡逐主帅，弘正（止）在镇期年，皆去其首恶，喻之忠义，讫于受代，军旅无哗。镇徐四年，迁检校兵部尚书、汴州刺史、宣武军节度、宋亳颍观察等使，卒于镇。"《新唐书·卢弘止传》亦云："出为武宁节度使。徐自王智兴后，吏卒骄沓，银刀军尤不法。弘止戮其尤无状者，终弘止治，不敢哗。优诏褒劳。弘止羸病，乞身还东都，不许。徙宣武，卒于镇，赠尚书右仆射。"两书均载弘止镇徐后尚有镇汴之事，且卒于宣武任。冯谱谓"弘正（止）拜宣武之命，而仍卒于徐。《传》不书月，当在春时"[①]。张氏《会笺》虽纠正冯谱卢弘止"镇徐四年"及卒于六年春之

[①] 冯谱据《旧唐书·卢弘正（止）传》"镇徐四年"之误文（"镇徐"二字当衍，或当为"镇徐期年"之误，参《旧传》），谓卢卒于大中六年，并谓弘正（止）虽拜宣武之命，而仍卒于徐。张氏《会笺》已辨正之，谓卢当卒于大中五年。

误，但仍同意冯说，谓"证以《乙集序》，当是拜宣武之命未行，而仍卒于徐也"。但证以同时方镇迁代的情况，卢弘止在镇徐之后不但有宣武之除，而且当已到宣武任。按《全唐文》卷七八八蒋伸《授郑涓徐州节度使制》云："平卢军节度使、检校左散骑常侍郑涓……今以彭门重镇……求我良翰，惟尔金谐。"知郑涓在任徐州节度使之前，为平卢节度使，而杜牧《上宰相求湖州第三启》："某去岁闰十一月十四日……乞守钱塘……出于私曲，语今青州郑常侍云：更与一官，必任东去。"缪钺《杜牧年谱》谓此启为大中四年作，而启云"今青州郑常侍"，知大中四年郑涓在平卢节度使任。其迁徐州节度使的时间，则可据继任平卢节度使的孙范在平卢任的时间考知。蒋伸又有《授孙范青州节度使（按：即平卢节度使）制》。而《宝刻类编》卷七引《京兆金石录》："《唐平卢节度孙公妻荥阳郡君郑氏墓志》，唐任缮撰，大中四年。"知大中四年孙范已在平卢节度使任。据此可以推知，大中四年，郑涓已在徐州节度使任；而卢弘止亦当于同年迁宣武节度使并到任。据《偶成转韵七十二句赠四同舍》"蒲青柳碧春一色"及《戏题枢言草阁三十二韵》"春风二三月，柳密莺正啼""杨花飞相随"等句，知大中四年三月，商隐尚在徐州卢幕。弘止之迁宣武，当在此之后。又据《旧唐书·卢弘正（止）传》"弘正（止）在镇期年"之语，卢当于大中四年五六月间迁镇宣武。商隐《樊南乙集序》于"尚书范阳公以徐戎凶悍，节度阙判官，奏入幕"之后接叙"明年，府罢，选为博士"，未言随卢弘止赴汴幕之事，但既言"府罢"，则其离幕当在卢卒于宣武任之后，其具体时间约在大中五年暮春（详后章"王氏去世"一节）。

卢弘止之迁镇宣武及商隐之随卢至汴幕，还可据李郢的两首佚诗和商隐的三首与李郢有关的诗考出。童养年据《秘殿珠林·石渠宝笈续编》，在其所辑的《全唐诗续补遗》卷八中，收入李郢《送李商隐侍御奉使入关》及《板桥重送》二首七律①，前诗云：

> 梁园相遇管弦中，君踏仙梯我转蓬。
> 白雪咏歌人似玉，青云头角马生风。
> 相逢几日虚怀待，宾幕连期醉蝶同。
> 如有扁舟棹歌思，题诗时寄五湖东。

261

---

① 另尚有七律《赠李商隐赠佳人》一首，当亦同时之作，因与所考问题关系不大，不具引。

后诗云：

> 梁苑城西蘸水头，玉鞭公子醉风流。
>
> 几多红粉低鬟恨，一部清商驻拍留。
>
> 王事有程须仃伫，客身如梦正悠悠。
>
> 洛阳津畔逢神女，莫坠金楼醉石榴。

为了相互参证，说明问题，将商隐诗集中有关李郢的三首诗也一并引录如下。《汴上送李郢之苏州》云：

> 人高诗苦滞夷门，万里梁王有旧园。
>
> 烟幌自应怜《白纻》，月楼谁伴咏黄昏？
>
> 露桃涂颊依苔井，风柳夸腰住水村。
>
> 苏小小坟今在否？紫兰香径与招魂。

《魏侯第东北楼堂郢叔言别聊用书所见成篇》云：

> 暗楼连夜阁，不拟为黄昏。
>
> 未必断别泪，何曾妨梦魂。
>
> 疑穿花逶迤，渐近火温黁。
>
> 海底翻无水，仙家却有村。
>
> 锁香金屈戌，殢酒玉昆仑。
>
> 羽白风交扇，冰清月印盆。
>
> 旧欢尘自积，新岁电犹奔。
>
> 霞绮空留段，云峰不带根。
>
> 念君千里舸，江草漏灯痕。

《板桥晓别》云[①]：

> 回望高城落晓河，长亭窗户压微波。
>
> 水仙欲上鲤鱼去，一夜芙蓉红泪多。

将商隐和李郢的这五首诗联系起来考察，可以看出它们是同时同地之作。两

---

① 此诗题面未涉及李郢，但据李郢《板桥重送》诗及商隐《汴上送李郢之苏州》诗，可推断此诗系板桥别郢诗。

人在汴州相遇，又在汴州分别，商隐是奉使入关，李郢则南下苏州。李郢先有《送李商隐侍御奉使入关》，商隐则有《汴上送李郢之苏州》，二首当同时之作。商隐诗题明点李郢此行系之苏州，李郢诗则云"题诗时寄五湖东"，完全吻合。李郢又有《板桥重送》，商隐则有《板桥晓别》，二首亦一时之作，李郢诗明点"梁苑城西"送别之地，商隐此去是因"王事"即奉使入关，商隐诗则云"水仙欲上鲤鱼去"，暗示李郢系顺汴水乘舟南去。相遇与分别的季节，据"露桃涂颊"及"一夜芙蓉红泪多"之句，当是桃已红熟、荷花开放的季节，约在六月间。其时卢弘止已迁镇宣武，商隐当亦已由徐幕至汴幕。郢诗"相逢几日虚怀待，宾幕连期醉蝶同"，"宾幕连期"，正指商隐由徐幕至汴幕，幕期相连。故知此次商隐奉使入关乃是汴幕奉使。又据商隐诗"人高诗苦滞夷门，万里梁王有旧园"之句，知二人汴州相遇时郢留滞汴州已有相当时日，"梁王有旧园"即梁苑故地，亦即汴州，"万里"指离家万里（郢家于苏州）。相遇后数日，郢启程之苏州，商隐则奉使入关。郢之苏州，当是回到苏州的家。郢有《五湖冬日》诗云："楚人家住五湖东，斜掩柴门水石中。"与郢送商隐诗"题诗时寄五湖东"正合。

综上所考，可以得出以下结论：其一，商隐这次与李郢"梁园相遇"，是在商隐刚随幕主卢弘止由徐幕迁汴幕，即将奉使入关之时，也是李郢在汴州留滞已有相当时日，即将返回苏州家居之时，具体时间约在大中四年六月。其二，两人相遇后，盘桓数日，在板桥分别，商隐经洛阳西去，奉使入关；李郢则沿汴水南下，返回苏州。

梁园相遇期间，商隐还有一首《魏侯第东北楼堂郢叔言别聊用书所见成篇》，题内"郢叔"即指李郢。诗写得很隐晦，似乎牵涉到李郢在汴的一段情缘，现试作解释。魏侯第，当指汴州节度使府第。郢叔言别，联系诗中所写内容，当指李郢于节度使府东北楼堂与一位女性宴别，而诗人亦参与，故"书所见成篇"。起联点魏侯第东北楼堂，即言别之地。次联点别，谓此地一别，虽未必能断别泪（暗示后会难期），却不妨在梦中相会，系劝慰之辞。"疑穿"四句，书所见东北楼堂之曲径通幽，如穿逶迤之花径，似近温馨之薰香，若入蓬莱之仙境。"锁香"四句，似写室内宴别情景，谓室内香浓，杯中酒满，羽扇交挥，圆杯莹洁，双方频频劝酒。"旧欢"四句，正面叙别情，谓旧欢将如尘积而渐成陈迹，未来之岁月则犹似电奔，曾几何时，此段情缘遂如残留之霞锦、无根之云峰。末联想象李郢南行途中孤舟夜宿情景，有类"今宵酒醒何处？杨柳岸、晓风残月"之境。李郢南行，这位与之宴别的女子又殷殷送至汴州城西的板桥店，并在汴水边的长亭住宿。次日清晨，李郢乘舟而去，相别时这位女子犹泪光荧荧，故《板桥晓别》诗有"水仙欲上鲤鱼去，一夜芙蓉红泪多"的生动象征性描写。

商隐由徐幕至汴幕、与李郢在汴州相遇言别及奉使入关这段经历，过去从未有人注意过。因李郢佚诗的发现方得渐次考明。因对卢弘止由武宁节度使移宣武节度使之事未曾考明，过去曾将汴幕奉使误为徐幕奉使。现既已考明大中四年五六月间卢弘止确已移镇宣武，故商隐之奉使入京自为汴幕奉使①。

从二李互送的这五首诗看，商隐当时的意兴还是比较欢愉昂扬的，李郢诗中对商隐的"白雪咏歌人似玉，青云头角马生风"的形容，虽或有些夸张，但不会离商隐的实际精神风貌太远。可惜这种处境与心境却保持不了多久。大中五年春，幕主卢弘止在汴州病逝②，商隐罢幕。这时，一场重大的家庭变故正在迫近——他远在长安的妻子王氏，已经病入膏肓。等到他罢幕归京，已经再也见不到她的音容笑貌了。

---

① 汴幕奉使入关，何时返汴，以及返汴后在幕情况，由于商隐诗文中均未提及，无从考知。

② 卢弘止卒于宣武节度使任上，两《唐书》均同，但未载具体年月。根据《樊南乙集序》"明年府罢，选为博士……七月，尚书河东公守蜀东川，奏为记室"之文，"明年"当指大中五年。又据《房中曲》"蔷薇泣幽素，翠带花钱小……归来已不见，锦瑟长于人"之语，商隐自汴州归长安在春夏间，故卢弘止当卒于大中五年春。

第十三章　王氏去世与任国子博士

第一节　王氏去世

商隐的妻子王氏，是王茂元最小的女儿。商隐诗文中虽没有对她作过具体的叙写，但从一些作品中偶然涉及王氏的片断，却依稀可见其贤淑的品性和美好的容颜。商隐在令狐楚去世后几个月，即入王茂元幕，继又得到茂元的赏识，成为他的爱婿。但商隐却因此受到两方面的压力：一方面，是来自以恩门自居的令狐绹的压力，认为商隐"忘家恩，放利偷合"；另一方面是来自茂元家族的压力。茂元及其家族，对商隐的将来显然抱有相当高的期望，这从商隐一系列诗文中如下的表白可以明显看出：

> 生儿古有孙征虏，嫁女今无王右军。
>
> 借问琴书终一世，何如旗盖仰三分？
>
> ——《漫成五章》（其三）

> 愚方遁迹丘园，游心坟素。前耕后饷，并食易衣。不忮不求，道诚有在。自媒自炫，病或未能。虽吕范以久贫，幸冶长之无罪。（《重祭外舅司徒公文》）

> 某早辱徽音，夙当采异。晋霸可托，齐大宁畏。持匡衡乙科之选，杂梁竦徒劳之地。虽饷田以甚恭，念贩春而增愧……品流曲借，富贵虚期。诚非国宝之倾险，终无卫玠之风姿。（《祭外舅赠司徒公文》）

"品流曲借，富贵虚期"，不妨借作王氏家族对商隐的高期许与商隐实际穷困处境间巨大反差的概括。商隐对此既深感愧疚，又郁愤不平。以上这两方面的压力，不但长期压在商隐头上，而且同时压在王氏头上。从"前耕后饷，并食易衣""虽饷田以甚恭，念贩春而增愧""荆钗布裙，高义每符于梁、孟"这些有关他们夫妻间关系的描叙看，王氏是以其贤淑的品性与商隐共同承受了这两方面的压力，并心甘情愿地跟着商隐过着清贫淡泊的生活。从开成三年成婚到大中五年王氏去世，他们夫妇一直是相濡以沫的。从"联辞虽许谢，和曲本惭《巴》"（《喜雪》）、"水亭吟断续，月幌梦飞沉"（《摇落》）、"春风犹自疑联句，雪絮相和飞不休"（《过招国李家南园二首》其一）等诗句看，王氏能诗，他们夫妇间也常有联句唱和之事。至于王氏的美貌，商隐在不少诗中都曾或显或隐地提及，如"莫将越客千丝网，网得西施别赠人"（《病中早访招国李十将军遇挈家游曲江二首》之二）、"枕是龙宫石，割得秋波色。玉簟失柔肤，但见蒙罗碧"（《房中曲》）、"独自有波光，彩囊盛不得"（《李夫人三首》之二），从通体之美到秋波、柔肤，都深情地加以赞美。应该说，商隐与妻子王氏之间的感情是非常深挚的，这从王氏生前商隐写的忆内诗中已经可以强烈地感受到，而王氏去世后写的一系列悼亡诗更将这种深挚感情表现得淋漓尽致。

但这样一位贤淑聪慧、美丽深情的女子，身体却柔弱多病。商隐会昌四年写的《重祭外舅司徒公文》中已说："昔公爱女，今愚病妻。"假定结婚时王氏年十八九，这时也才二十五六岁，但却已是病弱之身。她开成三年与商隐结婚后多年未有子女，可能也与病弱的身体有关。会昌六年儿子衮师出世后不久，商隐于第二年春天即远赴桂林，大中二年深秋商隐北归长安后，一家人方得团聚，这期间抚养子女、操持家事，其辛劳可想而知。大中三年春，王氏的身体较前似乎更为衰弱，商隐在《房中曲》中这样写道：

忆得前年（按：指大中三年）春，未语含悲辛。

好像当时王氏对自己的身体已有一种不祥的预感，不幸这种预感竟在两年后的大中五年春就变成残酷的现实。

商隐《樊南乙集序》云："三年已来，丧失家道，平居忽忽不乐，始克意事佛，方愿打钟扫地，为清凉山行者。"序作于大中七年十一月，而称"三年已来，丧失家道"，则王氏卒于大中五年。但究竟卒于大中五年的哪个月，商隐诗文中并无明确记载，因而有各种不同的说法。冯浩《玉谿生年谱》谓"其亡在秋深，《属疾》一章可证，又别有'柿叶翻时独悼亡'之句"。但冯氏谓商隐自徐州卢幕返京在大中六年，故云："《房中曲》所谓'归来已不见'也。"张采田《会笺》纠正冯谱商隐大中六年罢卢幕归京之误，但同样认为王氏去世时间在大中五年秋天，谓："集有《悼伤后赴东蜀辟至散关遇雪》诗，则妻殁未久，即赴辟可知。悼亡时，义山在京。初承蜀辟，有《王十二兄与畏之员外见招小饮时余以悼亡日近不去因寄》及《赴职梓潼留别畏之员外同年》二篇，足为的证（《房中曲》：'忆得前年春，未语含悲辛。归来已不见，锦瑟长于人。'前年春，指大中三年，义山时留假参军，正在京。'归来'句则谓今不幸徐州罢归，方期重乐室家之好，而其人已不见矣，非妻殁在义山未归前也）。"所不同的是，张氏谓"妻王氏卒，会河南尹柳仲郢镇东川，辟为节度书记"。似谓王氏卒于大中五年夏秋间（柳仲郢七月被任命为东川节度使），而冯浩则认为作于深秋。但无论是卒于夏秋间或卒于深秋，都是错误的。王氏去世的时间，实际上是在大中五年暮春。《房中曲》一诗为王氏卒后不久所作，也是考证王氏卒于商隐罢卢幕归抵长安之前或之后以及具体月份最直接的证据。诗云：

> 蔷薇泣幽素，翠带花钱小。
> 娇郎痴若云，抱日西帘晓。
> 枕是龙宫石，割得秋波色。
> 玉簟失柔肤，但见蒙罗碧。
> 忆得前年春，未语含悲辛。
> 归来已不见，锦瑟长于人。
> 今日涧底松，明日山头檗。
> 愁到天地翻，相看不相识。

冯谱谓商隐罢卢幕归京在大中六年虽误，但他据"归来已不见，锦瑟长于人"之句，谓王氏之卒在罢幕归京之前则确。张采田释"归来"句云："今则归来人已不能常见矣，非妻死时义山尚未归也"（《李义山诗辨正》），又谓："'归来'句则谓今不幸徐州罢归，方期重乐室家之好，而其人已不见矣，非妻殁在义山未归前也。"（《玉谿生年谱会笺》）《辨证》解"已不见"为"已不能常见"，其对原意的歪曲显而易见。《会笺》欲弥其缝，不知"徐州罢归……而其人已不见"与"非妻殁在义山未归前也"转相矛盾。实际上，"归来已不见，锦瑟长于人"二句已将卢幕归来、王氏已逝、物在人亡、空留锦瑟的意思讲得十分清楚明白，根本没有必要费辞去作种种或失之牵强或自相矛盾的解释。王氏去世的时间，诗的开头两句"蔷薇泣幽素，翠带花钱小"已提供了物候方面的直接证据。蔷薇于春夏间开花。储光羲《蔷薇歌》："春日迟迟将欲半，庭影离离正堪玩。枝上娇莺不畏人，叶底飞蛾自相乱……秦家儿女爱芳菲，画眉相伴采葳蕤……连袂踏歌从此去，风吹香气逐人归。"白居易《蔷薇正开春酒初熟因招刘十九崔二十四同饮》："瓮头竹叶经春熟，阶底蔷薇入夏开。"吴融《蔷薇》："万卉春风度，繁花夏景长。"均可证蔷薇开于晚春或初夏。其花期通常不超过一个月。诗云"翠带花钱小"，既是形容蔷薇初开时叶如翠带，花如小钱，而"泣幽素"亦表明蔷薇花上有晶莹的露水，其时当值晚春或春夏间，而非盛夏郁热炎蒸之候。即或偶有开花较晚的蔷薇，如贾岛《题兴化园亭》所说"蔷薇花落秋风起"，但那已是"荆棘满庭"的凋衰景象，而绝非"泣幽素""翠带花钱小"的初开景象。故据此二句可以断定，王氏之卒当在蔷薇初开，"翠带花钱小"之前，亦即大中五年暮春，甚至可能再早些。关于这一点，还可以从《相思》（题一作《相思树上》）一诗得到证明：

> 相思树上合欢枝，紫凤青鸾并羽仪。
> 肠断秦台吹管客，日西春尽到来迟。

此诗诸家向无确解。冯浩谓"以艳情寓慨"，张采田谓"此重官秘阁时作，自叹遇合之不偶……义山服阕入京，未几，武宗晏驾，卫公外斥，文人数奇，所慨深矣"，均不可信。这实际上是一首悼亡诗。"秦台吹管客"用萧史吹箫作凤鸣，秦穆公以女弄玉妻之的典故。此以萧史自指，暗示其为茂元爱婿。萧史、弄玉结为夫妇，此言"肠断秦台吹管客"，其肠断当因悼亡而起。前两句以相思树上紫凤青鸾之合欢喻夫妇之相爱，盖谓己与王氏本如双栖于相思树上合欢枝头之紫凤青鸾，羽仪相映，伉俪情深。三四则由忆昔日之欢爱而伤今日之永隔，谓我于日暮春尽归来之时，王氏已殁，昔日之秦台客宁不为"到来迟"而肠断乎！"到来迟"即《房中曲》"归来已不见"之谓。颇疑此次义山罢汴幕归京途中已得知王氏病重消息，兼程赶回，但仍未能和王氏见上最后一面，故有"到来迟""已不见"之叹。此诗当是到京后所作。

冯氏谓王氏"亡在秋深"，系据《属疾》诗"许靖犹羁宦，安仁复悼亡。兹辰聊属疾，何日免殊方。秋蝶无端丽，寒花只暂香。多情真命薄，容易即回肠"，及《赴职梓潼留别畏之员外同年》"柿叶翻时独悼亡"推断。但"安仁复悼亡"不过泛说自己如潘岳为悼念亡妻之情所缠绕，"复"字对上句

"犹"字而言，谓羁宦异乡之情本已难遣，复为悼念亡妻之情所缠，更觉不堪，故"兹辰"姑且托疾告假，并非说"兹辰"正好遇上妻子去世的忌日。"柿叶翻时独悼亡"是说自己在这柿叶翻飞的深秋季节独独怀着悼念亡妻的深情苦意，并非是说"柿叶翻时"正值妻子去世之时。冯氏引《南史·刘歊传》："歊未死之春，有人为其庭中栽柿，歊谓兄子彝曰：'吾不及见此实，尔其勿言。'及秋而亡。"其意盖在证成其"亡在秋深"之说。但此处是否用刘歊典，颇可疑，盖如用此典，当曰"柿实成时"而不当曰"柿叶翻时"。关中平原多柿树，深秋柿叶翻时一片凋衰景象，触动悼亡情绪，故曰"柿叶翻时独悼亡"。"柿叶翻时"是作诗时眼前景，非妻逝世之日。冯氏将"悼亡"都理解为王氏去世之日，实际上这两首诗中的"悼亡"都是指悼念亡妻之情。尤可作为有力反证者，蔷薇花绝不会到秋深仍然开放，秋深妻亡说与《房中曲》"蔷薇泣幽素，翠带花钱小"是直接冲突的，不足信。

第二节　任国子博士

　　王氏在盛年奄然去世，丢下一双幼小的儿女，对商隐打击之大，是可以想见的。卢幕罢归长安后，由于生活所迫，商隐不得不去干求已经做了宰相的旧交令狐绹。两《唐书》本传均谓"府罢入朝，复以文章干绹，乃补太学博士"，"久之还朝，复干绹，乃补太学博士"。《樊南文集》中有《上时相启》《上兵部相公启》，就是卢幕归来时上令狐绹的书启。前启上于暮春，启云：

　　　　商隐启：暮春之初，甘泽承降。既闻沾足，又欲开晴。实关燮和，克致丰阜。繁阴初合，则傅说为霖；媚景将开，则赵衰呈日。获依恩养，定见升平。绝路左之喘牛，用惊丙吉；无厩中之恶马，以役任安。偃仰兴居，惟有歌咏。瞻仰闱闼，不胜肺肝。谨启。

冯浩笺曰："玩'获依恩养'句，或令狐子直乎？"从商隐与文、武、宣三朝历任宰相的关系看，称得上是"获依恩养"的，只有令狐绹，冯笺可从。启从暮春的一场时雨联及宰相的"燮和"，把令狐绹比作古代的贤相傅说、赵衰、丙吉，比作沾洒苍生的甘霖，给人带来温暖的冬日，颂扬备至，而且说自己"获依恩养，定见升平"。这实际上是一封陈情告哀、希求汲引的书启。

所谓"以文章干绹"，或当包括这封启在内。启末有"瞻仰闸闼"语，有可能是卢幕罢归途中所上，与启首"暮春之初"正合。

另有《上兵部相公启》，亦上于大中五年四月乙卯令狐绹由兵部侍郎同平章事，改中书侍郎，兼礼部尚书之前。这是应令狐绹的指命，书写元和年间令狐楚的《寄张相公》诗准备刻石，写就后上绹的启，其中写道：

> 况惟菲陋，早预生徒。仰夫子（按：指令狐楚）之文章，曾无具体；辱郎君（按：指令狐绹）之谦下，尚遗濡翰……恩长感集，格钝惭深。

在这样一封事务性的信中也不忘称扬令狐二世之恩德，这自然也是干求的一种方式。实际上，在经历了追随郑亚入桂管幕之事以后，令狐绹固然对商隐深憾之，商隐对令狐绹的认识也比以前更深。但为生活所迫，仍不得不违心地在启中对令狐加以称颂，以期得到其汲引。这实在是商隐的悲哀。这种违心的言行，加深了商隐的内心痛苦。

可能是由于商隐的一再干求，身居相位的令狐绹终于荐引商隐做了太学博士。这个职位，从官品看，是正六品上，品级并不算低，却是一个典型的冷官。韩愈当年就曾为自己担任国子学博士这样的闲冷官职而在《进学解》中大发怀才不遇的牢骚："公不见信于人，私不见助于友。跋前踬后，动辄得咎……三为博士，冗不见治……冬暖而儿号寒，年丰而妻啼饥。头童齿豁，竟死何裨！"熟读韩文的商隐自然也非常了解韩愈的这种处境与牢骚。早年商隐在《上崔华州书》中曾明确表示对"学道必求古，为文必有师法"的不满，声称自己是"行道不系今古，直挥笔为文，不爱攘取经史，讳忌时世"，如今却要他"在国子监太学，始主事讲经，申诵古道，教太学生为文章"（《樊南乙集序》）。自己现在所做的，恰恰是当年自己所反对的，这真是命运对他的绝大讽刺。只有把《上崔华州书》中的自我表白和《樊南乙集序》"主事讲经，申诵古道"的叙述对照比较，才能深刻体味到商隐任国子博士期间内心的悲凉与无奈。在此期间，他写过一首《咏怀寄秘阁旧僚二十六韵》，集中抒发了他当时的心境和对自身悲剧命运的哀挽：

> 年鬓日堪悲，衡茅益自嗤。
> 攻文枯若木，处世钝如锤。
> 敢忘垂堂诚，宁将暗室欺？

悬头曾苦学，折臂反成医。

仆御嫌夫懦，孩童笑叔痴。

小男方嗜栗，幼女漫忧葵。

遇炙谁先啖？逢斋即更吹。

官衔同画饼，面貌乏凝脂。

典籍将蠡测，文章若管窥。

图形翻类狗，入梦肯非罴。

自哂成书簏，终当咒酒卮。

懒沾襟上血，羞镊镜中丝。

橐籥言方喻，樗蒲齿讵知？

事神徒惕虑，佞佛愧虚辞。

曲艺垂麟角，浮名状虎皮。

乘轩宁见宠？巢幕更逢危。

礼俗拘稂喜，侯王忏戴逵。

途穷方结舌，静胜但搘颐。

粝食空弹剑，亨衢讵置锥！

柏台成口号，芸阁暂肩随。

悔逐迁莺伴，谁观择虱时？

瓮间眠太率，床下隐何卑！

奋迹登弘阁，摧心对董帷。

校雠如有暇，松竹一相思。

诗当作于大中五年夏。这首诗不仅集中抒写了商隐在任太学博士期间的生活与心境，反映出一年来心境的巨大变化，而且有对生平际遇的回顾与思考，是了解商隐思想感情的重要诗篇，故全加引录。起四句谓自己年鬓已衰而穷困依旧，惟专攻文，而钝于处世，为一篇之纲。"敢忘"二句，分承"攻文""处世"，谓谨守垂堂之诫，不作暗室欺心之事，悬头苦学，历经挫折而终有所成。"仆御"四句，谓因拙于谋生处世，故仆御以己为懦，孩童笑己之痴，儿女则常苦饥寒。"遇炙"二句，谓世无知己荐引赏誉，如周顗之割炙以啖；而惩羹吹齑，以己为党局中人而心存戒惕者则不乏其人。"官衔"十句，极言己官冷体衰，空有学问文章，而遇合无时，惟欲醉酒以自遣。"官衔同画饼"，当指六品之太学博士冷官，徒有虚衔，如画饼不能充饥。"橐籥"二句，谓历经挫折，方悟委心任运之理。"事神"二句，谓事神佞佛，均无补于实际。"曲艺"四句，谓己虽诗文艺精，声名传世，但既不见宠于君主，又逢危于幕府，不过得无用之浮名而已。"礼俗"四句，或如冯注所云，以嵇喜为功曹，喻己为幕僚，尚为礼俗所拘；以王珣上书请征戴逵为国子祭酒，喻令狐绹荐己为太学博士。然所谓"忻戴逵"，实不过以我为"堪发冑子之蒙"，亦即《乙集序》所谓"申诵古道，教太学生为文章"而已。无论为幕职、为博士，实皆穷途无路，惟可结舌支颐，静寂自处。"粝食"二句，谓穷困不达，中朝无立锥之地。"柏台"二句，谓自己所得侍御宪衔已成有名无实之口号，今惟肩随秘阁旧僚诸君而已。"悔逐"四句，似与往年秘阁之情事有关，今颇难索解。末四句谓旧僚已奋迹而登弘阁，遇合有时，己则摧心而独对讲席，仍为博士冷官，望旧僚校书公事余暇，或一思念及己。

诗中"年鬓日堪悲""面貌乏凝脂""懒沾襟上血，羞镊镜中丝""途穷方结舌"等句，与前一年在徐幕所作《偶成转韵七十二句赠四同舍》《戏题枢言草阁三十二韵》二诗中"且吟王粲《从军乐》，不赋渊明《归去来》""横行阔视倚公怜，狂来笔力如牛弩"及"年颜各少壮，发绿齿尚齐""走马射雉路""攲冠弹玉琴"的形象相比，与李郢送商隐诗中所描绘的"白雪咏歌人似玉，青云头角马生风"的形象相比，几判若两人。如果不是生活中遭遇重大变故，必不至此。"小男方嗜栗，幼女漫忧葵"之句，意味也颇类《王十二兄与畏之员外相访见招小饮时余以悼亡日近不去因寄》中的"嵇氏幼男犹可悯，左家娇女岂能忘"一联，悼伤悯子之意，不难于言外领之。

经历了这场丧妻之痛的沉重打击，商隐从身体到精神似乎一下子变得衰老了。此后的六七年时间里，像《偶成转韵七十二句赠四同舍》《戏题枢言草阁三十二韵》中出现过的那种豪纵不羁的气概和情怀，在他诗文中就再也没有出现过。它像一座分水岭，划分了商隐生活与创作的不同阶段。

第三节　应东川辟

商隐《唐梓州慧义精舍南禅院四证堂碑铭并序》云："（大中）五年

夏，以梁山蚁聚，充国鸥张①，命马援以南征，委钟繇以西事。"《樊南乙集序》云："（大中五年）七月，尚书河东公守蜀东川，奏为记室。"尚书河东公，指柳仲郢（河东为柳氏郡望），大中四年至五年七月在河南尹任。据《唐故东川节度使检校右仆射兼御史大夫赠司徒周公（墀）墓志铭》："大中五年岁在辛未二月十七日薨于位。"周墀卒于东川节度使任上后，朝廷似未立即任命新的东川节度使，迨是年夏蓬、果百姓聚众起义后，方于七月任命柳仲郢为东川节度使。

据《新唐书·柳仲郢传》，仲郢曾为牛僧孺辟置武昌节度使幕府，有其父公绰风矩，得到僧孺赞赏。会昌初，累转吏部郎中。"时诏减官冗长者，仲郢条简浃日，损千二百五十员，议者厌伏"，迁左谏议大夫。武宗延方士筑望仙台，仲郢屡次进谏。御史崔元藻以覆按吴湘狱得罪，仲郢切谏，宰相李德裕不以为嫌，奏拜京兆尹。"置权量于东西市，使贸易用之，禁私制者。北司吏入粟违约，仲郢杀而尸之，自是人无敢犯，政号严明……中书舍人纥干臮诉甥刘诩殴其母，诩为禁军校，仲郢不待奏，即捕取之，死杖下。宦官以为言，改右散骑常侍，知吏部铨。德裕颇抑进士科，仲郢无所徇……宣宗初，德裕罢政事，坐所厚善，出为郑州刺史。周墀镇滑，而郑为属郡，高其绩，及入相，荐授河南尹，召拜户部侍郎，墀罢，它宰相恶仲郢，左迁秘书监。数月，复出河南尹，以宽惠为政。或言不类京兆时，答曰："辇毂之下，先弹压；郡邑之治，本惠养，乌可类乎？'擢剑南东川节度使。大吏边章简挟势肆贪，前帅不能制，仲郢因事杀之，官下肃然。""仲郢方严，尚气义，事亲甚谨。李德裕贬死，家无禄，不自振；及领盐铁，遂取其兄子从质为推官，知苏州院。宰相令狐绹持不可，乃移书开谕绹，绹感悟，从之……父子更九镇，五为京兆，再为河南，皆不奏瑞，不度浮屠，急于摘贪吏，济单弱。每旱潦，必贷匮赒负，里无逋家。"大中六年，李德裕的灵柩自崖州运回洛阳，柳仲郢还命李商隐撰祭文，遣人至江陵路祭（事详陈寅恪《李德裕贬死年月及归葬传说辨证》）。以上记载，可以看出柳仲郢是一位办事干练、执法严明、不畏权幸、政绩斐然的能吏，又是富于同情心和正义感的贤吏。他和牛、李两党的领袖都有交往，并受到他们的器重与厚遇，但又都不阿附

---

①《通鉴·大中五年》：十月，"蓬、果群盗依阻鸡山，寇掠三川（按：指东西川及山南西道）。以果州刺史王赞弘充三川行营都知兵马使以讨之"。命王赞弘进讨事虽在十月，但蓬、果百姓依阻鸡山聚众起义（即所谓"梁山蚁聚，充国鸥张"）则在五年夏。任命柳仲郢为东川节度则在七月。

于某一党。《旧唐书·柳仲郢传》载："德裕奏为京兆尹，谢日言曰：'下官不期太尉恩奖及此，仰报厚德，敢不如奇章（按：指牛僧孺）门馆！'"实则德裕当政时，他既在裁汰冗吏、治理京兆方面做出了实绩，但对德裕的过失也能当面直谏，并不因德裕的"恩奖"而阿附。而当大中朝李德裕被贬死崖州后，又表现出对德裕的同情并对其亲属予以照拂。总之，在晚唐政坛上，柳仲郢是一位有端方品质和才能业绩的人物。

李商隐在这次被奏辟为东川节度使幕僚之前，是否已与柳仲郢结识，从现存商隐诗文中，还找不到这方面的证据。但商隐的文名诗名及其坎坷遭遇，仲郢当早有所闻。会昌六年四月，李德裕罢相后，柳仲郢出为郑州刺史，接替李褒，其时商隐弟羲叟当仍居郑州。大中元年羲叟参加进士试，当由郑州府试报送。仲郢任郑州刺史时得到义成节度使周墀的赞赏，墀大中二年五月入相后，荐仲郢为京兆尹，而商隐与周墀之间，自开成三年以来一直有较密切的联系。因此商隐有可能在入东川幕之前就已结识柳仲郢。大中五年暮春商隐妻王氏逝世后，当将其灵柩运回郑州坛山祖茔安葬，往返经过洛阳时，可能拜谒过时任河南尹的柳仲郢。仲郢被命东川后，赏商隐之才，怜商隐之困，而有东川节度书记之辟署，应该是符合情理的。

在接到仲郢辟其为书记的书启后，商隐有《上河东公谢辟启》云：

> 某少而孱荼，长则艰屯。有志为文，无资就学。虽杂赋八首，或庶于马迁；而读书五车，远惭于惠子。契阔湖岭（按：指从事桂管），凄凉路歧。罕遇心知，多逢皮相。昔鲁人以仲尼为佞，淮阴以韩信为怯，圣哲且犹如此，寻常安能免乎！是以艮背却行，求心自处。罗含兰菊，仲蔚蓬蒿，见芳草则怨王孙之不归，抚高松则叹大夫之虚位……若某者又安可炫露短材，叨尘记室？盐车款段，徒逢伯乐而鸣；土鼓迂疏，恐致文侯之卧。承命知忝，抚怀自惊。终无喻蜀之能，但誓依刘之愿。

在自诉平生艰虞困顿、遭受误解的同时，表露出对柳仲郢知遇的感激。但如与上卢弘止的谢辟启相对照，便可见出商隐与卢、柳的关系有深浅之分。在《上河东公谢聘钱启》中提到仲郢"赐钱三十五万以备行李"，这是一个不小的数目。据《新唐书·食货志》："唐世百官俸钱，会昌后不复增减……节度使，三十万……观察使，十万。"三十五万聘钱相当于节度使的俸禄。因为商隐赴东川幕，要把一双幼小的儿女留在长安，托人照顾，这三十五万聘钱中当包含有安家费，故商隐谢启说："不执鞭而获富，敢将润屋，且以腾装。"

柳仲郢任命为东川节度使时，前任周墀已去世四个多月，又是因蓬、果百姓依阻鸡山聚义而被派往东川的，因此接到任命后不久，当即启程赴任。据《唐会要》卷六十九会昌四年中书门下阙名《刺史限日到任奏》："比缘向外除授刺史，多经半年已上方至本任……自今已后……一千里内，限十日进发；二千里已上，限十五日；三千里已上，限二十日。仍并勒取便进发，不得托以事故，别取他路经过。"梓州距京师二千九百里，按规定应在十五日内进发。即使再拖些时日，七月任命，八月当已启程赴任。而商隐却直至深秋仍滞留京师，《王十二兄与畏之员外相访见招小饮时余以悼亡日近不去因寄》"秋霖腹疾俱难遣，万里西风夜正长"，及《赴职梓潼留别畏之员外同年》"柿叶翻时独悼亡"之句均可证。启程后至散关已遇雪。其《樊南乙集序》云："（大中五年）七月，尚书河东公守蜀东川，奏为记室。十月得见，吴郡张黯见代，改判上军。"这里说的"十月得见"，显然不会是指十月方在河南府见到柳仲郢，因为一则如上文所述，柳仲郢绝不可能迟至十月尚滞留洛阳未启程，二则整个七月乃至八月商隐都在洛阳，有《崇让宅东亭醉后沔然有作》《七月二十八日与王郑二秀才听雨后梦作》《七月二十九日崇让宅宴作》《昨夜》《夜冷》《西亭》《临发崇让宅紫薇》诸诗可证。在此期间，商隐还曾为仲郢之子柳璧代拟过上韩琮的启。因此，这里的"十月得见"，当是指商隐十月到达梓州后得见幕主柳仲郢。据商隐大中五年秋在洛阳、长安所作诸诗，可以大体推断商隐约于九月上旬自长安启程，长安至梓州二千九百里，约五十日可达，到达梓州的时间约为十月下旬，故云"十月得见"。而商隐之所以不能随同仲郢一起赴梓，而须延至九月上旬方启程，当因处理王氏殡葬事宜及在长安安顿幼子弱女之故。幕僚应聘后因家事或其他原因须延期赴幕的情况常有，商隐《为山南薛从事杰逊谢辟启》云："伏以家室忧繁初解，山川跋涉未任，须至季秋，方离上国。"就属于这类情况。

大中五年七八两个月，商隐大部分时间都在洛阳崇让坊王茂元宅。开成三年与王氏结婚以后，崇让宅是他往返京、洛、郑州常住的地方，曾经度过许多幸福甜美的时光。如今重居故地，而王氏已亡，不免触绪生悲增慨。在这期间，他以崇让宅为中心，写过一系列优秀诗篇，大都与王氏的去世有关，有的直抒悼伤之情，有的从此引发出身世之慨。《辛未七夕》作于大中五年七月七日乞巧日：

恐是仙家好别离，故教迢递作佳期。

由来碧落银河畔，可要金风玉露时？

清露渐移相望久，微云未接过来迟。

岂能无意酬乌鹊，唯与蜘蛛乞巧丝？

通篇对牛女一年一度相会、相会时又迟延不至、既相会却无意酬谢填河成桥的乌鹊表示不可理解，认为这"恐是仙家好别离"的缘故。表面上看，像是故意作翻案文章——翻牛女珍重一年一度佳期的旧案。实际上，诗人的这种看法和感慨自有其生活依据和心理基础。商隐平生驱驰南北东西，屡次远幕依人，与妻子王氏离多会少，因此特别珍视难得的团聚。如今，王氏已逝，夫妇永别，即使想像牛、女那样一年一度相会也不可得。他另有一首《七夕》诗说："争将世上无期别，换得年年一度来。"无期别，即死别，指自己与妻子的永别。哪怕是只有一年一度相会，也远胜这相见无期的死别。正因为与妻子永别而转羡一年一度的相会，故对"仙家好别离"感到不可理解。脱离了王氏逝世、夫妇永别这个生活背景，脱离了因夫妇永别转羡一年一度相会的特定心理，这首诗就很难得到正确的理解。

新秋时节，商隐居崇让坊王茂元旧宅。因为伤感苦闷，饮酒自遣。酒醉未销，面对东亭新秋景色，回顾平生遭际，写下深有感慨的《崇让宅东亭醉后沔然有作》：

曲岸风雷罢，东亭霁日凉。

新秋仍酒困，幽兴暂江乡。

摇落真何遽，交亲或未亡。

一帆彭蠡月，数雁塞门霜。

俗态虽多累，仙标发近狂。

声名佳句在，身世玉琴张。

万古山空碧，无人鬓免黄。

骅骝忧老大，鸲鹆妒芬芳。

密竹沉虚籁，孤莲泊晚香。

如何此幽胜，淹卧剧清漳？

诗中"交亲或未亡"句，系用陆机《叹逝赋》中语："余年方四十，而懿亲戚属，亡多存寡；昵交密友，亦不半在。"大中五年商隐正好四十岁。这时，不但过去对他有知遇之恩或亲戚之谊的令狐楚、崔戎、王茂元、郑亚、卢弘止等均已先后谢世，连十四年来相濡以沫的妻子王氏也于本年暮春奄然去世。亲故中惟有韩瞻健在，故说"交亲或未亡"。其《梓州道兴观碑铭并序》也说："予也五郡知名，三河负气……谢文学之官之日，歧路东西；陆平原强仕之年，交亲零落。""交亲或未亡"，亦即"交亲零落"的另一种表述，其中即包括了最亲密的"交亲"妻子王氏的去世。这首诗语丽情悲，充满了悲怆的身世之慨。"声名佳句在，身世玉琴张"二句，可以说是对自己身世的概括。冯浩把这首诗作为开成五年秋南游江乡的证据之一，将"交亲或未亡"句从误文定为"交亲或未忘"，从而掩盖了其用陆机《叹逝赋》中语及是年商隐年四十的重要事实。又将"幽兴暂江乡"句曲解为"暂诣江乡"，其实这句不过是说对此东亭曲岸、雨霁新凉之景，幽兴忽似置身江乡。因已有专文详辨，不赘述（详拙文《李商隐开成末南游江乡说再辨正》）。

　　七月二十八、二十九两日，又连续作了感慨人生变幻和濩落身世的诗。《七月二十八日夜与王郑二秀才听雨后梦作》云：

> 初梦龙宫宝焰燃，瑞霞明丽满晴天。
>
> 旋成醉倚蓬莱树，有个仙人拍我肩。
>
> 少顷远闻吹细管，闻声不见隔飞烟。
>
> 逡巡又过潇湘雨，雨打湘灵五十弦。
>
> 瞥见冯夷殊怅望，鲛绡休卖海为田。
>
> 亦逢毛女无惆极，龙伯擎将华岳莲。
>
> 恍惚无倪明又暗，低迷不已断还连。
>
> 觉来正是平阶雨，独背寒灯枕手眠。

这首诗描绘恍惚低迷、断续无端的梦境，其中所展现的三个片断或境界（得意惬心的境界、可闻不可见的境界、失意无惆的境界），实际上是诗人所历的变幻不定的各种人生境界在潜意识中的变形反映。结联梦醒后夜雨平阶、寒灯荧荧的描写更加强了人生幻灭的凄寂悲凉。

　　《七月二十九日崇让宅宴作》则用轻快流利的笔调抒写沉痛悲怆的身世之感，寄寓悼亡之痛：

> 露如微霰下前池，风过回塘万竹悲。
>
> 浮世本来多聚散，红蕖何事亦离披？

> 悠扬归梦惟灯见，濩落生涯独酒知。
>
> 岂到白头长只尔？嵩阳松雪有心期。

风露凄凄、竹韵萧萧、红蕖离披的景物描写和浮世聚散不常的慨叹中本就含有亲故零落、夫妻永诀的哀感。腹联承上"聚散""离披"，谓前此之归梦，爱妻或能见之，今则所见者惟照壁之孤灯；濩落之生涯，昔则彼我同悲，今则所知者惟酒矣。"惟灯见""独酒知"，正见爱妻已不见不知，浮沉于人世者，如今惟己一人。末联心境似拓开一步，实则悲慨更深。

《昨夜》《西亭》《夜冷》等诗，也都作于大中五年秋，每一首都寓含明显的悼伤之情。《夜冷》：

> 树绕池宽月影多，村砧坞笛隔风萝。
>
> 西亭翠被余香薄，一夜将愁向败荷。

崇让宅有东亭、西亭，亭前均有池。此"西亭"与下首"西池"均在崇让宅中。曰"翠被余香薄"，既见诗人对王氏的追思怀恋，亦说明王氏去世已有相当时日。《昨夜》：

> 不辞鶗鴂妒年芳，但惜流尘暗烛房。
>
> 昨夜西池凉露满，桂花吹断月中香。

年芳之衰、鶗鴂之鸣，虽也使人悲慨，却是不可避免的，所深惜者流尘满室、伊人永逝耳（"流尘暗烛房"化用潘岳《悼亡诗》"床空委清尘"句）。昨夜西池凉露盈满，桂香飘尽，一切美好的事物都在消逝。《西亭》云：

> 此夜西亭月正圆，疏帘相伴宿风烟。
>
> 梧桐莫更翻清露，孤鹤从来不得眠。

月圆人缺，独宿西亭，疏帘相伴，梧桐滴露，诗人则永夜不寐。这首诗当是大中五年中秋所作。曰"孤鹤从来不得眠"，不但明白揭出悼伤之人，且表明王氏逝世已有相当长的一段时日。

商隐从洛阳出发，大约即在中秋后，行前有《临发崇让宅紫薇》诗云：

> 一树浓姿独看来，秋庭暮雨类轻埃。
>
> 不先摇落应为有，已欲别离休更开。

李商隐传论（一）

桃绶含情依露井，柳绵相忆隔章台。

天涯地角同荣谢，岂要移根上苑栽？

首联谓紫薇于秋庭暮雨中盛开，"独看"，见花之寂寞无赏。颔联谓紫薇逢此清秋，未先摇落，应是为我而开；而我即将离此远赴天涯，则花开谁赏，故说"休更开"。前两联虽未明显以紫薇自况，而彼此寂寞无赏、惺惺相惜之情已寓其中，花之与己，实二而一。颈联谓露井之桃、章台之柳，均逢时得地者，今后当异地相隔，不复得见。尾联以紫薇自喻，谓帝京上苑之桃柳与天涯地角之紫薇同一荣谢，又何必移根上苑哉！聊自解嘲中正含有愤郁不平。"移根上苑"，喻任朝廷显职；"天涯地角"，正点自己将远赴西南的梓州。

大约八月下旬，商隐抵达长安。以下诸诗均赴职梓州之前在长安所作。《王十二兄与畏之员外见招小饮时余以悼亡日近不去因寄》：

谢傅门庭旧末行，今朝歌管属檀郎。

更无人处帘垂地，欲拂尘时簟竟床。

嵇氏幼男犹可悯，左家娇女岂能忘？

秋霖腹疾俱难遣，万里西风夜正长。

颔联所写，当是商隐在长安的旧居室空人杳的景象。如今妻子长逝，只留下一对幼男弱女，自己即将远赴东川，只能将儿女寄养在长安亲友家，思之惨然，故说"犹可悯""岂能忘"。

这时，旧日幕主郑亚的灵柩由循州运回长安，商隐闻讯，前往"故驿"（当指蓝田驿）迎吊，有《故驿迎吊故桂府常侍有感》：

饥乌翻树晚鸡啼，泣过秋原没马泥。

二纪征南恩与旧，此时丹旐玉山西。

"二纪征南恩与旧"，指李德裕与郑亚间的旧谊。郑亚曾在李德裕任浙西观察使时为幕府从事，时在长庆二年至大和三年（822—829）期间。至大中三年（849）德裕去世，正符"二纪"之数。这首诗不仅将郑亚的命运与李德裕的命运联系在一起，而且将自己的命运与郑亚联系在一起。郑亚因与德裕有"恩与"之谊而贬死荒远，自己又因与郑亚的关系，而如"饥乌"翻树，无可栖托。党局辗转相牵，致使寒士抑塞穷途，沉沦困顿，这正是诗人迎吊旧日幕主时触发的政治与人生感慨。

在赴东川之前，商隐曾到令狐绹所居的晋昌坊府第告别，诗集有《宿晋昌亭闻惊禽》《晋昌晚归马上赠》二诗，均此时所作。前诗写闻惊禽而起羁绪，末句以"远隔天涯共此心"作结；后诗尾联云"征南予更远，吟断望乡台"，都明白提到自己有"远隔天涯"的"征南"之行。但二诗都未提到令狐绹，行前是否见到令狐绹，也未明说。

商隐动身赴梓州，约在九月上旬。同年和连襟韩瞻殷勤相送，一直送到长安西面的咸阳。《赴职梓潼留别畏之员外同年》：

> 佳兆联翩遇凤凰，雕文羽帐紫金床。
> 桂花香处同高第，柿叶翻时独悼亡。
> 乌鹊失栖常不定，鸳鸯何事自相将？
> 京华庸蜀三千里，送到咸阳见夕阳。

商隐与韩瞻开成二年同登进士第，又先后娶王茂元女，但处境遭遇却颇不相同。诗将自己与韩瞻对照写来，对自己"乌鹊失栖常不定"的漂泊生涯和"独悼亡"的孤子处境深有悲慨。交亲零落，只身赴蜀，惟有韩瞻深情相送。尾联"言有尽而意无穷"（朱彝尊评，见《李义山诗集辑评》）。

从此，商隐又踏上了人生旅程中新的征途，也是他一生当中羁泊异乡、寄迹幕府时间最长的一段生活——梓幕五年。

第十四章　梓幕五年（上）

第一节　赴梓途中

　　商隐这次远赴东川，是在妻子王氏去世不到半年的情况下，抛儿别女，只身一人前往戎幕的。和殷勤相送到咸阳的韩瞻告别后，便踏上了西南之行的漫漫长途。这一年天冷得早，九月就下起了雪。在西向凤翔、陈仓的路上，吟成一首《西南行却寄相送者》，寄给韩瞻：

> 百里阴云覆雪泥，行人只在雪云西。
> 明朝惊破还乡梦，定是陈仓碧野鸡。

前两句为已历之境，境界广远而低迷，暗透情绪的黯淡。后两句为未历之境，一方面借"还乡梦"点明全篇主旨，另一方面又借"碧鸡惊梦"的想象给羁旅愁绪涂上一层轻淡的新鲜感，使全篇的情调不显得过于沉重与感伤。题为"西南行却寄相送者"，读来却又像是送者所写的《友人西南行遥有此寄》，行者所描绘或悬想的景物情事，不妨同时看成送者对行者的遥想，笔意殊妙。

　　行至陈仓西南的散关，又遇上了大雪。远行的辛苦、处境的孤单、气候的寒冷，使诗人更加怀念不久前还是完整、温暖的家，写下五绝《悼伤后赴东蜀辟至散关遇雪》：

> 剑外从军远，无家与寄衣。
> 散关三尺雪，回梦旧鸳机。

由"从军远""三尺雪"自然想起"寄衣"，但转念一想，已是"无家"可给自己寄衣了。尽管如此，在旅途雪夜，梦中仍然回到了充满家庭温馨气息的"旧鸳机"旁。现实生活中的寒冷、孤单与梦中的温馨形成鲜明对照，使前者更显突出。诗写得情致曲折而又一气浑成。这种诗实非有意施巧，而是情之所至，自然流出。

过散关，沿嘉陵江南行，通过险峻的栈道，来到利州（今四川广元县）。贞观元年至五年，武则天的父亲武士彟曾在这里担任过利州都督，当地流传着武后母亲在利州江潭与龙交合而孕武后的传说。胡震亨《唐音戊签》引《九域志》云："武士彟为利州都督，生后蹙于其地。"《唐音癸签》引《蜀志》云："则天父士彟泊舟江潭，后母感龙交娠后。"这个传说实际上是把中国历史上这位有作为的女皇帝的出生加以神化，把她描绘成真龙天子。商隐这次路经利州，泊舟江潭，有感于这一传说，写下《利州江潭作》：

> 神剑飞来不易销，碧潭珍重驻兰桡。
>
> 自携明月移灯疾，欲就行云散锦遥。
>
> 河伯轩窗通贝阙，水宫帷箔卷冰绡。
>
> 他时燕脯无人寄，雨满空城蕙叶凋。

题下自注："感孕金轮所。"诗即敷演这一传说。诗中将龙人交合的场景写得新奇浪漫，富于美感。起句说"神剑飞来不易销"，见武后之君临天下，实承天命；尾联描绘雨满空城、蕙叶凋衰的景象，也透露出诗人对一代女主的追怀。从中可以看出，唐人对武后的看法相当通达。何焯说："武后见骆宾王檄文，犹以为斯人沦落，宰相之过。义山为令狐绹所摈，白首使府，天子曾不知其姓名，有不与后同时之恨。"（《义门读书记》）这种情感，作为一种潜在的创作动因，也许不能完全排斥。

从利州再乘舟西南行，不日到达益昌县桔柏津附近的望喜驿。从这里开始，嘉陵江折向东南流，而商隐则舍舟登陆，继续朝西南方向的剑门前行。在和嘉陵江水告别时，写下《望喜驿别嘉陵江水二绝》：

> 嘉陵江水此东流，望喜楼中忆阆州。
> 若到阆州还赴海，阆州应更有高楼。
>
>
> 千里嘉陵江水色，含烟带月碧于蓝。
> 今朝相送东流后，犹自驱车更向南。

登驿楼而远望，但见嘉陵江蜿蜒而去，流向天外，乃想象其流经阆州又远赴沧海的情景。忆，遥想之意，非回忆之"忆"。"阆州应更有高楼"者，乃因望喜驿登高望远的环境推进一层，仿佛魂随江水而去，至阆州而复登高楼遥望其东流入海，极状对嘉陵江的依依惜别之情。次章前两句赞美嘉陵江之源远流长，水色清碧，而己之披星戴月、顺江南下几近千里之意亦隐含其中。三四则谓与江水分别之后，己尚须驱车更向南行。诗中嘉陵江水的形象，俨然像一位在旅途中相依相伴多日而今分携的友人。温庭筠《过分水岭》诗云："溪水无情似有情，入山三日得同行。岭头便是分头处，惜别潺湲一夜声。"可与此二首互参。

别嘉陵江水之后，就进入了剑南道所属的剑州地面。剑门天险给诗人留下了深刻印象。再往前行，就到了梓潼县，县有张恶子庙。《太平广记》引《北梦琐言》云："梓潼县张蚕子神，乃五丁拔蛇之所也。或云巂州张生所养之蛇，因而立祠，时人谓为张蚕子，其神甚灵。"《方舆胜览》："张恶子庙，即梓潼庙，在梓潼县北八里七曲山。"《太平寰宇记》："剑州梓潼县济顺王，本张恶子，晋人，战死而庙存。"可能是先有晋人张恶子庙，后因地近五丁拔蛇之所，故讹变为张蚕子（蚕音恶，系毒蛇）。诗人有《张恶子庙》云：

> 下马捧椒浆，迎神白玉堂。
> 如何铁如意，独自与姚苌？

姚苌是后秦开国君主，以东晋孝武帝太元十一年即帝位于长安。释道源注引《梓潼化书·第七十五化》云："建兴末作儒士，称谢艾，为张轨主簿。张重华嗣位，石季龙使将麻秋侵寇，命艾以千人击之。秋单骑宵道，继而往关中与姚苌为友。然厌处凡世，思归蜀峰，约苌曰：'苟富贵，无相忘！'后苌以龙骧将军使蜀，至凤山访予，予礼待之，假以铁如意，祝之曰：'麾之可致兵。'苌疑予，予为之一麾，戈盾戎马万余列之平坡……"这首诗因张恶子庙祭祀之事而有感，慨叹神既是忠直之士，如何将铁如意给了僭位割据称王的姚苌呢？借以讽朝廷将军事指挥权交给了有割据野心的藩镇。商隐另有《井络》一诗，其中提到金牛道和剑门，也有可能作于同时①：

---

① 此诗也有可能作于抵达梓州之后，同年十二月差赴成都推狱时。因反对藩镇割据的主旨与《张恶子庙》相近，故一并叙述。

井络天彭一掌中，漫夸天设剑为峰。

阵图东聚夔江石，边柝西悬雪岭松。

堪笑故君成杜宇，可能先主是真龙？

将来为报奸雄辈，莫向金牛访旧踪。

前幅极写蜀地山川险阻，而以"一掌""漫夸"微露天险不足恃的意旨。五六层递，主意在对句，以先主刘备之才略尚不能成为混一区宇的真龙，则其他等而下之的奸雄辈的命运可想而知。尾联顺势对妄图恃险割据者提出警告。李白《蜀道难》、杜甫《剑门》都对恃险割据蜀地的危险表示过忧虑和愤慨，商隐此诗，用意与李、杜一脉相承。

商隐由梓潼县抵梓州，系先西南行至绵州巴西郡，然后沿涪江而下直达梓州。在由梓潼至绵州的旅途上，商隐写了《梓潼望长卿山至巴西复怀谯秀》：

梓潼不见马相如，更欲南行问酒垆。

行到巴西觅谯秀，巴西唯是有寒芜。

题内的长卿山，在梓潼县治西南，旧名神山。唐玄宗奔蜀，见山有司马相如读书之窟，因改名长卿山。谯秀系巴西西充国人，谯周之孙。西充唐时属果州。但此诗之"巴西"，实指唐时绵州巴西郡之巴西县。巴西县在梓潼县之西南，而成都又在巴西县之西南。诗言行至梓潼县望长卿山而不见司马相如其人，故更欲南行至成都，访其酒垆遗迹。乃行至巴西而寻觅谯秀之遗迹，亦惟见一片寒芜而已，言外见"南行问酒垆"亦大可不必。此盖行役道中怀古而兴世无知音之慨。商隐《上河东公谢辟启》云："射江奥壤，潼水名都，俗擅繁华，地多材隽，指巴西则民皆谯秀，访临邛则客有相如。"诗意则正好与此相反，谓今并无其人矣。据"寒芜"句，诗当为大中五年冬赴梓州道中作。以绵州巴西为谯秀籍贯之巴西，犹以虢州之荆山为卞和献玉之荆山，固不必拘泥。

以上这一系列赴梓道中诗，为我们清晰地画出了诗人由长安至梓州的经行路线：过陈仓，越散关，沿嘉陵江而下，至利州，于望喜驿别嘉陵江水后复驱车西南行，越剑阁，至梓潼县，再西南行至巴西县，乃顺涪江而下抵达梓州。而出现在这些诗中的诗人则是孑然独行的天涯羁旅者。

据《樊南乙集序》"十月得见"之语，商隐抵达梓州的时间约在大中五年的十月下旬。

第二节　成都推狱

　　商隐到达东川幕府后，原先辟署的幕职——节度书记改为判官。《樊南乙集序》说："十月得见，吴郡张黯见代，改判上军。"冯浩云："在徐已为判官，以故求改也。"在《上河东公谢辟启》"若某者又安可炫露短材，叨尘记室……承命知忝，抚怀自惊，终无喻蜀之能"句下冯氏亦云："兼寓不屑为书记之意。"按：冯氏此说恐不足信。柳仲郢辟署商隐为节度书记，是因为久闻其文名而用其所长，商隐即或感到判官在幕职中地位较高于书记，恐怕也不至于在谢辟启中表露对辟署书记一事的不满。实际上，商隐不但在大中五年七月即已接受了仲郢的东川节度书记之聘，而且在未赴东川时即已为仲郢之子柳璧代拟过谢韩郎中（琮）的书启。如果他真的不愿屈就节度书记之职，也应在一开始就向仲郢表示，不会等到"十月得见"时再求改为判官。实际情况可能是：商隐受聘后，因忙于处理家事（包括妻子王氏的葬事、儿女的寄养等），赴东川的时间比仲郢及其他幕府从事晚了一个多月。而仲郢初到东川，公私文翰急需有人撰拟，在商隐未到的情况下，决定让吴郡张黯暂代书记之职。等到十月下旬商隐抵达梓州时，张黯已代理节度书记月余，于是干脆让商隐"改判上军"，即改任节度判官。所谓"十月得见，吴郡张黯见代"，即谓十月下旬到梓州谒见仲郢时，张黯正代理节度书记之职。这一因迟到而改任的事实，先前的研究者大都忽略了。《樊南乙集序》接云："时公始陈兵新作教场，判官务检举条理，不暇笔砚。"可见他刚到东川后的一段时间，判官的公务还是比较繁忙的。

　　商隐此次在妻子逝世后，抛下幼小的儿女，只身来到东川，孤寂伤感自不待言。柳仲郢同情他的境遇，让幕僚张羽转达他的意思，并亲笔写了一封信给商隐，准备在使府的乐籍中选一位色艺双全的伎人张懿仙做他的侍妾。商隐得知这一消息后，写了一封情辞恳切的《上河东公启》加以婉辞，其中写道：

　　　　某悼伤以来，光阴未几。梧桐半死，方有述哀。灵光独存，且兼多病。眷言息胤，不暇提携。或小于叔夜之男，或幼于伯喈之女。检庾信荀娘之启，常有酸辛；咏陶潜通子之诗，每嗟漂泊。

从中可以看出他对妻子王氏的深挚感情和对幼小儿女的深情眷念，这也正是他婉辞仲郢赠伎的主要原因。大约同时作的悼亡诗《李夫人三首》除了深情怀念亡妻以外，也有"惭愧白茅人，月没教星替"的诗句，冯浩谓"暗以白茅人比仲郢"，"月没教星替"即指赐张懿仙事。

商隐到达梓州后不久，同年韩瞻由员外郎调任普州刺史，商隐有《迎寄韩普州瞻同年》诗：

> 积雨晚骚骚，相思正郁陶。
> 不知人万里，时有燕双高。
> 寇盗缠三辅，莓苔滑百牢。
> 圣朝推卫索，归日动仙曹。

题内"普州"，原作"鲁州"，据叶葱奇、陶敏说改①。"寇盗"句下自注："时兴元贼起，三川兵出。"所谓"贼起""兵出"，指大中五年十月，"蓬、果群盗依阻鸡山，寇掠三川，以果州刺史王赞弘充三川行营都知兵马使以讨之"（《通鉴》）之事。此诗首联谓对雨相思。颔联谓韩瞻有刺普之行。腹联纪时事，想象其来路所经，关合"迎寄"。尾联预祝其异日还朝，名动仙曹。这场在商隐诗文中三次提到蓬、果百姓聚众反抗的斗争，在大中六年二月被王赞弘及宦官似先义逸残酷地扑灭。《通鉴》中对此事有一段相当具体的记载：

> 是时，山南西道节度使封敖奏巴南妖贼（按：即所谓"蓬、果群盗"）言辞悖慢，上怒甚。崔铉曰："此皆陛下赤子，迫于饥寒，盗弄陛下兵于黑谷间，不足辱大军，但遣一使者可平矣。"乃遣京兆少尹刘潼诣果州招谕之。潼上言请不发兵攻讨，且曰："今以日月之明烛愚迷之众，使之稽颡归命，其势甚易，所虑者，武臣耻不战之功，议者责欲速之效耳。"潼至山中，盗弯弓待之。潼屏左右直前曰："我面受诏赦汝罪，使汝复为平人。闻汝木弓射二百步，今我去汝十步，汝真欲反

① 诗题原作《迎寄韩鲁州瞻同年》。按：高宗调露元年(679)置六胡州，其一为鲁州，开元二十六年并入宥州，属关内道，与梓州了不相及，显误。冯浩认为"鲁"似当作"果"。果州（治所在今四川南充市）属山南西道，韩瞻如赴果州刺史任，顺嘉陵江水直下即可抵达，不经梓州，商隐无由迎寄，且鲁、果二字形、音均异，无由致误。叶葱奇、陶敏均以为"鲁"当作"普"，是。普州在梓州之南，故可迎寄，且鲁、普形近，易滑误。今从之。

者，可射我！"贼皆投弓列拜，请降。潼归馆，而王贽弘与中使似先义逸引兵已至山下，竟击灭之。

崔铉（时任宰相）、刘潼是朝臣中比较明白事理，对百姓因"迫于饥寒"而聚众反抗有一定同情心的人士，采取的措施也比较得当。相比之下，王贽弘、似先义逸在对方已愿归降的情况下竟背信弃义地加以击灭，其手段之残酷卑劣可谓无以复加。商隐在《为兴元裴从事贺封尚书（敖）加官启》中说："蓬、果凶徒，遂为逋寇，三里雾未能成市，五斗米乃欲诱人。联接坤维，依凭民险，蹶跳锋刃，冒触罾罦……一举而张角师殂，再战而孙恩党尽。"虽说是依人所请歌颂幕主功绩不得不作此类语，但也表露了他对"寇盗"的态度。尽管在百姓沦为刑徒时他出于同情曾有"活狱"之举，《行次西郊作一百韵》中甚至还写到"盗贼亭午起，问谁多穷民"的情况，说明他对穷民迫于饥寒为"盗"并非不知情，但当他们真正聚众反抗时，其维护封建统治的立场还是十分鲜明而坚定的。

从《迎寄韩普州瞻同年》的自注及"时有燕双高"的景物描写看，这首诗当作于大中六年春天。韩瞻到达普州后，商隐又有诗寄酬随侍父亲在普州的韩偓，这就是《韩冬郎即席为诗相送一座尽惊他日余方追吟连宵侍坐徘徊久之句有老成之风因成二绝寄酬兼呈畏之员外》：

> 十岁裁诗走马成，冷灰残烛动离情。
> 桐花万里丹山路，雏凤清于老凤声。[1]
> 剑栈风樯各苦辛，别时冰雪到时春。
> 为凭何逊休联句，瘦尽东阳姓沈人。

首章追述大中五年深秋赴梓州时韩冬郎（韩偓小字）即席赋诗相送情事，对韩偓敏捷的诗才表示了高度的赞赏。"桐花"二句，从"凤雏"翻出，想象新奇，"寄酬""兼呈"双绾，笔意超妙。次章"剑栈风樯"指韩瞻由长安赴普州的水陆行程。韩瞻当于大中五年岁末离开长安，第二年春天抵达普州，故说"别时冰雪到时春"。三四句由"冰雪"与"春"联想到何逊、范云"雪如花""花似雪"的联句，以及沈约对何逊的激赏，收归对冬郎诗才的称赞。诗写得亲切风趣，风调甚佳。标举"老成"与"清"来称赏韩偓诗风，

---

[1] 自注："沈东阳约尝谓何逊曰：'吾每读卿诗，一日三复，终未能到。'余虽无东阳之才，而有东阳之瘦矣。"

也透露了商隐自己对诗歌的美学追求的一个方面。对这两首诗的系年，歧见杂出，笔者已另撰专文（见本书上编附考一《李商隐杂考二题》第一节）详加考证，此不赘述。

大中五年十二月十八日，商隐以侍御身份奉命前往西川节度使府去推狱。关于此行的原因，他在《为河东公上西川相国京兆公书》中有明确叙述：

> 姚熊顷时斗殴，偶在坤维，阿安未容决平，遽诣风宪。当道频奉台牒，令差从事往推。去就之间，殊为未适。顾惟散府，托近贵藩，虽蒙与国之恩，犹在附庸之列。仰遵教指，尚惧尤违；敢遣宾僚，往专刑狱？自奉台牒，夙夜兢惶。今谨差节度判官李商隐侍御往，以今月十八日离此。

事情本身很简单：一个居住在东川节度使辖境内的人姚熊，在西川境内斗殴。西川的当事人阿安不等州府判决，直接向御史台控告。御史台下牒命东川节度使派幕僚前往西川会审。李商隐奉柳仲郢之命以"侍御"身份前往推狱。当时西川节度使是杜悰。商隐与杜悰之间有远房的亲戚关系（杜悰之父式方为商隐从祖父李则的次女婿，故二人有疏远的中表之亲，商隐称悰为"杜七兄"）。这次奉命到成都推狱，正好提供了一个谒见杜悰的机会。

梓州离成都不过数百里，商隐十二月十八日启程，抵达成都大约在二十二三日①。推狱的公事可能非常简单，处理完狱事后，商隐趁此机会拜谒了久已向往的武侯祠，其《武侯庙古柏》即作于此时：

> 蜀相阶前柏，龙蛇捧閟宫。
> 阴成外江畔，老向惠陵东。
> 大树思冯异，《甘棠》忆召公。
> 叶凋湘燕雨，枝拆海鹏风。
> 玉垒经纶远，金刀历数终。
> 谁将《出师表》，一为问昭融？

---

① 商隐《献相国京兆公启二》："去前月二十四日，误干英眄，辄露微才，八十首之寓怀，幽情罕备；三十篇之拟古，商较全疏。"所指系大中五年十二月二十四日向杜悰献诗事，可证此前已抵成都。

《成都记》说，武侯庙前有双大柏，古峭可爱，人言诸葛亮手植。段文昌《古柏文》："武侯祠前，柏寿千龄，盘根拥门，势如龙形。"诗因柏及人，缅怀诸葛亮治蜀的功绩和统一中国的远大规划，颂扬其忠于先主、功高不伐的品德，并为其遭逢末世、志业不成深致痛惜。诗中着重抒发的"生于末世运偏消"的感慨，可能融会了诗人来自现实政治的感受。晚唐国运衰颓，危机深重，统治集团中即使偶有富于才略的人物，也往往因为客观环境的制约而难以有大的作为。"叶凋"二句，用典显然有所寓指。张采田笺此诗云："因武侯而借慨赞皇（李德裕）也。'大树'二句，一篇主意。赞皇始终武宗一朝，后遭贬黜，故曰'阴成外江畔，老向惠陵东'也。'叶凋'句指李回湖南，'枝拆'句指郑亚桂海。二人皆义山故主，又皆受卫公恩遇，同时远窜，故特言之。'玉垒'句暗指卫公维州之事。'金刀'句言其相业烟消，亦以见天之不祚武宗也。结则搔首彼苍之意。此为义山是冬（按：指大中五年冬）赴西川推狱时所赋。"张氏此说，确有见地，非寻常穿凿附会之说可比。"叶凋""枝拆"，忽入"湘""海"，确实是有意透露别有寓托的痕迹。湘燕雨、海鹏风，如单纯用典，实无所取义，而以之寄慨李回、郑亚之责贬湘中、海上，则豁然可通。"玉垒"句与诸葛亮治蜀事迹并无直接关联，但联系大和五年吐蕃维州守将悉怛谋以城降，其时任西川节度使的李德裕"既得之，即发兵以守，且陈出师之利。（牛）僧孺居中（按：时为宰相）沮其功，命返悉怛谋于虏"（《新唐书·李德裕传》）之事，及会昌年间李德裕追论维州之事（详《通鉴·会昌二年》及《会昌一品集》卷十二《论大和五年八月将故维州城归降准诏却执送本蕃就戮人吐蕃城副使悉怛谋状》），可以看出"玉垒经纶远"确有所指。德裕状中称收复维州"可减八处镇兵，坐收千里旧地……有莫大之利，为恢复之机"，可见他对维州归降一事的措置确有远略。玉垒山在维州境，故云："玉垒经纶远"（李德裕治蜀功绩，具详两《唐书》本传）。以上各句，与德裕治蜀，李回、郑亚远贬事如此吻合，绝非偶然。在晚唐政治家中，李德裕的政治、军事才能确实可比诸葛亮。宋叶梦得《避暑录话》卷二："李德裕是唐中世第一等人物，其才远过裴晋公。错综万务，应变开阖，可与姚崇并立。"清人毛凤枝《关中金石文字存逸考·剑南西川节度使题名》下亦云："余少读《通鉴》，每见赞皇之料事明决，号令整齐，其才不在诸葛下。而宣宗即位，自坏长城，赞皇功业不就，唐祚因以日微。"而商隐作为德裕的同时代人，已先见及此。实际上，《武侯庙古柏》并非孤立的存在，同作于梓幕期间的另两首诗同样隐寓着对李德裕的追思缅怀与对其悲剧命运的深沉感慨。《筹笔驿》（作于梓幕罢归长安途中）云：

> 猿鸟犹疑畏简书，风云长为护储胥。
>
> 徒令上将挥神笔，终见降王走传车。
>
> 管乐有才终不忝，关张无命欲何如？
>
> 他年锦里经祠庙，《梁甫》吟成恨有余。

此诗因地及人，在追思赞叹诸葛亮才比管、乐，用兵如神的同时，对其遭逢末世庸主，失去关、张大将，终致志业无成深寓悲慨。论者多以此诗与杜甫《蜀相》并提。就艺术成就言，二诗确可比肩。但此诗内容，实更近于杜甫《咏怀古迹》其五。"伯仲之间见伊吕，指挥若定失萧曹"，即此诗之"管乐有才终不忝""上将挥神笔"之意；而"运移汉祚终难复"一语，更可移作《筹笔驿》之主题。惟杜作于"运移汉祚"的前提背景下仍突出诸葛亮"志决身歼军务劳"的主观精神品质，而李作则深慨身处末世的志士才人对衰颓的国运无力回天。这种侧重点的转移变化，正透露出时代的消息。晚唐李德裕的才能与遭遇，就与诸葛亮有相似之处。诗人在慨叹诸葛亮空有才略而无力挽回国运的同时，很可能就融入了对现实政治的类似感慨。

另一首《无题》也寓含着对李德裕的追缅之情①：

> 万里风波一叶舟，忆归初罢更夷犹。
>
> 碧江地没元相引，黄鹤沙边亦少留。
>
> 益德冤魂终报主，阿童高义镇横秋。
>
> 人生岂得长无谓，怀古思乡共白头！

此诗主旨，尾联已明白揭出。其中腹联追思赞颂两位与蜀中有关的历史人物：张飞与王濬。"益德冤魂终报主"，事虽不详所出，但其意在赞颂其死犹报主之忠，则固较然。"阿童高义"则颂王濬生而惠及百姓之高义，旧注引王濬全活巴人之德政，甚确。陈寅恪谓"益德"句喻指李德裕死后因"西边兵食制置事"而有功于朝廷②，似可信。实则"阿童"句亦寓指德裕任西川

---

① 纪昀认为此诗系佚去本题而编录者署曰《无题》。

② 详见其《李德裕贬死年月及归葬传说辨证》一文，原载《历史语言研究所集刊》第五本二分，收入《金明馆丛稿二编》）。

节度使时之德政。《新唐书·李德裕传》:"徙剑南西川……蜀人多鬻女为人妾。德裕为著科约,凡十三以上,执三年劳,下者,五岁,及期则归之父母。毁属下浮屠私庐数千,以地予农。"其事与王濬颇相类。(《晋书·王濬传》:"濬除巴郡太守,郡边吴境,兵士苦役,生男多不养。濬严其科条,宽其徭课,其产育者皆与休复,所全活者数千人。")前举《武侯庙古柏》已借"玉垒经纶远"赞扬李德裕镇西川期间接纳吐蕃维州守将悉怛谋之降的远略,这首《无题》又以"阿童高义"寓指德裕治蜀之善政,正可互参。如果将这三首作于蜀中的诗和商隐此前一系列或赞颂或同情李德裕的诗文联系起来考察,可以肯定地说,从会昌四年撰《为李贻孙上李相公启》开始,一直到梓幕罢归,李商隐对李德裕的才略功绩一直是持肯定赞扬态度的,并对其志业未成深表痛惜。

但是,当我们把上述诗文中所表现出来的对李德裕的真实态度与赴西川推狱期间商隐献给杜悰的两诗两启加以对照时,却发现其间存在极大的反差。杜悰曾于会昌四年七月至会昌五年五月间任宰相,属于牛党。在相位及此后历任雄藩大镇期间均无善政。但商隐投献杜悰的诗和启中却对杜悰大加赞颂。尽管这是投献权贵的诗文常见的通病,但有些赞颂如与杜悰的实际行事相对照,实在过于离谱,如《五言述德抒情诗一首四十韵献上杜七兄仆射相公》云:

> 南诏应闻命,西山莫敢惊。
> 寄辞收的博,端坐扫欃枪。
> 雅宴初无倦,长歌底有情!

《今月二日不自量度辄以诗一首四十韵干渎尊严伏蒙仁恩俯赐披览奖逾其实情溢于辞顾惟疏芜曷用酬戴辄复五言四十韵诗一章献上亦诗人咏叹不足之义也》云:

> 开吴相上下,全蜀占西东。
> 锐卒鱼悬饵,豪胥鸟在笼。
> 疲民呼杜母,邻国仰羊公。

据《新唐书·杜悰传》载:"徙西川,复镇淮南。时方旱,道路流亡藉藉,民至漉漕渠遗米自给,呼为'圣米',取陂泽茭蒲实皆尽,悰更表以为祥。

狱囚积数百千人，而荒湎宴适不能事。"这虽是淮南节度使任上的事，但其"荒湎宴适"、不理政事的作风是一贯的。商隐在献诗中却把这种作风当作"雅宴"来歌颂，甚至吹捧说"疲民呼杜母"，这就与事实完全相反了。但献诗中最伤忠厚的是涉及李德裕的两段文字。前诗云：

> 率身期济世，叩额虑兴兵。
>
> 感念崤尸露，咨嗟赵卒坑。
>
> 傥令安隐忍，何以赞贞明？
>
> 恶草虽当路，寒松实挺生。
>
> 人言真可畏，公意本无争。

后诗云：

> 慷慨资元老，周旋值狡童。
>
> 仲尼羞问阵，魏绛喜和戎。
>
> 款款将除蠹，孜孜欲达聪。
>
> 所求因渭浊，安肯与雷同？

这两段同咏一事，即会昌五年杜悰罢相的原因，其中涉及杜悰与李德裕的分歧。《通鉴·会昌四年》载："潞人闻三州降，大惧。郭谊、王协谋杀刘稹以自赎……斩之，因收稹宗族……乃函稹首，遣使奉表及书，降于王宰……乙未，宰以状闻……上曰：'郭谊宜如何处之？'德裕曰：'刘稹呆孺子耳，阻兵拒命，皆谊为之谋主；及势孤力屈，又卖稹以求赏。此而不诛，何以惩恶！宜及诸军在境，并谊等诛之。'乃诏石雄将七千人入潞州，以应谣言。杜悰以馈运不给，谓谊等可赦。上熟视不应。"既斩郭谊，乃悉诛昭义将士之同恶者，死者甚众。卢钧疑其枉滥，奏请宽之，亦不听。应该说，李德裕提出郭谊是谋主，不可赦，体现首恶必诛的原则，是正确的，但其后杀戮过多，亦属失当。而商隐在诗里却就此事的措置把李德裕说成是"当路"的"恶草"，把以馈运不继为由主张赦免郭谊的杜悰吹捧为"挺生"的"寒松"，从根本上否定李德裕的人品政绩，这就颠倒了是非。这样阿谀杜悰，肆意诋毁他内心里认为应该充分肯定和赞扬的李德裕，实在让人吃惊。冯浩说他"丑诋名臣"，"以投赠之故，冀耸尊听，不惜违心而弄舌"，这个批评是正确的。这种违心的攻讦确实反映了商隐人品方面的缺陷。从国家的利益出发，他内心确实对李德裕的功绩持肯定、赞赏的态度，但为了求得杜悰的汲引，却不惜"违心而弄舌"，将李德裕诬为"恶草当路"，这种人格上的分裂正反映了他的悲剧性格，让人感到其可悲亦复可悯。

尽管商隐在连续献给杜悰的四首精心结撰的诗文中一再颂扬杜悰，诉说自己的困窘处境，甚至说到"弱植叨华族，衰门倚外兄。欲陈劳者曲，未语泪先横"的地步，但杜悰除了对他的献诗表示赞赏以外，并未对他有任何实际的帮助。眼看"本府已有追符，即日径须上路"，只好离开成都返回梓州。行前在为他饯行的宴席上，他仿杜工部体作了《杜工部蜀中离席》这首著名七律：

> 人生何处不离群？世路干戈惜暂分。
> 雪岭未归天外使，松州犹驻殿前军。
> 座中醉客延醒客，江上晴云杂雨云。
> 美酒成都堪送老，当垆仍是卓文君。

对这首诗所写内容的理解，涉及诗题和诗的性质。题首"杜工部"一作"辟工部"。程梦星引《旧唐书·李商隐传》"柳仲郢镇东蜀，辟为判官，检校工部郎中"（《新唐书·李商隐传》作"检校工部员外郎"），谓与题"辟工部"正合。但检校工部郎中之京衔，商隐梓幕诗文中均未见，颇疑两《唐书》编撰者误据此诗题首"辟工部"之文而有"检校工部郎中"或"检校工部员外郎"之记载。其实，"辟工部蜀中离席"的诗题本不可通，诗中亦丝毫未涉及辟工部之事。而"杜工部蜀中离席"则明谓拟杜工部体而以"蜀中离席"为题，与商隐诗集中《韩翃舍人即事》之为拟韩翃诗风格而以"即事"为题的情况相同。这种制题方式均仿效江淹的《杂体诗三十首》，与《李都尉陵从军》《班婕好咏扇》《魏文帝曹丕游宴》《陈思王曹植赠友》等题完全一致。在江淹这三十首诗中，不但每首标明仿某人之作，诗的内容也是设身处地悬拟所仿诗人的情事，而不是写江淹自己的当前情事。因此，《杜工部蜀中离席》实际上是仿效杜工部体并悬拟其在蜀中离席上所见所感的诗，写的并不是商隐自己在蜀中离席上的情事，只有明确了这一点，对诗的颔、腹两联才不致产生误解①。从拟杜工部体这一点来看，这首诗不仅声律格调酷似杜甫，而且深得杜诗伤时忧国之神髓。"雪岭"一联，取境阔远，将杜甫当日蜀中干戈不断、战乱未已的局势描绘得既形象又概括，言外自有无限伤时忧国之情，思深意远。王安石激赏此联，将其与"永忆江湖归白发，欲回天地入扁舟"诸联并提，誉为"虽老杜无以过"，是很有眼光的。

第三节　幕府生活和伤春意绪

《樊南乙集序》说："（大中五年）七月，尚书河东公守蜀东川，奏为记室。十月得见，吴郡张黯见代，改判上军。时公始陈兵新作教场，阅数军实，判官务检举条理，不暇笔砚。明年，记室请如京师，复摄其事。"

商隐以节度判官而兼摄记室，大约从大中六年三月就正式开始了。文集中有一系列代柳仲郢撰拟的上杜悰的书启，如《为河东公谢相国京兆公启》《为河东公谢相国京兆公第二启》《为河东公谢相国京兆公第三启》《为河东公复相国京兆公启》《为河东公复相国京兆公第二启》，是为仲郢子柳珪先被杜悰辟署为成都府参军及西川节度安抚巡官，后杜悰移镇淮南，又被辟为淮南节度使府从事而作的谢启及复信。与此同时，又有为柳珪代拟的谢辟、谢衣绢、谢马启三首。以上诸启，写作的时间从大中六年三月初到五月初。杜悰离西川赴淮南节度使任时，商隐又奉柳仲郢之命，专程赴渝州及界首，"备具饩牵，指挥馆递"（《为河东公复相国京兆公启》），迎送杜悰。这年冬天，又有为柳仲郢代拟的上继任西川节度使白敏中、宰相、尚书侍郎给事、翰林学士、方镇武臣的贺冬启，可证大中六年这一年内，商隐始终代摄掌书记之职。直到大中七年十一月撰《樊南乙集序》时，仍兼此职。因此，在大中六、七两年中，一身而二任的商隐，幕府公务是相当繁忙的。大中六年三月，他抽空外出赏春，写了一首《三月十日流杯亭》：

> 身属中军少得归，木兰花尽失春期。
> 偷随柳絮到城外，行过水西闻子规。

---

① 程梦星认为颔联是写时事，引刘潼招谕蓬、果聚义百姓及王赞弘扑灭之事以解之，与"雪岭""松州"显然不符。冯浩则以为别有寓意。笔者所撰《李商隐诗歌集解》初版引大中六年四月党项复扰边之事以解颔、腹二联，亦属误解。2004年增订重排本已改正。可参。

军务倥偬，无暇赏春，及至木兰花尽、柳絮纷飞，春期已失之时，方得偷空潜行城外，而春物已不复见，惟闻子规啼血之声。寄迹幕府，杂务缠身，岁月虚捐之慨，言外见之。这首诗中的"水西"，即梓州城外的西溪，是风景佳胜之处。梓幕期间，商隐曾多次出游西溪，集中有西溪诗三首，《夜出西溪》云：

> 东府忧春尽，西溪许日曛。
> 月澄新涨水，星见欲销云。
> 柳好休伤别，松高莫出群。
> 军书虽倚马，犹未当能文。

幕府事繁而无暇出游，因忧春尽故作夜出西溪之游。三四西溪即景，写景秀丽，白描胜境。五六藉柳、松寓感。幕主柳仲郢善待自己，故云"柳好休伤别"（柳寓仲郢之姓，又关合折柳送别）；高松自喻，同僚或有忌才者，故云"松高莫出群"。七八承"松高"，既自负才高，亦自伤才而不遇。据"军书倚马"句，当是大中六年复摄记室后所作。又有《西溪》五排云：

> 怅望西溪水，潺湲奈尔何！
> 不惊春物少，只觉夕阳多。
> 色染妖韶柳，光含窈窕萝。
> 人间从到海，天上莫为河。
> 凤女弹瑶瑟，龙孙撼玉珂。
> 京华他夜梦，好好寄云波。

怅望西溪流水，潺湲而去，心中惘然。"奈尔何"即《谒山》诗"从来系日乏长绳，水去云回恨不胜"之慨。次联点明此意，谓见此西溪夕照景色，不禁触动流年之叹、迟暮之慨。"不惊""只觉"，似旷达实惘怅。"色染""光含"，状西溪水色之清碧，以衬"春物"之丽，而"夕阳无限好，只是近黄昏"之慨亦自寓其中。"人间"二句，承上启下，谓溪水东流，既无奈尔何，则亦惟有任其到海而已，但希其莫成为天上之银河以阻隔牛女之会。诗至此已由感迟暮而转出伤别离之意。末四句，凤女、龙孙指其在京寄养之子女。牛女之会，此生已休，惟望异日思念京华儿女之梦，能藉此云波以寄也。语悲情深，令人凄然。这首诗曾得到幕主柳仲郢的称赏与酬和，《谢河东公和诗启》云：

> 某前因假日，出次西溪。既惜斜阳，聊裁短什。盖以徘徊胜境，顾慕佳辰，为芳草以怨王孙，借美人以喻君子……不知谁何，仰达尊重，果烦属和，弥复兢惶。

启中所谓"既惜斜阳，聊裁短什"，指的就是这首因流连西溪夕照景色而作的短篇五言排律《西溪》。从"为芳草以怨王孙，借美人以喻君子"的话看，商隐认为自己这首诗是有所寓托的。只不过这种寓托，并非刻意设喻，而是触物兴怀，在写景抒情中自然流露迟暮之感和伤别之情。可惜柳仲郢的和诗已佚，否则将能看到仲郢对商隐诗的感受与理解。据此还可推知当时东川幕府中常有游赏宴会及诗歌唱酬之事。诗集中有《病中闻河东公乐营置酒口占寄上》，《南潭上宴集以疾后至因而抒情》《夜饮》等诗，反映的都是东川幕中的游宴生活。商隐因为身体欠佳，心情不好，往往勉强应召前往或托病不赴。上面提到的这几首诗中，《夜饮》写得最为沉郁苍凉：

> 卜夜容衰鬓，开筵属异方。
> 烛分歌扇泪，雨送酒船香。
> 江海三年客，乾坤百战场。
> 谁能辞酩酊，淹卧剧清漳？

首联点明"夜饮"。衰鬓殊方，已透出沉沦漂泊的萧索悲凉意绪，"容""属"二字，尤为惨然。颔联正面写宴席上听歌饮酒情景，歌扇酒香的绮丽热闹境界与衰鬓异方的悲凉处境适成鲜明对照，语丽而情悲，"泪"字隐透意绪。腹联是夜饮中对时世身世的联想，意境阔大，感情沉郁，深得杜律神味。"乾坤"句泛指人世间种种矛盾争斗，非指狭义之战争，否则真如何焯所评是"不病而呻"了（何评见《义门读书记》）。尾联以"谁能辞酩酊"反结，将借酒浇愁、强颜为欢的情绪更深一层地表现出来。这种因参与宴饮游赏而触动身世之感的情况常见于这一时期的诗中，《江亭散席循柳路吟归官舍》云：

> 春咏敢轻裁，衔辞入半杯。
> 已遭江映柳，更被雪藏梅。
> 寡和真徒尔，殷忧动即来。

从诗得何报？唯感二毛催。

此因江亭散席循柳路吟归而生身世之慨。起二句谓席间不敢轻裁春咏，往往刚饮半杯即衔辞沉吟良久。三四循柳路所见，春江映柳，白雪藏梅，早春景物如此，尤难属辞。五六谓平生为诗和之者寡，示知音者稀；作诗多抒身世之感，故殷忧动辄即来。结谓从事诗歌创作究竟得到什么报答呢？惟使人更加多愁善感、加速衰老的到来而已。《即日》一诗写游赏触发的伤春意绪最为出色：

> 一岁林花即日休，江间亭下怅淹留。
> 重吟细把真无奈，已落犹开未放愁。
> 山色正来衔小苑，春阴只欲傍高楼。
> 金鞍忽散银壶漏，更醉谁家白玉钩？

先是因为林花谢了春红而伤感于一年之花事已休，继又因春阴只傍高楼而更伤感于一日之好景难驻，再加以客散独归，银壶滴漏，不知醉卧谁家，遂觉极难为怀。诗将春残日暮人散引起的伤春意绪表现得很深入，特别是"重吟"一联，纯用虚字控驭，将美好事物凋残引起的惋惜、惆怅与无奈情绪写得非常曲折动人。而《天涯》一诗，不妨看成对"伤春"意绪的浓缩与升华：

> 春日在天涯，天涯日又斜。
> 莺啼如有泪，为湿最高花。

天涯羁旅，又值春残日暮，乃觉莺啼花阑，无往而非伤心之境。三四用意深至曲折。最高花通常最早开、最秀美而且最引人注目，但如今它却作为残春的标志与象征，寂寞地挂在枝头。则伤春之泪，自应洒向象征残春的"最高花"。那啼泪的流莺，正不妨视为诗人"伤春"诗魂的象征。伤时之感，迟暮之悲，沉沦之痛，均可于虚处领之。

第十五章　梓幕五年（下）

第一节　思乡念亲

梓幕期间，商隐诗中一个最突出的主题，就是思念家乡和亲友。这是因为经历了大中五年的丧妻之痛后，诗人的整个精神世界受到了最沉重的打击，心灵似乎一下子变得苍老而脆弱了。远幕天涯，远离子女，那种漂泊无依的孤寂感就比以往任何时候都来得强烈。这时他心目中的家乡，已经不是通常意义上的狭义的故里，不是单纯指祖籍怀州和三世寓居的郑州，而是与剑外天涯相对的整个中原，甚至可以说，是一个虚化了的精神家园，一个能安顿这孤寂、漂泊的灵魂的地方。正是在这种极其强烈的情感的支配下，他创作了一大批思念家乡、亲友的优秀诗篇，成为梓幕期间写得最出色的一类诗。

《二月二日》作于大中七年的蜀中踏青节：

> 二月二日江上行，东风日暖闻吹笙。
> 花须柳眼各无赖，紫蝶黄蜂俱有情。
> 万里忆归元亮井，三年从事亚夫营。
> 新滩莫悟游人意，更作风檐夜雨声。

《全蜀艺文志》说："成都以二月二日为踏青节。"梓州当亦同此风俗。踏青江行，本为游赏遣兴，但花柳蜂蝶，满眼春光，反而处处触动欲归不得的羁愁，甚至连欢畅的新滩流水之声，在怀着深重羁愁的人耳中，也化作一片风檐夜雨的凄其之声。诗中的"元亮井"，只是一个虚泛的故乡家园的符号，不能实指，也不必实指。这首诗在以乐境写哀思方面达到很高成就，下编专论商隐七律时将作具体评述。《初起》：

> 想像咸池日欲光，五更钟后更回肠。
> 三年苦雾巴江水，不为离人照屋梁。

蜀中多雾，这首诗是早晨初起又对浓雾弥漫有感而作。妙在赋实中微寓比兴象征。既见诗人对这连日不开的苦雾的厌恶与无奈，对雾开日出复见青天的热切期盼，也透露出意绪的苦闷黯淡，心情的压抑窒息。点出"离人"，正见诗人乡思羁愁的浓重。《写意》：

> 燕雁迢迢隔上林，高秋望断正长吟。
> 人间路有潼江险，天外山惟玉垒深。
> 日向花间留返照，云从城上结层阴。
> 三年已制思乡泪，更入新年恐不禁。

借客观景物抒怀，情由景生，情寓景中，故题为"写意"。起、结均直写思乡之情，但全篇所写之意远不止此。举凡迟暮羁滞之悲、世路崎岖之慨、时世阴霾之感，都寓含于颔、腹两联的情景描写中，思乡只是上述感情的触发点和归结点。

上述诸诗，包括上一章已经引述的《夜饮》诗，都同样出现了"三年"这个词语："三年苦雾巴江水""三年从事亚夫营""三年已制思乡泪""江海三年客"。对于一个失去相濡以沫的妻子，与幼小的儿女远隔数千里，精神上十分孤寂的羁客来说，这"三年"的日子实在是太长了。从这一连串频繁出现的"三年"中，不难想见他似乎时时刻刻都在经受着内心的煎熬，有一种度日如年之感。值得注意的是，这一时期所作的许多咏物诗中，也常常寓含着浓郁的思乡情绪，较之以前的咏物诗往往寓托身世之感有较明显的变化。如《柳》：

> 柳映江潭底有情，望中频遣客心惊。
> 巴雷隐隐千山外，更作章台走马声。

屈复说："客心思乡，望江潭柳色已自心惊，况巴雷隐隐更作章台走马之声乎？"（《玉谿生诗意》）《巴江柳》：

> 巴江可惜柳，柳色绿侵江。

好向金銮殿，移阴入绮窗。

羁留异乡之感与希入京华之想融合无间。《忆梅》：

定定住天涯，依依向物华。

寒梅最堪恨，长作去年花。

则又将羁泊天涯之感与非时早秀、不与年芳之慨融为一体。咏物诗中乡思羁愁的浓重，更加说明这一时期商隐的故乡情结之深。

与思乡之情相联系的是对亲人朋友的深切怀念。首先是对亡妻的怀念和对子女的牵挂。大中六年适逢闰七月，他写了两首七夕诗，《壬申七夕》：

已驾七香车，心心待晓霞。

风轻唯响珮，日薄不嫣花。

桂嫩传香远，榆高送影斜。

成都过卜肆，曾妒识灵槎。

首联写织女香车已驾，期盼佳期。次联写赴会时环境气氛，风轻珮响，日淡花香，入暮时情景，衬出如此良夜即将来临。腹联借月桂传香、星榆送影暗写牛女会合与时间推移。尾联谓织女不欲人间知其会合之隐，忌有如成都卜肆识灵槎之人。商隐时已丧偶年余，故每因感慨自己与妻子的永别，转羡他人有期之别。此诗写牛女佳期及织女珍重佳期的心理，正是这种欣羡有期之别的心情的自然流露。如果说这一首还写得比较隐晦，那么《壬申闰秋题赠乌鹊》便写得比较明白：

绕树无依月正高，邺城新泪溅云袍。

几年始得逢秋闰，两度填河莫告劳。

曹操《短歌行》有"月明星稀，乌鹊南飞。绕树三匝，何枝可依"之句，"绕树无依"正切题内"乌鹊"，暗喻自己羁泊无依。次句以"邺城"点自己之寄幕，以"新泪"指悼亡之痛。三四句谓牛女年年只能一度相会，今幸得逢此秋闰，得以再度渡河相会，故乌鹊虽两度填河，亦莫辞劳苦。这是一个伤痛与妻子永别的不幸者甘愿成全他人幸福会合的心情的自然流露。《七夕》也是丧妻后所作，意尤显豁：

鸾扇斜分凤幄开，星桥横过鹊飞回。

争将世上无期别，换得年年一度来。

"无期别"，即永别、死别的同义语。一二写七夕牛女渡鹊桥相会。从常情看，牛女仅一年一度相会，可谓别多会少；但从与妻子永别的悼伤者看来，这"年年一度"却远胜"无期别"。慨叹与妻子相见无期，欲求如牛女之一年一会亦不可得。商隐大中五、六两年写的这一系列七夕诗，尽管内容、写法各不相同，但都贯串着一个共同的内容，这就是珍重现实的人生幸福、夫妻相聚。

《李夫人三首》是作于梓幕期间的悼亡诗：

一带不结心，两股方安髻。

惭愧白茅人，月没教星替。

剩结茱萸枝，多擘秋莲的。

独自有波光，彩囊盛不得。

蛮丝系条脱，妍眼和香屑。

寿宫不惜铸南人，柔肠早被秋眸割。

清澄有余幽素香，鳏鱼渴凤真珠房。

不知瘦骨类冰井，更许夜帘通晓霜。

土花漠碧云茫茫，黄河欲尽天苍苍。

首章起二句比兴，言男女结合，须有同心相爱作基础，单丝不能成线。惭愧，犹多谢。白茅人，喻指柳仲郢。三四谓多谢仲郢以伎（张懿仙）相赠，想让星（小星）来代替月亮（指王氏）。这是婉辞仲郢以伎相赠。次章谓王氏逝世后，自己所余者惟有辛苦。三四谓王氏犹如波光荧荧之露珠，虽有彩囊也难盛而贮之，盖叹其奄然亡故如露珠之消。三章首二句写王氏神像之形。"寿宫"句即点明此系神像。四句谓其秋眸宛若平生，令我肠断。"清澄"二句，谓独处幽室，似闻余香，如鳏鱼渴凤，长思旧侣。"不知"二句，谓己形容消瘦，夜夜思念，以致晓霜透帘而不觉，即《长恨歌》"鸳鸯瓦冷霜华重"之意。末二句即此恨绵绵之谓。"土花漠碧""黄河欲尽"，当是遥想王氏坟墓之情景（王氏墓当在坛山旧茔）。

除了怀念王氏以外，商隐最牵挂的是王氏遗留下来的一对幼小的儿女。

大中七年十一月，杨筹（字本胜）来到柳仲郢幕作幕僚①。商隐听他谈起在长安亲友家中寄养的儿子衮师的情况，写下一首情调凄惋的《杨本胜说于长安见小男阿衮》：

> 闻君来日下，见我最娇儿。
> 渐大啼应数，长贫学恐迟。
> 寄人龙种瘦，失母凤雏痴。
> 语罢休边角，青灯两鬓丝。

颔、腹两联，是听杨本胜说起阿衮的情况再加上自己的想象。同一衮师，已由几年前的美秀聪慧、活泼顽皮变为瘦骨伶仃、痴呆寡语，反映出失母又复远离父亲的境遇对幼小心灵的沉重打击。诗全用白描，语浅情深，尾联在"语罢休边角"的旷寂悲凉气氛中，闪现诗人在凄冷的青灯映照下两鬓如丝的身影，情致黯然欲绝。

思乡念亲的感情在孤寂的环境中越积越深，一旦被外界景物所触发，就会溢满心胸。《夜雨寄北》就是这方面的绝唱：

> 君问归期未有期，巴山夜雨涨秋池。
> 何当共剪西窗烛，却话巴山夜雨时？

首句包含着一问一答，在"君问归期"与"未有期"之间有一个明显的顿宕和转折，仿佛深夜灯前，向远方的朋友遥吐归期无日的心曲，在黯然神伤中透出友谊的深挚与亲切，为三四伏根。次句推开，写想象中室外渐沥不绝的夜雨渐次涨满秋池的情景。巴山、夜、雨、秋、池这一系列包含着迢递、凄清、寂寥、萧瑟、绵长意味的物象，用一"涨"字绾结，构成极富包蕴的抒情氛围。客居异乡的孤寂凄清，对友人的深长思念，以及蕴积心底的种种愁思，似乎都随着单调凄清的雨声而暗暗涨满秋池。三四紧扣"巴山夜雨"，从深长的羁愁中生出异想，转出新境。遥想他日重逢，今宵巴山夜雨的情景都将成为异时西窗剪烛夜谈的资料。在重逢的欢愉中回首凄清的往事，不但使异时的重逢显得更为珍贵而富于诗意，而且这种富于诗意的遥想，也多少给眼前这凄清的雨夜带来一丝温暖，给寂寞的心灵带来一点慰藉。"西窗剪烛"这个典型的细节更加强了重逢时亲切温煦的气氛和今宵遥想时的悠然神

① 《樊南乙集序》："（大中七年）十月，弘农杨本胜始来军中。"杨筹系杨汉公之子。

李商隐传论（一）

往之情。诗人不仅把夜雨中寂寥凄清的氛围诗化了，而且把想象中的重逢也诗化了。诗曲折含蓄，而又一气呵成，回环往复中有层递新变，极富情韵风调意境之美。古往今来的诗歌中，将思乡怀友的羁愁写得这样动人的，似不多见。

这首诗不少注家都认为是寄内诗。冯浩谓《万首绝句》题作《夜雨寄内》。按文学古籍刊行社影印明嘉靖本《唐人万首绝句》作《夜雨寄北》，冯氏所谓《万首绝句》当为明万历三十五年赵宧光、黄习远删正订补之《宋洪魏公进万首唐人绝句》四十卷本。现存商隐诗集诸旧本中，亦仅有明姜道生刊《唐三家集》本题为《夜雨寄内》（赵本《万首绝句》或即据姜本改），其他各本均作《夜雨寄北》。诗中出现的"巴山"，正是商隐梓幕诗文的常用语。《为崔从事福寄尚书彭城公启》云："潼水千波，巴山万嶂。接漏天之雾雨，隔嶓冢之烟霜。""巴山"与"潼水"对举，可证"巴山"即泛指东川一带的山。又《唐梓州慧义精舍南禅院四证堂碑铭并序》："掩霭巴山，繁华蜀国。"此"蜀国"指东川节度使府所在地梓州，即《上河东公谢辟启》"射江奥壤，潼水名都，俗擅繁华，地多材隽"之繁华潼水名都，则"巴山"亦同指东川之山。故可断定《夜雨寄北》即作于梓幕期间，其时商隐妻王氏早已去世，何来"寄内"？此诗所寄对象，当是身居北方（大约是长安）与商隐相当熟悉的一位朋友。

第二节　梓幕期间归京

由上节所引述的商隐一系列思念家乡、挂念儿女的诗可以看出，到大中七年冬天，这种情绪已经强烈到无法自制的程度。用他自己的话来说，便是"三年已制思乡泪，更入新年恐不禁"。这就自然联系到一个问题，在"不拣花朝与雪朝，五年从事霍嫖姚"的梓幕生涯中，思乡情切的商隐究竟有没有回过长安？此前冯浩的《玉谿生年谱》、钱振伦的《〈玉谿生年谱〉订误》、张采田的《玉谿生年谱会笺》、岑仲勉的《玉谿生年谱会笺平质》及当代的研究者都从未提出过商隐居梓幕期间曾回长安的问题。但细审商隐诗文及有关材料，却发现在大中七年十一月十二日之后，大中八年九月一日之前这段时间里，商隐确有过一次梓州、长安往返之行。最能显示梓幕期间有归京之行的是他的《留赠畏之》七律，诗云：

清时无事奏明光，不遣当关报早霜。

中禁词臣寻引领，左川归客自回肠。

郎君下笔惊鹦鹉，侍女吹笙弄凤凰。

空记大罗天上事，众仙同日咏《霓裳》。

题下原注："时将赴职梓潼，遇韩朝回三首。"①据"时将赴职梓潼"，此诗似为大中五年深秋赴梓幕前留赠韩瞻之作，但诗中却出现了"左川（按：即东川）归客"的字样，这就和题下注发生了直接的矛盾。因为按照通常的理解，"左川归客"只能是指从东川归来的羁客。如果是大中五年秋将赴东川时作此诗，如何会在尚未成行的情况下忽又自称"左川归客"？如果是大中十年东川幕罢后归京时所作，如何又在题下注中称"时将赴职梓潼"？这种显然的矛盾只有在一种情况下才能得到合理的解释，这就是梓幕期间商隐曾经回过一次长安，这首《留赠畏之》是商隐从长安返回梓州之前留赠韩瞻的。诗中"郎君下笔惊鹦鹉"，系指大中五年深秋商隐赴东川幕前夕，韩瞻设宴饯别，其子韩偓（小字冬郎）即席为诗相送之事。商隐日后有诗追忆此事，题为《韩冬郎即席为诗相送一座尽惊他日余方追吟连宵侍坐徘徊久之句有老成之风因成二绝寄酬兼呈畏之员外》，其首章有"十岁裁诗走马成"之句，即《留赠畏之》"郎君下笔惊鹦鹉"之意。可见"郎君"句乃是追忆大中五年冬郎即席为诗相送之事，《留赠畏之》诗当作于韩氏父子宴饯商隐赴梓州幕之后。又上章引述《迎寄韩鲁（普）州瞻同年》有"圣朝推卫索，归日动仙曹"之句，祝其功成归朝，名动仙曹，而《留赠畏之》诗有"中禁词臣寻引领"之句，即"归日动仙曹"之意。此亦可证《留赠畏之》诗当作于《迎寄韩鲁（普）州瞻同年》之后，其时韩瞻已由普州刺史归朝②。

　　另一首《行至金牛驿寄兴元渤海尚书》则显示大中八年九月之前的某个春天，商隐曾有一次"走马金牛路"之行：

楼上春云水底天，五云章色破巴笺。

①原注之末"三首"二字系后人臆增之衍文，详拙文《李商隐诗文集中一种典型的脱误现象——从〈为尚书渤海公举人自代状〉题与文的脱节谈起》。刊《中华文史论丛》2001年第3期。收入本书上编附考二。

②据郁贤皓《唐刺史考全编》，韩瞻大中五年出任普州刺史。大中十一年由虞部郎中出为凤州刺史，大中十二年四月七日由凤州刺史调任睦州刺史。故大中八年至十一年这段期间韩瞻当在朝。

诸生个个王恭柳，从事人人庚杲莲。

六曲屏风江雨急，九枝灯檠夜珠圆。

深惭走马金牛路，骤和陈王白玉篇。

题内"兴元渤海尚书"，冯浩据《旧唐书·封敖传》"（大中）四年，出为兴元尹、山南西道节度使，历左散骑常侍。十一年，拜太常卿"及《新唐书·封敖传》"加检校吏部尚书，还为太常卿"之文，定为封敖，将此诗系于大中十一年商隐东川幕罢随柳仲郢自梓州还长安途次。张采田《会笺》改系十年春，同样认为作于东川幕罢归京途次。但封敖任山南西道节度使的时间下限，却并非如冯谱或张笺所考迟至大中十一年或十年。因为李商隐的《剑州重阳亭铭并序》提供了大中八年九月一日山南西道节度使已是蒋係的证据。序云："侯蒋氏，名侑。"铭云："伯氏南梁，重弓二矛。古有鲁卫，唯我之曹。"末署"大中八年九月一日，太学博士河南（内）李商隐撰"。据《旧唐书·蒋乂传》，子係、伸、偕、仙、佶。又《蒋係传》："转吏部侍郎，改左丞，出为兴元节度使，入为刑部尚书"。《宣宗纪》：大中十一年十月，"以山南西道节度使、中散大夫、检校吏部尚书、兴元尹、上柱国、赐紫金鱼袋蒋係权知刑部尚书"。《旧唐书》有关蒋係的上述记载与《剑州重阳亭铭并序》相互参证，可以确知，最迟在大中八年九月一日，山南西道节度使已是蒋係而不再是封敖（南梁，唐人习惯上指山南西道节度使府所在地兴元府。重弓二矛为节镇之仪。蒋係为蒋侑之堂兄，故称"伯氏南梁，重弓二矛"），蒋係至大中十一年十月方离山南西道节度使任。因此，《行至金牛驿寄兴元渤海尚书》这首诗绝不可能是大中十年（冯谱为十一年）春梓幕罢归途次所作。而大中五年商隐赴东川幕，时值深秋，抵梓在十月下旬，与此诗"楼上春云"语不合。这就说明，大中八年九月之前的某个春天，商隐有过一次"走马金牛路"之行。而大中六年春，商隐在梓幕为节度判官兼摄掌书记，有《三月十日流杯亭》、《西溪》（怅望西溪水）及代柳仲郢、柳珪所撰诸启为证。大中七年二月，商隐有《二月二日》诗，亦可证是年春在梓幕（梓州至兴元一千六百余里，往返三千余里，需时五十天）。而大中八年春则未见有其他编年诗文。因此，大中八年春作《行至金牛驿寄兴元渤海尚书》的可能性较大。金牛路为蜀道之南栈，即自今陕西勉县而西，南至今四川之剑门关口的一段栈道。从诗意看，诗人因"走马金牛路"而行色匆匆，未能参与山南幕中封敖与幕僚的诗酒之会，故寄此诗以"骤和陈王白玉篇"。当然，单凭此诗，还不能证明大中八年春有自京返梓之行，因为这首诗也有可能是自兴元返梓州途中所作。

真正可以作为商隐在梓幕期间曾有返京之行证据的，是他所写的两篇向未编年的文章《为同州张评事（潜）谢辟启》《为同州张评事（潜）谢聘钱启》。前启云：

> 潜启：伏奉荣示，伏蒙猥赐奏署，今月某日敕旨授官……大夫荣自山阳，来临沙苑……岂谓搜扬，乃加屑眇。府称莲沼，惭无倚马之能；地号云门，窃有化龙之势。便居帷幄，遽别蓬蒿……

这是商隐为一个名叫张潜的士人代撰的谢辟启。《唐阙史》："会昌二年，礼部侍郎柳璟再司文柄，都尉（按：指郑颢。后尚主为驸马都尉，故称）以状头及第，第二人姓张名潜。"此张潜当即商隐为其代撰谢启之同州张评事潜。启中提到奏署张潜为同州从事的这位新任同州刺史，乃是"荣自山阳（按：指楚州山阳郡），来临沙苑（按：指任同州刺史）"。冯浩、张采田对此人均缺考，故将此二启均列于不编年文。据《隋唐五代墓志汇编·洛阳卷》第十四册《唐故范阳卢氏荥阳郑夫人墓志》（大中十二年五月十二日）："父曰祇德……自河南（少尹）为汾州刺史……由汾州入为右庶子。未数月，出为楚州团练使……时以关辅亢旱，民穷为盗，不可止，朝廷借公治冯翊……自冯翊廉问洪州……夫人即公长女也。"郑祇德系宣宗女婿郑颢之父。楚州即山阳郡，冯翊即同州，亦即《谢辟启》所谓沙苑。《东观奏记》卷上："大中五年，（白）敏中免相，为邠宁都统。行有日，奏上曰：顷者陛下爱女下嫁贵臣郎婿郑颢，赴昏楚州。"可证颢父祇德大中五年已在楚州任。又据《唐代墓志汇编·唐故承奉郎大理司直沈（中黄）府君墓志铭》："散骑郑公祇德出刺山阳，持檄就门，辟为从事，奏授廷评。才及期岁，丁先夫人忧。既除丧，复补大理司直……未暇考绩，旋婴痼疾，荏苒三年，奄然一旦，终于长安延康里，享年六十有七，时大中十二年岁次戊寅二月九日也。"郁贤皓《唐刺史考全编》据以上材料考郑祇德刺山阳在大中五年至七年，而谓其刺同州约大中六年至八年。按《通鉴·大中九年》：十二月，"江西观察使郑祇德以其子颢尚主通显，固求散地，甲午，以祇德为宾客分司"。此当是朝廷任命郑祇德为江西观察使后不久祇德固求散地，故郑祇德刺同州的时间应为大中七年至九年，方与其前后历官的时间相承接。大中七年十一月，江西观察使仍为周敬复，商隐《唐梓州慧义精舍南禅院四证堂碑铭并序》（作于大中七年十一月）有"江西廉使大夫汝南公"之语可证。即令此后不久周敬复即离任，由郑祗德接任，郑之任江西观察使亦在大中八至九年，则其刺同当在大中七至八年。祗德之由楚州迁同州，据上引《唐故范阳卢氏荥阳郑夫人墓志》，乃因其时"关辅亢沴，民穷为盗，不可止"，故"朝廷借公治冯翊"，其具体时间正可以从《通鉴》的有关记载中得到佐证。《通鉴·大中七年》："冬，十二月，左补阙赵璘请罢来年元会，止御宣政。上以问宰相，对曰：'元会大礼，不可罢，况天下无事。'上曰：'近华州有贼光火劫下邽，关中少雪，皆朕之忧，何谓无事！虽宣政亦不可御也。'"宣宗所称"华州有贼光火劫下邽，关中少雪"正是《郑夫人墓志》所谓"关辅亢沴，民穷为盗，不可止"。因此，郑祗德之由楚州迁同州，当在大中七年冬季。据上引《唐阙史》，张潜与祗德子郑颢为同年进士，居第一、二名，故祗德奏署张潜为同州从事，是很自然的。潜之被奏署为同州从事，当在祗德自楚州入谢之时，约在大中八年初春。而同州、长安距梓州约三千里，张潜绝不可能驰书数千里，请远在梓州的商隐代撰此区区谢启。换言之，只有在下列两种情况下，商隐方有可能为张潜代撰谢启。一是张潜时在梓州，或即梓府幕僚，但这在谢辟启、谢聘钱启中都无任何迹象，梓府幕僚中亦无张潜其人（时梓幕僚属中张姓者有大理评事张觌、掌书记张黯，无张潜）。故这种可能性可以排除。另一种可能性是张潜被奏署为同州从事时商隐正在长安。在排除了前一种可能性后，惟一能成立的只有后一种可能性。如前所考，郑祗德被任命为同州刺史在大中七年冬，其由楚州赴长安入谢并奏署张潜为同州从事当在大中八年初春，二谢启即作于此时。

　　为避免孤证之嫌，不妨再举出一证，这就是商隐的《为山南薛从事杰逊谢辟启》：

　　　　杰逊启：今月某日，伏蒙辟奏节度掌书记敕下……某受天和气，而鲜雄才，幸承旧族之华，遂窃名场之价。顷者湮沦孤贱，绵隔音尘。其后从事梓潼，经途天汉，初筵末席，披雾睹天。自尔以来，怀恩莫极……方思捧持杖屦，厕列生徒，岂望便上仙舟，遽尘莲府？尚书士林圭臬，翰苑龟龙，方殿大藩，将求记室……岂伊疏芜，堪此选擢……伏以家室忧繁初解，山川跋涉未任，须至季秋，方离上国。抚躬泣下，尚遥郭隗之门；闭目梦游，已入孔融之座。下情无任攀恋铭镂之至。

这是为新被山南西道节度使辟奏为节度掌书记的薛杰逊写的一封谢辟启。冯浩据启内称幕主为"尚书士林圭臬，翰苑龟龙"，定此山南西道节度使为封敖，云："启言赴梓中途，得叨宴饮，其后不久被辟，虽未能细定何年，当在大中三四年间也。"张采田《会笺》谓封敖出镇山南，实在大中四年，非三年，故编此启于大中四年。按：冯、张考此山南西道节度使为封敖，可信，但编此启于大中四年则非。因为根据启中所叙，薛杰逊先是在赴梓州幕途经兴元时，受到封敖款待，"自尔以来，怀恩莫极"，而后方受到封敖奏辟。也就是说，薛杰逊自"从事梓潼，经途天汉"，到此次被奏辟为山南西道节度书记，其间有相当长的时间距离，封敖并非大中四年刚被任命为山南西道节度使时即奏辟杰逊为书记，故编大中四年显然过早。此其一。其二，启称封敖为"尚书"，而《旧唐书·封敖传》："（大中）四年，出为兴元尹、御史大夫、山南西道节度使。"可证其初出镇时所带宪衔为御史大夫。其加检校吏部尚书衔在大中六年二月以后。《新唐书·封敖传》："大中中，历平卢、兴元节度使。初，郑涯开新路，水坏其栈。敖更治斜谷道，行者告便。蓬、果贼依鸡山，寇三川，敖遣副使王赟（按《通鉴》作王赟弘）捕平之，加检校吏部尚书。"商隐有《为兴元裴从事贺封尚书加官启》即为贺封敖加检校吏部尚书而作，而《通鉴》载王赟弘平鸡山事于大中六年二月，可证薛杰逊被奏辟为山南西道节度书记，最早当在大中六年二月鸡山事平及封敖加检校吏部尚书后。而这时商隐早已在梓幕。其三，启又云："伏以家室忧繁初解，山川跋涉未任，须至季秋，方离上国。"说明作此启时，薛杰逊既不在梓州，也不在兴元，而是在长安。这就和《为同州张评事（潜）谢辟启》一样，存在一个商隐代作此启时身在何地的问题。如此时商隐身在梓州，薛杰逊必不可能从长安驰书三千里请远在梓州的商隐代作此启；只有商隐此时正好在长安，为薛代作此启，方合乎情理。这就再次证明，大中六年二月鸡山事平，封敖加检校吏部尚书后的某个时间，商隐曾回过长安（下限在大中八年封敖离山南西道节度使任之前）。从启中提及薛杰逊曾"从事梓潼"的情况看，薛很可能就是商隐的梓幕初期同僚，二人早已结识，后薛因"家室忧繁"之事离幕归京。再后薛又被封敖辟为节度书记，其时商隐适归长安，故有此代作。

剩下的问题就是考证商隐何时回过长安。排一下商隐入梓幕后的工作经历和诗文写作的时间表，便可推断出其大致的时间上下限。大中五年十月下旬，商隐抵达梓州。同年十二月十八，奉命差赴西川推狱，大中六年初返梓。整个大中六年，商隐以节度判官兼摄节度书记，一身二任，工作十分繁忙，根本不可能有回长安的时间。而据上节所引商隐大中七年所作《二月二日》《初起》《夜饮》《写意》《杨本胜说于长安见小男阿衮》诸诗及作于大中七年十一月十日之《樊南乙集序》，又可证直至大中七年十一月十日，商隐仍在思乡念子的煎熬中留滞梓府。而商隐《剑州重阳亭铭并序》末署"大中八年九月一日"，又证实商隐此时已在剑州或梓州。而在大中七年十一月十日到大中八年九月一日这段时间内，则没有可以准确系年的梓幕诗文。这就是说，商隐梓州、长安往返的行役当在这段时间内。据《通鉴·大中十二年》胡三省注唐代水陆行程制度①，以平均日行六十里计，自梓州至长安二千九百里，单程约需两个月，往返则需四个月。从大中七年商隐一系列思乡念子的诗篇看，结合上面对商隐代拟的两篇谢辟启的作时作地考证，其自梓返京的启程时间当在十一月十日编定《樊南乙集》后不久，到达长安的时间约在大中八年正月，与上面所考郑祗德由楚州归京奏辟张潜的时间正好相合。

由于这次回京，带有明显的照顾性质（当是幕主柳仲郢见其思归念子的诗后特意给商隐一次回京的机会），商隐在京居留的时间不可能太长，大约仲春最迟三月初即动身返梓。《行至金牛驿寄兴元渤海尚书》诗有"楼上春云水底天"之句，写景切春暮，当即自京返梓途中所作。因急于赶回梓州担任幕职，商隐返梓时可能取骆谷路由长安至兴元，再由兴元西行经金牛道入蜀，故先已在兴元见过封敖并拜读其诗，未及赓和，即已续发，遂于金牛路上"赓和陈王白玉篇"以呈寄。

综上考述，商隐由于思乡怀归情切，曾于大中七年仲冬由梓启程返京，探望寄养在长安的儿女，约八年初春抵京。在京期间，曾分别为新奏署为同州从事的张潜及山南西道节度使书记的薛杰逊代拟谢辟启。约在大中八年仲春或暮春之初启程返梓。行前往访韩瞻，遇韩朝回，作《留赠畏之》七律。暮春末过金牛路，有《行至金牛驿寄兴元渤海尚书》，约是年夏返抵梓州。九月一日作《剑州重阳亭铭并序》。

由于这次回京，释放了郁结已久的思念家乡和子女的情怀，回梓以后，大中八、九两年所作的诗中，没有再出现像先前那样频繁而强烈的思乡情

---

①《通鉴》胡注："唐制，凡陆行之程，马日七十里，步及驴日五十里，车三十里。江五十里，余水六十里。水行之程，舟之重者溯河三十里，江四十里，余水四十里。空舟溯河四十里，江五十里，余水六十里。沿流之舟，则轻重同制，河日一百五十里，江一百里，余水七十里。"梓州、长安往返，既有陆程，又有水程。

绪。甚至连罢幕后作的《梓州罢吟寄同舍》和返京途中所作的《筹笔驿》《重过圣女祠》中也未出现思乡的诗句①（《因书》也只说"生归话辛苦"，而未言思家），这正从反面证明商隐在"三年已制思乡泪"之后确实回过一次长安。

第三节　克意事佛

梓幕期间，商隐思想和生活上的另一显著变化是克意事佛。商隐与佛教的因缘，并不自梓幕始。《上河东公启》云："兼之早岁，志在玄门；及到此都，更敦凤契。"这里所说的"玄门"，即指佛教②。说明他早岁即对佛教有皈依之志。在桂幕所作《奉使江陵途中感怀寄献尚书》诗中甚至说自己"佞佛将成缚"。但真正浸淫于佛教，将它作为解脱精神痛苦的主要手段和途径，却是在梓幕期间。《樊南乙集序》说："三年已来，丧失家道（按：指妻子去世，儿女又远隔两地），平居忽忽不乐，始克意事佛。方愿打钟扫地，为清凉山行者。"明确道出克意事佛的原因是"丧失家道，平居忽忽不乐"。《上河东公第二启》说："爰托亨途，凤闻妙喻。虽从幕府，常在道场。犹恨出俗情微，破邪功少。二百日断酒，有谢萧纲；十一年长斋，多惭王奂。仰恋东阁，未归西林。"大中七年，他曾在梓州长平山慧义精舍经藏院，自出财俸，特辟石壁五间，金字勒《妙法莲花经》七卷，并请精于佛典的幕主柳仲郢作记。《上河东公第二启》又说：

> 近者财俸有余，津梁是念。适依胜绝，微复经营。伏以《妙法莲花经》者，诸经中王，最尊最胜。始自童幼，常所护持。或公干漳滨，有时疾痎；或谢安海上，此日风波。恍惚之间，感验非少。今年于此州长平山慧义精舍经藏院，特创石壁五间，金字勒上件经七卷。既成胜果，思托妙音。伏惟尚书，有夫子之文章，备如来之行愿。不逢惠远，已飞

---

① 商隐在桂林期间，思乡和思念妻室的诗和在梓幕前三年的情况类似，自桂返京途中诗（特别是自江陵至长安途中）思乡之情亦时有流露，与梓幕罢归途中诗不同，对照自明。

② "玄门"通常指道教（因《老子》有"玄之又玄，众玄之门"，故称），但亦可指佛教；慧远《三报论》："推此以观，则知有方外之宾，服膺妙法，洗心玄门。"唐刘孝孙《游灵山寺》："永怀筌了义，寂念启玄门。"均以"玄门"指称佛教。

庐岳之书；未见简栖，便制头陀之颂。是故右绕三匝，仰希一言，庶使
鹅殿增辉，龙宫发色。

仲郢应其请求作记以后，商隐作《上河东公第三启》表示感谢：

> 昨者爰托翠珉，将翻贝夹，方资护念，粗冀标题……岂谓尚书，载
> 持梦笔，仰拂文星，入不二法门，住第一义谛……铺舒于无上，藻辉于
> 至真，而又以七喻之微，较五常之要，吻然合契，永矣同途。既令弟子
> 言《诗》，又与声闻授记……便当刻之鸟篆，置彼龙宫。

可见商隐对自己辟石壁刻《妙法莲花经》这件事，抱着一种十分郑重而虔诚
的态度。在梓幕期间，他与僧人的交往以及涉及佛教的诗文比以前明显增
多。《酬崔八早梅有赠兼示之作》尾联云："维摩一室虽多病，亦要天花作道
场。"自注云："时余在惠祥上人讲下，故崔落句云'梵王宫地罗含宅，赖许
时时听法来'。"说明他曾在惠祥上人讲下听讲佛经。又有《题白石莲花寄楚
公》云：

> 白石莲花谁所共，六时长捧佛前灯。
> 空庭苔藓饶霜露，时梦西山老病僧。
> 大海龙宫无限地，诸天雁塔几多层。
> 谩夸鹙子真罗汉，不会牛车是上乘。

冯浩云："在东川作也……义山斯时因病耽禅，可于言外参悟。"屈复曰：
"石莲捧佛灯，喻不染心也。霜露之感时梦老僧。龙宫地广，雁塔天高，楚
公到此矣。古所称真罗汉者，皆不及楚公臻上乘也。"《题僧壁》也可能作于
梓幕期间：

> 舍生求道有前踪，乞脑剜身结愿重。
> 大去便应欺粟颗，小来兼可隐针锋。
> 蚌胎未满思新桂，琥珀初成忆旧松。
> 若信贝多真实语，三生同听一楼钟。

钱锺书云："'大去便应欺粟颗，小来兼可隐针锋'……窃疑原作'小去'、
'大来'……商隐赞释氏之神通能大能小……谓苟小则能微逾粟粒……虽大
而能稳据针锋"（《管锥编》765—766页），可备一解。《明禅师院酬从兄见

311

寄》云：

> 贞吝嫌兹世，会心驰本原。
> 人非四禅缚，地绝一尘喧。
> 霜露敏高木，星河堕故园。
> 斯游傥为胜，九折幸回轩。

据"星河堕故园"句及末句"九折回轩"用汉王尊迁益州刺史，行部至邛崃九折阪，叹曰"奉先人遗体，奈何数乘此险"，后以病去之典，此诗当作于东川。诗禅味颇浓，既"嫌兹世"而驰心本原，则尾联所谓"回轩"，当亦喻指归心净地，不再在宦途险境奔竞驰逐。明禅师也是商隐在东川时交往的僧人之一。

宋赞宁《高僧传·悟达国师知玄传》有以下一段记载：

> 有李商隐者，一代文宗，时无伦辈，常（尝）从事河东柳公梓潼幕，久慕玄之道学，后以弟子礼事玄。

张采田《会笺》云："考义山与知玄东川相遇，当在大中八年。《玄传》云：'武宗御宇，玄即归巴岷旧山，例施巾栉，方扁舟入湖湘间。时杨给事汉公廉问桂岭，延止开元佛寺。'此在义山未游桂管前。《传》又云：'属宣宗龙飞，玄复挂坏衣归上国宝应寺。帝以旧藩邸造法乾寺，诏玄居寺之玉虚亭。大中三年，因奏天下废寺基，各敕重建。八年，上章乞归故山，大行利济，受益者多。'玄，眉州洪雅人，既归旧庐，则义山以弟子礼事玄，必在其时。"此考可信。商隐诗集中有《别智玄法师》云：

> 云鬟无端怨别离，十年移易住山期。
> 东西南北皆垂泪，却是杨朱真本师。

冯浩据"云鬟"字认为此"智玄法师"是女冠，张笺从之。但这首诗全篇均为商隐自陈口吻，"云鬟"非指智玄法师，而是指自己的妻室。一二句是说自己十多年来到处漂泊，屡次更改归隐山林的日期，以致与妻室长离，令云鬟闺人无端怨别，"住山期"即所谓"嵩阳松雪有心期"。三四说自己尽管东西南北，到处漂泊，但却遭遇不偶，穷途垂泪，有甚于见歧路而泣的杨朱，真可谓杨朱的真本师了。末句貌似自我调侃，实含无限悲慨。此盖因别智玄法师而发身世飘零、遭逢不偶之慨。此"智玄"或即"知玄"，法师既可称道士，亦可称精通并能讲解佛法的高僧。诗的潜台词即是"一生几许伤心事，不向空门何处销"。

大中七年，柳仲郢作四证堂于梓州慧义精舍之南禅院，图益州静众无相大师、保唐无住大师与洪州道一大师、西堂智藏大师四真形于屋壁。商隐奉仲郢之命作《唐梓州慧义精舍南禅院四证堂碑铭并序》。这篇碑铭长二千四百余字，是商隐精心结撰的长文。商隐在慧义精舍经藏院自出财俸辟石壁，刻《妙法莲花经》七卷，请仲郢作记之事，当与仲郢作四证堂，由商隐作碑铭同时。从这里可以看出，仲郢与商隐在克意事佛方面有共同的志趣。而商隐之佞佛，除了自身的原因外，也未始不受到仲郢的影响。

梓幕期间，除耽佛法外，对早已浸染多年的道教仍继续信奉，并与道流有交往。《梓州道兴观碑铭并序》《道士胡君新井碣铭并序》也都作于大中六、七年。这两篇碑铭和《四证堂碑铭》一样，都是商隐全力以赴撰写的长文，说明他对佛道的信奉及对这类事情的重视程度。《云笈七签》："胡尊师名宗……居梓州紫极宫。尝沿江入峡，道中遇神人授真仙之道。辨博赅赡，文而多能，斋醮之事，未尝不冥心涤虑以祈感通。梓之连帅皆贤相重德，幕下尽皆时英硕才，如周相国（墀）、李义山辈，毕加敬致礼，其志亦泊如也。泊解化东蜀，显迹涪陵，方知其蛇蝉之蜕，得道延永耳。"这段记载也许是在《道士胡君新井碣铭》的基础上敷衍增益而成，但《井碣铭》所记胡宗一道士的"禀质之秀""造微之术""寄情之远""绝累之至"诸端，确实说明商隐梓幕期间与道流有较深的交往。

但商隐本质上是一个极重情、极执著的性情中人。虽因妻子去世、自己多病及命运坎坷、理想幻灭而逃禅慕道，但这只是一种无可奈何的逃避与自遣，实际上他根本不可能忘情于现实、政治、人生。只要看他在同一时期所作的那么多感慨身世，思念家乡、亲友、儿女的诗，就可以明白，他是不可能抛弃一切，"打钟扫地，为清凉山行者"的。他的重情与执著，使他始终无法超脱人生、超脱爱憎。

梓幕期间，商隐与同时代另一大诗人温庭筠之间互有诗寄酬。商隐《有怀在蒙飞卿》云：

薄宦频移疾，当年久索居。
哀同庚开府，瘦极沈尚书。
城绿新阴远，江清返照虚。

所思惟翰墨，从古待双鱼。

前四叙己之羁宦索居，哀愁多病。五六描绘城绿江清，新荫晚晴之景。春回大地的景色，益发衬托出羁宦索居者的哀愁，而怀念故人之意即寓其中。沉沦漂泊，更需友情的温暖，故尾联盼友人寄书，一点即止。又有《闻著明凶问哭寄飞卿》：

昔叹谗销骨，今伤泪满膺。

空余双玉剑，无复一壶冰。

江势翻银汉，天文露玉绳。

何因携庾信，同去哭徐陵？

著明为卢献卿，会昌进士，有《愍征赋》。司空图注之，其《后述》云："卢君以谗摈，致愤于累千百言。"《本事诗》则谓献卿为大中中进士，"作《愍征赋》数千言，时人以为《哀江南（赋）》之亚。"温庭筠《病中书怀呈友人》诗云："积毁方销骨，微瑕惧掩瑜。"故此诗首句乃用温诗语，指温庭筠昔日被诬事。"今伤"句方指卢因谗毁而死。次联叹其物在人亡，"一壶冰"象喻卢之高洁品格。腹联眼前即景，借江阔浪高之景象抒写内心悲愤不平，"天文"句即"天文北极高""天高但抚膺"之意，兼点闻凶问在秋令。尾联"庾信"指己，"徐陵"指卢。温庭筠有《秋日旅舍寄义山李侍御》：

一水悠悠隔渭城，渭城风物近柴荆。

寒蛩乍响催机杼，旅雁初来忆弟兄。

自为林泉牵晓梦，不关砧杵报秋声。

子虚何处堪消渴，试向文园问长卿。

这是身在渭城的温庭筠寄给居东川幕的商隐的一首七律。尾联用司马相如曾作《子虚赋》、有消渴疾、曾为文园令等事（文园，汉文帝陵园）。诗清丽芊绵，显示了温、李之间兄弟般的情谊。

第四节　梓幕罢归

大中九年十一月，柳仲郢因为在东川节度使任上五年，"美绩流闻，征为吏部侍郎"（《旧唐书·柳仲郢传》，详参张采田《会笺》卷四大中九年谱及笺证）。在首尾长达五年的梓幕生活结束时，商隐写了《梓州罢吟寄同舍》，对这五年生活作了回顾：

> 不拣花朝与雪朝，五年从事霍嫖姚。
> 君缘接座交珠履，我为分行近翠翘。
> 楚雨含情皆有托，漳滨多病竟无憀。
> 长吟远下燕台去，唯有衣香染未销。

从朱鹤龄开始，不少学者都把这首诗的第五句看作对《无题》借艳寓慨自下笺解①。细按全诗，此解殆为断章取义，与上下文均不融贯。此诗首联已与同舍合起，谓不论春夏秋冬，五年间与同舍均为梓府从事。三四句互文，兼及君我，谓我等因任幕职，既得接交上客，亦常接近歌伎。五句承上，"皆有托"，合五年双方共同境遇而言，谓皆得托身于府主；六句"多病""无憀"，转入自己。七八承六，就己作结。若谓五句指自己作诗多借男女之情寓托，于全篇结构及上下文义均未能合。这首诗因寄赠同舍，故处处不离幕府生活与同舍和自己的关系，不可能在中间突然插入自己作《无题》诗借艳寓慨的问题。姚培谦解前四句说："言五年从事以来，无日不接席分行于珠履翠翘间也。首联，是倒装法；次联，是互文法。"可从。诗中抒写了与幕主、同舍间的情谊，也感慨自己愁病无憀、无所作为的境遇。纪昀评曰："起手斗入有力，结语感叹不尽。"（《玉谿生诗说》）

因为要等待朝廷新任命的东川节度使韦有翼的到来，以便办理移交，仲郢和商隐都没有马上离开梓州。韦有翼到任后，商隐还替韦代拟过一篇状，即《为京兆公乞留泸州刺史洗宗礼状》，中云："臣得当管泸州官吏百姓李继等，及泸州所管五县百姓张思忠等，并羁縻州土刺史韦文赏等状

---

① 朱鹤龄《笺注李义山诗集序》："古人之不得志于君臣朋友者，往往寄遥情于婉娈，结深怨于蹇修，以序其忠愤无聊、缠绵宕往之致。唐至大和以后，阉人暴横，党祸蔓延，义山厄塞当途，沉沦记室，其身危，则显言不可而曲言之；其思苦，则庄语不可而谩语之。计莫若瑶台琼宇、歌筵舞榭之间，言之者可无罪，而闻之者足以动，其《梓州吟》云'楚雨含情俱有托'，早已自下笺解矣。"

称……"，显系韦有翼已到东川任视事的口吻①。如果这样，商隐和柳仲郢自梓州启程的时间当在大中九年末甚至十年初。

离梓州后不久，抵达利州，有《因书》诗：

> 绝徼南通栈，孤城北枕江。
> 猿声连月槛，鸟影落天窗。
> 海石分棋子，郫筒当酒缸。
> 生归话辛苦，别夜对凝釭。

"因书"，朱彝尊谓是"即事"，甚是。利州北枕嘉陵江，南通剑阁栈道，故首联云然。海石之围棋子与郫竹之酒筒，均蜀地名产；猿声、马影，则山城景物。尾联与"何当共剪西窗烛，却话巴山夜雨时"二句相近，但一则归期已卜，一则归期无日。然可见二诗均为梓幕期间（包括赴幕与罢归）所作，构思上有连续性。

利州之北，有筹笔驿，相传诸葛亮出师伐魏，曾经驻军于此，筹划军事。今四川广元县北有朝天岭，岭上有朝天驿，相传即古筹笔驿遗址。商隐北归途中经此，作了著名的《筹笔驿》诗，尾联云："他年锦里经祠庙，《梁甫》吟成恨有余。"指大中五年冬差赴成都推狱期间拜谒武侯祠，作《武侯庙古柏》诗之事。关于这首诗的主旨和所寓的感慨，已在上一章中论及。

行至大散关与陈仓之间的圣女祠②，正值细雨迷蒙的春天。此前，商隐曾多次经过这里，写有《圣女祠》五排（杳蔼逢仙迹）、《圣女祠》七律（松篁台殿）各一首。这次重过，又有《重过圣女祠》：

> 白石岩扉碧藓滋，上清沦谪得归迟。
> 一春梦雨常飘瓦，尽日灵风不满旗。
> 萼绿华来无定所，杜兰香去未移时。
> 玉郎会此通仙籍，忆向天阶问紫芝。

①《樊南文集补编》有《陈宁摄公井令牒》《周宇为大足令牒》，原以为大中五年代柳仲郢作。但大中五年商隐未摄节度书记，故这两篇牒也有可能是代韦有翼作，其中陈宁在柳仲郢任东川节度使时已为公井令。

②旧注引《水经注·漾水》，武都（郡名，治所在今陕西宝鸡市）秦冈山"悬崖之侧，列壁之上，有神像若图，指状妇人之容，其形上赤下白，世名之曰圣女神"。圣女祠当即为祭祀此圣女神所建的祠庙。从《圣女祠》五排及《圣女祠》七律看，此祠当建于山中。

诗在抒写圣女"沦谪得归迟"的境遇时，融合了诗人自己的沦谪之慨。首联谓圣女看上清仙境沦谪下界，至今犹迟迟未归天上，意与"沦谪千年别帝宸，至今犹谢蕊珠人"（《赠华阳宋真人兼寄清都刘先生》）相仿。次联描绘渲染圣女祠环境氛围，表现沦谪归迟的圣女寂寥落寞、无所依托的境遇。腹联以女仙萼绿华、杜兰香的"来无定所""去未移时"反衬圣女的"沦谪归迟"。此盖作者面对细雨灵风包围中的圣女祠时产生的联翩浮想，不知不觉中自己仿佛已化身为圣女，故尾联即自然地以圣女身份口吻抒慨，谓处此沦谪归迟的寂寥无依之境，惟望能有执掌仙官簿箓的领仙玉郎与自己相会，以便实现重回天界、在天阶问取紫芝的愿望。忆，思也，想望之意。其时幕主柳仲郢内征为吏部侍郎，职掌官吏铨选。"玉郎"或即寓指仲郢，望其能帮助自己重登朝籍。从"一春梦雨"的措辞看，商隐回到长安，已是大中十年的暮春。等待着这位"沦谪得归迟"的诗人的命运，又是什么呢？

第十六章　生命的最后阶段

　　从大中十年春到大中十二年末这三年，是商隐一生中的最后阶段。这三年中商隐的宦历、行踪可考的只有任盐铁推官和病废还郑州二事。张采田《会笺》认为商隐任盐铁推官期间，曾有江东之游，虽无确凿的证据，但否定此说的同样缺乏实证①。这里姑参张说，并据有关诗文及文献资料，对这几年商隐的生活作大致的勾画。

第一节　归京闲居

　　商隐回到长安的具体时间，张采田《会笺》定于大中十年春初。系年诗中有《赠庾十二朱版》，诗云：

　　　　固漆投胶不可开，赠君珍重抵琼瑰。
　　　　君王晓坐金銮殿，只待相如草诏来。

庾十二，指庾道蔚。原注："时庾在翰林，朱书版也。"张采田《会笺》云："考《翰苑群书·重修承旨学士壁记》：'（庾）道蔚大中六年七月十五日自起居舍人充②。七年九月十九日加司封员外郎，九年八月十三日加贺部郎中知制诰，并依前充。十年正月十四日守本官出院，寻除连州刺史。'与《纪》不合。《樊川集》有《庾道蔚守起居舍人充翰林学士》等制，杜牧于大中五年冬自湖州刺史召拜考功郎中知制诰，此制即其时所作，则道蔚充学士，自当以《壁记》为定。道蔚十年正月十四始出院，此诗必义山初从东川归时作

318

---

　　① 张说见其所著《玉谿生年谱会笺》卷四大中十年、十一年谱及诗歌系年。周建国有《〈冯谱〉〈张笺〉李商隐晚年事迹补正》，刊《唐代文学研究》第一辑，山西人民出版社出版。

　　②《旧唐书·宣宗纪》：大中三年九月，起居郎庾道蔚充翰林学士。

也。"张氏盖据此谓商隐归抵长安，在大中十年正月十四庚道蔚出院之前，故谓"抵京在春初"。但只要排一下柳仲郢内征、韦有翼接任、商隐随仲郢还朝的时间，就可以推断大中十年正月十四日之前，商隐肯定不可能归抵长安，这首《赠庾十二朱版》也绝不可能是大中十年正月十四日庚道蔚出院之前所作。上章已经考述，柳仲郢内征为吏部侍郎的时间在大中九年十一月，而接到内征的制书后，并未立即返京，而是等到新任东川节度使韦有翼到任后方离任回京，有商隐《为京兆公乞留泸州刺史洗宗礼状》为证。则仲郢与商隐自梓州启程还京，当迟至九年底甚至十年初，以东川、长安间需时约五十天计算，其到京的时间当在大中十年二月底或三月份。从《重过圣女祠》"一春梦雨常飘瓦"之句看，当在暮春三月抵京。这首《赠庾十二朱版》不是作于商隐大中十年幕春梓幕罢归抵达长安后（其时庾早已出院），而是作于大中八年正月商隐梓幕期间归京时。这也进一步证实了大中八年商隐有过一次梓幕归京之行，否则这首诗就无法正确系年。

仲郢还朝后，尚未入谢，朝廷已改官为兵部侍郎，充诸道盐铁转运使[1]。商隐原来希望仲郢担任吏部侍郎能有助于他重登朝籍，不料因仲郢改官而希望落空。在任盐铁推官之前，商隐在长安有一段闲居的时日。

商隐在长安闲居期间，居住在永崇里（在昭国里之北）。《高僧传·悟达国师知玄传》云："有李商隐者，一代文宗，时无伦辈，常（尝）从事河东柳公梓潼幕，久慕玄之道学，后以弟子礼事玄。时居永崇里，玄居兴善寺。义山苦眼疾，虑婴昏瞀，遥望禅宫，冥祷乞愿。玄明旦寄《天眼偈》三章，读终疾愈。"读《天眼偈》而疾愈，可能是巧合，或佛教徒故神其事。但商隐晚年确患眼疾，其《房君珊瑚散》云："不见常娥影，清秋守月轮。月中闲杵臼，桂子捣成尘。"房君系方技道流，诗盖赞美房君所制之眼药。一二谓因眼疾而不见月中嫦娥之身影。三四谓房君之珊瑚散系用月中桂子捣碾而成，美其无异仙药。可能是商隐既曾冥祷乞愿于知玄，求治眼疾，又曾服用房君之珊瑚散，而眼疾适愈，故生出读《天眼偈》而疾愈的传说。

《鄠杜马上念汉书》大约也是长安闲居时所作：

世上苍龙种，人间武帝孙。

---

[1]《旧唐书·柳仲郢传》："在镇五年，美绩流闻，征为吏部侍郎，入朝未谢，改兵部侍郎，充诸道盐铁转运使。"《新唐书·柳仲郢传》："居五年，召为吏部侍郎，俄改兵部，领盐铁转运使。"

小来惟射猎，兴罢得乾坤。

渭水天开苑，咸阳地献原。

英灵殊未已，丁傅渐华轩。

《汉书·宣帝纪》谓帝在民间时"尤乐杜鄠之间"，鄠即鄠县（今户县），杜为杜陵，杜陵为汉宣帝陵墓。这是一首貌似怀古而实寓现实感慨的诗。前六句赞颂汉宣帝。首联谓其系高祖嫡系，武帝曾孙。三四谓其英武豁达，于无意中获主乾坤。五六赞其力致中兴。结联叹其没世未几而外戚势力膨胀。这首诗当非泛泛咏古，而是有所托寓，因为从史实上看，汉宣帝在位期间并没有种下宠信外戚的根子。诗人歌颂汉宣帝，意在借以追怀武宗。武宗爱好畋猎，以颍王入膺大统，在政治、军事上皆有所建树，商隐曾在诗中颂其"中兴盛"（《正月十五日闻京有灯恨不得观》），与汉宣帝有相似处。而宣宗即位后，对外戚郑光恩宠有加（见《通鉴》大中六年三月、十年三月的有关记载）。末联慨叹宣帝"英灵"未已，而外戚渐次贵显，显然有所托讽。

大中十年春天，商隐可能到过太原、交城一带，集中有《过故府中武威公交城旧庄感事》诗：

信陵亭馆接郊畿，幽象遥通晋水祠。

日落高门喧燕雀，风飘大树感熊罴。

新蒲似笔思投日，芳草如茵忆吐时。

山下只今黄绢字，泪痕犹堕六州儿。

诗题中的"武威公"，注家或说指王茂元，或说指刘从谏、李光颜，或疑指卢弘止，实则此"武威公"定指卢弘止。诗中明确提供有关"武威公"的情况有以下几方面：其一，此人系商隐已故的幕主，商隐曾受其恩遇。其二，此人非寻常文职节度使，而是有武略军功，且深得部属将士爱戴者。其三，此人有旧庄在交城，当家居或祖居太原附近。考商隐所历事的已故幕主中，郑亚家居仕历均与太原、交城无涉，且无武略；崔戎虽曾佐幕太原，但亦无武略军功。以上二人均可排除。令狐楚仕历虽与太原有密切关系，但楚以幕僚章奏出身，不习武事，显亦非所谓"武威公"者。王茂元之误，冯浩《玉谿生诗笺注》已辨正之，云："王栖曜濮阳人，父子宦迹皆未一至河东，何得交城有庄，且有碑纪功哉？义山为茂元婿，何仅曰'故府'。茂元谥曰威，何加'武'字哉？"上述三方面均相合者，惟有卢弘止一人。商隐与弘止不但有戚谊，且大和八年弘止为昭应令时二人就已结识。大中三年辟商隐入幕，署侍御衔，对商隐深有恩遇。商隐《偶成转韵七十二句赠四同舍》后段所写"横行阔视倚公怜"之情事，亦即此诗"芳草如茵忆吐时"所追怀之恩谊。弘止才兼文武，《戏题枢言草阁三十二韵》云："尚书文与武，战罢幕府开。"《偶成转韵七十二句赠四同舍》亦云："武威将军使中侠，少年箭道惊杨叶。战功高后数文章，怜我秋斋梦蝴蝶。"武威将军，即此诗题所谓"武威公"。会昌四年，弘止奉诏宣慰邢、洺、磁三州及成德、魏博两镇，镇徐州时惩治银刀都之首恶等，均为其武略军功之卓著者，且深得部属爱戴，《偶成转韵》已云"彭门十万皆雄勇，首戴公恩若山重"，于其身后，自可谓"泪痕犹堕六州儿"矣。据《新唐书·文艺传》："卢纶（按：为弘止父），河中蒲人。"河中府治在今山西永济，地与太原接近，交城或有其旧庄。又《新唐书·卢简辞传》，李程镇太原，曾表卢简辞为节度判官，故卢氏可能于太原附近置别业。题称"故府中武威公"，"中"字何焯《义门读书记》认为是衍文，甚是，此当为不明"故府"之义者所妄增。这首诗抒发了对恩知幕主卢弘止的深情怀念与感戴。商隐对他所事的幕主，如令狐楚、崔戎、王茂元、郑亚均有诗文吊唁祭奠，独缺卢弘止，得此一篇，始成一完整的吊祭故府诗文系列，商隐为人之重情谊、感旧恩于此可见。

张采田《会笺》在大中十年编年诗中，还列有《与同年李定言曲水闲话戏作》《暮秋独游曲江》《题郑大有隐居》等诗。按许浑《丁卯集》有《李定言自殿院衔命归阙拜员外郎迁右史因寄》诗，商隐大中十一年四月之前有《寄在朝郑曹独孤李四同年》，李即李定言，则大中十年，李定言当在朝为官。《与同年李定言曲水闲话戏作》诗云：

> 海燕参差沟水流，同君身世属离忧。
> 相携花下非秦赘，对泣春天类楚囚。
> 碧草暗侵穿苑路，珠帘不卷枕江楼。
> 莫惊五胜埋香骨，地下伤春亦白头。

首联以"海燕参差沟水流"兴起"同君身世属离忧"，末联云"伤春"，已明言自己与李定言同有"伤春"之痛。而此"伤春"与《曲江》诗之伤时感乱之"伤春"显然不同，当属男女之情而无关乎政治。惟姚培谦、张采田以为同悼亡，则系误解"非秦赘"一语所致。非秦赘，非谓己赋悼亡，乃谓彼此虽曾入其门而非赘婿，暗示系狭邪艳情。"相携"句追溯从前，"花下"喻指狭邪之家，"对泣"句方写目前追思不胜凄凉。"碧草"二句即写人亡楼空、草侵荒苑之慨。末联谓所怀者已埋骨曲水之湄，旧地重游，固不免触目心惊，然埋骨地下者，恐亦因伤春而白头也。昔日同游花下，今日同吊香骨，不胜地老天荒之慨，题曰"戏作"，以其事属艳情也。《暮秋独游曲江》所写的情事，可能与此有关：

> 荷叶生时春恨起，荷叶枯时秋恨成。
>
> 深知身在情常在，怅望江头江水声。

"春恨"，指相思之恨；"秋恨"，指伤逝之恨。此当是诗人于曲江"荷叶生时"遇意中人而种下相思之恨，于曲江"荷叶枯时"而伊人云逝，铸成伤逝之恨。重游旧地，怅望江头江水，遂觉此恨绵绵，永无绝期。

第二节　任盐铁推官

大中十年暮春，朝廷任命柳仲郢为兵部侍郎、充诸道盐铁转运使，接替原以兵部侍郎充盐铁使的韦有翼①。仲郢是一个很念旧情、富于同情心的官吏。他任盐铁转运使期间，曾"取德裕兄子从质为推官，知苏州院事，令以禄利赡南宅。令狐绹为宰相，颇不悦，仲郢与绹书自明……绹深感叹，寻与从质正员官"（《旧唐书·柳仲郢传》），以报答李德裕会昌年间为相时对他的"恩奖"。对于做了他五年幕僚的李商隐，仲郢也很同情其困顿的境遇，因此在他充盐铁使后，又奏任商隐为盐铁推官。

商隐任盐铁推官之事，见于裴庭裕《东观奏记》卷下：

> 敕："乡贡进士温庭筠，早随计吏，夙著雄名。徒负不羁之才，罕有适时之用。放骚人于湘浦，移贾谊于长沙。尚有前席之期，未爽秋毫

①《旧唐书·裴休传》："大中初，累官户部侍郎，充诸道盐铁转运使，转兵部侍郎，兼御史大夫，领使如故。六年八月，以本官同平章事，判使如故……十年罢相，检校户部尚书、汴州刺史、御史大夫、充宣武军节度使。"《新唐书·宰相表》：大中八年"十一月乙酉，休罢使"。接替裴休任盐铁使者为韦有翼。《文苑英华》卷四五三有《授韦有翼剑南东川节度使制》，称有翼为"朝散大夫、守尚书兵部侍郎、兼御史大夫、充诸道盐铁转运使"，《唐语林》卷一亦云"东川韦有翼尚书，自判盐铁，镇梓潼，有重名"，他书多漏书韦有翼继裴休任盐铁使事。

之思。可隋州隋县尉。”舍人裴坦之词也。庭筠，字飞卿，彦博之裔孙也。词赋诗篇，冠绝一时，与李商隐齐名，时号温李。连举进士，竟不中第，至是谪为九品吏。前一年，商隐以盐铁推官死。商隐字义山，文学宏博，笺表尤著于人间。自开成二年升进士第，至上十二年竟不升于王廷。

这是当时人对李商隐在大中十二年去世及曾为盐铁推官的明确记载，当属可信。据《新唐书·食货志》，刘晏上盐法，有涟水、湖州、越州、杭州四场，嘉兴、海陵等十监，岁得钱百余万缗，以当百余州之赋。自淮北置巡院十三，曰扬州、陈许、汴州、庐寿、白沙、淮西、甬桥、浙西、宋州、泗州、岭南、兖郓、郑滑。商隐为盐铁推官，《东观奏记》未言知何院。张采田《会笺》云：“考集中江东咏古诸作，前此江乡、巴蜀游踪，断不暇有此，其为充推官时所赋无疑。然则宦辙所经，多在吴、越、扬、润间欤？《过招国李家南园》诗：‘长亭岁尽雪如波，此去秦关路几多。’盖在京将至江东时作也。”张氏所谓江东咏古诸作，盖指《隋宫》二首、《齐宫词》、《南朝》二首、《咏史》（北湖南埭）等。或以为这类咏史诗并非纪游诗，不能据此认为商隐曾实至扬州、金陵等地。但是，像《咏史》“北湖南埭水漫漫”之句，《南朝》“休夸此地分天下”之句，乃至《隋宫》“于今腐草无萤火，终古垂杨有暮鸦”之句，或直接描绘眼前景物，或明点“此地”，都不像是想象中的虚景，而似实地游历所见。因此，江东咏古诸作虽非纪行诗，却反映出作者曾有扬州、金陵之行。扬州是东南盐铁、漕运中心，“转运盐铁使及度支之货财聚焉”（《新唐书·食货志》）。洪迈《容斋随笔》云：“唐世盐铁转运使在扬州，尽榦利权，判官多至数十，商贾如织。”柳仲郢任盐铁转运使，驻节扬州，李商隐作为仲郢的梓幕旧僚，很有可能就在扬州巡院担任推官，故集中江都、金陵咏史之作特多。或谓商隐之任盐铁推官，只是仲郢为了照顾商隐而辟署的挂名支俸之职，并非实际担任推官实务，且谓晚年商隐衰病，不堪担任推官繁剧之务。但挂名支俸之说并无任何实证。至于身体衰病，自梓幕以来就已如此，尽管“漳滨多病”，仍不妨其“五年从事”。居长安永崇里时，也只是患眼疾，经治疗已愈。且扬州盐铁使府判官多至数十，巡院推官数量当亦不少，柳仲郢以盐铁使的身份照顾一下商隐，给他安排轻一点的工作，完全办得到，没有证据证明商隐未真正莅任。

更主要的是，商隐诗集中除上列江东咏古诸作外，还有直接以“江东”

为题的诗：

> 惊鱼拨剌燕翩翻，独自江东上钓船。
>
> 今日春光太漂荡，谢家轻絮沈郎钱。

这显然是亲至江东的纪行写景诗，时间是暮春柳絮轻飏、榆钱夹路之时。商隐开成四年出为弘农尉途中所作《宿盘豆馆对丛芦有感》诗虽有"昔年曾是江南客"之语，但那是指童幼时随父"浙水东西，半纪漂泊"的生活。开成四年以后，其经历、游踪班班可考，绝无曾游江东之迹。张氏《会笺》谓《江东》为"充推官游江东之作"，将其系于大中十一年，似可从。视"春光太漂荡"语，亦似作于晚年穷途落魄、意兴颓唐之时，冯浩谓"极写客游之无聊赖"，甚是。

在赴盐铁推官任前，大中十年岁末，商隐离长安赴东都，行前经过昭国坊李十将军旧宅，作《过招国李家南园》二首：

> 潘岳无妻客为愁，新人来坐旧妆楼。
>
> 春风犹自疑联句，雪絮相和飞不休。
>
> 长亭岁尽雪如波，此去秦关路几多。
>
> 惟有梦中相近分，卧来无睡欲如何！

首章前两句回忆昔日与王氏曾在此南园居住，"潘岳无妻"指自己原配已殁，"客为愁"谓客为己操心作合。"新人"指昔之"新人"即王氏。"来坐旧妆楼"指为继室。后两句谓今日过此，"新人"已殁，惟见雪花如柳絮漫天飞舞，犹疑似当日居此夫妇联句唱和情景。次章则谓岁尽雪飞，己又将出秦关而事行役。如今惟有梦中方能一见王氏，然鳏鳏不寐，并梦中相见亦不可能。杨柳《李商隐评传》谓昭国坊为王茂元婿千牛李十将军住宅所在，义山妻王氏婚前曾客串居姊家，婚后似亦曾居此，可参。

大中十一年正月，商隐在东都崇让坊王茂元旧宅居住，目睹旧宅荒凉冷寂的景象，想起昔日与王氏曾在这里度过的幸福时光，感慨很深，写下《正月崇让宅》：

> 密锁重关掩绿苔，廊深阁迥此徘徊。
>
> 先知风起月含晕，尚自露寒花未开。

　　蝙拂帘旌终展转，鼠翻窗网小惊猜。

　　背灯独共余香语，不觉犹歌《起夜来》。

前三联写崇让宅的荒凉冷寂和诗人凄寂恍惚、夜不能寐的情景，在伤悼亡妻的同时隐约透露出与崇让宅的繁华荒废密切相关的更大范围的人事变化和亲故零落之痛，悼亡、感旧兼而有之。尾联不仅由思入幻，写出恍惚迷幻的精神状态，而且抒写了对亡妻生死不渝的真挚痴顽之情，将极端凄凉冷寂的境界与绮罗香泽的寻觅融合在一起，尤为出色。

　　商隐抵达扬州盐铁转运使府，当已在大中十一年仲春。暮春时节，有江东之游，前引《江东》诗可证。从现存诗作看，其江东游踪实不出扬州、金陵二地。至于《龙丘道中》，当非义山诗，《武夷山》泛咏古事以讥神仙之事虚妄不足征，张氏《会笺》虽编大中十一年游江东时，但已疑之，此诗均应排除在江东之游以外。

　　这年春天，商隐还写过一首《寄在朝郑曹独孤李四同年》：

　　昔岁陪游旧迹多，风光今日两蹉跎。

　　不因醉本《兰亭》在，兼忘当年旧永和。

陶敏《全唐诗人名考证》："郑，郑宪。《唐阙史》卷下：'故尚书右丞讳宪……'《旧书·宣宗纪》：'大中十一年四月，以中书舍人郑宪为洪州刺史、御史中丞、江南西道都团练观察处置等使。'……曹，曹确……《学士壁记》：'大中五年八月十一日自起居郎充……九年闰四月六日，拜中书舍人，依前充……十一年八月二十一日，授河南尹，出院。'独孤，独孤云，李商隐有《妓席暗记送同年独孤云之武昌》诗。《新表》五下独孤氏：'云，字公远，吏部侍郎。'……李，李定言，李商隐有《与同年李定言曲水闲话戏作》诗。许浑有《李定言自殿院衔命归阙拜员外郎迁右史因寄》诗。"据郑宪、曹确二人有确凿纪年的宦历，此诗必作于大中十一年四月郑宪出为江西观察使之前。又据题内"在朝"及"寄"字，此诗当非大中十年商隐东川归后闲居长安时作。复参"兰亭""永和"用王羲之《兰亭集序》"永和九年，岁在癸丑，暮春之初，会于会稽山阴之兰亭"，可推断此诗当为大中十一年暮春时作。这时商隐正游江东，穷途漂泊，忆及昔日与郑、曹、独孤、李四同年春日同游情事，对照自己与四同年穷达悬绝的不同处境，不禁有"风光今日两蹉跎"之慨。"醉本《兰亭》"，当指昔日同游时所作诗文。后两句意谓，如果不因昔日诗文记叙了当年同游的旧迹，今天恐怕再也记不起这段往事了。自慨中寓有"交亲得路昧平生"（商隐《赠田叟》）之意，但极委婉而无痕，淡淡说去，意蕴自厚。

《赠郑谠处士》《风雨》二诗，也有可能是晚年游江东时所作，前诗云：

> 浪迹江湖白发新，浮云一片是吾身。
> 寒归山观随棋局，暖入汀洲逐钓轮。
> 越桂留烹张翰鲙，蜀姜供煮陆机莼。
> 相逢一笑怜疏放，他日扁舟有故人。

屈复云："前六句皆写处士之疏放，八言相逢之后，他日定当扁舟来访也。"冯浩曰："用张（翰）、陆（机）事，其游江东时欤？"均是。诗人是在郑谠"浪迹江湖"之地逢郑而赠之以诗，"张翰鲙""陆机莼"，均为江东名产。诗中流露出的疏放情调，也与诗人晚年的心境较合。《风雨》诗有"羁泊欲穷年"之句，似用庾信《哀江南赋》"下亭飘泊，高桥羁旅"或卢思道《为高仆射与司马消难书》"羁泊水乡，无乃勤悴"，暗透诗为羁泊江南、兀兀穷年时所作，其中"黄叶仍风雨，青楼自管弦。新知遭薄俗，旧好隔良缘"的穷困孤子处境，亦与晚年情况相合。

第三节　病废卒于郑州

《旧唐书·李商隐传》云："大中末……商隐废罢还郑州，未几病卒。"《新唐书·李商隐传》亦云："（东川）府罢，客荥阳，卒。"二书均阙载其任盐铁推官一节。今据《东观奏记》"商隐……以盐铁推官死"，则废罢云云，自指任盐铁推官之后。但其废罢还郑州的具体时间则失载。据《旧唐书·宣宗纪》，大中十二年二月，"以兵部侍郎柳仲郢为刑部尚书，以朝议大夫、守尚书户部侍郎判户部事、上柱国、赐紫金鱼袋夏侯孜为兵部侍郎，充诸道盐铁转运使"。商隐既因柳仲郢所奏任盐铁推官，则其罢职按常理当在仲郢罢使任刑部尚书时。据《东观奏记》，商隐之卒既在温庭筠贬隋县尉的前一年，即大中十二年，而本传又言其"废罢还郑州，未几病卒"，则商隐"废罢"和"病卒"的时间很可能就在同一年，即十二年二月"废罢"还郑州，同年年底病卒（详后）。

归郑州之前，商隐当先回长安，再由长安经东都洛阳归郑州。返途经东都时，写了一首《天问》式的《井泥四十韵》诗：

皇都依仁里，西北有高斋。
昨日主人氏，治井堂西陲。
工人三五辈，辇出土与泥。
到水不数尺，积共庭树齐。
他日井甃毕，用土益作堤。
曲随林掩映，缭以池周回。
下去冥寞穴，上承雨露滋。
寄辞别地脉，因言谢泉扉。
升腾不自意，畴昔忽已乖。

伊余掉行鞅，行行来自西。
一日下马到，此时芳草萋。
四面多好树，旦暮云霞姿。
晚落花满地，幽鸟鸣何枝？
萝幄既已荐，山樽亦可开。
待得孤月上，如与佳人来。
因之感物理，恻怆平生怀。

茫茫此群品，不定轮与蹄。
喜得舜可禅，不以瞽瞍疑。
禹竟代舜立，其父吁咈哉。
嬴氏并六合，所来因不韦。
汉祖把左契，自言一布衣。
当途佩国玺，本乃黄门携。
长戟乱中原，何妨起戎氐。

不独帝王尔，臣下亦如斯。
伊尹佐兴王，不藉汉父资。
磻溪老钓叟，坐为周之师。

屠狗与贩缯，突起定倾危。

长沙启封土，岂是出程姬。

帝问主人翁，有自卖珠儿。

武昌昔男子，老苦为人妻。

蜀王有遗魄，今在林中啼。

淮南鸡舐药，翻向云中飞。

大钧运群有，难以一理推。

顾于冥冥内，为问秉者谁？

我恐更万世，此事愈云为。

猛虎与双翅，更以角副之。

凤凰不五色，联翼上鸡栖。

我欲秉钧者，揭来与我偕。

浮云不相顾，寥泬谁为梯？

悒怏夜参半，但歌井中泥。

张采田云："此篇感念一生得丧而作。赞皇辈无端遭废，令狐辈无端秉钧，武宗无端而殂落，宣宗无端而得位，皆天时人事，难以理推者。意有所触，不觉累累满纸，怨愤深矣。观'行行来自西'语，盖推官罢后自京还洛时也。即以诗格论，意境颓唐，亦近晚年。冯氏谓卫公当国时为牛党致慨，真臆说矣。"张氏的笺解虽仍有执实之弊，但较之冯说，显然合理得多，特别是用人事上种种"无端"的变化来解说诗的意蕴及其生活基础，确实抓住了此诗的核心。诗分五节。第一节写深埋地底的泥土因治井而得以升腾地面。第二节写井泥筑为池堤后，池上林间所呈现的种种幽美景色，是对"升腾不自意，畴昔忽已乖"的渲染与发挥。"因之"二句，由井泥地位的变化引出对"物理"的议论，为一、二两大段转关。第三节以"茫茫此群品，不定轮与蹄"二语总起，列举历代有作为的帝王大多起于微贱，说明贱者可以变贵，与上段井泥地位的变化密切呼应。然后以"不独帝王尔，臣下亦如斯"二语转入第四节。伊尹、吕望、樊哙、灌婴等均为出身微贱而佐兴王成大业者；长沙定王、董偃虽无功业可言，但亦本属微贱而升居显贵者。男变为女、君化为禽、鸡犬升天，虽与上述变化不同，但又同为人事自然变化之不能以一理推者。三、四两节所列举的变化，既有诗人所企望、所肯定的变化，也有诗人所惶惑乃至否定的变化。二者杂陈，诗人遂愈感自然社会的变化难以把握。故第五节开头即揭出"大钧运群有，难以一理推"二语作为一篇之枢要与主旨。诗人既深有感于人事变化之无端乃至多端而难以理推，遂欲求秉钧者而问之。然天高难梯，物理难明，惟有在漫漫长夜中空歌井泥而已。

　　这首诗是诗人对古往今来许许多多错综复杂、"难以一理推"的社会人事变化感到迷茫、惶惑的表现。"茫茫此群品，不定轮与蹄"，宇宙间的万事万物都在不停地运动变化。但无论是圣君贤臣起于微贱这种应该受到欢迎的变化，还是如长沙定王、董偃这种本属庸常、忽跻显贵的变化，乃至蜀王化鹃、男变为女这种变化，都是不可捉摸，"难以一理推"的，"升腾"者既"不自意"，沉沦者亦不自知，种种变化都充满了偶然性和不可知性。对于将来的变化，更充满了深重的忧虑，担心会出现"凤凰不五色，联翼上鸡栖""猛虎与双翅，更以角副之"这种贤者沉沦、恶者愈恶的局面。这种情绪，深刻地反映了诗人对于社会历史人事和自身命运感到不可理解、无法掌握，反映了对将来的悲观失望。商隐诗中，很少这种对社会历史人事带哲理性的思考与感慨。本篇的出现，正表现出在人生的最后阶段，诗人对社会历史与人生的种种变化作一总结性思考的心理需求。同时代的大诗人杜牧早在大和七年作的《杜秋娘诗》中就因杜秋娘的命运而联及整个士林的命运，慨叹"自古皆一贯，变化安能推"，"己身不自晓，此外何思维"。李商隐对《杜秋娘诗》非常赞赏，《赠司勋杜十三员外》特标举之，有"清秋一首《杜秋诗》"之句。商隐此诗，思想上显然受到《杜秋娘诗》的影响，而溯源求本，二诗又都受到屈原《天问》的深刻影响，何焯说《井泥》"后半与牧之《杜秋诗》极相似"（《义门读书记》），又说《井泥》是"《天问》之遗"（《李义山诗集辑评》引），都很正确。小杜、小李二作的先后出现，又说明这是衰颓时世中士人对社会历史和人事变化感到茫然不解的普遍情绪。张采田将《井泥》和《锦瑟》并列为商隐逝世前总结一生之作，从考据学的观点看，未必有多少实据，但从对作家的总体把握看，这个推断却合乎商隐思想发展的逻辑，是很有说服力的。《锦瑟》首句即标出"无端"，结句又归于"惘然"，这也正是贯穿《井泥》的思想感情主线。

　　商隐废罢回郑州后，究竟于何时去世？按《东观奏记》谓其"至上（按：指宣宗）十二年，竟不升于王廷"，亦可证其卒于大中十二年。至于具体时间，崔珏的《哭李商隐》二首提供了考证的线索：

成纪星郎字义山，适归黄壤抱长叹。

词林枝叶三春尽，学海波澜一夜干。

风雨已吹灯烛灭，姓名长在齿牙寒。

只应物外攀琪树，便著霓裳上绛坛。

虚负凌云万丈才，一生襟抱未曾开。

鸟啼花落人何在，竹死桐枯凤不来。

良马足因无主踠，旧交心为绝弦哀。

九泉莫叹三光隔，又送文星入夜台。

二诗写景均切暮春时令（三春、鸟啼花落）。或因此而疑商隐卒于大中十二年春。但此二诗未必是商隐刚去世时所作。从"适归黄壤"语看，其时商隐已经殡葬。而下葬距卒时一般总在几个月左右（唐代墓志所载某一墓主卒时与葬时的距离有不少在半年以上）。因此"鸟啼花落"的三春季节听到商隐"适归黄壤"的消息而写诗哭吊，正说明商隐之卒时当在此前数月，即大中十二年冬。如认为崔珏哭商隐诗作于大中十二年春，并据此来考证商隐卒时，则商隐当卒于大中十一年冬，与《东观奏记》的记载不符。

崔珏的哭诗，特别是"虚负凌云万丈才，一生襟抱未曾开"，可以说是对李商隐这位绝代才人一生悲剧遭遇的准确概括。

附考一　李商隐杂考二题

寄酬韩偓二绝作年考

　　李商隐大中五年深秋赴东川节度使幕（使府在梓州）前夕，同年兼连襟韩瞻设宴饯行。瞻子韩偓（小字冬郎）年方十岁，即席赋诗相送。韩偓敏捷的诗才给商隐和座客留下了深刻的印象。后来，商隐写了《韩冬郎即席为诗相送一座尽惊他日余方追吟连宵侍坐徘徊久之句有老成之风因成二绝寄酬兼呈畏之员外》，诗云：

> 十岁裁诗走马成，冷灰残烛动离情。
> 桐花万里丹山路，雏凤清于老凤声。

> 剑栈风樯各苦辛，别时冰雪到时春。
> 为凭何逊休联句，瘦尽东阳姓沈人。

第二首诗末自注："沈东阳约尝谓何逊曰：'吾每读卿诗，一日三复，终未能到。'余虽无东阳之才，而有东阳之瘦矣。"

　　这两首七绝写得亲切风趣，风调甚佳。用"老成"与"清"来称赞韩偓的诗风，不仅表现了对诗坛后辈的激赏，也透露了诗人自己对诗歌的美学追求，有助于对商隐诗风诗境的把握。

　　但这两首诗究竟作于何时，却歧见杂出，迄无定论。冯浩《玉谿生年谱》系于大中七年，抵梓幕后不久（按：冯谱将商隐赴东川幕的时间定于大中六年，实误，应从张采田《玉谿生年谱会笺》改订为大中五年）。但具体解释诗句时却颇为犹疑："若云在梓幕作，则剑栈自谓，风樯似谓韩（瞻）

331

有水程之役，颇通；但散关遇雪、抵梓赴蜀皆在岁前。且失偶未久，于寄韩情绪何不更含感悼？故两难细合也。无可定编，聊附于此。"

张采田《玉谿生年谱会笺》改系大中十年商隐罢东川幕随幕主柳仲郢还朝后，云："义山大中五年秋末赴梓，《散关遇雪》诗可证，有《留别畏之》作，故云'别时冰雪'。九年冬随仲郢还朝，十年春至京，有'楼上春云'诗（按：指《行至金牛驿寄兴元渤海尚书》）可证，故曰'到时春'。畏之自义山赴梓后，亦出刺果州（按：应为普州，详下文），有《迎寄》诗可证。其还朝当在大中十年，所谓'剑栈风樯各苦辛'也。剑栈自谓，风樯指畏之。冬郎十岁裁诗相送，则追述大中五年赴梓时事，故《留赠畏之》诗有'郎君下笔惊鹦鹉'之句。至大中十年，冬郎当十五岁矣。近人震钧编韩（偓）谱，又列此诗于大中七年，似仍沿冯缪也。"

陈寅恪批吴汝纶评注本《韩翰林集》卷首则谓"此诗应作于大中五年"（见蒋天枢撰《陈寅恪先生编年事辑》民国三十年条）。叶葱奇《李商隐诗集疏注》亦谓二诗作于大中五年，解云："首句'各'字是就'剑栈风樯'说，浅言之就是登山涉水总十分辛苦。冯浩以为'风樯似谓韩有水程之役'，大误。由长安到梓潼，经过汉水，经过嘉陵江，当然也须坐船。冯又疑'抵梓赴蜀，皆在岁前，且失偶未久，于寄韩情绪何不更含感悼？'其实这是将起程前所作。因为冬郎在饯筵上'即席为诗'，他隔了几天作此寄酬，所以序里说'他日追吟'，并不是抵蜀后才酬。古人同在一地赠答也多用寄……诗人当时虽然'失偶未久'，但在酬答一个少年晚辈的诗里，如何会沉痛地诉说？并且就第一首次句的'冷灰残烛'、第二首的下二句来看，虽未明及悼亡，凄怆的意味却已非常浓厚……细味'瘦尽'二字，显系作于悼伤后赴辟东川时。张采田……把'别时冰雪到时春'分成前后五年的事，未免太说不过去，并且看序文和诗中的意趣，分明距韩（偓）作诗相送的时间很近。"

霍松林、邓小军《韩偓年谱》（刊于《陕西师大学报》1988年3、4期，1989年1期）则谓二诗作于大中六年春，云："今案'剑栈风樯各苦辛，别时风（当作冰）雪到时春'，句意本甚顺畅，谓：去冬分别于长安，各取道于水陆，今春俱至蜀中矣。故此诗应为大中六年春追忆去冬韩偓裁诗相送之作。商隐时在梓州，诗成寄酬果（按：应作普）州。"

以上详征五家之说，归纳起来，实际上是三种说法。第一种，认为二诗作于大中五年赴东川幕前夕（叶葱奇、陈寅恪说）。第二种，认为二诗作于大中六年春（霍松林、邓小军说。冯浩虽系大中七年，但那是因为他将商隐赴东川幕定在大中六年，故与霍、邓说实相近）。第三种，认为二诗作于大中十年春自梓归长安后（张采田说）。

笔者原来赞同张说，在《李商隐诗歌集解》初版、《李商隐诗选》中将二诗系于大中十年春。但近年因撰著《李商隐文编年校注》及《李商隐梓幕期间归京考》，对商隐梓幕期间的行踪及有关诗文的系年重新进行了考证，对韩瞻的仕历也在近人考证的基础上有了更具体的了解。重新审查诸家之说，认为这两首诗是商隐大中六年在梓幕时寄酬韩偓并兼呈时任普州刺史的韩瞻之作。结论与霍、邓之说虽同，但具体依据、论证及对有关诗句的解释均不相同。

先论证大中十年说之不能成立。张氏《会笺》在系年考证中举以为证的四首诗，有两首的系年明显错误，《留赠畏之》七律非大中五年赴梓前作，而是大中八年春商隐梓幕期间因事回京，事毕返梓前所作；《行至金牛驿寄兴元渤海尚书》非大中十年春随柳仲郢还朝途次所作，而是大中八年暮春自京返梓途次所作（详见笔者《李商隐梓幕期间归京考》，刊《文史》2002年第1辑）。撇开对这两首诗的误系不论，张氏所考的商隐大中五年秋赴梓，十年春随柳还朝的结论还是正确的（只是还京的日期不像张氏所考在春初，而是在暮春）。这样看来，张氏解"别时冰雪到时春"为五年秋在长安与韩瞻分别，十年春两人同时回京，似乎也可说得通。但将此说与韩瞻的宦历对照，却可断定其绝不可通。考韩瞻大中五年深秋商隐赴东川幕时正任尚书省某部员外郎，有《王十二兄与畏之员外相访见招小饮时余以悼亡日近不去因寄》《赴职梓潼留别畏之员外同年》可证。其后不久，韩瞻由员外郎出刺普州，商隐时在梓州，有《迎寄韩普州瞻同年》（普原作鲁，显误，冯浩以为当作果；叶葱奇、陶敏以为当作普，是，兹从叶、陶说）。出任普州刺史后数年，韩瞻当入朝任虞部郎中。《东观奏记》卷下："（夏侯）孜为右丞，以职方郎中裴诚、虞部郎中韩瞻俱声绩不立，诙谐取容，诚改太子中允，瞻改凤州刺史。"《旧唐书·夏侯孜传》谓孜"（大中）十一年兼御史中丞，迁尚书右丞"，然《通鉴·大中十一年》明确记载："春，正月，丙午，以御史中丞兼尚书右丞夏侯孜为户部侍郎、判户部事。"可证孜为尚书右丞在大中十一年正月之前。而韩瞻"声绩不立"当是已任虞部郎中有相当时日对其考绩所作出的结论。因而可大体推断其任虞中约在大中七八年至十年这段时间内。又据大中八年春商隐自京返梓前所作《留赠畏之》诗，知韩瞻其时已还朝。此诗首联云："清时无事奏明光，不遣当关报早霜。"其中两用郎中典。

按《汉官仪》："尚书郎直宿建礼门，奏事明光殿。"《文选·沈约〈和谢宣城〉》"晨趋朝建礼"李善注引《汉书典职》："尚书郎昼夜更直于建礼门内。"联系此诗题下自注："时将赴职梓潼，遇韩朝回。"此时韩瞻所任官职当是尚书省郎中，诗当是韩瞻夜直宫中、清晨朝回时商隐留赠之作。下句"当关"亦用郎中典。《东观汉记·汝郁传》："郁再征，载病诣公车……台遣两当关扶郁入，拜郎中。"两用郎中典，更加证明此时韩瞻必已升任郎中，很可能就是虞部郎中。将以上考述的韩瞻大中五年至十年的宦历与商隐寄酬韩偓的诗题对照，显然可见寄酬诗绝非大中十年所作。因为大中八年韩瞻已任郎中，商隐绝不可能在两年后的十年春仍称瞻为"畏之员外"。

而大中五年赴东川前作此二诗之说，则会遇到一个无法解释的问题，这就是对"剑栈风樯各苦辛，别时冰雪到时春"二句，特别是对后一句的解释。孤立地说，"别时"与"到时"不外乎以下三种可能的解读：一、别时与到时均指商隐；二、别时与到时均指韩瞻；三、别时与到时均兼指双方。而大中五年秋韩瞻正在朝任员外郎，自无"到时"可言，故依五年说，二、三两种可能可以排除，只剩下第一种，即"别时"与"到时"的主体都是商隐。五年秋商隐赴梓途中有《悼伤后赴东蜀辟至散关遇雪》诗，说"别时冰雪"似无问题（详究起来也存在一些问题，详后），但"到时春"，却显然与实际情况不符，故不能成立。考商隐抵达梓州的时间在大中五年十月。《樊南乙集序》云："（大中五年）七月，尚书河东公（柳仲郢）守蜀东川，奏为记室。十月得见，吴郡张黯见代，改判上军。"柳仲郢七月被任命为东川节度使，按规定三千里内限二十日、三千里外限二十五日赴任，故最迟八月初即应启程，而商隐却因料理妻子王氏丧葬（王氏卒于是年春夏之交，商隐赴梓前当将其灵柩运回荥阳坛山旧茔安葬）及安顿幼小的儿女（寄养在长安）等事，直至中秋时仍在洛阳（有《西亭》诗可证），在长安所作《王十二兄与畏之员外相访见招小饮》诗尾联所写已是"秋霖"霪霪，"万里西风"的秋深景象。其自长安启程赴梓的时间当在九月初，故"十月得见"，明显是指十月（当是十月末）抵达梓州谒见幕主柳仲郢，其时书记之职已由张黯代理，故仲郢让商隐"改判上军"，担任节度判官。其后不久，十二月十八日，差赴成都推狱，有《为河东公上西川相国京兆公书》可证。在成都时，曾献诗文于西川节度使杜悰，有《献相国京兆公》二启及献杜悰五言长律二首。《武侯庙古柏》《杜工部蜀中离席》亦作于五年末六年正初西川推狱期间。这一切清楚不过地证明商隐抵达梓州的时间绝不是第二年春天，而是当年的十月。即使是出发前约略估计行程、预想抵达梓州的时间，也绝不可能和实际到达的时间相差两个月以上。叶葱奇先生对冯浩提出的问题（抵梓赴蜀，皆在岁前）和诗句中的"到时春"存在的明显矛盾没有任何正面解释，正说明依大中五年赴梓前作此二诗之说，这一显然的矛盾是无法弥合和解释的。

最后，来论证大中六年春作此二诗的理由，并对关键性的诗句"别时冰雪到时春"作出自己的解释。此说首先遇到的问题是何以题称"畏之员外"。因为其时韩瞻已就任普州刺史，诗是商隐由梓州寄酬并兼呈韩瞻的，何以题不称"韩普州"而仍称"畏之员外"？这一点可用唐人轻外郡重京职的风气来解释。在唐人诗文中，对方已出任外郡官职但仍以京职称之的情况十分普遍，即以商隐诗文而论，这方面的例证就有：《哭遂州萧侍郎二十四韵》、《哭虔州杨侍郎虞卿》、《郑州献从叔舍人褒》、《酬令狐郎中见寄》、《上郑州萧给事状》、《代李玄为崔京兆祭萧侍郎文》、《为濮阳公与蕲州李郎中状》、《上华州周侍郎状》、《上郑州李舍人状》四首、《上李舍人状》六首、《上河南卢给事状》、《为荥阳公祭长安杨郎中文》、《谢邓州周舍人启》、《为度支卢侍郎贺毕学士启》（以上列举各篇题内所称京职均为曾任的实职，而非检校官，也不包括对曾任宰相现任外官的相公一类尊称）。因此，韩瞻其时虽已任普州刺史，商隐在诗题中仍称其原任的京职"员外"，是完全符合唐人习惯的。其次，是对"剑栈风樯各苦辛，别时冰雪到时春"二句的解释。这两句诗的解释是相互关联的。如果上句是兼指商隐赴梓州和韩瞻赴普州各自的水陆行程，那么下句的"别时"和"到时"也理所当然地应兼指双方，即双方在冰雪中分别，又都在春天到达任所。但正如上文已详加考述的，商隐抵达梓州的时间是大中五年十月而绝非所谓"到时春"。由此可以推论出所谓"别时"并非指商隐与韩瞻在长安分别的时间。既然"别时"与"到时"都不指商隐或不包括商隐，那么剩下的惟一可能就是："别时"与"到时"都只指韩瞻。实际情况正是如此。所谓"别时冰雪"，是说韩瞻离别长安启程赴普州的时间正值冰雪严寒的冬天；"到时春"，是说韩瞻抵达普州的时间已是春天。"别"和"到"的对象都是地，而不是人，也不像一般所理解的那样，"别"指人，"到"指地。由于商隐有一首《悼伤后赴东蜀辟至散关遇雪》，其中明确写到"散关三尺雪"，因此很容易将它与"别时冰雪"联系起来，认为"别时冰雪"是指商隐与韩瞻分别时正值冰雪之候。但细加推究，这并不符合实际。商隐从长安出发时，韩瞻殷勤相送，一直送到离长安九十里的咸阳。商隐有《赴职梓潼留别畏之员外》诗，尾联云：

> 京华庸蜀三千里，送到咸阳见夕阳。

诗是韩瞻将商隐送到咸阳后商隐留别之作，"见夕阳"是目击实景而非悬拟。说明两人分别时并非"冰雪"天气。离别韩瞻后，商隐独自西行，快到陈仓时，有《西南行却寄相送者》：

> 百里阴云覆雪泥，行人只在雪云西。
> 明朝惊破还乡梦，定是陈仓碧野鸡。

诗是离陈仓只有一天路程时写的。诗中虽提到了"雪泥"，说明已下过雪，但从整个描写看，是已下小雪，正酝酿一场大雪的景象，果然，到大散关就遇上了大雪。陈仓往东百里许为虢县境（即今之宝鸡），距长安已有三百里。这就说明商隐与韩瞻分别时并非"冰雪"天，只是在西行途中近陈仓时才下起了雪，至散关方是"三尺雪"。故"别时冰雪"只能是指韩瞻离别长安时正值冰天雪地的严冬。韩瞻从长安出发和抵达普州的时间虽无具体的文献记载，但从商隐的《迎寄韩普州瞻同年》一诗仍可大体推知：

> 积雨晚骚骚，相思正郁陶。
> 不知人万里，时有燕双高。
> 寇盗缠三辅，莓苔滑百牢。
> 圣朝推卫索，归日动仙曹。

"寇盗"句下自注："时兴元贼起，三川兵出。"据《通鉴》，大中五年十月，"蓬、果群盗依阻鸡山，寇掠三川（按：指东、西川及山南西道），以果州刺史王贽弘充三川行营都知兵马使以讨之。"六年二月，"王贽弘讨鸡山贼，平之"，味诗中自注"时……三川兵出"，诗当作于平鸡山之前。而诗中所写"积雨晚骚骚""时有燕双高"等景象，已显为春天物候。因此，韩瞻抵达普州的时间在大中六年春天是没有问题的。普州距长安三千余里，按通常行程，需时两个月。因此可以推知韩瞻当在大中五年冬暮自长安启程，故云"别时冰雪"：行至梓州附近，已是"燕双高"之候，故抵普时当在二三月间，即所谓"到时春"。而明确了"别时冰雪到时春"分指韩瞻之别长安、到普州，则"剑栈风樯各苦辛"之所指也迎刃而解。韩瞻赴普州，既要经剑阁栈道（自利州至绵州一段路程），又要走嘉陵江、涪江水路，故说"剑栈风樯各苦辛"。"各"字是兼指水陆行程而言，而非指韩瞻赴普、义山赴梓的各自行程而言。

韩瞻此次出刺普州，其子韩偓当同往随侍，故商隐作此二诗"寄酬"在普州随侍其父的韩偓，并"兼呈"韩瞻。

"玉谿"考

商隐自号玉谿生，又自号樊南生。樊南生因开成五年秋冬间自济源移家长安樊南而自号。玉谿生之自号，王士慎《居易录》曾云："同年子蒲州吴雯字天章……家蒲州中条山南永乐镇，临大河，对岸即华岳三峰也……有玉谿，即李商隐所居。"其《莲洋诗钞原序》亦云："中条之南，有地曰永乐，唐诗人玉谿生故居在焉。《水经》云：'河水又东，永乐涧水注之。'注谓渠猪之水，即其地也。《经》又云：'河水又东北，玉涧水注之。'注谓水南出玉谿。义山自号盖取诸此。"其《吴征君天章墓志铭》又云："中条山南之永乐，永乐唐县也。李石兄弟三相皆居之。诗人李商隐亦居之，号玉谿生。玉谿者，永乐水名也。"（以上三则均引自人民文学出版社出版之《带经堂诗话》）以为玉谿系永乐水名，义山曾居永乐，故以玉谿生自号。但义山移家永乐在会昌四年（844），而义山早在开成三年（838）作的《奠相国令狐公文》中即已自称"玉谿李商隐"，故其说实难成立。

冯浩《玉谿生诗集笺注》卷一考"玉谿"云："义山，怀州河内人。当少年未第时，习业于玉阳、王屋之山，详《画松》诗、《偶成转韵》诗。其《奠令狐公文》云'故山峨峨，玉谿在中'，必指玉阳、王屋山中无疑也。若《水经注》云：'河水自潼关东北流，玉涧水注之，水南出玉谿，北流径皇天原西，又北径阌乡城南，又北注于河。'此与义山所云，固相隔也。又云：'河水又东，永乐涧水注之。水北出薄山南，流经河北县故城西，又南入于河。'此亦称永乐溪水，而初无玉谿之名。乃会昌间义山曾寄居永乐，而后人遂以此为玉谿，亦非也。偶检《三水小牍》云：'高平县西南四十里，登山越玉谿。'此与玉阳、王屋地虽近接，界亦稍逾矣。细揣博求，意犹未惬。近读元耶律文正《王屋道中》诗云：'行吟想像覃怀景，多少梅花坼玉谿。'玩其词义，实有玉谿属怀州近王屋山者，大可为余说之一证。虽未能指明细处，必即义山之玉谿矣。"

冯氏不同意王士禛之说，认为《水经注》所云南出于玉谿之玉涧水，地与"故山"相隔。而"故山峨峨，玉谿在中"之"玉谿"必指玉阳、王屋山中无疑，并引耶律楚材诗句为证。由于有《奠相国令狐公文》的文字作为主要依据，其推论还是可靠的。但他只指出了玉谿在玉阳、王屋山中这样一个较大的范围，并未明确其具体所在，而他所引元初耶律楚材诗这一外证，年代距唐又比较远，不能据此证明唐代王屋山中就有溪名为"玉谿"者。

解决这一问题的关键有二：一是"故山峨峨，玉谿在中"二句中的"故山"的具体含义；二是唐代在玉阳、王屋山中究竟有没有一条名叫玉谿的小溪。

故山或旧山，通常指代故乡。如司空图《漫书》之一："逢人渐觉乡音异，却恨莺声似故山。"高适《封丘作》："梦想旧山安在哉？为衔君命且迟回。"（旧山另有旧茔之义，亦多与故乡相关。）商隐祖籍怀州河内，但其诗文中的"故山"或"旧山"却非泛指故乡，而是指故乡的某座或某一片山。这从"故山峨峨""旧山万仞青霞外"（《偶成转韵七十二句赠四同舍》）的形容中可以明显看出。商隐青少年时代曾在王屋山的分支玉阳山学道。《李肱所遗画松诗书两纸得四十韵》云："忆昔谢驷骑，学仙玉阳东。千株尽若此，路入琼瑶宫……形魄天坛上，海日高瞳瞳。"玉阳东，即东玉阳山。将这几句与《偶成转韵》诗的这段文字对照：

> 旧山万仞青霞外，望见扶桑出东海。
> 爱君忧国去未能，白道青松了然在。

再联系"故山峨峨，玉谿在中"之文，可以断定他所说的"故山"或"旧山"就是靠近故乡怀州，早年曾在那里学道的王屋山及其分支玉阳山。

那么，玉谿究竟在玉阳、王屋山中的何处呢？与商隐同时代的温庭筠有一首《东峰歌》（见《温飞卿诗集笺注》卷二）为我们提供了最直接的证据：

> 锦砾潺湲玉谿水，晓来微雨藤花紫。
> 冉冉山鸡红尾长，一声樵斧惊飞起。
> 松刺梳空石差齿，烟香风软人参蕊。
> 阳崖一梦伴云根，仙菌灵芝梦魂里。

此诗又见于贾岛诗集，题作《莲峰歌》。佟培基《全唐诗重出误收考》云：
"《英华》三四二作岛，《乐府》一〇〇作温，则此诗之错简甚早。清人顾
嗣立笺注飞卿诗时，依宋刻《金荃集》分为诗集七卷，别集一卷，此篇载卷
二，乃宋椠原貌。而朱之蕃校本贾岛《长江集》中无此诗，《季稿》补入贾
集卷后。李嘉言《长江集新校》作为附集，云：'按本诗似李贺体，温庭筠
即学李贺为诗者，疑作温者是。'所论甚是。"除从版本及诗风方面辨明此系
温诗外，还可从诗题的正误加以辨正。贾集题作《莲峰歌》，当指华山莲花
峰，然诗中无一语涉及华山故实及莲峰形貌，其非咏华山莲花峰显然。而作
《东峰歌》则是。盖此"东峰"即唐代道教胜地玉阳山之东峰，亦即义山诗
"学仙玉阳东"之地。张籍《送吴炼师归王屋》云："玉阳峰下学长生，玉洞
仙中已有名……却到瑶坛上头宿，应闻空里步虚声。"玉阳山为王屋山之分
支，在今河南济源县西，有东西两峰对峙，名东玉阳、西玉阳。朱鹤龄《李
义山诗集笺注》卷下《李肱所遗画松诗》"学仙玉阳东"句下注引《河南通
志》："东玉阳山在怀庆府济源县西三十里，唐睿宗女玉真公主修道于此。有
西玉阳山，亦其栖息之所。"《旧唐书·司马承祯传》："（开元）十五年，
令承祯于王屋山自选形胜，置坛室以居焉……以承祯王屋所居为阳台观，上
自题额，遣使送之……俄又令玉真公主及光禄卿韦绦至其所居，修金箓斋，
复加锡赉。"可见无论是王屋山还是它的分支玉阳山，从开元时期起就是著
名的求仙学道之地，故张籍诗有"玉阳峰下学长生"之说。诗中提到"仙菌
灵芝"等景物，也说明"东峰"是求仙学道之所，且与商隐诗《东还》"自
有仙才自不知，十年长梦采华芝"之语相合。而诗中提到的"阳崖"，当即
王屋山之绝顶天坛，其南麓有阳台观，即司马承祯所居者。白居易有《早冬
游王屋自灵都观抵阳台上方望天坛偶吟成章寄温谷周尊师中书李相公》诗，
有句云："朝为灵都游，暮有阳台期……天坛在天半，欲上心迟迟。"灵都观
即玉真公主修道之所。商隐《寄永道士》有"共上云山独下迟，阳台白道细
如丝"之句。以上材料相互参证，可证阳台即温诗中的"阳崖"，亦即天坛。
总之，《东峰歌》的"东峰"，即指东玉阳山无疑。

　　既然如此，则首句"锦砾潺湲玉溪水"之"玉溪"就必然是专称。联
系《奠相国令狐公文》"故山峨峨，玉溪在中"之文，温诗中的"玉溪"显
即义山文中的"玉溪"。笔者1998年曾至其地考察，见东西玉阳山高耸对
峙，东峰尤其峻拔，两峰之间有溪水蜿蜒南流，当地人士云此即玉溪。当时
对此犹未敢全信，今得温庭筠《东峰歌》这一同时代人的书证，方确信。将

东西玉阳山之间的溪流命名为玉谿，谓"故山峨峨，玉谿在中"，那是再恰当不过的了。

由此得出的结论是《奠相国令狐公文》中所说的"故山峨峨，玉谿在中"和"弟子玉谿李商隐"，其"玉谿"即东西玉阳山之间的"玉谿"（亦即温庭筠《东峰歌》中所说的"玉谿水"）。而商隐即因其在玉阳山学道的经历而有此自号。

附考二　李商隐诗文集中一种典型的脱误现象

——从《为尚书渤海公举人自代状》题与文的脱节谈起

《文苑英华》卷六三九"荐举下"载李商隐《为濮阳公陈许举人自代状》《为怀州刺史举人自代状》《为尚书渤海公举人自代状》《为荥阳公奏王克明等充县令主簿状》《为荥阳公举人自代状》《为盐州刺史奏举李孚判官状》《为濮阳公陈许奏韩琮等四人充判官状》《为安平公兖州奏杜胜等四人充判官状》，共八篇。上列诸状又均载于清编《全唐文》，其均为商隐所作当属无疑。其中《为尚书渤海公举人自代状》，徐树谷笺云："渤海为高氏之郡望，'渤海公'不知何人，据状云'风采章台，羽仪华圃'、'内史故事'、'尹正旧仪'，则其人盖尚书尹京兆者，或云计其时当是高元裕。"（《李义山文集笺注》卷三）冯浩《樊南文集详注》、张采田《玉谿生年谱会笺》进一步证实题内"渤海公"为高元裕。但细审状文，发现状题与状文之间存在明显脱节与矛盾。为了便于说明问题，将状文《为尚书渤海公举人自代状》全部迻录于下：

> 右臣伏准某年月日敕，内外文武官上后举一人自代者。伏以京邑为四方之极，咸秦乃天下之枢，必命英髦，以居尹正。臣谬蒙抽擢，素乏材能，将何以风采章台，羽仪华圃，况又方营鄗毕，肇建园陵，苟推择之不先，则颠覆而斯在。前件官庄栗以裕，简严而宽。玉无寒温，松有霜雪。顷居内署，实事文皇。引裾而外朝莫知，视草而中言罔漏。泊分符近甸，廉印雄藩，不徇物以沽名，善推诚而立断。浑若全器，宜乎在庭。傥召以急宣，被之眷渥，必能明张条目，峻立堤防，肃千里之封畿，总五都之货殖。轩台禹穴，无亏充奉之仪；汉苑秦陵，尽绝椎埋之党。特乞俯回宸断，用授当仁。免今日之叨恩，冀他时之上赏。干冒陈荐，兢越殊深。（某官周墀）
>
> 伏以内史故事，例带银青，尹正旧仪，平揖令仆。必资髦硕，方备

次迁。臣特以鲰儒，猥丁昌运，位崇八座，官绍三王。况驾有上仙，车当晏出，务烦厩置，役重津途。傥让爵之不思，则败官而斯疚。前件官荆岑挺价，赤堇扬锋，禀松筠四序之荣，包金石一定之调。由中及外，自诚而明。昨者故鄣利迁，朝台受律。隐之清节，无愧于投香；江革归资，唯闻于单舸。必能集同轨之会，奉因山之仪，使桴鼓稀鸣，建瓴流化。伏乞特回凤诏，以命龟从，成圣朝《棫朴》之诗，减微臣维鹈之刺。干黩旒扆，伏用兢惶。(某官崔龟从)

冯浩笺云："按《旧书·高元裕传》：开成四年，改御史中丞。会昌中为京兆尹。《新书》于'御史中丞'下书'累擢尚书左丞，领吏部选，出为宣歙观察'，不言尹京兆。二书所叙，互有详略。证之此文，及《英华》所载除吏尚制文，则由尹京进检校尚书而观察宣州也。徐曰：'文宗于开成五年正月崩，八月葬，状云肇建园陵，则尹京当在是年春也。'按《英华》又有崔嘏所撰《授高元裕等加阶制》，盖因肆赦霈泽，即上篇华州加阶之时(按：指冯注本此状前一篇《为侍郎汝南公华州谢加阶状》)，而以尹京者冠之耳，文中所叙必文宗崩后未久也。《旧·传》概云'会昌中'稍疏矣。"张采田《会笺》则云："(状)云'臣谬蒙抽擢，素乏材能……况又方营鄗毕，肇建园陵，苟推择之不先，则颠覆而斯在'，是元裕尹京，必在文宗将葬，七八月间。"冯浩引徐树谷说认为高元裕任京兆尹在开成五年春文宗崩后未久，张采田则谓在文宗将葬之七八月间，时间虽略有先后，但都认为状文是为任京兆尹的高元裕举人自代而作。但实际上状题与状文的具体内容明显矛盾。首先须考定高元裕任京兆尹的具体时间。萧邺《大唐故吏部尚书赠尚书右仆射渤海高公神道碑》(有残阙)云："公讳元裕……(郑)注败，复入为谏议大夫，兼充侍讲学士，寻兼太子宾客……未几，擢拜御史中丞……进尚书右丞，改京兆尹。未几，擢散骑常侍。迁兵部侍郎，转尚书左丞，知吏部尚书铨事。会恭僖皇太后陵寝有日，充礼仪使、公为左右辖也……寻改宣歙池□□□□使……人拜吏部尚书……迁检校吏部尚书、山南西道节度观察等使……大中四年夏六月廿日，次于邓，无疾暴薨于南阳县之官舍，享年七十六。"(《全唐文》卷七六四)碑文未言元裕任京兆尹的具体时间，但据《旧唐书·文宗纪》，开成四年九月："丙午，以前江西观察使敬昕为京兆尹。"《通鉴·开成五年》：八月，"壬戌，葬元圣昭献孝皇帝于章陵，庙号文宗。庚午，门下侍郎、同平章事李珏坐为山陵使龙辅(载柩车)陷，罢为太常卿。贬京兆尹敬昕为郴州司马"。而《金石萃编》卷八十《华岳题名》："正议大夫守京兆尹崔郇、华州华阴令崔宏，会昌二年六月十六日郇自汝海将赴阙庭，时与宏同谒庙而过。"可证高元裕之任京兆尹，当在敬昕、崔郇之间，即开成五年八月至会昌二年六月这段时间内，乃接替被贬的敬昕继任京尹者（据《旧唐书·高元裕传》，"（开成）四年改御史中丞"。《神道碑》云其后"进尚书右丞，改京兆尹"，时间正合）。但敬昕之贬，既明因文宗葬章陵时枢车塌陷之事而致，则元裕接任京尹之时，文宗业已安葬，章陵业已建成启用，绝非状文所云"方营鄗毕（周文王、武王葬毕，在鄗东南，指帝王陵墓），肇建园陵""务烦厥置，役重津途"，乃始动工营建尚未完成之役。故状文所云"肇建园陵"之事必非指"肇建"文宗章陵，而当另有所指，状题与状文的脱节已经明显暴露。

　　但更为可疑的是，状中叙及举以自代的周墀、崔龟从二人的历官，与高元裕任京兆尹的时间存在着不可调和的矛盾。状中言及周墀历官时云："顷居内署，实事文皇。引裾而外朝莫知，视草而中言罔漏。洎分符近甸，廉印雄藩。"周墀于文宗开成二年冬加知制诰、充翰林学士。三年迁职方郎中，知制诰。四年拜中书舍人。武宗即位，改工部侍郎，出为华州刺史。会昌四年，迁江西观察使，兼御史大夫。会昌六年十一月，迁礼部尚书、郑滑节度使。大中元年六月，入拜兵部侍郎判度支（据杜牧《唐故东川节度使检校右仆射兼御史大夫赠司徒周公墓志铭》及两《唐书》《通鉴》）。状文"顷居内署"，指周墀在文宗开成二年至五年历任内职："分符近甸"，指文宗开成五年至武宗会昌四年任华州刺史；"廉印雄藩"则指武宗会昌四年至六年任江西观察使（周墀一生中"廉印雄藩"即任观察使只此一次），是为撰状文时周墀现任之官职。据《旧唐书·武宗纪》，会昌六年十一月，"以江西观察使周墀为义成军节度使、郑滑观察等使"。故此状文撰拟的时间下限当在会昌六年十一月，上限则在会昌四年周墀由华州迁江西后，然则状文所谓"方营鄗毕，肇建园陵"，显然不是指开成五年正月文宗卒后修建章陵。又状中叙及崔龟从历官时云："昨者故鄣利迁，朝台受律。隐之清节，无愧于投香；江革归资，唯闻于单舸。"故鄣，指汉丹阳郡，首县为宛陵，唐为宣歙观察使府治所在，《旧唐书·文宗纪》：开成四年三月癸酉，"以户部侍郎崔龟从为宣歙观察使，代崔郸"，故鄣利迁，即指龟从自户侍迁宣歙观察使事，据封敖《前宣歙观察使崔龟从岭南节度使制》："江左奥区，宣为右地，一去临淄，五更炎凉。"杜牧《唐故宣州观察使韦公（温）墓志铭并序》："回鹘窥边，刘稹继以上党叛，东征天下兵，西出禁兵，陕当其冲（韦温曾为陕虢防御使），公抚民供事就，不两告苦。入为吏部侍郎……复以御史大夫出为宣歙池等州观察使……凡周一岁……自至大治"，"会昌五年五月头始生疮……以其月十四日，年五十八，薨于位。"可考知韦温任宣歙观察使在会昌四年五月至五年五月间，而崔龟从作为韦温的前任，其观察宣歙的时间当在开成四年三月至会昌四年三四月间，与"五更炎凉"者合。"朝台"即朝汉台。《水经注·浪水》，尉佗旧治处，负山带海。佗因冈作台，北面朝汉，朔望升拜，名曰朝台。"朝台受律"，指崔龟从自宣歙观察使迁岭南节度使。《文苑英华》卷四四五封敕《授崔龟从岭南节度使制》："前宣州观察使崔龟从……可检校礼部尚书、兼御史大夫、充岭南节度等使。"崔之赴岭南节度使任，当在会昌四年春夏间，即韦温接任宣歙观察使时。状文"隐之清节，无愧于投香；江革归资，唯闻于单舸"，分别用吴隐之、江革典。《晋书·良吏传》载，吴隐之隆安中为广州刺史，从番禺罢郡归，其妻刘氏赍沉香一斤，隐之见之，遂投之于湖亭之水。《南史·江革传》，革除武陵王长史、会稽郡丞，称职，乃除都官尚书，"将还，赠遗一无所受……唯乘台所给一舸。舸艚偏欹，不得安卧……革既无物，乃于西陵岸取石十余片以实之，其清贫如此"，这两个典故，既切崔龟从受朝命出镇岭南期间为官清廉，又切其自岭南罢任归朝。因此这篇状文当作于崔龟从自岭南罢任归后。

崔龟从何时罢岭南节度使任？吴廷燮《唐方镇年表》据商隐此状"唯闻单舸"下有"必能集同轨之会，奉因山之仪"之文，谓"奉因山之仪指会昌五年正月葬恭僖皇后于光陵柏城之外"；复据明《万历广东志》"卢贞，唐岭南节度使，会昌五年任"之文，及《新唐书·孝友传·王博武》"会昌中，侍母至广州。及沙涌口，暴风，母溺死，博武自投于水。岭南节度使卢贞俾吏沉罝，获二尸焉，乃葬之，表其墓曰孝子墓"之记载，又《湖南通志》载《浯溪题名》，会昌五年杨汉公后有卢贞，将崔龟从罢岭南节度使、卢贞接任的时间定在会昌五年。但吴氏举出的这四条证据都不足为据。明《万历广东志》是后出的方志，其记载是否有可靠依据，很值得怀疑。《新唐书·孝友传·王博武》的记载只能证明"会昌中"卢贞曾为岭南节度使，但"会昌中"不过泛言会昌年间，也可能是会昌六年；至于《浯溪题名》，也只能证明会昌五年以后，卢贞曾于浯溪题名，而不能证明其题名即在会昌五年。吴氏谓商隐此状"奉因山之仪"指葬恭僖皇太后于光陵，更是绝大的误会，下文将详辨。这里可以举出一个有力的反证，证明直至会昌六年三月宣宗即位后，卢贞仍然在河南尹任上，并未接到迁镇岭南的任命。商隐《上河南卢给事状》云："给事显自琐闱，出临鼎邑，登兹周甸，训此殷顽。锋芒不钝，而綮肯自分；桴鼓稀鸣，而橐橐辄露。方今维新庶政，允仡嘉谋。载考前人，聿求往躅，袁司徒入膺论道，杜镇南出授专征，并资尹正之能，适致超升之拜。"据商隐《为河南卢尹贺上尊号表》，知会昌五年正月武宗加尊号时，卢贞正在河南尹任上；而《上河南卢给事状》所谓"方今维新庶政"，定指会昌六年三月丁卯宣宗继位后之事①。因此可证卢贞自河南尹出镇岭南，当在宣宗即位以后；据此亦可推知崔龟从之罢镇岭南还朝亦当与之同时。

萧邺《渤海高公神道碑》载："改京兆尹。未几，授左散骑常侍。迁兵部侍郎，转尚书左丞，知吏部尚书铨事。会恭僖皇太后陵寝有日，充礼仪使，公为左右辖也。"吴氏《唐方镇年表》因谓"奉因山之仪"指会昌五年正月葬穆宗恭僖皇后于光陵柏城之外一事。然高元裕开成五年八月任命为京兆尹，而恭僖皇太后卒于会昌五年正月庚申（据《通鉴》），前后相距六个年头，其时元裕早已不在京兆尹任，何能在六年前任京兆尹时"肇建"六年后之"园陵"？且恭僖系葬光陵东园，并非新营建园陵，亦不得云"肇建园陵"。尤为重要者，状文所谓"鄗毕""园陵""轩台禹穴""驾有上仙，车当晏出""集同轨之会，奉因山之仪"，用语引典无一不切已故的皇帝身份，而绝非指皇后、太后。除"鄗毕"前已注明用周文王、武王葬于毕，在鄗东南以指皇帝陵墓外，"轩台"即轩辕台，"禹穴"为禹葬地，亦均指帝王葬地。"驾有上仙"用黄帝驾龙上仙事，见《汉书·郊祀志》；"车当晏出"，用《史记·范雎传》"宫车一日晏驾"之典，均喻指皇帝去世。"集同轨之会"用《左传·隐公元年》"天子七月而葬，同轨（华夏诸侯）毕至"；"奉因山之仪"用《汉书·文帝纪》"治霸陵，皆瓦器，不得以金银铜锡为饰，因其山，不起坟"，均指帝王之葬礼。总之，状中所用之典，均切皇帝去世、营建园陵及殡葬之仪，而绝非指皇后、太后。

前已考明，状中举以自代的周墀、崔龟从，其现历官分别为"廉印雄藩"及"朝台受律""江革归舸"，即周墀仍在江西观察使任上，而崔龟从已罢岭南节度使任归朝，可证作此状时必在会昌六年三月宣宗即位后。而此时

———————

① 同作于会昌六年三月宣宗即位后的《上忠武李尚书状》云"先皇（指武宗）以倦勤厌代，圣上（指玄宗）以睿哲受图……便当讲惟新之政"可作为旁证，用"惟新之政"指新君即位，商隐文中多有其例。

所谓"方营酅毕，肇建园陵"，自必指武宗逝世，营建端陵之事。武宗卒于会昌六年三月，八月壬申葬端陵，这又可进一步证明此状文当作于会昌六年三月至八月这段时间内。

会昌六年三月至八月，任京兆尹举周墀、崔龟从以自代的既然绝不可能是高元裕（高于会昌五年五月十四日韦温卒于宣歙观察使任后，已继任宣歙观察使，此时正在宣歙任上），那么此人又是谁呢？检《新唐书·薛元赏传》："德裕用元赏弟元龟为京兆少尹，知府事。宣宗立，罢德裕，而元龟坐贬崖州司户参军。"《通鉴·会昌六年》则载明，四月"甲戌，贬工部尚书、判盐铁转运使薛元赏为忠州刺史，弟京兆少尹、权知府事元龟为崖州司户，皆德裕之党也"，元龟在宣宗即位前即以少尹知府事，故状文举以自代的京兆尹不可能是薛元龟。宣宗即位后新任京兆尹的乃是韦正贯。《新唐书·韦正贯传》："久之，进寿州团练使。宣宗立，以治当最，拜京兆尹、同州刺史。俄擢岭南节度使。"《全唐文》卷七六四萧邺有《岭南节度使韦公（正贯）神道碑》云："今上（指宣宗）即位，以理行征拜京兆尹……居二年乞退，除同州刺史、长春宫使。"又《全唐文》卷七二六崔龟有《授韦正贯京兆尹制》，云："敕权知京兆尹韦正贯……近者拔于郡府，以尹京师。有抑强扶弱之心，得通变适时之用……是用嘉乃成效，宠之正名。"可证韦正贯先是以治行征入权知京兆尹，而后再正式任命为京兆尹的。其权知京尹当在会昌六年四月薛元龟贬崖时，正式任命则在其后不久。据商隐大中元年三月初所撰《为荥阳公与京兆李尹状》，李拭于大中元年三月初已"荣膺新命"，则韦正贯之任京尹，当在会昌六年四月至大中元年二月之间。这段时间内，商隐正"羁官书阁，业贫京都"（《上李舍人状七》），母丧期满复官秘省正字，故正可为新任京尹的韦正贯撰拟举人自代状。据萧邺《岭南节度使韦公神道碑》。正贯曾"为天平军节度判官，得改员外郎，所奉之主即故相国令狐公（楚）也"。其时当在文宗大和三年十一月至六年二月，商隐亦适在天平幕为巡官，故二人早已结识。这次正贯被任命为京兆尹，作为先前的同幕僚友，商隐为韦代拟此状，是完全符合时间、地点和人际关系的。

从这篇举人自代状的状文看，状的原题可拟为《为京兆公举人自代状》（韦氏世居京兆）。为什么会讹为《为尚书渤海公举人自代状》呢？比较近理的解释是，商隐自编的《樊南甲集》中，既有为京尹高元裕代撰的举人自代状，又有为京尹韦正贯代撰的举人自代状。由于编集时"以类相等色"（《樊南甲集序》），二状因体裁相同，性质相似，遂紧相连接。《文苑英华》在编书时，"于宗元、居易、权德舆、李商隐、顾云、罗隐辈，或全卷取入"（周必大《文苑英华序》）。抄胥在誊抄时，因前后紧相连接的二首同为京尹举人自代状，遂脱抄《为尚书渤海公举人自代状》之正文与《为京兆公举人自代状》之文题，将前题与后文合而为一，成为这样一篇前题不对后文的拼接品。冯浩等注家由于未具体考证周墀、崔龟从任江西观察使、岭南节度使的时间与高元裕任京兆尹的时间存在着不可调和的矛盾，致使这篇拼接品的秘密一直掩盖下来，至今已历时一千余年了。

这种前题与后文拼接的情况，现存商隐文中并非仅有此一例。《全唐文》卷七七二有商隐《为汝南公贺元日朝会上中书状》。按文章的题目，应当是代华州刺史周墀所拟贺武宗元旦朝会上中书的状，但文章的实际内容却是贺会昌二年武宗上尊号。状首云："今月日，皇帝御宣政殿受册，尊号为仁圣文武至神大孝皇帝。礼毕，御丹凤楼，大赦天下者。"事在会昌二年四月二十三日，非元日。钱振伦笺云："惟元日朝会，为岁举之常仪，而请上尊号，为一朝之盛典，本属两事。且武宗受册在四月，而文中亦不引元正，故实尤属可疑。岂《元日朝会状》别有一文，而后文乃贺上尊号状，传钞脱误，遂合为一与？"钱氏的这一判断，是完全正确的。这种误"合为一"的情况也只有在二文相连，尤其是二文文题或内容性质相近时最易发生。现存《为汝南公贺元日朝会上中书状》无疑是《为汝南公贺元日朝会上中书状》的题目和《为汝南公贺上尊号上中书状》状文的合二为一。

如果我们将商隐文在传抄过程中出现的这种前题与后文相拼接的现象作为一种典型事例，进一步据以考察商隐诗集中的脱误，就会发现这种现象在商隐诗集中也多有存在，从而有助于我们解开不少题与诗相脱节的疑团。这里，典型的例证莫过于《留赠畏之》三首和《蝶三省》。先看《留赠畏之》三首。此诗题下原注云：时将赴职梓潼遇韩朝回三首。三首诗是这样的：

清时无事奏明光，不遣当关报早霜。
中禁词臣寻引领，左川归客自回肠。
郎君下笔惊鹦鹉，侍女吹笙弄凤凰。
空记大罗天上事，众仙同日咏霓裳。
待得郎来月已低，寒暄不道醉如泥。
五更又欲向何处，骑马出门乌夜啼。

户外重阴暗不开，含羞迎夜复临台。

潇湘浪上有烟景，安得好风吹汝来？

第一首中提到开成二年与韩瞻同应进士试、同赋《霓裳羽衣曲》诗及韩瞻子韩偓赋诗相送、才思敏捷之事，其为赴东川前留赠韩瞻之作无疑（此诗当是大中八年商隐回长安探亲返回东川前作，已另撰文考证），但二、三两首，内容与"留赠畏之"题意绝不相干（二章谓待郎归时夜已深，甫及五更郎又骑马出门而去；第三首谓户外重阴，迎夜登台，盼意中人之来）。后二首明为情诗，因与首章相连，传抄时遂脱后二首之题而误与首章相连，后人遂于首章题注之末加"三首"二字以实之。但"时将赴职梓潼，遇韩朝回三首"，实属不文，"三首"二字人为添加的痕迹非常明显。《蝶三首》的情况与之类似。诗云：

初来小苑中，稍与琐闱通。

远恐芳尘断，轻忧艳雪融。

只知防浩露，不觉逆尖风。

回首双飞燕，乘时入绮栊。

长眉画了绣帘开，碧玉行收白玉台。

为问翠钗钗上凤，不知香颈为谁回？

寿阳公主嫁时妆，八字宫眉捧额黄。

见我佯羞频照影，不知身属冶游郎。

第一首的托寓虽诸家说法间有差异，但诗面的确是咏蝶。而二三两首则根本没有蝶的影子，显为艳情冶游之作脱去原题后与《蝶》相连，编集者遂冠以"蝶三首"，《唐音戊签》后二首作《无题二首》，虽未必符此二首原题，但胡氏已看出此二首与前一首《蝶》内容绝不相干，并非同题组诗。

其实，现存商隐无题诗中确有与本来另有题目的诗相连而误合者，这就是《无题二首》：

八岁偷照镜，长眉已能画。

十岁去踏青，芙蓉作裙衩。

> 十二学弹筝，银甲不曾卸。
>
> 十四藏六亲，悬知犹未嫁。
>
> 十五泣春风，背面秋千下。
>
> 　
>
> 幽人不倦赏，秋暑贵招邀。
>
> 竹碧转怅望，池清尤寂寥。
>
> 露花终泛湿，风蝶强娇娆。
>
> 此地如携手，兼君不自聊。

前首写少女伤春，托寓才士渴求仕进，忧虑前途的心情，寓意明显。后首则写秋暑情怀怅惘寂寥，无心招友同游。两首诗的性质、内容毫无关连。清代学者何焯、纪昀、冯浩都认为后一首必另有题目而失之，遂与前一首《无题》相连，纪昀的表述最为具体准确："有与无题诗相连，失去本题，误合为一首，如'幽人不倦赏'是也。"（《李义山诗集辑评》引）

　　商隐的无题诗究竟有多少首，诸家说法不一。根据上面的考辨，将原题《留赠畏之》三首的后二首、《蝶三首》的后二首、《无题二首》的"幽人不倦赏"一首去掉。再将《无题》（万里风波一叶舟）也根据纪昀的意见（纪云："此是佚去原题而编录者署以《无题》。"）排除在外，将这六首都标为"失题"，那么，剩下的真正的《无题》诗其实只有十四首。而删除了上述误入的失题诗后，《无题》诗的面貌便变得比较清晰。那就是它们都是写爱情的，而且绝大部分是写爱情间阻引起的幽怨、苦闷、追求与幻灭。至少表层内容是这样。通过对商隐诗文集中"前题后文（诗）相连误合为一"这一典型现象的全面梳理与考辨，有助于我们对商隐无题诗情况的正确了解，校勘考证之学为批评提供正确的文本依据，这是一个典型的例证。

　　如果说前面提到的五首失题诗由于与前题相连误合为一，今天已难以复原其原题，未免令人遗憾，那么商隐诗集中另一些诗，虽也因与前题相连而误合为一，却因其以"一作"的形式保留了原题，为我们提供了判断的依据，从而让我们更看清了这种"前题后文（诗）相连误合为一"的具体情况，典型的例证是《咏史二首》和《楚宫二首》。《咏史二首》：

> 历览前贤国与家，成由勤俭破由奢。
>
> 何须琥珀方为枕，岂得珍珠始是车。
>
> 运去不逢青海马，力穷难拔蜀山蛇。

几人曾预南薰曲，终古苍梧哭翠华。

十二楼前再拜辞，灵风正满碧桃枝。
壶中若是有天地，又向壶中伤别离。

前首借"咏史"为题寓伤今之慨，伤悼文宗图治无成，难挽颓运。后首则明显是留赠道流之作，与"咏史"无涉。后首题一作"赠白道者"，一作"送白道者"。此"白道者"当即商隐《归来》诗中所云"难寻白道士"之白道士，乃旧隐玉阳山时所结识之道侣，"十二楼"即道观之别称。"十二楼前"一首即拜辞白道者而去时留赠伤别之作。原题"赠白道者"在传写过程中脱去，遂与前首相连，误合为《咏史二首》，致误的原因、过程显然。故后首应据一作将题复原为《赠白道者》。再看《楚宫二首》：

十二峰前落照微，高唐宫暗坐迷归。
朝云暮雨长相接，犹自君王恨见稀。

月姊曾逢下彩蟾，倾城消息隔重帘。
已闻佩响知腰细，更辨弦声觉指纤。
暮雨自归山悄悄，秋河不动夜厌厌。
王昌且在墙东住，未必金堂得免嫌。

第一首借咏楚宫美人之得宠寓现实感慨，与《深宫》诗之"清露偏知桂叶浓""岂知为雨为云处，只有高唐十二峰"寓感略同，有荣枯遇异之慨。第二首却是纯粹的艳情诗，所怀想的女子似为贵家姬妾或歌伎。《才调集》选此首，题为《水天闲话旧事》，必有所据。详此题及诗，似是抒情主人公对贵家姬妾或伎人有所属望，却重帘相隔，徒能得其倾城之姿于想象，虽未能免嫌而终不能相亲。这段充满怅惘的旧事在一个雨天与友人闲话时忆及，遂笔之于诗。制题虽稍晦，但肯定是原题。《唐音戊签》从《才调集》，是。这也是因失去原题《水天闲话旧事》后，与上首相连误合为《楚宫二首》者。

商隐诗集中这种二诗相连，后题失去，遂与前题合为一题的情况，在现存的几种源于宋本的旧本中均相同，说明早在北宋编辑刊刻商隐诗集时就已经存在这种脱误。也正因为这样，后人对此虽有种种怀疑，却不大敢断定，从而使这种脱误现象长期存在，得不到纠正。当我们详细地考辨了《为尚书渤海公举人自代状》的典型脱误例证，并与商隐诗文集中与此类似的脱误联系起来考察时，就可以发现这原是作品传抄过程中很容易发生的一种常见的脱误，从而在校理过程中增强判断的正确性。对其他诗文集类似现象的发现与校理，也是一种参考。

附考三　李商隐开成末南游江乡说再辨正

清代注家冯浩和近人张采田都力主李商隐在文宗开成五年秋到翌年（即武宗会昌元年）春，有过一段历时数月的"江乡之游"。（见冯浩《玉谿生年谱》，张采田《玉谿生年谱会笺》。"江乡"系摘商隐诗语，冯、张均用以特指今湖南北部洞庭湘江一带地区）岑仲勉先生曾对此提出疑问，加以辨正（见《唐史余瀋·李商隐南游江乡辨正》及《〈玉谿生年谱会笺〉平质》），但冯、张之说仍被多数研究者视为定论。初步统计，被冯、张系于江乡之游的诗就有三十多首，加上其他被认为内容涉及此游的诗，为数更多，足见这是李商隐生平游踪考证和诗歌系年上一个关键性的问题。细审有关材料，我们发现冯浩用来证实江乡之游的一系列"证据"，实际上没有一条能够成立。本文拟就冯浩所提出的一些主要根据加以驳正，以澄清李商隐生平游踪考证中的这一重大疑案，作为岑文之后的"再辨正"。

李商隐诗中提到"江乡"，并被冯浩引为南游江乡重要证据的，是《崇让宅东亭醉后沔然有作》：

> 曲岸风雷罢，东亭霁日凉。新秋仍酒困，幽兴暂江乡。
> 摇落真何遽，交亲或未亡。一帆彭蠡月，数雁塞门霜。
> 俗态虽多累，仙标发近狂。声名佳句在，身世玉琴张。
> 万古山空碧，无人鬓免黄。骅骝忧老大，鹓鹭妒芬芳。
> 密竹沉虚籁，孤莲泣晚香。如何此幽胜，淹卧剧清漳？

冯浩说："集中江乡之游，一为开成五年（840年）辞尉任南游，一为大中二年（848年）归自桂管，途经江汉……。此章当属开成五年。四句'幽兴暂江乡'，言将暂诣江乡。……'摇落'句谓罢官，慨入官未久，已遭失意。'交亲'句谓所亲或未忘我（按冯注本作'或未忘'），将往依之。'一帆'二句，预拟江乡之程。……"

冯浩对有关诗句的解释和作年的考证都是错误的。此诗作年，有一个重要而明显的内证，即"交亲或未亡"一句。而冯浩恰恰根据错误的异文把它掩盖了。"亡"字冯氏校定为"忘"，但现存绝大多数李商隐诗集较早的本子（如蒋本、姜本、悟抄、影宋抄、戊签、席本）都作"亡"，仅钱本及朱注本作"忘"。作"亡"是正确的。因为"交亲或未亡"系暗用陆机《叹逝赋序》："余年方四十，而懿亲戚属，亡多存寡；昵交密友，亦不半在。""交亲"，即陆序所谓"懿亲戚属""昵交密友"，而"或未亡"，则正是"亡多存寡""亦不半在"的另一种表达方式。恰巧李商隐在大中七年居梓幕时作的《梓州道兴观碑铭》中也用了同一典故："谢文学之官之日，歧路东西；陆平原强仕（原作'壮室'，从张采田说改）之年，交亲零落。"（强仕之年，即四十岁。《礼记·曲礼上》："四十曰强，而仕。"旧因称四十为强仕之年）这两句正是追叙大中五年他四十岁时承柳仲郢之辟入梓幕前后的情况。这一年，他的妻子王氏病故；先前对他颇加厚遇的崔戎、令狐楚、郑亚、卢弘止等也都已相继去世。过去关系比较密切的亲友中，仅连襟韩瞻健在。此外，就是那位早就视商隐为"放利偷合"的小人而屡加排抑的现任宰相令狐绹了。这正是"交亲零落""交亲或未亡"所包含的具体内容。由此可以断定，这首诗最早也当作于大中五年其妻王氏亡故以后。诗中一再说"身世玉琴张""骅骝忧老大""无人鬓免黄"，也显然是接近迟暮之年的人感慨身世的口吻，而非不到三十岁的壮年人口气（开成五年商隐二十九岁）。末句"淹卧剧清漳"，用刘桢诗："余婴沉痼疾，窜身清漳滨"，与他在梓幕期间所作的《夜饮》（"谁能辞酩酊，淹卧剧清漳"）、《病中闻河东公乐营置酒口占寄上》（"可怜漳浦卧，愁绪乱如麻"）、《梓州罢吟寄同舍》（"漳滨多病竟无憀"）等诗语意多雷同，也可作为此诗作于商隐衰病之年的旁证。

　　再看冯浩对一些关键性诗句的解释。首先，把"幽兴暂江乡"解为"暂诣江乡"，无论从诗句本身或从全篇文义上看，都是缺乏根据的。诗慨叹摇落之急遽、交亲之零落、遭遇之不偶、身体之衰病，根本没有任何地方暗示将要出游。此句"暂"字与上句"仍"字对文，"仍"有重复、频繁义，"暂"有暂时、忽然义，两句盖谓新秋而重之以酒困，适对东亭曲岸、雨霁日出之清凉境界，忽似置身江乡。这是因眼前幽胜所引发的对往日所历江乡胜景的一种联想。其次，把"一帆"二句说成是"预拟江乡之程"，也显然不妥。因为"江乡之程"即使可以预拟扬帆彭蠡，却绝不可能扯到雁飞塞门。其实，这两句紧承上文身世沉沦、交亲零落，进而概述自己平生驱驰南北、羁泊飘零的经历，是对已往生活的回顾，而非前瞻。

冯浩还举出《送千牛李将军赴阙五十韵》一诗中的"异县期回雁"之句，作为商隐开成五年南游江乡的证据。这同样是不足为据的。此诗末段说：

> 披豁惭深眷，暌离动素诚。蕙留春晼晚，松待岁峥嵘。
> 异县期回雁，登时已饭鲭。去程风刺刺，别夜漏丁丁。
> 庾信生多感，杨朱死有情。弦危中妇瑟，甲冷想夫筝。
> 会与秦楼凤，俱听汉苑莺。洛川迷曲沼，烟月两心倾。

冯笺："异县二句，谓我将往异乡回雁峰前，今日过别，遽邀饯饮也。"按"回雁"与"饭鲭（用五侯鲭典）"相对，都是动宾结构而非名词，因此，"回雁"并非回雁峰的省语。"雁"指雁书，"期"是盼望的意思，而不是"指……以为期"的"期"。句意谓因分别而相隔异县，故望对方回寄雁书，与上"暌离"语正合。况且这首诗并非如冯氏所臆断系作于开成五年，而是作于商隐悼亡之后。姚培谦、程梦星都指出"弦危"四句系自伤失偶，这是很正确的。庾信、杨朱自喻，"生多感"，谓多时世身世之感；"死有情"，指悼亡丧妻之痛，谓王氏虽死而己则不能忘情。因此，根本不能用这首诗来证明开成末的江乡之游。

被冯氏编入"江乡之游"期间的绝大部分诗篇，连上面所引的那种不足为据的"根据"也没有，其中有的已为张氏《会笺》所驳正（如《过伊仆射旧宅》《寄成都高、苗二从事》《潭州》《岳阳楼》《楚宫（当作厉）》等），有的则根本无法证明与南游江乡有关（如《酬别令狐补阙》），或不易考定作诗年代（如《杏花》），这里不再论列辨析。张氏在冯编诸诗外，又将《燕台四首》《代越公房妓嘲徐公主》《代贵公主》《代应二首》《鸳鸯》《河阳诗》等艳诗系于"江乡之游"期间，其穿凿附会、主观臆想，更甚于冯氏，没有必要进行辨正。

其实，冯、张之所以力主开成末江乡之游，其主要根据，并不是上述诸诗，而是李商隐赠、哭刘蒉的五首诗和《新唐书·刘蒉传》上的一段记载。冯浩《玉谿生年谱》开成五年下云：

　　时适杨嗣复罢相，观察湖南，因又有潭州《赠刘司户蒉》之迹①。司户历为宣歙王质、兴元令狐楚、襄阳牛僧孺从事，皆见传文。僧孺开成四年八月出镇，会昌二年（按当作"元年"）罢，蒉在幕正当其时。蒉卒年无明文。《新书传》载昭宗诛韩全晦等，左拾遗罗衮讼蒉云："身死异土，六十余年。"帝赠蒉左谏议大夫。是年天复三年癸亥，上距会昌四年甲子，得六十年。蒉当于开成、会昌间卒于江乡，故诗云"复作楚冤魂"，又云"溢浦书来秋雨翻"也。义山于此年至潭州。会昌元年春，与蒉黄陵晤别，而蒉于二年秋卒矣。凡此皆南游之实据也。

岑仲勉说："罗衮之言，实为冯氏涉想之最先出发点，因而将赠蒉、潭州、哭蒉诸诗，皆集合于此两三年中。"这对冯氏南游江乡说的形成，是一语破的之论。的确，如果不细审冯氏所提出的"实据"，不细疏商隐赠、哭刘蒉诸诗，即便推翻冯氏对《崇让宅东亭醉后沔然有作》等诗所作的解释，也仍会对南游江乡说坚信不疑。许多李商隐研究者之所以信奉冯说，根本原因正在此。

　　问题恰恰首先出在冯氏引用的《新唐书·刘蒉传》所载罗衮疏语的可靠性上。《新书传》原文是：

　　　　及昭宗诛韩全晦等，左拾遗罗衮上言：蒉当大和时，宦官始炽，因直言策请夺爵土，复扫除之役，遂罹谴逐，身死异土，六十余年。……

而《全唐文》卷八二八所收罗衮《请褒赠刘蒉疏》的原文却是：

　　　　窃见故秘书郎责授柳州司户臣刘蒉，当大和年对直言策，是时宦官方炽，朝政已侵，人谁敢言！蒉独能指抑堕雨回天之势，欲使当门；夺官卿爵土之权，将令拥篲。遂遭退黜，实负冤欺。其后竟陷侵诬，终罹谴逐，沉沦绝世，六十余年。

将二者略加对照，就可明显看出：《新书传》所载"罗衮上言"并非直接引录罗疏原文，而是对罗疏的撮述，而这种撮述又是不准确的。如罗疏原文中的"遂遭退黜，实负冤欺"，系指大和二年刘蒉对策指斥宦官而被黜不第一

---

　　① 杨嗣复为刘蒉座主，开成五年八（一作九）月罢相，出为湖南观察使，冯、张都断定商隐南游必至潭州嗣复幕，张氏甚至断定南游江潭系赴嗣复之招，这完全出于想当然，在商隐诗文中找不出任何根据。

事；"其后竟陷侵诬，终罹谴逐"，则指贬柳州司户参军。二事分叙，条理明晰。而《新书传》竟将二事用"遂罹谴逐"一语概括，仿佛刘蕡对策后即被贬逐往柳州，这显然与事实有出入。更重要的区别还在于：罗疏中"沉沦绝世，六十余年"一语，在《新书传》中变成了"身死异土，六十余年"。按"沉沦"犹沉没、沦落，通指政治上的失意沦没，这里紧承上文"终罹谴逐"，当是指其远贬柳州，沦落异乡。"绝世"方指辞世。因此，罗疏原文的意思是：刘蕡从谴逐到柳州以至于身死，到如今已六十余年。"六十余年"应从谴逐之时算起，而不是从"绝世"之日算起，这样理解，才符合一般语言习惯。《新书传》删去"沉沦"，迳曰"身死异土，六十余年"，则"六十余年"当然只能从"身死"之时算起了。冯浩之所以坚信刘蕡死于会昌初年，正是由于此。

可能有人认为，刘蕡贬柳和身死异乡这二者之间或许并不存在太大的时间间隔，因而罗疏中也就统而言之曰"沉沦绝世"，而不去区分被贬之时与身死之日了。孤立地看，这样的推测不能说没有道理，而且《新唐书·刘蕡传》的作者之所以把"沉沦绝世"改成召"身死异土"，恐怕正是出于这种理解（这从《新书传》"宦人深疾蕡，诬以罪，贬柳州司户参军，卒"的行文中也可看出）。但如果我们对李商隐赠、哭刘蕡诸诗细加疏解，并联系当时政治斗争形势的变化对刘蕡被贬一事进行考察，就不难得出与上述理解相反的结论。为了便于说明问题，将商隐赠、哭刘蕡诸诗全部引录如下：

江风扬浪动云根，重碇危樯白日昏。已断燕鸿初起势，更惊骚客后归魂。汉廷急诏谁先入？楚路高歌自欲翻。万里相逢欢复泣，凤巢西隔九重门。

——《赠刘司户蕡》

上帝深宫闭九阍，巫咸不下问衔冤。黄陵别后春涛隔，溢浦书来秋雨翻。只有安仁能作诔，何曾宋玉解招魂？平生风义兼师友，不敢同君哭寝门。

——《哭刘蕡》

离居星岁易，失望死生分。酒瓮凝余桂，书签冷旧芸。江风吹雁急，山木带蝉曛。一叫千回首，天高不为闻！

有美扶皇运，无谁荐直言。已为秦逐客，复作楚冤魂。溢浦应分派，荆江有会源。并将添恨泪，一洒问乾坤！

——《哭刘司户二首》

　　路有论冤谪，言皆在中兴。空闻迁贾谊，不待相孙弘。江阔惟回
　　首，天高但抚膺。去年相送地，春雪满黄陵。

——《哭刘司户蕡》

　　历来的李商隐研究者，包括否定有江乡之游的岑仲勉在内，都认为《赠刘司户蕡》一诗是李商隐和正在贬谪中的刘蕡相遇时写的。但这完全是误解。事实上，赠诗并不是作于刘蕡贬柳期间，而是作于他自柳州贬所放还途中。颔联出句指大和二年对策忤宦官而遭黜事，对句因有"骚客"字，注家都认为指刘蕡远贬。但这种理解却把"后归魂"特别是其中的"归"字忽略了。归，显然是指自贬所放归，不可能有别的解释。这里不说"不归""未归"，而说"后归"，正意味着在写这首诗时刘蕡的放归已成事实，只不过是后归、迟归而已。正因为刘蕡已放归，所以腹联出句才会用贾谊被汉廷急诏自长沙召回的典故，来表达对刘蕡重入朝廷的某种希望；如果是在刘蕡万里投荒、正遭贬逐的情况下说这种话，真是如同呓语了。同时，尾联"万里相逢欢复泣"的复杂心情，也只有联系长期远贬，幸而放还的事实才好理解。否则，失意者和遭贬者相逢，还有什么"欢"之可言呢？

　　刘蕡曾自贬所放还，还可从《哭刘司户蕡》诗中找到有力的证据。此诗颔联说："空闻迁贾谊，不待相孙弘。"按"迁"有贬谪、迁调（一般指升迁）二义，这句中的"迁"显系后一义。因为如指贬谪，则根本不是什么"空闻"，而是百分之百的事实；只有指升迁，那才是徒有传闻而终于不曾实现的事。所谓"迁贾谊"，实即赠诗中的"汉廷急诏"。两相对照，可以推断刘蕡自柳放还时，并为授予新职（赠诗仍称司户可证），但却有将升迁刘蕡官职的传闻或猜想，故赠诗有"汉廷急诏谁先入"之句，疑问中寓有希望；而刘蕡却于翌年客死于楚，希望落空，故哭诗有"空闻迁贾谊"的感慨。下句"不待相孙弘"即进一步补足"空"字。公孙弘因使匈奴还报不合武帝旨意，被免归，后复征贤良文学，对策第一，累官至丞相。这是说刘蕡未能等到被朝廷重新征召、委以重任便去世了。注家们在赞赏这一句用事"警切"的同时，对用事的具体背景是很忽略的。试想如果没有自柳放还的事实，却平白无故地说什么"不待相孙弘"，岂不是太不切实际了吗？惟其已放还，

357

甚至有升迁的传闻，这"不待相孙弘"方显出用事的精切不移，也才能与上句密切合榫。冯浩明知"迁"是升迁之义，却为成见所蔽，故意绕开问题，说"迁谊不必拘看"，其实，这个"迁"字是必须认真看待的。推而言之，《哭刘司户二首》（其二）首联，也并非泛说刘蕡才可匡世而无人推荐，而是具体针对刘蕡放还后未能征回朝廷、加以重用的情况而发的，也可以说是作者对"空闻迁贾谊"的原因的一种看法。①

弄清了赠蕡诗作于刘蕡自柳放还途中，我们就可进而考证刘蕡究竟何时贬柳，何时自柳放还并与李商隐相遇。刘蕡贬柳的具体时间，史无明文。《新唐书·刘蕡传》云："蕡对后七年，有甘露之难。令狐楚、牛僧孺节度山南东、西道，皆表蕡幕府，授秘书郎，以师礼礼之。而宦人深嫉蕡，诬以罪，贬柳州司户参军，卒。"按牛僧孺出任山南东道节度使（治襄阳），在开成四年八月；罢任的时间，据《新唐书·牛僧孺传》及杜牧《牛公墓志铭》，为会昌元年七月。从上引《新唐书·刘蕡传》叙事的次第看，刘蕡被贬柳州，应是罢襄阳幕之后的事；如系在襄阳幕时被贬，行文上当有所交代。从情理上说，牛僧孺是位望素崇的旧臣，武宗继立后，牛党虽失势，但牛僧孺的政治地位仍然相当高，恐怕还不至于在他镇襄阳时即将其"以师礼礼之"的幕僚贬逐到柳州去。而一旦僧孺罢镇，刘蕡离幕，宦官就很容易对失去庇护的刘蕡下毒手了。证以罗衮疏中"沉沦绝世，六十余年"之语，刘蕡贬柳约在会昌元年罢襄阳幕后不久，是大体上可以成立的（自天复三年逆数至会昌元年，为六十三年，与"六十余年"正合）。

刘蕡贬居柳州的时间究竟有多长？何时放还？要弄清这个问题，必须将刘蕡的贬逐与放还和政治局势的变化联系起来考察。

《新书传》所说的"深嫉蕡，诬以罪"的"宦人"，当指以仇士良为首的宦官集团②。但仇士良自甘露事变前后直到会昌三年致仕，一直掌握着很大权力，为什么等到会昌元年（最早也在开成末）才将一向深嫉的刘蕡贬逐到

---

① 如"无谁荐直言"句系泛说，则显与事实有矛盾。大和二年刘蕡因对策忤宦官遭黜，"物论嚣然称屈，谏官、御史欲论奏"，刚中第除官的李邰上疏，以为"蕡所对策，汉、魏以来无与为比。……臣所对不及蕡远甚，乞回臣所授以旌蕡直。"《通鉴·文宗大和二年》这正是"有人荐直言。"

② 唐无名氏《玉泉子》载："刘蕡，杨嗣复门生也，对策以直言忤时，中官尤所嫉忌。中尉仇士良谓嗣复曰：'奈何以国家科第放此风汉耶？'嗣复惧而答曰：'嗣复昔与刘蕡及第时，犹未风耳。'"

柳州呢？很显然，这和当时政局的变化密切相关，也和刘蕡与上层官僚士大夫中某一集团的人事关系分不开。刘蕡是正直敢言的士人，对策指斥宦官，本非代表一党一派的私利，但他和牛党的主要首领人物牛僧孺、令狐楚、杨嗣复都有较密切的关系，并受到他们的器重与庇护。令狐楚、牛僧孺辟蕡为幕僚，事以师礼，实际上是给他提供政治庇护所，使他得以暂时免受宦官的政治迫害。等到文宗去世，武宗继位，李党上台执政，牛党失势，政局发生明显变化。开成五年秋，杨嗣复罢相迭贬，翌年，牛僧孺又罢襄阳镇，刘蕡在政治上完全失去庇护。而仇士良则因拥立武宗有功，一时气焰更盛。在这种情况下，刘蕡被贬逐，就是不可避免的了。

明白了刘蕡被贬与政局变化之间的关系，对他何时放还也就可以作出较为合理的推断。仇士良虽于会昌三年致仕，翌年六月，又削其官，籍没家资，但宦官势力仍盛，并且刘蕡得罪的也绝不仅仅是仇士良个人，而是整个宦官集团。加以当时与刘蕡关系密切的牛党势力正处于最低点（会昌四年十月，牛党两个主要首领牛僧孺、李宗闵分别贬汀、漳二州刺史；十二月，牛再贬循州长史，李长流封州），因此终武宗在位之时，牛党失势之日，为宦官所嫉恨的刘蕡都很少可能被放还。直到武宗去世，宣宗继立，牛党白敏中当政，政局发生变化。会昌六年八月，武宗在位时被贬逐的五个牛党宰相（牛僧孺、李宗闵、杨嗣复、李珏）同日北迁。翌年（大中元年）六月，牛僧孺移汝州长史，迁太子少保少师。在这种政治形势下，与牛党旧时首领关系密切的刘蕡自贬所放还的可能性就大得多了。但他原非显贵，所以放还的时间可能稍晚。如果我们把放还的时间和李商隐大中初年的行踪联系起来，就可以对两人相遇的时间得出比较明确的结论。

李商隐赠、哭刘蕡诸诗中涉及两人晤别地点时所用的一系列词语，如"楚路""黄陵""江风""荆江"等，都毫无疑问是指荆楚江湘地区；而分别的季节则正值初春（"去年相送地，春雪满黄陵"）。从刘蕡贬柳到大中初这段时间内，李商隐只在大中元、二年曾往返途经江湘（前后共四次）。元年赴桂，二年罢幕北归，途经江湘都在夏季，显与"春雪黄陵"不合。元年十月奉使江陵，途经湖湘约当十一月，与"春雪"也不符。只有大中二年初春自江陵返桂林，经黄陵时正当"春雪"飘扬之日，时商隐南返，而刘蕡则自柳放归，故二人相遇后旋即在黄陵分别。如果刘蕡会昌元年贬柳，那么到放归途中二人相遇时首尾已达八年。赠蕡诗说："更惊骚客后归魂"，这位骚客的确是"后归"了。①

两人晤别后的翌年（大中三年）秋天，刘蕡即死于异乡。李商隐时在长安。从他写的四首哭诗看，刘蕡最后就死在荆楚之地，很可能就死在浔阳（今九江市。又称溢城）。"复作楚冤魂"，虽系用典，也兼示蕡卒于楚地。"黄陵别后春涛隔""江风吹雁急""江阔惟回首"等语，则透露出刘蕡的卒地与商隐所在的长安遥隔大江，而且就在长江之滨。再证以"溢浦书来秋雨翻"之句，则刘蕡的卒地有相当大的可能就在浔阳。又"溢浦应分派，荆江有会源"一联，意颇隐晦，旧注多不得其解，我们颇疑"荆江"之"会"与"溢浦"之"分"并非泛语，可能隐寓两人曾在荆江一带相遇，而后蕡卒于溢浦，遂成永诀。刘卒于楚地这个事实，可以反过来证明他并不是在贬柳途中遇到李商隐的。因为如果是在贬柳途中相遇，那就意味着：刘蕡头一年被贬，第二年春天仍在途中，直到第三年秋天尚未到达贬所，而是死在楚地，甚至是死在贬柳途中根本不经过的九江。而这从事理上说，是根本不可能的。

归结起来，关于刘蕡的被贬、放还、身死可以得出如下结论：会昌元年七月，刘蕡罢襄阳幕，"宦人深疾蕡，诬以罪，贬柳州司户参军。"大中元年自柳州贬所放还。二年春初，放归途中与自江陵返桂林的李商隐在荆湘一带相遇，商隐作诗相赠，二人旋即在黄陵分别。大中三年秋，刘蕡客死于楚地（可能在浔阳）。至于刘蕡为什么未归朝而客死于楚，我们认为可能仍为宦官所抑。盖宣宗继位后，牛党虽然复起，但宣宗亦系宦官所拥立，其时朝政仍基本上操纵在宦官手中。为宦官所深嫉的刘蕡，因其与牛党旧日首领的关系得蒙放还，已属"恩典"，再加升迁，便绝少可能。即使牛党中有人想召蕡入朝，但其时当权的以恃宠固位为目的的牛党新贵（如白敏中、令狐绹）恐怕也不愿为此触怒宦官。追赠一事，既须至宦官尽诛之日方能实现，则生前虽放还而未任用自不足怪。正由于宦官专权的总形势并未改变，所以刘蕡终于在"巫咸不下问衔冤"的情况下客死于楚。商隐赠蕡诗一开头就极力渲染"北司专恣，威柄凌夷"的政治局势，正十分真实地反映了当时的现实。

李商隐与刘蕡相遇的时间既不在会昌元年，而在大中二年，则冯、张的李商隐开成末南游江乡说便失去最有力的实据而告全线崩溃。为了彻底否定

---

① 可能会有这种假设：刘蕡开成末被贬，当年放回，第二年（会昌元年）与商隐相逢于江乡。但这种假设是违反最起码的常识的，因为"深嫉蕡"的宦官绝不可能刚贬逐刘蕡，又将他放回。

此说，最后还须澄清一个问题，即李商隐《献相国京兆公启》中所提到的"南游郢泽"一事。启文云：

> 某爱自弱龄，侧闻古义，留连薄宦，感念离群，东至泰山，空吟《梁父》，南游郢泽，徒和《阳春》。

冯氏谓"南游郢泽"似指开成、会昌间江乡之游。但原文"东至泰山""南游郢泽"都直承"某爱自弱龄，侧闻古义"而来，说明"东至""南游"的时间当距"弱龄"不远。"东至泰山"，冯谓指大和八年商隐居兖海崔戎幕，时商隐二十三岁，与"弱龄"语合；而"南游郢泽"如指开成五年游江乡，则其时商隐已二十九岁，恐不能再说"弱龄"了。我们认为这里所说的"南游郢泽"应是指作为"弱龄"时期的一次南游。为了证明这一点，我们举出《出关宿盘豆馆对丛芦有感》一诗略加讨论：

> 芦叶梢梢夏景深，邮亭暂欲洒尘襟。昔年曾是江南客，此日初为关外心。思子台边风自急，玉娘湖上月应沉。清声不逐行人去，一世荒城伴夜砧。

冯浩说："三句'江南客'者，指江乡之游也。……四句似丧母后将谋出居永乐，故以从关中徙关外对景写情也。"因此他将此诗系于会昌二年商隐丧母后。但他的解释和系年都显然是错误的。四句"关外心"系用杨仆移关事。《汉书·武帝纪》："元鼎三年，徙函谷关于新安，以故关为弘农县。"应劭曰："时楼船将军杨仆数有大功，耻为关外民，上书乞徙东关，以家财给其用度。武帝意亦好广阔，于是徙关于新安，去弘农三百里。"开成四年，商隐由秘书省校书郎调任弘农尉，曾作《荆山》诗："压河连华势孱颜，鸟没云归一望间。杨仆移关三百里，可能全是为荆山？"冯浩说："借慨己之由京调外也。不直言耻居关外，而故迁其词，使人寻味。"所笺极是。但他为"江乡之游"的成见所蔽，竟没有注意到《出关宿盘豆馆》诗中的"关外心"同样是耻居关外之意。"今日初为关外心"者，即今日由秘省清职出为弘农俗吏，有感于杨仆移关之事，不觉油然而生耻居关外之心。说"初为"，正证明诗作于开成四年调尉时。李商隐一生中，由京职外调，途经函潼，而又时值夏令者，也只有开成四年调尉弘农这一次。又腹联"思子台"冯解亦误。"思子台"正暗示其时商隐母尚健在；如母已亡故而用"思子合"字面

361

以寄情，岂非适得其反？实际上这一联当是以"思子合""玉娘湖"分别寄寓母子悬念之情、夫妻相思之意。从这里也可看出，诗当作于开成三年婚于王氏后、会昌二年母丧前。而在此期间，有所谓"关外心"者，当然更只能是开成四年调尉时。既然如此，把"昔年曾是江南客"说成是开成末江乡之游，就根本不能成立。很明显，"昔年"当是开成四年之前的某一年。张氏《李义山诗辨正》认为指商隐少年随父两浙，恐非。所谓"江南客"，明指客游江南，与少年随父寓居显然有别。本篇所谓"昔年曾是江南客"，很可能就是《献相国京兆公启》中所说的"南游郢泽"。但南游的具体时间、情况，由于缺乏材料，已不易考定。

【原载于《文学遗产》1980年第3期】

附考四 《李商隐开成末南游江乡说再辨正》补证

李商隐在开成五年九月至会昌元年正月（840—841）这四五个月内，究竟有没有冯浩、张采田所考证的"江乡之游"，是其生平游踪与诗歌系年的重大疑案。我们曾在《李商隐开成末南游江乡说再辨正》一文（载《文学遗产》1980年第3期）中，根据商隐赠、哭刘蕡诸诗提供的内证，特别是《赠刘司户蕡》诗"更惊骚客后归魂"之句，结合其他方面的分析辨证与解释论证，推断刘蕡于会昌元年被远贬柳州司户参军后，并非在翌年秋即卒于江乡（冯说），或卒于柳州贬所（张说），而是迟至宣宗即位后，方随牛党旧相的内迁而自柳州放还北归，并于大中二年正初与奉使江陵归途中的商隐晤别于洞庭湖畔的湘阴黄陵，商隐的《赠刘司户蕡》即作于其时，而不是如冯、张所说作于会昌元年春刘蕡贬柳途中，从而否定了李商隐开成末会昌初曾有江乡之游的说法。但刘蕡究竟有没有自柳州贬所放还北归，单凭《赠刘司户蕡》"更惊骚客后归魂"之句，似感证据不够充分。近承陶敏先生相告，得见刘蕡次子刘程墓志拓本（《北京图书馆藏中国历代石刻拓本汇编》第五十二册），完全证实了刘蕡曾从柳州贬所北归。在进一步参证史事与商隐诗文的基础上，兹对《再辨正》一文作如下补证。

刘蕡自柳州司户内迁澧州司户及其时间

据刘蕡次子刘程墓志，蕡曾"贬官累迁澧州员外司户"。兹将志文有关部分节录于下：

唐故梁国刘府君墓铭有序

姨兄乡贡进士杨诣纂并书

> 府君讳珵，自美玉，梁郡人。……曾祖晃，皇江陵府司录参军；祖
> 俛，皇滑州胙城县丞；烈考讳蕡，皇祕书郎，贬官累迁澧州员外司户。
> 祕书娶博陵郡崔氏，夫人即吾姨也。早有三子，君居次焉。先人禀气劲
> 挺，临文益振（平声），奋笔殿廷，众锋咸挫。虽以直窒仕，而以名垂
> 芳。果有令袭，式昭德门也。……（君）以大中十年八月十三日启手足
> 于阳翟县之居□，以其年十月十二日归葬洛阳县平洛乡王□村。祔先
> 茔，礼也。享年廿有四……

联系新、旧《唐书·刘蕡传》关于蕡为宦官所诬陷，"贬柳州司户参军"的记载，墓志所谓"贬官累迁澧州员外司户"，明显是初贬柳州司户之后的"累迁"。这一确凿的材料，不仅可补两《唐书·刘蕡传》之失载，而且完全证实了《再辨正》作出的刘蕡曾自柳州放还北归至江湘一带的推断（准确地说，应是自柳州量移内迁）。同时，它还进一步证明了刘蕡与商隐晤别的时间绝不可能如冯、张所说在会昌元年正月。

问题的关键就在于两人的晤别是在刘蕡这位骚客"后归"之时，亦即他在柳州贬所长久居留之后迟迟北归之时。刘蕡贬柳的时间，《再辨正》推断其当在会昌元年七月牛僧孺罢山南东道节度使以后（刘蕡曾在使府为幕僚，受到"位望素崇"的僧孺"以师礼礼之"的厚遇。故贬柳之事不大可能发生在僧孺罢使之前）。即使把贬柳的时间推前到开成五年九月杨嗣复由宰相出为湖南观察使之时（杨为蕡之座主，宦官仇士良曾斥其"以国家科第放此风汉"），甚至推到开成五年正月文宗去世后不久（这已是最上时限，因为只有政局变化，宦官仇士良拥立武宗之后，才能借更大的权势气焰对刘蕡实行诬陷报复），也绝不可能在不到一年甚至几个月之后就将刘蕡由柳州内迁。因为"深嫉蕡"的宦官既然"诬以罪"而将其远贬，实欲置之死地，根本不会在整个政局无重大变化的情况下于短期内突然改变态度，将其量移内迁的。

那么，刘蕡内迁澧州司户究竟在什么时候呢？我认为当在会昌六年八月以后到大中元年六月这段时间内。这是因为，刘蕡被贬柳州，根子虽在大和二年对策猛烈抨击宦官，但他贬柳及内迁的具体时间，则与朝局、党局的变化，以及跟他关系较密的牛党首领牛僧孺、杨嗣复的贬黜或量移、起用密切相关。武宗在位的六年中，牛僧孺、李宗闵、杨嗣复、李珏先后远贬岭外。直到会昌六年八月，随着武宗去世，宣宗即位，李党失势，牛党新贵白敏中

任宰相，牛、杨、宗闵方与武宗所贬另一宰相崔珙同日北迁。刘蕡由柳州司户内迁，当在此之后。其时间下限，当不晚于大中元年六月商隐随郑亚到达桂林使府以后。因为假如在此以后刘蕡仍在柳州，则桂、柳邻近，商隐与蕡当有交往。但现存商隐桂幕诗文包括《赠刘司户蕡》诗在内，都看不出这种迹象。味赠蕡诗"万里相逢欢复泣"之句，在此次黄陵相逢之前，他们并无相遇交往于桂、柳一带之迹。

如果将墓志中刘蕡"贬官累迁澧州员外司户"的记载与赠蕡诗联系起来考察，不难看出诗中所谓"骚客后归"，指的就是刘蕡在长期贬居柳州之后量移内迁澧州司户这件事。按墓志所叙，刘蕡当已到澧州任，因此诗题内的"司户"也有可能即指澧州司户。从地理位置上看，澧州在今湖南澧县东，距澧水入洞庭湖处很近。奉使江陵归途中的商隐在距澧州不远的湘阴黄陵邂逅已内迁澧州的司户刘蕡，是完全合乎地理的。而"春雪黄陵"，又与商隐大中二年正初自江陵赴桂林的时间正合。那么，分手以后，刘蕡究竟何往？赠蕡诗中"汉廷急诏谁先入"一联，实际上已透露了特定的时代政治消息，并与刘蕡别后的行踪密切相关。这正是下面要加以补证的。

刘蕡与商隐别后所往之地与逝世之地

刘蕡与商隐黄陵别后，第二年秋天即客死于楚地。澧州虽亦属古楚域，但刘蕡卒地并不在澧州（商隐大中二年五六月间曾至澧州药山访融禅师，而集中无澧州访蕡之诗，亦可反证其时蕡已不在澧州）。从《哭刘蕡》诗"黄陵别后春涛隔，溢浦书来秋雨翻"一联看，蕡之卒地当在江州浔阳。道理很明显：在实际生活中容或有朋友的讣音传出之地与其逝世之地未必一致的情形，但在写诗时如遇到这种情况，诗人通常会在诗题、诗句或自注中加以说明交待。哭蕡诗此联将"黄陵别后"与"溢浦书来"对举，分言生离与死别，又未对"溢浦书来"作任何特别说明，则溢浦（浔阳）之同为刘蕡逝世之地与讣音传出之地不言自明。再参照《哭刘司户二首》中的"溢浦应分派，荆江有会源"，"离居星岁易，失望死生分"等句，蕡之卒于溢浦便更加明显。"溢浦"一联，系以长江之"分"与"会"隐喻两人相会于荆江洞庭，后蕡客死于溢浦，双方遂作死生之分。

随之而来的问题是刘蕡何以卒于溢浦。答案是蕡与商隐大中二年正初黄陵别后，前往之地正是浔阳。而去浔阳的目的，则是为了谒见或投靠当时正在江州刺史任上的往日座主杨嗣复。这里涉及嗣复内迁江州及在任时间，须作一些考证和说明。

杨嗣复是宝历二年刘蕡登进士第时的座主。开成五年九月，与牛党另一宰相李珏因附杨贤妃事分别外贬湖南观察使、桂管观察使，旋又叠贬嗣复潮州刺史、司马。直到武宗去世之后，才同其他被贬旧相同日北迁。《通鉴·会昌六年》："八月，……以循州司马牛僧孺为衡州长史，封州流人李宗闵为郴州司马，恩州司马崔珙为安州长史，潮州刺史（按：当做潮州司马）杨嗣复为江州刺史，昭州刺史（按：当做端州司马）李珏为郴州刺史。僧孺等五相皆武宗所贬逐。至是，同日北迁。宗闵未离封州而卒"（按：李珏会昌五年五月即已在郴州刺史任，见郁贤皓《唐刺史考》。《通鉴》纪李珏内迁年月有误）。《新唐书·杨嗣复传》也说："宣宗立，起为江州刺史。以吏部尚书召，道岳州卒，年六十六。"可见嗣复自潮阳北迁时任命的官职确是江州刺史。但究竟在江州任职几年，又在何时"以吏部尚书召"，新传却无记载。而《旧唐书·杨嗣复传》则云："宣宗即位，征拜吏部尚书。大中二年，自潮阳还，至岳州病，一日而卒，时年六十六。"这段传文虽然漏书了《通鉴》《新唐书》一致记述的自潮州内迁江州刺史一事，却明确记载了其赴征入朝的时间是大中二年。与《通鉴》《新唐书》对照，《旧唐书》"自潮阳还"显然有误。因为宣宗初立，会昌六年八月诸旧相内迁，率不过州郡司马、长史、刺史等职，嗣复自不可能自潮州司马骤迁吏部尚书这样显要的官职。李珏与杨嗣复同因附杨贤妃事而叠贬，李之重新起用时间虽比杨早一年，但仍是先迁郴州刺史，再迁舒州刺史，然后方征召入朝。嗣复之征召入朝当亦如《新唐书》所载，先迁江州刺史，再征拜吏尚，方合常例。因此，"自潮阳还"，很可能是"自浔阳还"之误。嗣复征拜吏尚与入朝道经岳州病卒的时间在大中二年，这一点还可从李珏召为户部尚书的时间得到旁证。《旧唐书·李珏传》："大中二年，崔铉、白敏中逐李德裕，征入朝，为户部尚书。"按大中二年二月，李德裕的两个主要助手李回、郑亚分别由剑南西川节度使左迁湖南观察使，由桂管观察使贬循州刺史。李珏与杨嗣复两位牛党旧相分别内召为吏尚与户尚，正是宣宗与牛党新贵在进一步贬逐李德裕等人的同时，起用牛党者宿，以加强党派势力，巩固其统治地位所采取的一项政治措施。可见，杨、李二人的内召，最早当在大中二年二月以后。反过来说，可以推断在此之前，杨嗣复还在江州刺史任上。

既然商隐与刘蕡黄陵晤别的时间在大中二年正月初，《赠刘司户蕡》即作于其时；商隐哭蕡诸诗又透露出蕡之卒地是浔阳，而大中二年二月之前，杨嗣复又仍在江州任上；由此便不难推出刘蕡与商隐黄陵别后，极有可能是前往江州拜谒甚或依托其旧日座主杨嗣复。大中二年正月这个时间，正是杨嗣复行将征召入朝加以重用的关键时刻。《赠刘司户蕡》的第五句“汉廷急诏谁先入”便透露了这一政治信息。历来注家对此句多不得其解，盖缘对诗的具体写作时间及政治背景不明所致。这句诗绝非泛泛而言，而是包含着非常具体的现实政治内涵，并透露出刘蕡这位“后归”的“骚客”内心的企盼。因为从会昌六年八月牛僧孺等牛党旧相的政治趋势。所谓“汉廷急召谁先入”，说得清楚直白一点，就是在武宗贬逐的诸旧相中，究竟是谁最先被朝廷召回委以重任呢？在诸旧相中，与刘蕡有幕主僚属或座主门生之谊者，是牛僧孺、杨嗣复。按资历位望，牛僧孺似最有可能“先入”。李商隐在大中元年四月赴桂林途中为郑亚代拟的《上衡州牛相公状》中说：“况今庆属休期，运推《常武》，必资国老，以立台庭。伏料即时，入膺荣召。”同年六月在桂林为郑亚代拟的《贺牛相公状》说得更明显：“今者复自衡阳，去临汝水（按：其时牛僧孺由衡州长史移汝州长史）。以旧丞相，兼老成人。窃计中途，即有新命，俯移高尚，还处燮和。欲将不为苍生，其若仰孤清庙！”这很能代表当时士大夫对政治人事安排的估计。刘蕡与牛僧孺有幕主僚属之谊，又素为僧孺所敬重，很可能也有过与此类似的想法。但朝廷随后却只给了牛僧孺一个“太子少保少师”的荣誉职位，官复李德裕当政时曾给牛的闲职，便不再委以重任。其间原因，不得而详。可能是牛党新贵对这位位望素崇的旧相有所顾忌。在这种情况下，刘蕡将“急诏先入”的希望寄托在旧日座主杨嗣复身上，认为他是能够改善自己政治处境的人物，因而前往江州拜谒甚至依托，便是十分自然的了。从大中二年正月这个特定时间及诗句的口吻来分析，刘蕡当时或许已经听到了杨嗣复即将内召的传闻。因此商隐赠蕡诗的第六句才紧接着说“楚路高歌自欲翻”。用“高歌”而不是“悲歌”，正透露出其时刘蕡对政治形势与自己的政治前途有所企盼。殊未料杨嗣复在赴召入京途经岳州时猝然得病去世，孑处江州的刘蕡遂失去政治依托与重入修门的希望。他的死大概与此不无关系。

总之，刘理墓志有关刘蕡“贬官累迁澧州员外司户”的记载，完全证实了《再辨正》关于刘蕡曾自柳州贬所放还北归江湘的推断。而联系有关史料及商隐赠、哭刘蕡诸诗和大中元年所撰拟的有关状文加以参证，则进一步确定了《赠刘司户蕡》诗的现实创作背景，特别是"汉廷急诏谁先入"这一诗句的确切政治内涵，从而更有力地证实了商隐与刘蕡暗别及商隐赠蕡诗的写作时间只能在大中二年正初。并证实了《再辨正》中提出的刘蕡与商隐别后之翌年客死于浔阳的推测，明确了刘蕡前往浔阳的目的是拜谒杨嗣复，对其客死浔阳的原因作出了合理的解释。这一切，都进一步证明冯、张关于商隐开成末会昌初江乡之游的考证是不能成立的。如按冯、张的考证，将赠蕡诗系于会昌元年正月，不但与第四句"骚客后归"之语完全扞格，而且第五句"汉廷急诏谁先入"也根本无法解释。因为会昌元年正月，李德裕早已入相，牛僧孺、李宗闵、崔珙尚未外贬，杨嗣复、李珏则正面临叠贬的险境。无论李党或牛党的重要人物，都不存在急召征入的问题。反之，如系此诗于大中二年正月初，则于时于地于政治形势于商隐行踪刘蕡去向皆一一吻合。李商隐生平行踪中的这一重大疑案，似乎到了可以作出结论的时候了。

【原载于《文史》1992年第40辑】

附考五 李商隐开成五年九月至会昌元年正月行踪考述
——对李商隐开成末南游江乡说的续辨正

李商隐在开成五年九月到会昌元年正月这四五个月时间中，究竟存不存在冯浩、张采田所考证的"江乡之游"，我已先后写过两篇考辨文章（《李商隐开成末南游江乡说再辨正》，载《文学遗产》1980年3期；《〈李商隐开成末南游江乡说再辨正〉补证》，载《文史》1992年40辑），主要是从李商隐与刘蒉湘阴黄陵晤别的时间不在冯、张所说的会昌元年春，而是在大中二年春加以辨正。但对冯、张之说的辨正还有另一重要的方面，即考证李商隐在开成五年九月至会昌元年正月期间的具体行踪，以证明商隐在此期间绝无可能作江乡之游。岑仲勉在《玉溪生年谱会笺平质》及《唐史余沈·李商隐南游江乡辨正》中虽曾指出冯、张之说中商隐会昌元年正月与刘蒉春雪黄陵晤别与代华州、陕虢草拟贺表在时间上的矛盾，但由于未结合商隐诗文详考这四五个月间商隐的具体行踪，故仍留下疑问。近年来，笔者在撰著《李商隐文编年校注》的过程中，结合每篇文章的系年考证与注释，接触、发现了一些有关材料。通过对商隐在开成五年九月至会昌元年正月这段时间所撰文章的系年考证及与此相关的商隐行踪考证，证实了这四五个月中，商隐先是于九月中下旬东去济源移家，十月十日移家长安甫毕，又应王茂元之召赴陈许幕，为其撰拟表状启牒多篇；约在十二月中下旬，又离陈许幕至华州，暂寓周墀幕，并于会昌元年正月上中旬为华、陕草贺表。从而证明在此期间商隐绝无可能分身作所谓"江乡之游"。

移家长安

商隐《祭小侄女寄寄文》云："尔生四年，方复本族。既复数月，奄然归无……时吾赴调京下，移家关中。事故纷纶，光阴迁贸。寄瘗尔骨，五年于兹。"祭文作于会昌四年正月二十五日，逆溯五年，寄寄当夭于开成五年，商隐之从济源移家长安及在京选调亦在同一年。移家的具体时间，冯谱误系开成四年，张笺则谓在开成五年夏，并举商隐《酬令狐补阙》为证。按诗谓"惜别夏仍半，回途秋已期。那修直谏草，又赋赠行诗"，不过谓仲夏告别，回途已届秋天，又匆匆离去而令狐有诗赠行，其间并无夏初移家之迹象。考商隐有关移家之文，自济源移家长安实在开成五年九月中下旬。其《与陶进士书》作于开成五年（书中提及"前年乃为吏部上之中书"即开成三年参加宏博试之事），末云："明日东去，既不得面，寓书惘惘。九月三日弘农尉李某顿首。"可证作书时犹在弘农尉任。辞尉、移家及赴调应在九月三日之后。商隐移家长安，曾得到河阳节度使李执方之资助（商隐系执方姨侄女婿），其《上河阳李大夫状一》云："伏以仍世羁宦，厥家屡迁。占数为民，莫寻乔木；画宫受吊，曾乏敝庐。近以亲族相依，友朋见处，卜邻上国，移贯长安。始议聚粮，俄沾厚赐。衣裾轻楚，匹帛珍华……白露初凝，朱门渐远。西园公子，恨轩盖之难攀；东道主人，仰馆谷而犹在。"状上于离河阳去济源移家时。"白露初凝"，指节届寒露。吴澄《月令七十二候集解》："寒露，九月节，露气寒冷，将凝结也。"时当在开成五年九月上中旬之间。商隐自济源移家前又得到执方再次资助，有《上河阳李大夫状二》致谢，状云："伏奉诲示，并赐借骡马及野戎馆熟食草料等……恤以长途，假之骏足。"自济源启程赴长安当已在九月下旬。到达长安后有《上李尚书状》致谢执方："昨者伏蒙恩造，重有沾赐，兼假长行人乘等，以今月十日到上都讫。"济源至长安约千里，此"今月"当是十月。状又云："既获安居，便从常调。"唐时内外官从调，不限已仕未仕，选人期集，始于孟冬，终于季春。十月十日抵京，正赶上常调之时。故张氏开成五年夏移家之说，验以商隐有关移家诸状，乃无一相合。

王茂元出镇陈许

商隐移家长安，本为选调。上节引《祭小侄女寄寄文》"时吾赴调京下，移家关中"及《上李尚书状》"既获安居，便从常调"均可证。然其时适遇王茂元由朝官出为陈许节度使，召商隐入幕，于是商隐遂有赴陈许之行。

王茂元出镇陈许的时间，冯谱系于会昌元年夏，张笺系于会昌元年秋冬之际，均非。吴廷燮《唐方镇年表考证》系于开成五年，云："李绅是年九月自宣武移淮南，彦威代绅，茂元又代彦威。"岑仲勉《玉溪生年谱会笺平质》乙承讹"王茂元为陈许"条从之。按《旧唐书·武宗纪》：开成五年九月，"以淮南节度使、检校尚书左仆射李德裕为吏部尚书，同中书门下平章事，寻兼门下侍郎；以宣武军节度使、检校吏部尚书、汴州刺史李绅代德裕镇淮南。"史未载王彦威由陈许徙镇宣武、王茂元由朝官出为陈许节度使之具体年月，但李绅、王彦威、王茂元之分别徙镇或出镇淮南、宣武陈许，乃是因李德裕由淮南入相所引起的一连串先后承接之任命，时间上因相互交接容或有稍早稍迟，但决不可能如冯、张所考，将茂元出镇陈许的时间延至第二年的夏天或秋冬之际。实际上，冯、张之所以将茂元出镇陈许的时间定为会昌元年夏或秋冬间，主要是由于他们极力主张开成五年九月至会昌元年正月商隐有江乡之游，故不能不将茂元出镇陈许的时间推至会昌元年，以便将商隐为茂元代拟的陈许诸表状统系于会昌元年。同时，也由于冯氏误解商隐文，谓茂元"于武宗即位之初入朝，历御史中丞、太常卿、将作监，迁司农卿，而乃出镇（陈许），当在会昌元年"（见冯谱会昌元年）。以如此频繁之迁转，自非有一年以上的时间方有可能。但细按冯氏恃以为据的商隐文，除司农卿明确见于诸表状、祭文，将作监见于《新书》本传及诸文，可以确认以外，冯氏所云"历御史中丞、太常卿"实属子虚乌有。商隐《为濮阳公陈许谢上表》云："旋属皇帝陛下，荆枝协庆，棣萼传辉，臣得先巾墨车，入拜丹陛。兰台假号，棘署参荣。奉汉后之园陵，获申送往；掌周王之廥庾，方切事居。不谓遽董戎旃，还持武节。"从武宗继位、茂元由泾原入朝叙到在朝所历官职直至出镇陈许。其中"奉汉后之园陵，获申送往"，指为将作监；"掌周王之廥庾，方切事居"，指任司农卿。冯氏谓"兰台"二句指茂元任御史中丞、太常卿，此全属误解。"兰台"即兰省，指尚书省（用尚书郎握兰含香故实），商隐《为濮阳公上杨相公状一》"柳营莫从于多让，兰台超假于前行"之"兰台"即指尚书省（兰台超假于前行，谓茂元在泾原时由检校工部尚书越级加授检校兵部尚书，旧注非）。"兰台假号"，指茂元由泾原入朝，加检校尚书右仆射，亦即《为濮阳公上淮南李相公状一》"荣兼右揆"之谓，因系检校官，故云"假号"。"棘署"泛称九卿官署，古代九卿统称棘卿。《唐语林·补遗四》："凡言九寺，皆曰棘卿。""棘署参荣"，即下四句所云，指任九卿中之将作监、司农卿。冯氏既误以为"兰台"指御史台，谓茂元任御史中丞；又误解"棘署"为太常寺，谓茂元为太常卿。并据《为濮阳公祭太常崔丞文》"棘署选丞，仍见谯玄之人"，谓"茂元亦入朝为太常，故仍选（崔为太常）丞"。实则此二句乃谓属于棘署（九卿衙门）之太常署选丞，又将崔选为太常丞，与茂元之任官无涉。总之，茂元开成五年正月文宗卒后入朝，至出镇陈许前，在朝所任实职仅司农卿、将作监而已。

茂元出镇陈许的具体时间，可以从商隐《为濮阳公陈许举人自代状》及有关材料中得到推定。此状所举以自代之官吏为崔蠡，状云："今沔水无兵，武昌非险，用为廉问，尚郁庙谋。臣所部乃秦、韩战伐之乡，周、郑交圻之地。军逾千乘，地控三州，若以代臣，必为名将。"可证其时崔蠡任鄂岳观察使。冯浩笺引《旧书·崔宁传》："宁弟孙蠡，元和五年擢第。大和初为侍御史，三迁户部郎中，出为汝州刺史。开成初，以司勋郎中征。寻以本官知制诰，明年正拜舍人。三年权知礼部贡举。四年拜礼部侍郎，转户部。寻为华州刺史、镇国军等使，再历方镇。"并加按语云："《新书·传》更略。此时（指会昌元年）岂已从华州观察鄂岳耶？"史未载崔蠡观察鄂岳的时间，但《千唐志·唐故朝议郎使持节光州诸军事守光州刺史赐绯绯鱼袋李公（潘）墓志铭并序》云："出为江陵少尹，转光州刺史……今江夏崔公蠡、春官侍郎柳公璟、中书舍人裴公休、天官郎崔公球、柱史刘公濛，并交道之深契也……（公）以开成五年八月三日染疾于位，殁于弋阳之官舍……以其年十二月廿四日葬于洛阳县平阴乡从心里之原。"据此，墓铭当撰于开成五年八月三日至十二月廿四日之间，而崔蠡最迟在开成五年十二月已在鄂岳观察使任。《全唐诗》卷五四四有刘得仁《送鄂州崔大夫赴镇》云："廉问初难人，朝廷辍重臣。入山初有雪，登路正无尘。去国鸣驺缓，经云住斾频。千峰与万木，吟坐叶纷纷。"入山，指入商山。入山初雪，木叶纷落，是深秋初冬间景象（商山一带，九月即有下雪者，商隐《九月於东逢雪》诗可证），崔蠡抵达鄂州任，当已十月。崔蠡之前任为高锴，卒于任，其卒时史未载。然商隐《与陶进士书》作于开成五年九月初三，书中犹称高锴为"夏口公"，可证其时锴尚在鄂岳任。参证刘得仁《送鄂州崔大夫赴镇》诗，可推知锴约卒于九月中下旬，崔蠡即锴卒后朝廷新任命之鄂岳观察使。又，《为濮阳公陈许举人自代状》在叙述崔蠡观察鄂岳前历官时，只说"既还纶阁，复掌礼闱……及司版籍，以副地官"，与《传》"寻以本官知制诰，明年正拜舍人。三年，权知礼部贡举。四年，拜礼部侍郎，转户部"合，无任华州刺史之迹。刘得仁送崔赴镇诗也无自华刺迁鄂岳的迹象，《传》任华刺之记载不确。

开成五年七月以后任华刺者为周墀。

《为濮阳公陈许举人自代状》云："（崔龟）居然国器，实映朝伦。今汭水无兵，武昌非险，用为廉问，尚郁庙谋……若以代臣，必为名将。"细玩这段话的口吻，崔龟和王茂元当是先后同时被分别任命为鄂岳观察使、陈许节度使的，故有"今……用为廉问，尚郁庙谋"的表述。如按冯、张二氏所考，茂元会昌元年方出镇陈许，则其举崔龟以自代时，龟在鄂岳任上历时已达半载乃至一年，与上引状文的叙述口吻显然不合。徐树谷笺云："时崔龟方除鄂岳观察，而王茂元为陈许节度，以鄂岳非当时重地，而己所部陈许乃中原要害，恐不胜任，故举崔以自代。"徐氏的理解是符合实际的。

既然王茂元出镇陈许是开成五年九月李德裕自淮南入相引起的一连串先后承接的方镇任命，王茂元举以自代的崔龟又是开成五年秋冬间与自己先后同时被任命的鄂岳观察使，则王茂元出镇陈许的时间当在开成五年秋冬间而不会迟至会昌元年夏或秋冬间也就可以肯定。

商隐应茂元之召赴陈许幕

冯谱未提及商隐赴陈许幕之事，但列商隐《为濮阳公陈许谢上表》《为濮阳公举人自代状》《为濮阳公陈许奏韩琮等四人充判官状》于会昌元年，殊不可解。张氏《会笺》则于会昌二年谱书："义山居陈许幕，辟掌书记。"然又云："赴陈许幕或当在会昌元年。"然无论元年赴幕、二年居幕，均误。会昌二年商隐已以书判拔萃重入秘书省为正字，后又丁母忧，其间不可能有时间居陈许幕。现存商隐诗文，亦无会昌二年居陈许幕之证。商隐之赴陈许幕，实在开成五年十月，乃应茂元之召赴幕。

商隐《祭外舅赠司徒公文》云："京西昔日，辇下当时，中堂评赋，后榭言诗……公在东藩，愚当再调，贵帛资费，衔书见召。水槛几醉，风亭一笑。"京西指泾原，辇下谓京师，四句指茂元任泾原及内召还朝期间翁婿评赋言诗情事。东藩指陈许。据"东藩"六句，知茂元镇陈许时，曾"贵帛资费，衔书见召"，延商隐赴幕，商隐遂应召入幕。当然，"公在东藩，愚当再调"，可以理解为王茂元镇陈许期间，正值商隐为调选官职奔忙之时；所谓"贵帛资费，衔书见召"，也可以理解为茂元镇陈许的中途召商隐入幕。但只要把商隐在陈许幕期间撰拟的表状启牒一开列出来，就可以明白这一系列表状绝非茂元镇陈许的中途所上，而是刚被任命为陈许节度使时及抵达陈许任后一个短时期内由商隐代拟。这些表状启牒按时间先后排列计有：《为濮阳公陈许奏韩琮等四人充判官状》、《为濮阳公许州请判官上中书状》、《为濮阳公上宾客李相公状一》（以上三状为接到任命后、赴陈许前所上）、《为濮阳公陈许谢上表》、《为濮阳公陈许举人自代状》、《为濮阳公上宾客李相公状二》、《为濮阳公陈许补王琛衔前兵马使牒》、《为濮阳公补卢处恭牒》、《为濮阳公补仇坦牒》、《为濮阳公补顾思言牒》、《为司徒濮阳公祭忠武都押衙张士隐文》、《为濮阳公上四相贺正启》（以上九篇均到陈许后作）。另有《淮阳路》诗，当是赴陈许途中已近许州时作。

前已考明，商隐移家抵达长安的时间为开成五年十月十日，其应茂元之召赴陈许当在此后。即令安顿好家室后即随茂元前往陈许，自长安启程时亦当在十月中旬乃至下旬，抵达陈许当已十一月初。其《淮阳路》诗云："荒村倚废营，投宿旅魂惊。断雁高仍急，寒溪晓更清。昔年尝聚盗（指淮西镇长期割据叛乱），此日颇分兵（指淮西平后，撤销彰义军建置，划归忠武军即陈许，冯浩笺谓指会昌二年讨回鹘、三年讨刘稹调遣汴蔡陈许之兵，非）。猜贰谁先致，三朝事始平。"写景切冬令。又《为濮阳公上宾客李相公状二》为初抵陈许时上太子宾客分司李宗闵之作，状云："此方地控淮徐，气连荆楚，不惟地薄，兼亦冬温。洛阳居万国之中，得四方之正，或闻今岁亦不甚寒。"亦明言时值冬令，而今岁不甚寒。故商隐随茂元赴陈许幕，当于开成五年十月中下旬启程，抵达陈许已是十一月。

商隐此次赴陈许幕，虽系应茂元之召，并在入幕之初撰拟了一系列表状启牒，在一段时间内担负了幕府的文字工作，但实际上并未正式辟奏为掌书记，陈许节度书记另有其人。《为濮阳公陈许奏韩琮等四人充判官状》中有段瓌状云："右件官言思无邪，学就有道，屡为从事，常佐正人，加以富有文辞，精于草隶……臣所部稍远京都，每繁章奏，敢兹上请，乞以自随，伏请依资赐授宪官，充臣节度掌书记。"可见，段瓌才是正式辟奏的掌书记。按理，上述表状应由段瓌撰拟。之所以"赍帛资费，衔书见召"，请商隐赴陈许幕，并由商隐撰上述表状，比较近理的解释是：段瓌虽应聘为节度书记，但临时因事不能在幕府初开时即到任，故茂元急召商隐入幕以担当幕府初开时的文字工作。等到段瓌事毕抵陈许幕，商隐即离陈许。否则，既已正式辟奏段瓌为节度书记，却又让商隐越俎代庖，便无法解释。从另一角度说，茂元既明知商隐移家长安，便从常调，却又要召其入幕，也不好理解。

正因为是临时暂代其事，并非正式辟奏的幕僚，故段瑰到任后，商隐便可离幕。商隐《重祭外舅司徒公文》云："及移秩农卿，分忧旧许，羁牵少暇，陪奉多违。"茂元开成五年十一月至会昌三年四月末一直在陈许任，而商隐在陈许幕的时间不过月余（详下文），故云"陪奉多违"。

商隐何时离陈许幕？现可考知开成五年冬商隐在陈许幕为王茂元草拟的最后一封书启是《为濮阳公上四相贺正启》。张采田云："案四相无可征实，此启亦不审在泾原作，抑陈许也。"按启云："某方临征镇，伏贺无由。"商隐开成三年方入王茂元泾原幕，其时茂元已在泾原四年，不得云"方临征镇"，故此启当为茂元镇陈许时商隐代拟。贺正启当于翌年元旦前送达长安，计许州至长安之程途及所费时日、此启当作于十二月上旬。再参以会昌元年正月上旬商隐已在华州为周墀草贺表之事（见下文），商隐约在十二月中下旬间离开陈许幕。

离陈许幕后，商隐当抵华州，暂寓华州刺史周墀幕。会昌元年正月九日，改元，大赦，商隐有《为汝南公华州贺南郊赦表》《为京兆公陕州贺南郊赦表》。汝南公即华州刺史周墀，京兆公为陕虢观察使韦温。这两通贺表的写作时间当在会昌元年正月十日左右。据此，商隐当在这以前即已抵华州，方能有此代作。按照冯浩、张采田的考证，会昌元年正月初，商隐与刘蕡刚在洞庭湖畔的湘阴黄陵晤别，正月十日左右却又到华州为周墀、韦温代撰贺表，二千五百里的远距离竟似数日可达，"岂归期若是速耶？"连他们自己也不敢相信，无怪岑仲勉谓为不可通了。

顺便应当提及，冯谱、张笺于会昌元年编年文中均列有《为汝南公以妖星见贺德音表》《为汝南公贺彗星不见复正殿表》。张笺会昌二年正月初又有《为汝南公贺元日御正殿受朝贺表》（此表收入《樊南文集补编》，冯浩未见）。前二表分别上于会昌元年十一月十六七日、十二月末，后表上于会昌二年正月二日。这三首表的写作时间与地点（华州）进一步否定了张笺关于商隐"赴陈许幕或当在会昌元年"的说法。因为按张说，会昌元年十一月、十二月乃至二年正月，商隐应在陈许幕。如果这样，商隐何能为离许州千里之遥的华州周墀撰拟表章，换一言之，周墀又何能撇下华州府中从事而让远在千里之外的商隐撰此表章。

综上考述，开成五年九月至会昌元年正月，商隐先是于九月中下旬东去济源移家，得李执方资助。十月十日抵达长安，旋因王茂元之"衔书见召"，于十月中下旬与茂元同赴陈许，暂时代理幕府初开时的表奏工作。约十一月初抵许州，十二月中旬离幕，年底前抵华州，暂寓周墀幕，并于会昌元年正月十日左右为陕、华两地拟贺表。因此，这四个月中，商隐绝不可能分身作"江乡之游"，自然也不可能在会昌元年正月初与刘蕡在湘阴黄陵晤别。

附考：从裴夷直的被贬及内徙考证刘蕡贬柳及"后归"的时间

一开头提到，刘蕡与李商隐湘阴黄陵晤别的时间不在冯、张所考的会昌元年正月，而是在大中二年正月。这是否定商隐开成五年南游江乡说的重要依据，这一节就裴夷直在开成末昌初的刺杭贬骧、大中初的内徙，裴与刘的关系，以及裴在骧州贬所寄赠刘蕡的诗，对刘蕡的贬柳时间、原因及"后归"的时间作进一步考证，作为对开成末商隐南游江乡说的续辨正。

《旧唐书·文苑传》未载刘蕡贬柳事，《新唐书·刘蕡传》仅言"宦人深嫉蕡，诬以罪，贬柳州司户参军，卒"，未言何时因何"罪"贬柳。而裴夷直与刘蕡的关系及裴自开成末至大中初的宦历，特别是裴的赠刘诗则提供了刘蕡贬柳时间、原因及"后归"时间的旁证。

裴夷直，元和十年进士。大和八年，王质任宣歙池观察使，"辟崔珦、刘蕡、裴夷直、赵哲为从事，皆一代名流"（《旧唐书·王质传》），可证刘、裴早已结识。刘蕡宝历二年登进士第，其年礼部侍郎杨嗣复知贡举。《玉泉子》云："刘蕡，杨嗣复之门生也，对策以直言忤时，中官尤所嫉忌。中尉仇士良谓嗣复曰：'奈何以国家科第放此风汉耶？'嗣复惧而答曰：'嗣复昔与刘蕡及第时，犹未风耳，'"刘蕡作为正直的士人，并无党附杨嗣复之迹，杨嗣复在刘蕡对策忤宦官后，也惧而不承认与刘蕡有任何特殊关系，但在宦官头子仇士良眼里，刘蕡是杨嗣复一手提拔的。而《新唐书·李景让传》："所善苏涤、裴夷直皆为李宗闵、杨嗣复所擢"可见，裴夷直与开成三年正月起就担任宰相之职的杨嗣复确有人事上的特殊关系。开成五年正月，文宗病危，"命知枢密刘弘逸、薛季棱引杨嗣复、李珏至禁中，欲奉太子（陈王成美）监国。中尉仇士良、鱼弘志以太子之立，功不在己，乃言太子幼，且有疾，更议所立。李珏曰：'太子位已定，岂得中变！'士良、弘志遂矫诏立瀍为太弟……辛巳，上崩于太和殿。……癸未，仇士良说太弟赐杨贤妃、安王溶、陈王成美死。敕大行以十四日殡，成服。谏议大夫裴夷直上言期日太远，不听。时仇士良等追怨文宗，凡乐工及内侍得幸于文宗者，诛贬相继。夷直复上言……不听。辛卯，文宗始大敛，武宗即位"（《通鉴·开成五年》）。其年五月，杨嗣复罢为吏部尚书。八月李珏罢为太常卿。同月，杨、李又分别被贬为湖南观察使、桂管观察使。十一月，裴夷直因未在武宗即位的册牒上署名（据《新唐书·裴夷直传》及《通鉴》），出为杭州刺史。会昌元年三月，又贬为驩州（今越南荣市）司户参军。《通鉴》详载其事云："初，知枢密刘弘逸、薛季棱有宠于文宗，仇士良恶之。上之立，非二人及宰相意，故嗣复出为湖南观察使、李珏出为桂管观察使。士良屡谮弘逸等于上，劝上除之。（三月）乙未，赐弘逸、季棱死（《旧书·纪》载弘逸、季棱伏诛事于开成五年八月），遣中使就潭、桂诛嗣复及珏……（李）德裕与崔珙、崔郸、陈夷行三上奏……遂追还二使，更贬嗣复为潮州刺史、李珏为昭州刺史、裴夷直为驩州司户。"以上记载清楚地说明：裴夷直既曾受到杨嗣复的擢拔，又在文宗卒时两次上奏，触怒宦官仇士良，加以未在武宗即位的册牒上署名，故始则出为杭州刺史，继又被作为刘弘逸、薛季棱及杨嗣复、李珏等拥立太子成美或安王溶的党羽被远贬到驩州（据《旧书·嗣复传》，武宗曾谓"嗣复欲立安王，全是希杨妃意旨"，此不赘述）。值得注意的是，刘蕡被贬的地区、官职与裴夷直非常近似，也是遥远的岭外柳州，同样是严贬官常授的职位司户参军。刘、裴二人过去即有同幕之谊，又分别与杨嗣复有座主门生之谊或恩知擢拔之谊，对刘蕡"深嫉"的宦官要想"诬以罪"，最"合适"的时机莫过于旧君新君易位之际，最"合适"也最让新君恼火的"罪名"，莫过于党附杨嗣复、裴夷直，对新君不满。因此，结合杨、李、裴的贬潮、贬昭、贬驩，以及裴、刘与杨的人事关系来考察，刘蕡的被贬为柳州司户，当是宦人诬以党附杨、裴之罪的结果，时间当在会昌元年三月或稍后（裴被贬时刘蕡正在山南东道节度使牛僧孺幕。故刘也有可能于会昌元年七月僧孺罢镇后贬柳）。裴、刘之同贬可以从裴夷直在驩州贬所寄赠刘蕡的一首五律得到有力的证明。裴有《献岁书情》（一作《献刘蕡书情》）云：

> 白发添双鬓，空官（一作过）又一年。音书鸿不到，梦寐兔空悬。
> 地远星辰侧，天高雨露偏。圣期（一作朝）知有感，云海漫相连。

柳州、驩州均在岭南，两地相距近七千里，故云"音书鸿不到""云海漫相连"。驩州距长安一万二千四百五十二里，故云"地远星辰侧"。会昌元年三月下制贬裴夷直为驩州司户，裴接到贬制自杭赴驩，到达贬所当已在是年秋甚至更晚。据"空宫又一年"之句，诗应为会昌三年初作（元年秋抵驩州，至二年初为一年，至三年初为又一年），可证其时刘蕡仍在柳州贬所。驩、柳二地相距如此遥远，如果裴、刘二人不是同时先后因同"罪"远贬，很可能裴连刘被贬柳州的消息都不知道。

《新唐书·裴夷直传》载："斥驩州司户参军。宣宗初内徙，复拜江、华等州刺史。终散骑常侍。"按照惯例，获罪贬谪官吏应先量移而后牵复。何良俊《四友斋丛说·史四》："尝观唐时诏令，凡即位改元之诏，其先朝贬窜诸臣即与量移，量移后方才牵复，牵复后方始收叙。"宣宗即位后，会昌年间被贬诸相（牛僧孺、李宗闵、崔珙、杨嗣复等）同日北迁为州司马、长史或刺史即为量移。刘蕡自柳州司户迁澧州司户（蕡迁澧州司户，见其子刘理墓志）亦属于量移性质。因此裴夷直在"复拜江、华等州刺史"之前，应有一次"量移"的经历。《全唐诗》卷五一三裴夷直诗有一首《将发循州社日于所居馆宴送》："浪花如雪叠江风，社过高秋万恨中。明日便随江燕去，依依俱是故巢空。"诗一作赵嘏诗，但嘏生平足迹是否去过循州，难以确考，《古今岁时杂咏》卷二八收此诗，亦署裴夷直，题作《循州社日留题馆壁》。曰"故巢"，似在此有过较长时间居留。故循州有可能是裴自驩量移之地。此固不须深究，裴内徙江州刺史的时间，《唐刺史考》置于大中三年江州刺史崔黯之后，不书年月。但《传》既云"宣宗初内徙"，似不得迟至大中三年以后。按《通鉴》，会昌六年八月、"潮州刺史杨嗣复为江州刺史"，至大中二年二月，"以吏部尚书召，道岳州卒"（参两《唐书·杨嗣复传》，详《〈李商隐开成末南游江乡说再辨正〉补证》）。裴夷直之内徙江州刺史，很可能就在杨嗣复大中二年二月"以吏部尚书召"之后，崔黯任江州刺史之前。杨以吏部尚书内召与裴以江州刺史内徙，同属"牵复"性质，裴既因与杨的关系被远贬，牵复亦应同时，由他来接任杨嗣复的江州刺史之职，从朝廷的措置看是顺理成章的。如果这个推断能够成立，则刘蕡自柳州司户量移澧州司户的时间也可得到进一步确定。裴与刘既因同"罪"同时远贬，其量移的时间亦应大体相同。假设裴之量移在会昌六年八月杨嗣复量移江州刺史之后，则蕡之由柳移澧当距此不远，而绝不可能发生在武宗仍在位的时期内。前已据裴赠刘诗证明，会昌三年初刘蕡仍在柳州贬所，并不像冯、张所考在会昌二年即已去世。蕡子刘理墓志明说蕡"贬官累迁澧州员外司户"，商隐《赠刘司户蕡》诗又明言刘蕡"骚客后归"，且无材料证实刘蕡在会昌

李商隐传论（一）

三年初至六年八月这段时间内已经去世，则蕡之由柳移澧的时间即可定在会昌六年八月之后，最晚不会超过大中元年六月商隐抵达桂林前。这样，商隐与刘蕡春雪黄陵晓别的时间及《赠刘司户蕡》诗的作时便只能在大中二年正初商隐自江陵返桂林的途中。而裴夷直大中二年二月后任江州刺史的推断还可说明翌年刘蕡的讣音何以从溢浦（江州）传来的原因。杨嗣复离江州刺史任及道卒后，刘蕡前往江州依托昔日同罪被贬的裴夷直，直至客死溢浦，是符合他们之间的交情的。即使退一步说，刘蕡仍留澧州为司户，并死于澧州，讣音由故交所在的江州发出，也符合情理。刘蕡与商隐在开成二年山南西道令狐楚幕即已结识，裴与刘又为故交难友，故在大中三年刘蕡卒时，裴以蕡之死讯相告商隐是情理中事。至于刘蕡不卒于会昌二年，而是宣宗即位后方"骚客后归"，已在前两篇文章作过详细考证，此处不再赘述。但有一个问题，这里还想强调一下。这就是被冯、张视为"义山南游江乡之确证"的罗衮《请褒赠刘蕡疏》中"遂遭退黜，实负冤欺。其后竟陷侵诬，终罹谴逐，沉沦绝世，六十余年"一段文字，特别是对"沉沦绝世"一语的理解问题。"沉沦"的原义即埋没。刘向《九叹·愍命》："或沉沦其无所达兮，或清激其无所通。"《后汉书·孟尝传》："而沉沦草莽，好爵莫及，廊庙之器，弃于沟渠。"杜甫《赠鲜于京兆二十韵》："奋飞超等级，容易失沉沦。"司马光《华星篇》："丰城古剑沉沦久，匣中夜半双龙吼。"以上诸例，"沉沦"均为沉埋、埋没之义，且均指人才的沉埋沦落。以之指人，则指埋没不遇之才士，如李白《赠从弟南平太守之遥》："彤庭左右呼万岁，拜贺明主收沉沦。"商隐《献舍人彭城公启》："沉沦者延颈，逃散者动心。"罗疏"沉沦"一语，紧承上文"终罹谴逐"而来，意指因贬谪遐远而沉埋沦没，不显于世。"绝世"方指辞世。"沉沦绝世，六十余年"，谓刘蕡自被贬逐柳州，沉埋沦没，直至身死异乡，至今（指天复三年上疏时）已有六十余年。刘蕡会昌元年（841）与裴夷直同贬，至罗衮上疏时（903）为六十三年，正合"六十余年"之数。罗疏标出"沉沦"，正是为了突出今天的"褒赠""褒荣"。《新书·刘蕡传》将罗疏撮述为"身死异土，六十余年"，不仅改变了罗疏的原意，连昔悴今荣这层含义也冲淡了。而《新传》"贬柳州司户参军，卒"的不准确记载（漏书迁澧州司户）与"身死异土，六十余年"的错误改动又误导了冯、张以来的许多学者。

【原载于《文学遗产》2002年第2期】